北京海关年鉴
2023

《北京海关年鉴（2023）》编纂委员会　编

中国海关出版社有限公司

·北京·

图书在版编目（CIP）数据

北京海关年鉴. 2023 /《北京海关年鉴（2023）》编纂委员会编. — 北京：中国海关出版社有限公司，2024.5
（中国海关史料丛书）
ISBN 978－7－5175－0798－7

Ⅰ.①北… Ⅱ.①北… Ⅲ.①海关-北京-2023-年鉴 Ⅳ.①F752.55-54

中国国家版本馆 CIP 数据核字（2024）第 096605 号

北京海关年鉴（2023）
BEIJING HAIGUAN NIANJIAN（2023）

作　　者：	《北京海关年鉴（2023）》编纂委员会
责任编辑：	孙　旸
责任印制：	王怡莎
出版发行：	中国海关出版社有限公司
社　　址：	北京市朝阳区东四环南路甲 1 号　　邮政编码：100023
编 辑 部：	01065194242-7535（电话）
发 行 部：	01065194221/4238/4246/5127（电话）
社办书店：	01065195616（电话）
	https：//weidian.com/？userid=319526934（网址）
印　　刷：	北京中科印刷有限公司　　经　销：新华书店
开　　本：	889mm×1194mm　1/16
印　　张：	23.25　　字　数：527 千字
版　　次：	2024 年 5 月第 1 版
印　　次：	2024 年 5 月第 1 次印刷
书　　号：	ISBN 978－7－5175－0798－7
地图审图号：	GS 京（2022）1441 号
定　　价：	240.00 元

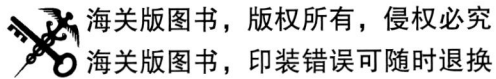

海关版图书，版权所有，侵权必究
海关版图书，印装错误可随时退换

《北京海关年鉴（2023）》编纂委员会

主 任 委 员	张格萍
副主任委员	李春风　冯　斌　王　雯　周中华　李春玲 王　辉　段　凯
委　　　员	徐思桥　刘艳华　李武军　何绮纹　曹永斌 丛林静　王康琳　张红梅　冯　骞　秦　宇 于　力　张　芳　董瑞强　贾　东　王　胜 邓启华　孟伯宇　由智勇　汤隽华　吕　娜 徐晓波　袁少权　赵　英　刘翠红　杨　萍 田　忠　邢建民　肖　淼　刘培华　孟文超 陈　洪　崔秀伟　郭　洁　米德鹏　阿　骊 商学军　孙继伦　刘文彬　丁　巍　陈　平 于维政　王　惠　王少华　王　阳　张　剑 张继军　王　燕　胡　旭　孙家祥　白陌音 白　锋　杨旌旗　汪万春　刘栓怀　田　睿 李　迪

《北京海关年鉴（2023）》编辑部

总　　　　编	王　辉
副　总　编	李武军　曹永斌　董瑞强　袁少权　于　枫
	陈海东
执　行　主　编	于　枫
执 行 副 主 编	徐　伟　苏　琳
编　　　　辑	冀　海　韩秉超　杨晓晨　王　东　石婷婷
	陈晓琳　刘欣奕

编辑说明

一、《北京海关年鉴》是在海关总署统一部署下，由北京海关组织领导、北京海关年鉴编纂委员会统筹编辑的，记录北京海关发展历程的专业性、权威性史料文献。

二、《北京海关年鉴（2023）》以习近平新时代中国特色社会主义思想为指导，全面反映2022年北京海关工作的总体情况及取得的成绩；系统记述北京海关工作的重大事件和业绩，为相关部门、人士提供翔实的参考依据和有价值的信息资料。

三、本年鉴设有特载、专记、大事记、党的建设、业务建设、综合保障、隶属海关单位、事业单位、荣誉名录、附录共10个类目，类目下设分目、条目。卷首设专题图片，卷末附索引。

四、本年鉴的文字内容采用文章和条目两种体裁，以条目为主；行文使用规范语体，记述直陈其事，文字力求言简意赅。

五、本年鉴所载文章、条目、照片，由全关各单位、各部门撰写有关材料，由年鉴编辑部统一编辑，并经年鉴编纂委员会审核。

前言

中华人民共和国北京海关是受海关总署直接领导，负责指定口岸及相关区域范围内海关工作运行管理、监督监控的正厅级直属海关。主要职责是依据《中华人民共和国海关法》和其他有关法律、法规，对北京地区进出境运输工具、货物、行李物品、邮递物品实施监管，征收关税和其他税费，实施出入境检验检疫，查缉走私，编制海关统计，还承担着维护贸易安全与便利、政治保卫、知识产权海关保护等任务。

截至2022年12月31日，北京海关现有正处级内设机构：办公室（党委办公室）、法规处、综合业务处、关税处、卫生检疫处、动植物检疫处、进出口食品安全处、商品检验处、口岸监管处、行邮监管处、统计分析处、企业管理处、稽查处、财务处、科技处、督察内审处、人事处（党委组织部）、教育处、机关党委（思想政治工作办公室、党委宣传部、党委巡察工作办公室）、监察室（党委纪检组）、离退休干部办公室；另有1个副局级缉私局。

北京海关下设副局级隶属海关单位：首都机场海关、海关总署税收征管局（京津）；正处级隶属海关单位：北京大兴国际机场海关、北京车站海关、北京邮局海关、中关村海关、北京东城海关、北京西城海关、丰台海关、海淀海关、通州海关、顺义海关、亦庄海关、天竺海关、北京朝阳海关、平谷海关、北京会展中心海关、北京海关风险防控分局。正处级党委派驻纪检组：党委第一派驻纪检组、党委第二派驻纪检组、党委第三派驻纪检组、党委第四派驻纪检组、党委第五派驻纪检组、党委第六派驻纪检组、党委第七派驻纪检组、党委第八派驻纪检组。

北京海关下设正处级事业单位：中国电子口岸数据中心北京分中心，北京海关后勤管理中心，海关总署（北京）国际旅行卫生保健中心（北京海关口岸门诊部），以及北京海关动物隔离场。

2022年是极不寻常、极不平凡的一年。北京海关以习近平新时代中国特色社会主义思想为指导，贯彻落实海关总署党委、北京市委市政府的各项部署要求，以迎接和学习宣传贯彻党的二十大为主题主线，全面统筹发展和安全，持续深化改革创新，探索建设"智慧海关"，以"走前列、创一流"为目标，铸忠诚、担使命、守国门、促发展、齐奋斗，各项工作稳中有进、提质向好，为新时代社会主义现代化海关建设和首都经济社会发展作出突出贡献。

图 例

符号	说明	符号	说明	符号	说明
⊗	直属海关单位	⊙延布	外国首都	- - - - -	地级市界
⊙	隶属海关	———	自治州行政中心 地区、盟行政公署驻地	········	县（区、市）界
•	派出机构	⊙东城区	县（区、市）政府	━━━━	铁路
●	海关特殊监管区域	○庞各庄镇	乡（镇）政府、街道办事处	══╤══	高速公路及编号
●	口岸	✈北京首都 国际机场	机场	········	国道
🚆	铁路口岸	▲唐水尖 1628	山峰 高程	———	省道
⚓	水运口岸	—┼—┼—	国界	········	其他道路
✈	航空口岸	—╂—╂—	未定国界	〰〰	河流 湖泊
🚌	公路口岸	- - - - -	地区界	══	沟渠
●	境外口岸	·········	军事分界线	⫯⫯	桥梁 渡口
⊙北京市	首都	—·—·—	省界	⚓	港口 码头
⊙石家庄市	省政府	— — —	未定省界	⊔⊓⊔⊓	长城
⊙廊坊市	地级市政府	— — —	特别行政区界	⸵⸵	珊瑚礁

注：本书中的关境图，不包括香港，澳门、台湾、澎湖、金门、马祖单独关税区。

北京海关

比例尺 1:700 000

序号	隶属海关及派出机构
1	海关总署税收征管局（京津）
2	首都机场海关
3	北京大兴国际机场海关
4	北京车站海关
5	北京邮局海关
6	中关村海关
7	北京东城海关
8	北京西城海关
9	丰台海关
10	海淀海关
11	通州海关
12	顺义海关
13	亦庄海关
14	天竺海关
15	北京朝阳海关
16	平谷海关
17	北京会展中心海关

序号	海关特殊监管区域
1	北京天竺综合保税区
2	北京大兴国际机场综合保税区

序号	类型	口岸名称	批准开放时间	口岸性质
1	航空口岸	北京航空口岸（北京首都国际机场）（北京大兴国际机场）	1958.3 2019.1	国际常年
2	铁路口岸	北京铁路口岸	2009.11	国际常年

海关专题图片

领导活动

∧ 2022年2月24日,北京海关召开关区工作会议暨全面从严治党工作会议

∧ 2022年7月5日,北京海关召开年中工作会议

∧ 2022年3月2日,党委书记、关长张格萍(右)在关税处调研专项教育开展情况

∧ 2022年4月2日，党委书记、关长张格萍（中）在北京大兴国际机场海关旅检现场实地调研

∧ 2022年6月9日，党委书记、关长张格萍（右二）在企业调研

∧ 2022年1月1日,时任党委书记、关长高玉潮(左二)在北京海关二级监控指挥中心督导冬奥通关服务保障工作

∧ 2022年7月6日,党委委员、副关长(正厅局级)李春风(右一)在商品检验处调研

∧ 2022年8月2日,时任党委委员、海关总署税收征管局(京津)局长孙仁宏(左二)参加军转干部专题座谈会

∧ 2022年6月27日,时任党委委员、政治部主任尹鹏飞(左二)参加北京海关党委巡察组对数据分中心巡察工作反馈会

∧ 2022年6月7日，时任党委委员、党委纪检组组长石文来（中）参加首都机场海关口岸疫情防控工作

∧ 2022年9月7日，时任党委委员、副关长冷艳梅（右二）到海淀海关调研

∧ 2022年12月6日,党委委员、副关长冯斌(左)在首都机场海关闭环内督导口岸疫情防控工作

∧ 2022年8月16日,党委委员、缉私局负责人周中华(左一)实地调研

∧ 2022年9月29日，时任党委委员、副关长孙铭辉（右二）参加"两区"建设新闻发布会

∧ 2022年11月29日，党委委员、副关长王辉（左一）听取关税处工作汇报

年度关注·铸忠诚

△ 2022年11月9日,北京海关党委理论学习中心组(扩大)学习暨学习贯彻党的二十大精神培训班总结会议

∧ 2022年9月29日,北京海关党员代表参观奋进新时代主题成就展

∧ 2022年6月21日,北京西城海关开展"走好第一方阵 我为二十大做贡献""七一"书记讲党课活动

> 2022年10月22日,北京海关关员接受党的二十大特别报道采访

> 2022年10月28日,教育处联合中关村海关开展"喜庆二十大 奋进新征程"主题党日活动

> 2022年11月10日,顺义海关青年理论学习小组学习党的二十大精神

年度关注·担使命

2022年1月10日,首都机场海关关员在现场验放冬奥代表团入境

2022年1月18日,北京朝阳海关关员办理冬奥物资通关业务

< 2022年2月14日,首都机场海关关员对入境的冬奥航班进行检查

> 2022年2月23日,北京海关关员在北京冬奥村为冬奥代表团办理托运行李监管手续

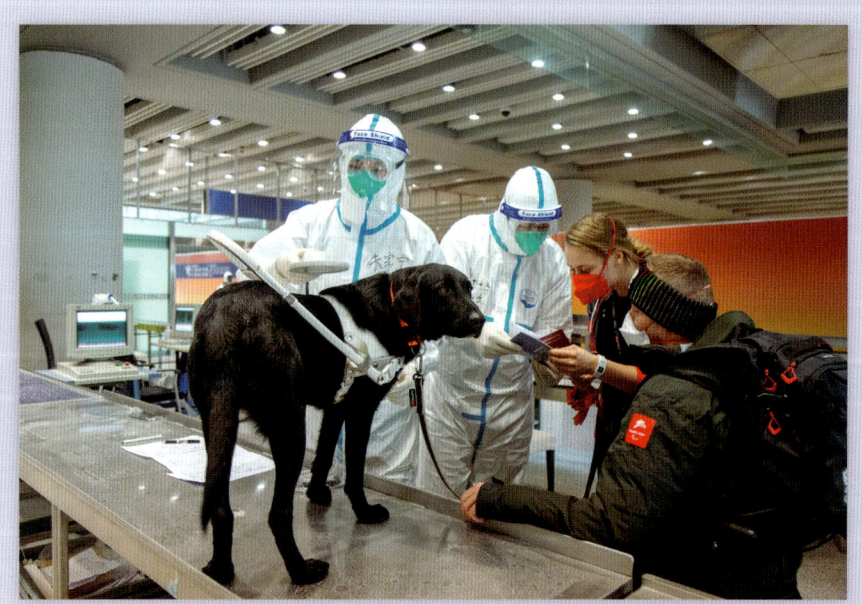

< 2022年2月26日,首都机场海关关员对入境导盲犬进行检疫监管

> 2022年2月7日,卫生检疫处保障北京冬奥会期间信息互通顺畅

< 2022年3月9日,天竺海关联合地方政府开展进出口危险化学品企业专项检查

> 2022年4月15日,法规处组织全民国家安全教育日普法活动

< 2022年4月25日,北京大兴国际机场综合保税区首票货物入区

< 2022年6月9日,北京海关对优质种用马匹进行监管

< 2022年7月6日,平谷海关关员开展出口蔬菜检查

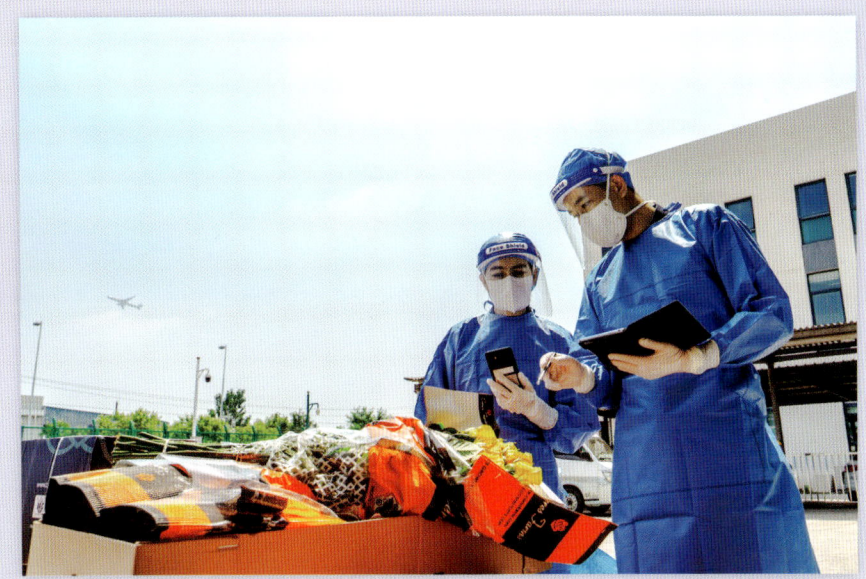

> 2022年7月25日，首都机场海关关员在查验场地验放进口鲜切花

> 2022年8月17日，首都机场海关关员在首都机场口岸进行巡库检查

> 2022年9月6日，丰台海关关员查检出口危险化学品

< 2022年10月15日,亦庄海关关员在货物堆场进行监管

> 2022年11月10日,北京东城海关关员赴企业开展专项稽查

年度关注·守国门

△ 2022年1月23日，缉私局开展打击寄递渠道走私濒危动物制品专项行动

△ 2022年3月1日，科技处打造"云系统"，通过可视化平台实时监测关区各业务系统运行情况

< 2022年3月1日，综合业务处关员进行野生动物保护宣传

> 2022年3月3日，首都机场海关关员在首都机场进行病媒生物孳生地排查

< 2022月3月28日，首都机场海关关员在杂志夹层中截获植物种子

< 2022年4月12日,首都机场海关关员引导入境旅客扫码通过闸机

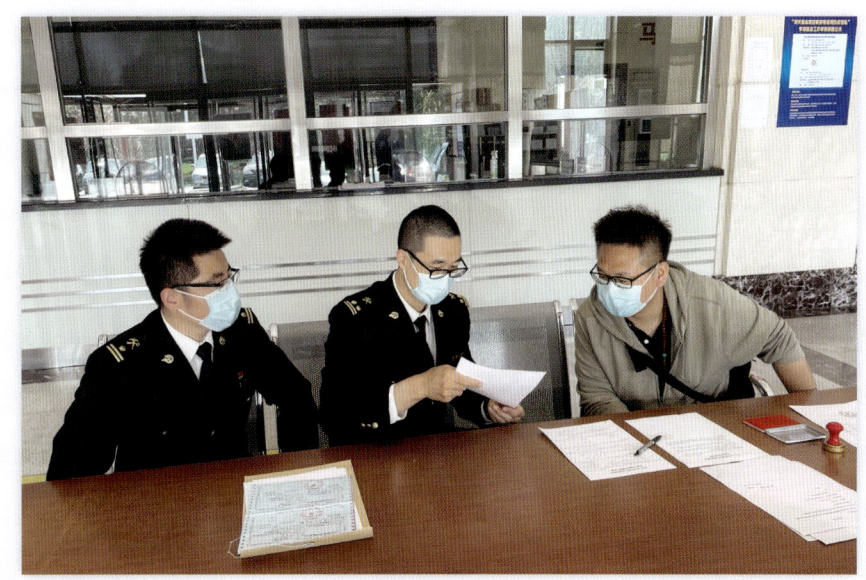

> 2022年4月15日,北京朝阳海关关员开展快速案件办理

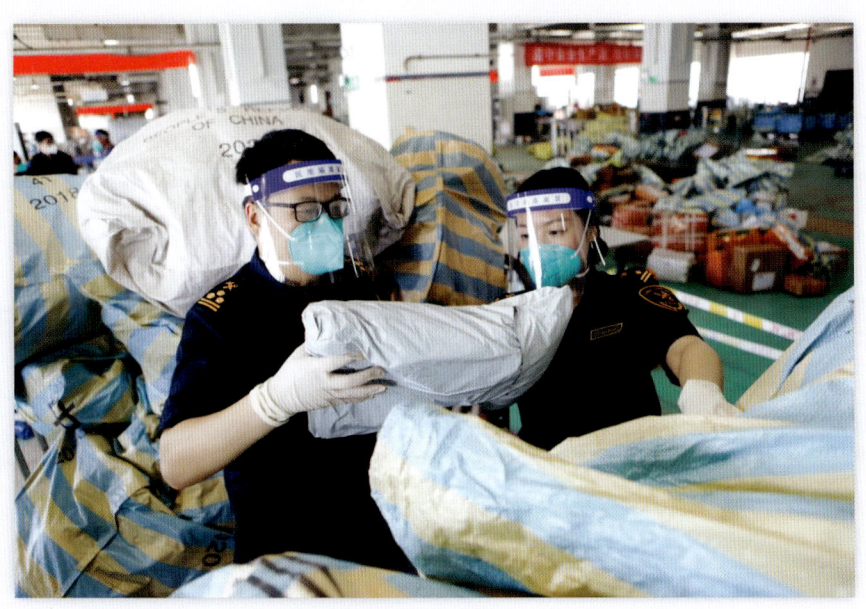

< 2022年4月29日,北京邮局海关关员查获涉嫌侵权出境邮包

> 2022年5月23日,北京车站海关口岸卫生监督科开展西站口岸及周边区域内病媒生物监测

> 2022年7月1日,北京邮局海关在进境国际邮件中首次查获蓝鸟翼凤蝶标本

> 2022年8月18日,首都机场海关关员查获瞒报出口危险化学品

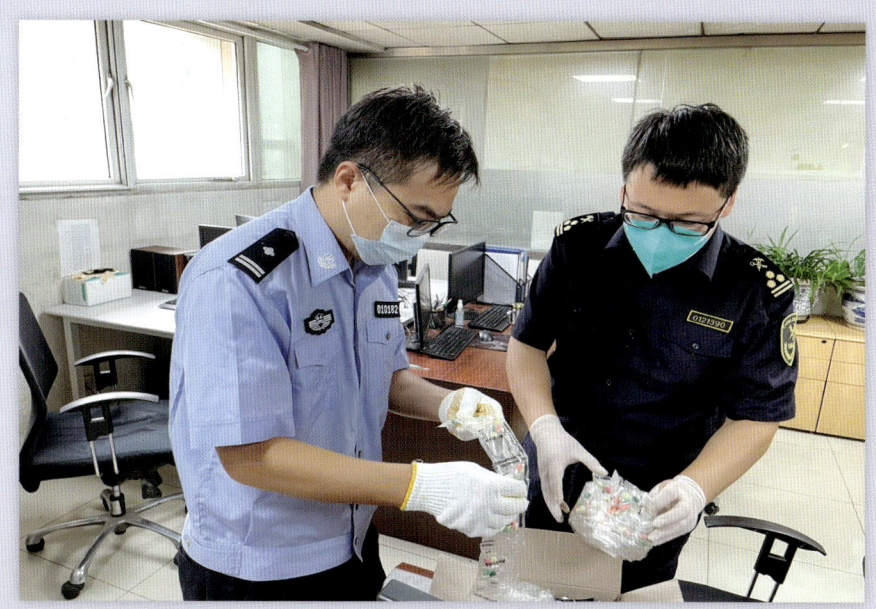

> 2022年9月11日，缉私局民警清点查获毒品

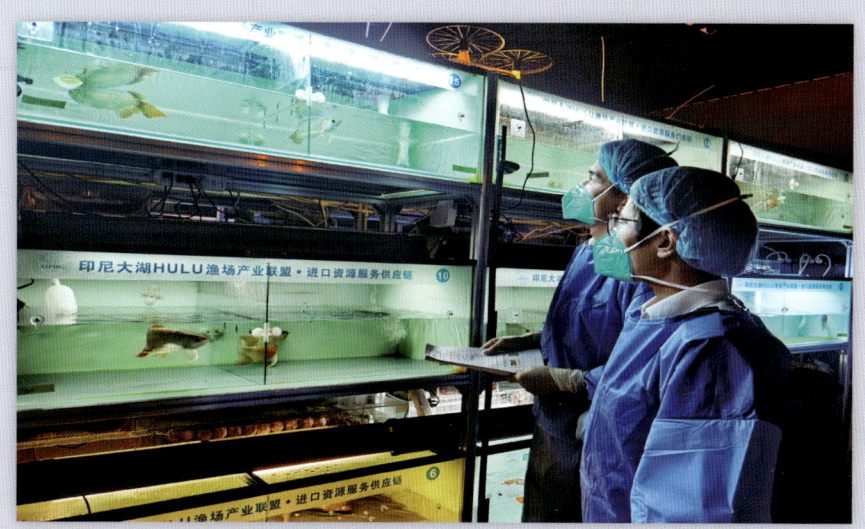

> 2022年9月21日，通州海关关员进行进境观赏水生动物隔离检疫监管

< 2022年9月28日，北京大兴国际机场海关关员在大兴综合保税区主卡口监管货物入区

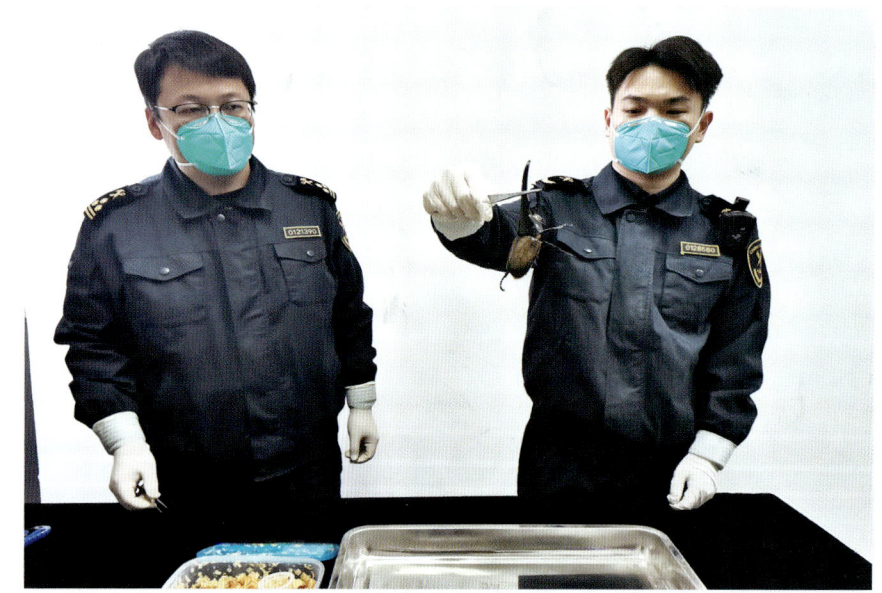

> 2022年10月27日，北京邮局海关关员在进境国际邮件中查获长戟犀金龟

< 2022年11月11日，平谷海关关员在入境货物中截获酪蝇

年度关注·促发展

2022年4月14日,亦庄海关关员赴企业现场查验

2022年4月22日,关税处关员开展RCEP线上培训

< 2022年4月22日,亦庄海关关员对危险化学品进行监管

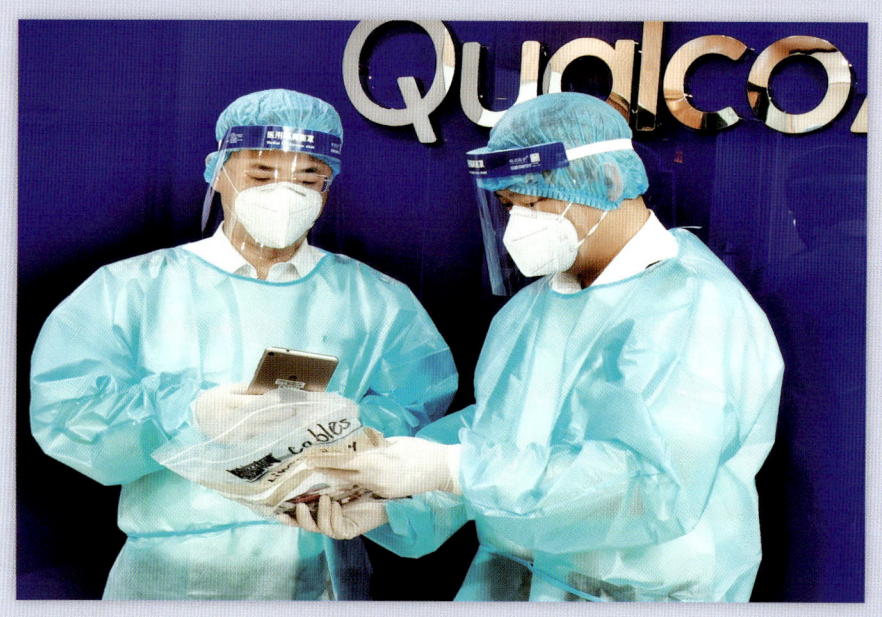

> 2022年5月26日,北京东城海关关员赴企业开展查验工作

< 2022年6月16日,北京朝阳海关为企业提供信用证明

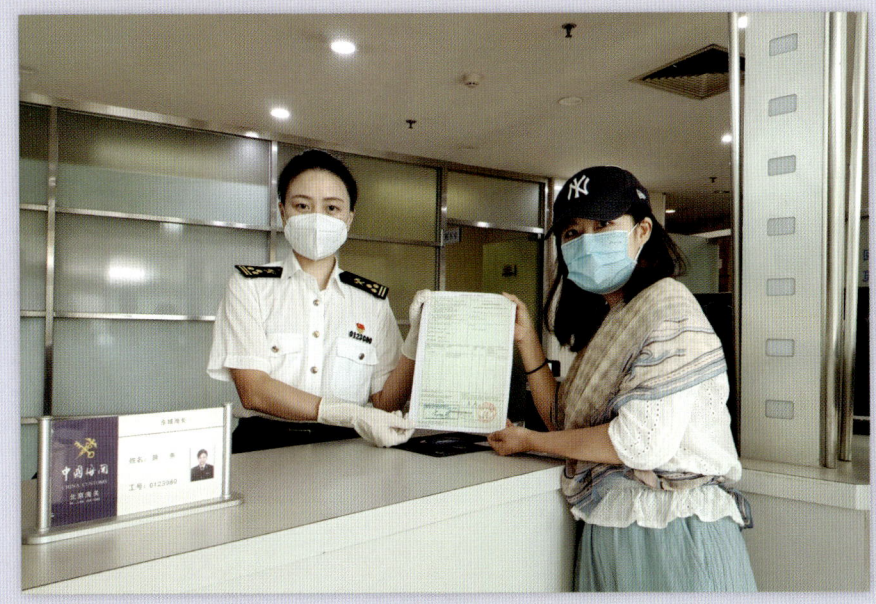

< 2022年6月20日,北京东城海关为企业签发出口原产地证书

> 2022年6月29日,北京朝阳海关赴企业调研

< 2022年9月28日,中关村海关关员开展RCEP海关出口原产地业务政策宣讲线上培训

∧ 2022年10月9日,亦庄海关关员赴企业进行属地查检工作

∧ 2022年10月13日,北京会展海关关员为办理非贸物品进境手续的外籍常驻人员讲解海关政策

∧ 2022年10月20日，海淀海关关员对出口"一带一路"共建国家（地区）的新能源客车进行监管

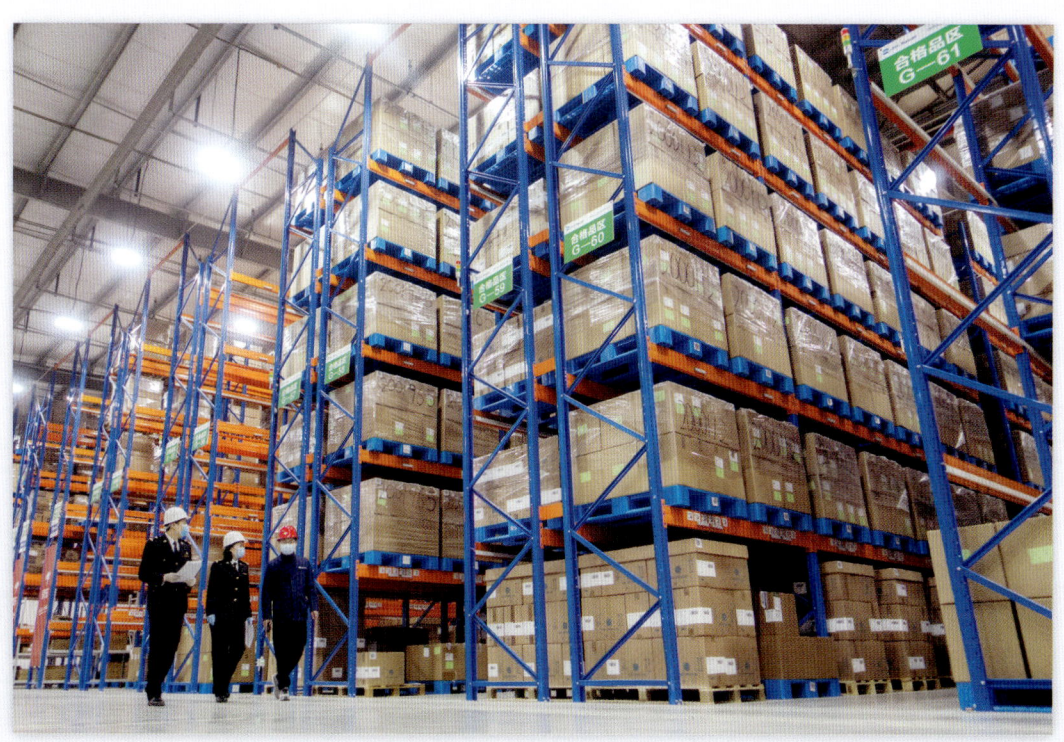

∧ 2022年12月22日，天竺海关关员在关区范围内企业保税仓库进行监管

年度关注·齐奋斗

︿ 2022年2月14日,首都机场海关冬奥保障突击队在恶劣天气下完成北京冬奥会入境航班保障任务

︿ 2022年4月15日,北京海关机关党委组织开展"四不两直"内务检查督导

∧ 2022年5月9日,北京海关机关党委组织内务规范暨队列训练交流观摩

∧ 2022年8月2日,动植物检疫处、教育处组织动植物检疫高级签证官资质考试

2022年9月,人事处、教育处组织开展2022年新录用公务员入职培训

2022年9月6日,人事处、教育处组织开展2022年新录用公务员队列训练

2022年11月16日,法规处组织参加北京市宪法知识竞赛

目　录

北京海关关区分布图 …… 1
海关专题图片 …… 1

第一篇　特　载

在 2022 年北京海关工作会议上的讲话 …… 3
在 2022 年北京海关全面从严治党工作会议上的讲话 …… 13

第二篇　专　记

北京海关政治机关建设专项教育活动 …… 23
服务保障北京冬奥会、冬残奥会 …… 27
优化口岸营商环境 …… 34
坚守国门第一道关口 以首善标准筑牢"首"卫防线 …… 37
北京海关"异宠"防控工作 …… 41
北京地区危险品检验监管 …… 44
推进北京"两区"建设 …… 49
北京海关打击走私重点专项工作 …… 51

第三篇　大事记

2022 年北京海关大事记 …… 57

第四篇　党的建设

党建工作 …… 73
　　概况 …… 73
　　宣传思想文化 …… 73
　　基层组织建设 …… 74
　　离退休干部党建 …… 74
　　党风廉政建设 …… 75
　　准军事化纪律部队建设 …… 76
　　群团工作 …… 77
　　书香机关建设 …… 78
巡视整改和巡察 …… 79
　　概况 …… 79
　　巡视整改 …… 79
　　巡察工作 …… 79
纪检监察 …… 81
　　概况 …… 81
　　监督检查 …… 81
　　执纪问责 …… 81
　　"海关重点项目和财物管理以权谋私"专项整治 …… 82
干部队伍建设 …… 83
　　概况 …… 83

机构编制和人力资源管理 ……… 83
　　干部选育管用 ……………………… 83
　　人才队伍建设 ……………………… 84
　　干部考察考核 ……………………… 84
　　公务员队伍管理 …………………… 85
　　关心关爱干部职工 ………………… 85
　　事业单位规范化管理 ……………… 85
　　干部教育培训 ……………………… 85

第五篇　业务建设

国际及港澳台地区合作 …………… 91
　　概况 ………………………………… 91
　　服务外交大局 ……………………… 91
　　"三智"建设 ……………………… 91
　　国际交流合作 ……………………… 91
　　外事基础工作 ……………………… 92
法治建设 …………………………… 93
　　概况 ………………………………… 93
　　规章制度建设 ……………………… 93
　　行政复议应诉 ……………………… 94
　　优化法治化营商环境 ……………… 95
　　法治宣传教育 ……………………… 95
　　法治队伍建设 ……………………… 96
业务改革与发展 …………………… 97
　　概况 ………………………………… 97
　　业务改革与发展 …………………… 97
　　通关运行管理 ……………………… 98
　　禁限管控和技贸帮扶 ……………… 99
　　知识产权海关保护 ………………… 100
税收征管 …………………………… 102
　　概况 ………………………………… 102
　　税则税政 …………………………… 102

　　估价管理 …………………………… 102
　　税收征管 …………………………… 103
　　减免税管理 ………………………… 103
　　原产地管理 ………………………… 104
　　服务地方经济 ……………………… 104
　　非贸税收管理 ……………………… 105
卫生检疫 …………………………… 106
　　概况 ………………………………… 106
　　检疫管理 …………………………… 106
　　生物安全管理 ……………………… 107
　　疾病监测 …………………………… 108
　　卫生监督 …………………………… 109
动植物检疫 ………………………… 111
　　概况 ………………………………… 111
　　动植物疫情疫病防控 ……………… 111
　　外来入侵物种防控 ………………… 112
　　促进农产品进出口 ………………… 112
　　动植物检疫国际合作 ……………… 113
　　动植物检疫制度建设 ……………… 113
进出口食品安全监管 ……………… 115
　　概况 ………………………………… 115
　　进口食品安全监管 ………………… 115
　　出口食品安全监管 ………………… 116
　　食品安全调查研究 ………………… 117
　　安全生产专项行动 ………………… 118
商品检验 …………………………… 119
　　概况 ………………………………… 119
　　危险品检验监管 …………………… 119
　　重点机电产品检验监管 …………… 121
　　重点消费类产品检验监管 ………… 122
　　检验监管模式改革 ………………… 122
　　进出口商品质量安全风险预警 …… 123
口岸监管 …………………………… 124

概况 …………………………………… 124
　　口岸物流监管 ………………………… 124
　　货物监管 ……………………………… 125
　　场所场地监管 ………………………… 126
　　口岸运行监控指挥 …………………… 126
　　口岸监管环节反恐 …………………… 127
　　安全生产 ……………………………… 127
　　口岸危险品综合治理百日专项行动 … 127
行邮监管 ………………………………… 128
　　概况 …………………………………… 128
　　快件邮件监管 ………………………… 128
　　跨境电商监管 ………………………… 129
　　行李物品监管 ………………………… 129
　　其他监管方式 ………………………… 129
　　智能审图 ……………………………… 130
　　暂时进出境货物监管 ………………… 130
　　ATA 单证册核销中心 ………………… 131
　　会展监管 ……………………………… 131
政策研究与统计 ………………………… 133
　　概况 …………………………………… 133
　　政策研究 ……………………………… 133
　　统计调查 ……………………………… 133
　　贸易统计 ……………………………… 133
　　分析研究 ……………………………… 134
企业管理 ………………………………… 135
　　概况 …………………………………… 135
　　企业信用培育 ………………………… 135
　　企业认证 ……………………………… 135
　　企业守法便利措施 …………………… 135
　　企业信用修复 ………………………… 136
　　"海关政策进万家" …………………… 136
　　"多证合一"改革 …………………… 136

　　企业动态管理 ………………………… 136
　　对企服务 ……………………………… 136
　　自贸创新举措 ………………………… 137
　　综保区建设 …………………………… 137
　　保税区域场所 ………………………… 137
稽查工作 ………………………………… 138
　　概况 …………………………………… 138
　　稽查业务 ……………………………… 138
　　核查业务 ……………………………… 138
　　属地查检 ……………………………… 139
　　检验检疫行政处罚 …………………… 139
查缉走私 ………………………………… 140
　　概况 …………………………………… 140
　　打击涉税走私违法犯罪 ……………… 140
　　缉私法制建设 ………………………… 140
　　综合治理 ……………………………… 140
风险管理 ………………………………… 142
　　概况 …………………………………… 142
　　北京海关重大风险排查重点工作 …… 142
　　风险防控区域协作 …………………… 143
　　口岸安全风险联合防控机制 ………… 143
　　北京海关口岸风险布控场所 ………… 143
　　全国重大风险政策性布控 …………… 143
　　重大活动政治安全风险防控 ………… 143
　　口岸疫情风险防控 …………………… 143
　　安全准入风险防控 …………………… 143
　　跨境电商风险防控 …………………… 143
　　濒危及野生动植物风险防控 ………… 143
　　知识产权保护 ………………………… 144
　　大数据海关应用 ……………………… 144
　　风险信息转化应用和管理 …………… 144
　　风险预警评估及转化 ………………… 144

第六篇　综合保障

政务管理 ·················· 147
　　概况 ·················· 147
　　督查督办 ·················· 147
　　公文处理 ·················· 148
　　会议管理 ·················· 148
　　信息工作 ·················· 148
　　新闻宣传 ·················· 149
　　值班应急 ·················· 149
　　保密管理 ·················· 150
　　档案管理 ·················· 150
　　政务公开 ·················· 151
　　信访工作 ·················· 151
　　热线服务 ·················· 151
财务管理 ·················· 153
　　概况 ·················· 153
　　预决算管理 ·················· 153
　　涉案财物管理 ·················· 153
　　税费财务管理 ·················· 154
　　企事业财务管理 ·················· 154
　　基建管理 ·················· 154
　　资产装备管理 ·················· 155
　　专项整治工作 ·················· 155
科技发展 ·················· 156
　　概况 ·················· 156
　　信息化建设 ·················· 156
　　信息系统管理 ·················· 156
　　实验室技术能力建设 ·················· 157
　　科技发展规划及科研管理 ·················· 157
　　海关科技队伍建设 ·················· 158
　　"疫情内部防控智慧管理平台"建设
　　·················· 158
　　网络安全保障工作 ·················· 158
督察内审 ·················· 159
　　概况 ·················· 159
　　配合审计 ·················· 159
　　督察监督 ·················· 159
　　内控建设 ·················· 160
　　执法评估 ·················· 160
　　专项督察 ·················· 161
　　审计整改 ·················· 161
　　督审信息化建设 ·················· 161
离退休干部工作 ·················· 163
　　概况 ·················· 163
　　服务与管理 ·················· 163
　　教育与宣传 ·················· 164

第七篇　隶属海关单位

首都机场海关 ·················· 167
　　概况 ·················· 167
　　党的建设 ·················· 167
　　法治建设 ·················· 168
　　业务改革与发展 ·················· 168
　　风险管理 ·················· 169
　　税收征管 ·················· 169
　　卫生检疫 ·················· 169
　　动植物检疫 ·················· 169
　　进出口食品安全监管 ·················· 170
　　商品检验 ·················· 170
　　监管业务 ·················· 170
　　海关统计与政策研究 ·················· 170
　　查缉走私 ·················· 171
　　政务管理 ·················· 171
　　财务与后勤保障 ·················· 171

科技发展	171	安全生产	187
督察内审	172	信息宣传	187
安全生产	172	**北京车站海关**	**188**
队伍建设	173	概况	188
北京冬奥会保障工作	173	党的建设	188
疫情防控	174	法治建设	189
优化营商环境	175	税收征管	189
海关总署税收征管局（京津）	**177**	监管业务	189
概况	177	卫生检疫	190
党的建设	177	动植物检疫	190
贯彻落实党中央重大决策部署	178	海关统计与政策研究	190
税收风险防控	179	财务与后勤保障	190
大数据应用	179	督察内审	190
税政服务	179	队伍建设	190
国际事务	180	统筹口岸疫情防控和促进外贸稳增长	191
协同共治	180	疫情防控	192
航空业清单	180	安全生产	192
内控监督	180	**北京邮局海关**	**193**
制度建设	180	概况	193
队伍建设	181	党的建设	193
志愿服务	181	监管业务	195
北京大兴国际机场海关	**182**	督察内审	196
概况	182	队伍建设	196
党的建设	182	疫情防控	197
法治建设	184	信息新闻宣传	197
业务改革与发展	184	**中关村海关**	**198**
卫生检疫	185	概况	198
监管业务	185	党的建设	198
队伍建设	185	法治建设	198
优化营商环境	186	业务改革与发展	199
复航推进	186	税收征管	199
综保区建设	186	检验检疫	199
疫情防控	187		

| 监管业务 …………………………… 200
| 海关统计与政策研究 …………… 201
| 企业管理与稽查 ………………… 201
| 政务管理 ………………………… 201
| 财务与后勤保障 ………………… 201
| 科技发展 ………………………… 201
| 督察内审 ………………………… 202
| 队伍建设 ………………………… 202
| 优化营商环境 …………………… 202
| 中关村综合保税区申建 ………… 202
| "两区"建设 …………………… 203

北京东城海关 …………………… 204
| 概况 ……………………………… 204
| 党的建设 ………………………… 204
| 法治建设 ………………………… 205
| 检验检疫 ………………………… 206
| 监管业务 ………………………… 206
| 企业管理和稽查 ………………… 206
| 督察内审 ………………………… 206
| 队伍建设 ………………………… 207
| 优化营商环境 …………………… 207
| 疫情防控 ………………………… 208
| 安全生产 ………………………… 208

北京西城海关 …………………… 209
| 概况 ……………………………… 209
| 党的建设 ………………………… 209
| 法治建设 ………………………… 210
| 税收征管 ………………………… 211
| 检验检疫 ………………………… 211
| 保税监管业务 …………………… 211
| 海关统计与政策研究 …………… 211
| 企业管理与稽查 ………………… 212
| 督察内审 ………………………… 212

| 队伍建设 ………………………… 212
| 优化营商环境 …………………… 213
| 集中验估 ………………………… 214
| 疫情防控 ………………………… 214
| 安全生产 ………………………… 214

丰台海关 ………………………… 215
| 概况 ……………………………… 215
| 党的建设 ………………………… 215
| 法治建设 ………………………… 216
| 业务改革与发展 ………………… 216
| 风险管理 ………………………… 216
| 税收征管 ………………………… 217
| 动植物检疫 ……………………… 217
| 进出口食品安全监管 …………… 217
| 商品检验 ………………………… 218
| 监管业务 ………………………… 218
| 海关统计与政策研究 …………… 219
| 企业管理和稽查 ………………… 219
| 财务与后勤保障 ………………… 219
| 队伍建设 ………………………… 219
| 北京冬奥会保障工作 …………… 220
| 安全生产 ………………………… 220

海淀海关 ………………………… 221
| 概况 ……………………………… 221
| 党的建设 ………………………… 221
| 法治建设 ………………………… 222
| 业务改革与发展 ………………… 222
| 风险管理 ………………………… 222
| 税收征管 ………………………… 223
| 动植物检疫 ……………………… 223
| 进出口食品安全监管 …………… 223
| 商品检验 ………………………… 223
| 监管业务 ………………………… 223

| 企业管理与稽查 ……………… 224
| 督察内审 …………………… 224
| 队伍建设 …………………… 224
| 疫情防控 …………………… 224
| 安全生产 …………………… 224
| 信息宣传 …………………… 224

通州海关 …………………………… 226
| 概况 ………………………… 226
| 党的建设 …………………… 226
| 法治建设 …………………… 227
| 业务改革与发展 …………… 227
| 风险管理 …………………… 228
| 税收征管 …………………… 229
| 动植物检疫 ………………… 229
| 进出口食品安全监管 ……… 230
| 商品检验 …………………… 230
| 海关统计与政策研究 ……… 230
| 企业管理和稽查 …………… 231
| 监管业务 …………………… 231
| 口岸监管工作犬应用 ……… 232
| 疫情防控 …………………… 232

顺义海关 …………………………… 233
| 概况 ………………………… 233
| 党的建设 …………………… 233
| 法治建设 …………………… 234
| 业务改革与发展 …………… 234
| 风险管理 …………………… 234
| 税收征管 …………………… 235
| 动植物检疫 ………………… 235
| 进出口食品安全监管 ……… 235
| 商品检验 …………………… 235
| 监管业务 …………………… 235
| 海关统计与政策研究 ……… 236

| 企业管理和稽查 …………… 236
| 安全生产 …………………… 236
| 队伍建设 …………………… 236
| 疫情防控 …………………… 237
| 优化营商环境 ……………… 237

亦庄海关 …………………………… 238
| 概况 ………………………… 238
| 党的建设 …………………… 238
| 法治建设 …………………… 239
| 业务改革与发展 …………… 239
| 风险管理 …………………… 240
| 税收征管 …………………… 240
| 卫生检疫 …………………… 240
| 动植物检疫 ………………… 241
| 进出口食品安全监管 ……… 241
| 商品检验 …………………… 241
| 监管业务 …………………… 242
| 企业管理和稽查 …………… 242
| 安全生产 …………………… 242
| 信息宣传 …………………… 242
| 队伍建设 …………………… 243
| 北京冬奥会保障工作 ……… 243

天竺海关 …………………………… 244
| 概况 ………………………… 244
| 党的建设 …………………… 244
| 法治建设 …………………… 245
| 业务改革与发展 …………… 246
| 税收征管 …………………… 246
| 检验检疫 …………………… 246
| 监管业务 …………………… 247
| 海关统计与政策研究 ……… 247
| 企业管理与稽查 …………… 247
| 财务与后勤保障 …………… 247

科技发展 …………………… 248
督察内审 …………………… 248
队伍建设 …………………… 248
冬奥保障 …………………… 248
"两区"建设 ………………… 248
疫情防控 …………………… 249
安全生产 …………………… 249
信息宣传 …………………… 249

北京朝阳海关 ……………………… 251
概况 ………………………… 251
党的建设 …………………… 251
法治建设 …………………… 252
业务改革与发展 …………… 252
税收征管 …………………… 252
检验检疫 …………………… 253
监管业务 …………………… 253
企业管理和稽查 …………… 253
查缉走私 …………………… 254
督察内审 …………………… 254
队伍建设 …………………… 255
疫情防控 …………………… 255
北京冬奥会保障工作 ……… 255
安全生产 …………………… 256
信息宣传 …………………… 256

平谷海关 ……………………………… 257
概况 ………………………… 257
党的建设 …………………… 257
法治建设 …………………… 258
业务改革与发展 …………… 258
风险管理 …………………… 260
卫生检疫 …………………… 260
动植物检疫 ………………… 260
进出口食品安全监管 ……… 261

商品检验 …………………… 261
监管业务 …………………… 262
海关统计与政策研究 ……… 262
疫情防控 …………………… 262
队伍建设 …………………… 262
安全生产 …………………… 263
信息宣传 …………………… 263

北京会展中心海关 ………………… 264
概况 ………………………… 264
党的建设 …………………… 264
法治建设 …………………… 265
业务改革与发展 …………… 265
风险管理 …………………… 265
税收征管 …………………… 266
涉外物品监管 ……………… 266
居民旅客物品监管 ………… 267
免税商品监管 ……………… 267
展览品监管 ………………… 267
海关统计与政策研究 ……… 267
政务管理 …………………… 268
财务与后勤保障 …………… 268
督察内审 …………………… 268
队伍建设 …………………… 269
疫情防控 …………………… 269
安全生产 …………………… 269

第八篇　事业单位

中国电子口岸数据中心北京分中心 ……… 273
概况 ………………………… 273
党的建设 …………………… 273
易速平台服务 ……………… 274
窗口服务 …………………… 274

客服热线	275	动物隔离场	284
信息化建设	275	概况	284
服务进出口企业	275	党的建设	284
技术服务	275	廉政建设	285
信息安全	275	业务改革与发展	286
互联网信息采集	276	风险管理	286
疫情防控	276	财务与后勤保障	286
教育培训	276	科技发展	287
科研工作	276	队伍建设	287
后勤管理中心	277	疫情防控	288
概况	277	安全生产	288
党的建设	277		
财务与后勤保障	277		

第九篇　荣誉名录

2022 年北京海关荣获省部级及以上表彰奖励、二等功以上奖励集体和个人名单 ……… 291

队伍建设	278
安全生产	278
食堂管理	278
疫情防控	279
物业管理	279
政府采购管理	279
罚没物品管理	279

第十篇　附　录

2022 年北京海关公告目录 ………… 297

索　引

海关总署（北京）国际旅行卫生保健中心 ………… 280

索引 ………… 307

概况	280
党的建设	280
技术保障和技术支撑	281
北京冬奥会保障	282
内部防控	282
实验室生物安全	282
安全生产	282
医院感染管理	283

"中国海关史料丛书"编委会

"中国海关史料丛书"编委会 ………… 321

第一篇

特载

在 2022 年北京海关工作会议上的讲话

北京海关关长、党委书记 张格萍

（2022 年 2 月 24 日）

这次会议的主要任务是，以习近平新时代中国特色社会主义思想为指导，深入贯彻党的十九大和十九届历次全会精神，认真落实 2022 年全国海关工作会议、全国海关全面从严治党工作会议要求，总结工作、分析形势、明确思路，部署 2022 年工作任务。

一、2021 年工作回顾

2021 年，北京海关认真贯彻落实海关总署党委、北京市委市政府的各项部署要求，全面深化政治建关、改革强关、依法把关、科技兴关、从严治关，推动各项工作有力有序有效开展，取得了"十四五"时期的良好开局。

一年来，我们推进政治建关，拧紧了思想认识"总开关"。

——学习贯彻习近平新时代中国特色社会主义思想入脑入心。全年共组织开展党委理论学习中心组集体学习 32 次，深入学习党的十九大和十九届历次全会精神，深入学习习近平总书记在庆祝中国共产党成立 100 周年大会上的重要讲话精神，深刻领会"两个确立"的决定性意义，持续增强"四个意识"、坚定"四个自信"、做到"两个维护"。全关各级党组织也开展了形式丰富的学习活动，将理论学习成果转化为生动实践。

——确保习近平总书记重要指示批示精神落实落细。坚持"第一议题"制度，切实走好"两个维护"第一方阵。认真落实"六稳""六保"部署，坚持统筹口岸疫情防控和促进外贸稳增长。深入践行"三智"理念，"冬奥会口岸传染病监测预警及快速检测技术研究"获评全国海关首批"三智"示范项目。严厉打击"洋垃圾"、濒危动植物及其制品走私，共办理"洋垃圾"走私案件 21 起、濒危动植物及其制品走私案件 8 起，查获象牙及其制品 31.8 千克。遏制"水客"走私，共查获走私奢侈品案值 4300 万元。

——推动党史学习教育走深走实。紧密围绕"学史明理、学史增信、学史崇德、学史力行"的总要求，举办读书班、宣讲会、专题党课、"学史·铸魂"红色讲坛等 140 余场次学习活动，在全关范围掀起党史学习教育的热潮。深入开展"我为群众办实事"实践活动，制定 108 条实际措施，3 个案例入选全国海关"百佳项目"。党史学习教育整体开展情况得到中央第二十一指导组和倪岳峰署长的充分肯定。

一年来，我们狠抓疫情防控，筑牢了首都口岸"防火墙"。

——进出境卫生检疫进一步强化。严格落实"三查三排一转运"，确保做到精准预测、精准布控、精准检疫、精准检测。全年共检测入境人员核酸样本10.9万个。坚持"人、物、环境"同防，规范做好货物采样检测及预防性消毒监督。

——内部防护进一步加严。在全国海关率先落实一线人员封闭管理要求，以顶格加严措施强化一线人员安全防护，并同步做好关心关爱和心理疏导工作，全力保障一线人员身心健康。大力推进全员疫苗接种工作，坚持日常"网格化"管理，及时、规范做好应急处置，确保了"打胜仗、零感染"。

——疫苗出境保障进一步提速。坚持做好疫苗研发及出境保障，对符合条件的新冠疫苗出境申请实行"7×24小时"即到即办。

一年来，我们强化底线思维，织密了安全工作"防护网"。

——重大活动保障有力。完成中国共产党成立100周年庆祝活动安全保障各项任务。为全年各场冬奥测试赛和国际训练周提供了高质量通关服务保障，共验放涉奥航班148架次、涉奥人员4906人次；监管验放冬奥会暂时进境货物500票、货值约12亿元，监管严密、通关高效，得到了北京冬奥组委的充分肯定。

——国门安全防线全方位筑牢。保持严查各类危险品、违禁品的高压态势，全年共查获枪支及仿真枪支19件、枪支散件及子弹439件，查获各类违禁印刷品音像制品31.2万件，同比增长30.1%。动植物检疫持续加强，伴侣动物和大中动物隔离检疫规定落实到位，全年共检出动植物疫情95种次，截获外来入侵物种191种次，其中，红辣椒轻斑驳病毒为全国口岸首次检出。严把进出口食品、商品质量关，共检出不合格工业品2043批、不合格危险化学品135批、不合格食品化妆品43批。查获各类侵犯知识产权货物3284批次，同比增长20.6%。

——打击走私违法行为战果丰硕。深入开展"国门利剑2021"等一系列专项打私行动，共立案侦办走私犯罪案件54起。成功侦办2起案值超千万元的重特大走私案件，精准打击走私医疗器械、雪茄及虚开骗税违法犯罪行为，有力维护了北京地区良好的进出口秩序。

一年来，我们服务首都发展，打出了政策措施"组合拳"。

——支持"两区"建设交出合格答卷。"航材保税物流供应链新模式"成为第六批自贸区中首个通过海关总署备案的创新举措；"免税、保税、跨境电商政策相衔接"、跨境电商销售医药产品试点等首创性政策进一步扩围增量。大兴综保区（一期）顺利通过国家验收，成为全国唯一一个跨省级行政区划的综保区。天竺综保区实现创新升级，全年共监管进出区货值301.9亿美元，同比增长32.4%，医疗健康、文化贸易、跨境电商等产业优势更加凸显。

——优化营商环境取得多项突破。压茬推进优化营商环境4.0版、5.0版以及创新试点改革任务，完成新一轮世行评价的视频磋商。2021年12月北京关区进、出口整体通关时间分别为28.65小时、0.79小时，较2017年分别压缩了73.41%、89.28%，均优于同期全国平均水平。会同市商务局开展优化北京空港口岸跨境贸易营商环境"百日攻坚"专项行动，空港口岸进口提货入出区时间节约了50%以上。会同天津海关深挖"船边直提""抵港直装"模式潜力，应用比例由年初的12%提升至22%，企业获得感和满足感进一步提升。

——服务首都重点产业收到良好效果。认真落实国家减免税政策，全年累计实际减免税款47.7亿元，涉及进口总货值83.3亿美元，均位居全国第一，其中重点科研项目相关减免税审核周期压缩40%，有效助力国际科技创新中心建设。在全国首创了SPF豚鼠监管新模式，获得生物医药企业的广泛好评。扩大B2B出口海外仓企业覆盖面，全年共新增审核海外仓14个。不断加大高级认证企业培育力度，北京地区高级认证企业同比增加11.2%。

一年来，我们实施"三大工程"，跑出了攻坚克难"加速度"。

——海关业务建设工程成果显著。制度基础更加健全，运行机制更加顺畅。信息化建设持续发力，"科技冬奥"研发成果落地见效，首都口岸检疫和智能化监管水平进一步提升。调整优化了9个单位的一线执法岗位设置、职能配置和人员编制，一线人力资源配置更加科学合理。

——领导班子和队伍建设工程蹄疾步稳。坚持正确用人导向，选优配强各级领导班子。积极推动专业技术类公务员分类管理改革。扎实推进事业单位队伍建设，完成事业单位管理岗位职员选拔任用工作。

——惠民利民工程全面推进。积极争取财政支持，持续改善干部职工待遇，"同城同酬"经费保障长效机制初步建立。养老保险和医疗保险改革、京外调入人员落户等一系列实事、难事得到有效解决。

一年来，我们抓好各项工作，夯实了自身建设"压舱石"。

——基础业务建设更加扎实。风险先导作用更加突出，非贸渠道人工分析布控查获率位居全国前列。综合治税合力进一步增强，实现了税收量质并举。全年税款入库641.3亿元，同比增长7.5%，完成税收预算目标。税管局（京津）基础建设得到加强，与相关单位、部门的协同配合更加紧密。监管力度持续加大，全年共监管进出口货物6316.4万吨，监管进出境飞机3.3万架次，验放进出境人员60.5万人次，监管进出境邮递物品及快件2586.5万件（票），监管进出境印刷品和音像制品207.9万件。后续监管作业质量进一步加强，深化"多查合一"改革，办结稽核查作业1132起。统计监测预警能力持续强化，高质量完成海关总署交办的重点产品调研任务，向署、市上报各类监测分析文章170余篇，获得中央领导批示7篇，为领导决策提供了数据支持和有益参考。

——队伍作风建设更加务实。开展"党旗耀京关"党建品牌展示，43个党支部获评北京海关"四强"党支部，6个党支部品牌被总署党委授予海关基层党建示范品牌和培育品牌。准军事化纪律部队建设不断加强，"三个一"内务品牌建设取得积极成效。持续纠治形式主义、官僚主义问题，精文减会取得实质成果。2020年度考核工作中，执法一线科长的优秀等次比例为40.6%，重基层、重基础、重实绩的导向更加鲜明。

——监督执纪问责更加严实。认真配合做好总署党委第一巡视组对北京海关的常规巡视，限期当年完成的整改任务均已落实到位，其余长期整改措施正在持续推进。全面深化"现场监管与外勤执法权力寻租"专项整治工作，坚持"四管齐下"抓监督，以查促改、以改促进。加大对"一把手"和领导班子监督，对9名领导干部开展任期经济责任审计，对14个单位、部门开展党委巡察，权力制约和监督制度更加健全完善。聚焦"关键少数"，深化标本兼治，一体推进不敢腐、不能腐、不想腐。

——综合保障工作更加坚实。机关办公综合水平不断提升，法治建设取得实效，教育培训持续加强，后勤保障更加有力，老干部工作更加细致，学会工作取得良好成绩，各事业单位及工青团妇、文体协会作用充分发挥。先进集体、个人不断涌现，多个集体、个人获得上级单位及有关部门的表彰奖励。

2021年各项成绩的取得，得益于海关总署党委的坚强领导，得益于北京市委市政府的关心支持，得益于以高玉潮为班长的北京海关党委班子全体同志的凝心聚力，得益于北京海关全关上下，特别是一线干部职工的无私奉献、担当作为。在此，我代表关党委，向所有关心、支持北京海关工作的各级领导，向全关全体干部职工和离退休老同志，表示衷心感谢并致以崇高的敬意！

二、分析形势、明确思路

2022年是党的二十大召开之年，是北京冬奥之年，也是实施"十四五"规划承上启下的重要一年，大事多、喜事多。全力做好2022年各项工作，保持平稳健康的经济环境、国泰民安的社会环境、风清气正的政治环境，具有重大意义。在2022年全国海关工作会议上，总署党委对海关工作面临的形势进行了深入分析，对2022年的重点任务进行了具体部署。我们要不折不扣地贯彻落实党中央的重要决策部署和总署党委的具体要求，确保做到走前列、创一流。

（一）讲政治、见行动，标准更高。

党的十九届六中全会开创性地提出了"两个确立"，是党的十八大以来重要的政治成果。总署党委明确指出，海关是政治机关，要深刻把握"两个确立"的决定性意义，始终将"两个维护"作为最高政治原则和根本政治规矩，忠诚核心、拥护核心、跟随核心、捍卫核心，始终在思想上政治上行动上同以习近平同志为核心的党中央保持高度一致，并专门部署开展了捍卫"两个确立"、做到"两个维护"、强化政治机关建设专项教育活动，将其作为2022年全国海关系统的一项重要任务，要求把讲政治从外部要求转化为内在主动、有力的举措，落实到海关工作各领域、全过程。

作为首都海关、首善之关，首先我们必须是政治大关、政治强关，要不断提高政治站位，时刻牢记"首都无小事，事事连政治"，在捍卫"两个确立"、做到"两个维护"上走在前、作表率，把"绝对忠诚讲政治"体现在贯彻习近平总书记的重要指示批示精神上，体现在落实党中央重大决策部署上，体现在履职尽责、把关服务的实效上，以更高的标准和要求，强化政治机关建设，擦亮政治机关本色。

（二）迎冬奥、保安全，挑战更多。

筹办北京冬奥会、冬残奥会，是习近平总书记亲自决策、亲自推动的一件国家大事。在海关总署党委和北京市委市政府的坚强领导下，在全关上下的团结奋战下，北京海关的冬奥检疫监管和通关保障工作取得了阶段性胜利。2022年北京海关已监管出入境涉奥航班653架次，验放出入境涉奥人员3.3万人次，特别是在冬奥开幕前夕，承受了连续数日的涉奥人员入境高峰带来的压力和挑战，始终保持严密检疫、精准检测、高效通关、衔接畅通，为冬奥会顺利举办提供了有力支持，为今后继续做好重大活动保障积累了丰富经验，得到了各级领导的高度肯定。当前，冬奥人员出境监管保障任务仍在继续，冬残奥会的人员入境高峰即将到来，我们不能有丝毫懈怠放松，必须时刻保持"一刻也不能停、一步也不能错、一天也误不起"的工作态度，继续以严密防疫的措施、热情优质的服务为冬残奥会保驾护航。

与此同时，新冠疫情仍在全球持续蔓延，恐怖主义、极端势力的输入风险长期存在，各类危险品、违禁品走私屡禁不绝。北京作为首都，更是处在防范重大风险的前沿阵地。冬奥会之后，是全国"两会"，下半年还将召开党的二十大，在保安全方面出现任何疏漏或闪失，都可能带来无可挽回的巨大损失。北京海关在严格口岸疫情防控、防范恐怖活动和政治渗透、维护国家公共安全等方面的任务更加艰巨，责任更加重大。

（三）稳外贸、促发展，压力更大。

中央经济工作会议指出，当前我国经济发展面临需求收缩、供给冲击、预期转弱三重压力，明确了稳字当头、稳中求进的总基调。年初，国务院专门印发文件，就做好跨周期调节进一步稳外贸提出具体意见。海关总署在全国海关工作会议上明确提出，要更好地发挥国内国际双循环"交汇枢纽"作用，推动更大范围、更宽领域、更深层次对外开放；要多措并举稳住外贸外资基本盘，推动外贸实现"质的稳步提升"和"量的合理增长"。

具体到北京的情况看，一方面，2021年北京地区外贸规模突破3万亿元大关，同比增长30.6%，再创历史新高；另一方面，当前国际需求复苏势头放缓，外贸企业仍面临诸多困难，加之2021年基数较高，2022年稳外贸的压力仍然较大。北京市委市政府强调，必须继续做好"六稳""六保"工作，保持经济运行在合理区间，坚持"五子"联动融入新发展格局，进一步打造以开放创新为主要特征的首都现代化经济体系和发展模式，全面建成国际一流营商环境高地。这些部署要求不但与北京海关工作息息相关，而且已从单一的海关作业扩大为多部门协同配合，从口岸环节的"快验快放"上升为涉及规则、机制、标准的全领域制度型开放，对我们提出了更高标准和全新课题。

（四）强队伍、抓建设，任务更重。

机构改革后，海关维护国门安全的任务比过去任何时候都艰巨繁重，防范重大风险的考验比过去任何时候都复杂严峻，海关所面临的政治风险和廉政风险无时不在、无处不在。对此，总署党委明确提出了强政治、担使命，强队伍、优结构，强基础、提质效，强作风、严纪律，强本领、提素质的目标，要求我们锻造一支"政治坚定、业务精通、令行禁止、担当奉献"的准军事化纪律部队，建设让党中央放心、让人民群众满意的模范机关。近年来，在历届关党委和全关上下的共同努力下，北京海关队伍建设保持了良好势头，取得了长足进步，但是对标首都海关、政治强关的定位，对照海关总署党委的要求，我们仍然存在一定差距和不足，"敢担当、抓落实"的作风还没有完全形成，形式主义、官僚主义现象仍然存在，不作为、不担当、不务实的现象未能根除；良好的政治生态和清新的工作氛围不够牢固，一些事关干部职工切身利益的突出问题仍未得到有效解决，队伍整体的向心力和凝聚力还有待增强，在"严管"和"厚爱"两方面都需要百尺竿头更进一步，持续发力、久久为功。

为此，关党委研究确定2022年北京海关的总体思路是：以习近平新时代中国特色社会主义思想为指导，深入贯彻党的十九大和十九届历次全会精神，认真落实中央经济工作会议部署，弘扬伟大建党精神，深入学习领会"两个确立"的决定性意义，增强"四个意识"、坚定"四个自信"、做到"两个维护"；坚持稳字当头、稳中求进，立足新发展阶段，贯彻新发展理念，构建新发展格局，落实"六稳""六保"部署，强化监管优化服务，统筹发展和安全，统筹口岸疫情防控和促进外贸稳增长；持之以恒推进"五关"建设，聚焦"四个走在前列"的要求，以"走前列、创一流"为目标，绝对忠诚讲政治、守好国门保安全、改革创新促发展、严管厚爱强队伍，马上就办、真抓实干，锲而不舍、一以贯之，坚决当好政治强关"排头兵"，在社会主义现代化海关建设和首都经济社会发展大局中作出新的更大贡献，以优异成绩迎接党的二十大胜利召开。

三、2022年北京海关各项重点工作任务

（一）绝对忠诚，在建设政治强关上展现新作为。

始终牢记习近平总书记"看北京首先要从政治上看"的重要指示要求，深入推进政治建关，持续增强政治判断力、政治领悟力、政治执行力，不断擦亮"绝对忠诚讲政治"的本色。一是全面学习贯彻习近平新时代中国特色社会主义思想。持续发挥好党委理论学习中心组学习的龙头作用，把学懂弄通做实习近平新时代中国特色社会主义思想作为重大政治任务和长期战略任务，进一步引导和带动全体党员干部做到学思用贯通、知信行合一。推进党史学习教育常态化长效化，把学习宣传贯彻党的十九届六中全会精神持续引向深入，做好迎接党的二十大宣传引导和党的二十大精神学习贯彻。二是坚决贯彻落实习近平总书记重要指示批示精神。继续坚持"第一议题"制度，完善上下贯通、执行有力的抓落实工作机制，闻令而动、遵令而行，不断提高抓落实的成效，做到态度坚决、行动迅速、效果明显。三是深入开展捍卫"两个确立"、做到"两个维护"、强化政治机关建设专项教育活动。严格做好学习提高、查找问题、整改落实、拓展巩固的各项工作，以扎扎实实的行动，落实好"把认识提上去、把问题查清楚、把症结分析透、把措施定实在、把整改做到位"的要求。统筹推进专项教育活动与巡视整改、审计整改、专题民主生活会整改，把讲政治的要求落实到每项工作中、每个岗位上，确保北京海关各项工作始终保持正确的政治方向。

（二）全力以赴，在守护首都国门安全上作出新贡献。

牢固树立总体国家安全观，强化底线思维，强化整体防控，构筑安全防线，确保首都高标准安全。一是高质量完成重大活动的监管服务保障任务。坚持"规定动作必须100%做到位，做到99%就是不及格"的标准，毫不松懈做好冬奥会和冬残奥会出入境人员物资的检疫监管和通关保障工作，并以此为契机，进一步优化模式、丰富手段，高质量完成全国"两会"、党的二十大等重大活动的口岸安保与通关保障任

务。二是持之以恒抓好疫情防控。始终紧绷疫情防控这根弦，坚持以"打胜仗、零感染"为目标，持续筑牢首都口岸检疫防线。要严格落实"人、物、环境"同防，严格实施进口冷链食品、高风险非冷链集装箱货物监测检测和预防性消毒监督，规范做好入境客运航空器终末消毒监督工作，进一步夯实各方责任。要以从严就高的标准做好内部防护，不断优化完善闭环管理流程，持续加强一线闭环人员的个人防护和关心关爱。要同步加强对埃博拉、鼠疫、黄热病、拉沙热等重大烈性传染病防控力度，严防疫情叠加。三是全面加强动植物检疫。坚持人病兽防、关口前移，持续加强非洲猪瘟、高致病性禽流感、沙漠蝗等重大动植物疫情防控。深入开展"国门绿盾2022"行动，严把外来入侵物种口岸防控关，协同做好首都地区生物多样性保护工作。进一步深化种质资源引进检疫监管改革，全力保障特定种质资源安全、高效引进。四是健全进出口食品安全体系。坚持对标"四个最严"的要求，持续推进进口食品"国门守护"行动，严防食品安全风险，严管食品安全问题，坚决捍卫人民群众"舌尖上的安全"。五是强化商品质量安全监管。深化商品检验模式改革，聚焦"安全卫生健康环保"要求，加强危险化学品、矿产品、高污染高耗能产品、再生原料、防疫物资、机动车、儿童用品等重点敏感商品检验监管。六是持续抓牢首都口岸的政治保卫工作。全面加强各现场各渠道的监管查缉力度，坚决将各类危险品、违禁品拒于国门之外，完善突发事件处置预案，加强反恐应急演练，切实维护意识形态安全和首都和谐稳定。七是狠抓安全生产责任落实。坚持问题导向，强化底线思维，深入排查纠治安全风险隐患，持续压紧压实安全生产责任，坚决杜绝各类安全生产事故的发生。

（三）严密高效，在强化开放监管能力上实现新突破。

始终坚持将强化监管作为优化服务的前提，以"管得住、放得开、效率高、成本低"为目标，不断增强监管整体合力。一是提升风险防控效能。进一步突出实战导向，突出抓好人工分析布控查获率、稽核查指令有效性、移交缉私成案率等主要指标，充分发挥风险管理的先导作用。继续高质量推动口岸风险布控场所建设。二是严密实际监管。要继续加强监管作业场所运行管理，推进监控指挥中心实体化运行，持续提升口岸监管作业规范化水平。要深入应用先期机检、智能审图等技术手段，加快实现信息化、智能化查验。要不断深化关邮合作，持续推动新顺场地建设，进一步提高邮递物品通关效率。同时，要继续严格进出口贸易禁限管控，强化知识产权海关保护。三是深化综合治税。坚持依法科学征管，坚持"量、质、效"并举，加强税收运行监控分析，深入挖掘税收潜力，增强综合治税合力，努力实现应收尽收。要持续优化税收征管机制，进一步强化税收征管跨部门协同，完善税收征管要素前置认定；优化关区验估作业机制，提升验估作业质量。加强税管局（京津）建设，提升税收风险防控能力。四是加大后续监管力度。要坚持以查发问题为导向，推进稽查业务改革，提高查发率和办案水平。要推进核查分类改革，开展重点领域核查，统筹推进"多查合一"。要积极探索企业信用培育新模式，提高认证质量，发挥高级认证企业的示范效应。五是保持打击走私高压态势。深入开展"国门利剑2022"联合行动，保持打击"洋垃圾"、冻品、象牙等濒危物种及其制品走私的高压态势。强化信息摸排和态势掌控，在"破大案、打团伙、摧网络"上力求更大突破。加强"智慧缉私"，提高缉私办案质效，深化地区反走私综合治理，坚决遏制走私势头。六是深入推进法治建设。持续完善关区规章制度体系，坚持规章制度清理长效机制，及时推动规章制度"立、改、废"。督促落实行政执法"三项制度"，持续提升执法规范化水平。完善行政复议案件会商审理模式，发挥业务专家、公职律师、法律顾问在案件审理中的作用，积极化解复议诉讼案件办理风险。继续加强法制宣传教育工作，提升执法能力和水平，促进规范执法。

（四）改革创新，在支持首都高水平开放高质量发展上取得新成绩。

准确把握海关在新发展阶段的职能定位和自身的职责使命，全面推进全业务领域一体化改革，助力构建首都"五子"联动的新发展格局，形成京关经验，打造京关样板。一是在优化营商环境上再发力。深入开展新一轮促进跨境贸易便利化专项行动。全力支持北京建设国家营商环境创新试点城市，统筹推进北京市优化营商环境5.0版改革任务，巩固压缩整体通关时间。全面落实"证照分离"制度改革，持续释放"放管服"改革红利。积极配合做好中国营商环境评价和世行评价工作。二是在助推口岸开放上再发力。坚持口岸安全监管与促进通关便利并重，巩固深化"百日攻坚"行动成果，大力支持北京首都国际机场、北京大兴国际机场"双枢纽"建设。助力拓展口岸功能，持续推动大兴国际机场口岸指定监管场地申报工作。加强"一带一路"通关协作，推动口岸基础设施互联互通，助力构建陆海空"三位一体"的口岸监管体系。三是在深化"两区"建设上再发力。全力支持自贸试验区试点汽车平行进口保税仓储业务，鼓励海外文物回流，助力"两区"生物医药全产业链开放和人才领域全环节改革，压茬推进"两区"方案各项牵头任务取得务实成效。在此基础上，聚焦企业诉求，推进制度创新和流程优化，形成更多可复制可推广的改革成果。四是在助推综保区建设上再发力。强力推进大兴国际机场综保区建设，助力打造"一个系统、一次理货、一次查验、一次提离"的港区一体化监管模式。推动天竺综保区加快整改提升，扩大网购保税进口业务规模。继续指导做好亦庄综保区申建工作，配合做好中关村综保区申建可行性研究。五是在支持重点产业和区域发展上再发力。认真落实国家税收优惠政策，聚焦国家战略和支持首都特色优势产业发展，开展税政调研；做好RCEP实施工作，加强原产地管理和宣传培训。聚焦国际科技创新中心建设，加大相关税收政策落实力度，为符合条件的科研和技术开发机构高效办理减免税手续。统筹发挥综保区政策功能，为集成电路、人工智能、生物医药等高精尖产业发展提供助力。聚焦国际消费中心城市建设，继续做好跨境电商进口医药产品监管，配合推进"网购保税+线下自提"业务开展。聚焦京津冀协同发展，积极推广"船边直提""抵港直装"，进一步提升京津冀地区贸易便利化整体水平。六是在统计监测预警上再发力。进一步提高政策研究和统计工作水平，充分发挥外贸统计分析职能，针对北京地区特色行业、重点企业外贸进出口情况，开展相关课题研究及专项统计调查，及时撰写报送统计专报，为首都高水平开放提供权威的进出口数据，为各级领导提供高质量的决策参考。继续加强数据质量管控，强化统计监督，确保数据安全。七是在强化科技支撑引领上再发力。持续推动"三智"建设，努力打造更多示范项目。加快推进北京海关业务监控统计展示平台项目开发，抓好监控指挥中心融合指挥系统建设。强化网络和信息系统运维管理，健全网络和数据安全防护体系。持续做好实验室质量监督和生物安全管理工作。

（五）严管厚爱，在抓好队伍建设上谱写新篇章。

坚持严的主基调不动摇，以马不离鞍、缰不松手的定力推动北京海关全面从严治党向纵深发展，做到态度不变、决心不减、尺度不松。深化落实海关总署党委激励关爱措施，深入了解干部职工诉求，及时帮助解决实际困难，继续唱响凝心聚力、和谐向上的主旋律。一是持续强化各级党委班子建设。充分发挥党委班子的"头雁"效应，传承和发扬历届关党委班子的优秀传统，做到带头讲政治、践忠诚，带头讲团结、聚合力，带头讲担当、重实干，带头讲清廉、守底线，打造"政治坚强、团结协作、务实担当、勤政廉洁"的党委班子，持续压紧压实管党治党政治责任，确保各级党委"一把手"和领导班子做到知责于心、担责于身、履责于行。二是持续推进基层党组织建设。巩固拓展"强基提质工程"成果，深化"四强"党支部建设，组织结对共建，促进互学互鉴、联学联建，进一步挖掘基层热源，打造示范样板，做实做亮党建品牌，推动基层党组织全面进步、全面过硬。三是持续打造一流干部队伍。建立健全"三关心"机制，关心干部成长，坚持"重忠诚、重基层、重实干、重担当、重实绩"的用人导向，真正把忠诚干净担当的干部选出来、用起来；关心干部待遇，强化"同城同酬"资金保障，多办惠民之事，努力创造良好的工作生活环境；关心干部困难，加大基层调研力度，主动了解基层需求，积极帮助排忧解难，解决干部后顾之忧。四是持续改善机关作风。加强队伍规范化管理，不断提升准军事化纪律部队建设水平。深化精神文明建设，进一步发挥先进典型的示范引领作用。锲而不舍纠"四风"树新风，深入纠治形式主义、官僚主义，做到"事事马上办、人人钉钉子、个个敢担当"。五是持续打造清廉海关。坚持"四责协同"，一体推进不敢腐、不能腐、不想腐。巩固巡视整改成果，实现巡察全覆盖。巩固"现场监管与外勤执法权力寻租"专项整治成果，深入开展"海关重点项目和财物管理以权谋私"专项整治。深化打私反腐"一案双查"，严肃查处违纪违法行为，做深做实警示教育，持续营造风清气正的政治生态。

与此同时，要进一步提升综合保障效能，为各项重点工作任务提供有力支持。继续提高政务保障水平，巩固精文减会成果。加强财务管理，全力争取各方经费支持，提升预算执行效能。积极探索"智慧后勤"建设，进一步提高干部职工幸福指数和对机关后勤的满意度。深入推进审计发现问题整改，提高内部审计质效，推进内控体系化建设。发挥好工青妇、学会协会等群团组织作用，用心用情做好离退休干部工作。支持事业单位发展，持续激发事业单位活力。

时代催人奋进，使命呼唤担当，让我们更

加紧密地团结在以习近平同志为核心的党中央周围，坚持和捍卫"两个确立"，增强"四个意识"、坚定"四个自信"、做到"两个维护"，踔厉奋发、笃行不怠，锲而不舍、一以贯之，以实际行动推动北京海关各项工作行稳致远，为社会主义现代化海关建设和首都经济社会发展作出更大贡献，以优异成绩迎接党的二十大胜利召开！

在 2022 年北京海关全面从严治党工作会议上的讲话

北京海关党委书记、关长　张格萍

（2022 年 2 月 24 日）

这次会议的主要任务是，深入学习贯彻习近平新时代中国特色社会主义思想，学习贯彻十九届中央纪委六次全会精神和全国海关工作会议、全国海关全面从严治党工作会议精神，总结 2021 年北京海关全面从严治党、党风廉政建设和反腐败工作，安排部署 2022 年工作任务。

下面，我代表关党委讲 3 点意见。

一、2021 年工作回顾

一年来，北京海关党委坚决扛起管党治党政治责任，始终把全面从严治党作为保安全、促发展、推改革、抓建设的根本保障和强大动力，一以贯之、坚定不移全面从严治党、从严治关，清廉海关建设向纵深推进，以全面从严治党新成效促进海关制度创新和治理能力建设，为落实党中央重大决策部署提供了坚强保证。

（一）强化政治引领，践行"两个维护"坚定自觉。

一是持续强化理论武装。持续学懂弄通做实习近平新时代中国特色社会主义思想，深入学习党的十九届六中全会精神，开设学习宣传贯彻十九届六中全会精神专题学习班。组织开展党委理论学习中心组集体学习 32 次，参加北京市委理论学习中心组集中学习 16 次，推动理论学习往深里走、往实里走、往心里走。二是坚决贯彻落实党中央重大决策部署。将学习贯彻落实习近平总书记重要指示批示精神作为每月形势分析及工作督查例会的"第一议题"，第一时间传达学习、研究部署、贯彻落实。认真落实"六稳""六保"部署，坚持统筹口岸疫情防控和促进外贸稳增长，深入践行"三智"理念，保持打击"洋垃圾"、濒危动植物及其制品走私的高压态势。三是推动党史学习教育走深走实。深入学习贯彻习近平总书记关于党史学习教育的重要讲话精神。精心组织北京海关庆祝中国共产党成立 100 周年系列活动，通过党史宣讲、读书分享、知识竞赛、文艺作品创作等多种形式庆祝党的百年华诞。深入开展"我为群众办实事"实践活动，制定关级"实事清单" 35 项 108 条措施并推动落实，3 个案例入选全国海关"百佳项目"。党史学习教育整体开展情况得到中央第二十一指导组和倪岳峰署长的充分肯定。

（二）聚焦主责主业，管党治党责任压紧压实。

一是强化统筹推进。年初召开全面从严治党工作会议，同步部署党风廉政建设工作；年中召开全面从严治党工作推进会，组织3名隶属海关党委书记、2名派驻纪检组组长谈责任，强化监督指导；年底组织7名隶属海关党委书记现场述责述廉述党建，压实责任链条。二是加强对"一把手"和领导班子的监督。制定北京海关加强对"一把手"和领导班子监督的43项工作任务和14项监督重点；把加强监督落实情况纳入北京海关绩效考核体系，以考核促进监督。三是有效提升基层党建治理。集中开展隶属海关党委工作质量专项整治和基层党建工作专项整治，查发问题95个，推动14项整改措施落地落实；创新机关党委委员基层联系点、"机关—基层"支部结对共建、党建示范联系点3项机制，破解基层党建难题；组织开展6轮"理论+实操"培训，整体带动基层党建高质量发展；大力推动"四强"党支部争创，持续推进党建品牌建设，着力培育基层党建"热源"。

（三）加强纪律建设，推动党风政风持续向好。

一是持续纠治形式主义、官僚主义。狠抓精文减会，全关性会议同比减少7.7%，下行文数量同比减少51.2%。持续加大对形式主义、官僚主义问题的整治力度，不断深化拓展基层减负工作，推动基层减负常态化。二是不断加强准军事化纪律部队建设。注重抓好抓实"内务规范强化月"，确立常态化训练工作机制，关党委以上率下，带头参加队列训练；加强内务督查检查力度，针对巡视反馈的5类问题迅速开展自查整改；持续推动"三个一"内务品牌建设，通过开展内务规范现场观摩会、组织座谈交流等活动，推动内务建设有质量、上水平。三是发挥典型引领作用。积极挖掘宣传疫情防控中的先进事迹，继续发挥"T3D主题展"宣传阵地作用，接待展览参观400余人次。首都机场海关高延军作为全国海关优秀党员代表参加了中宣部组织的中外记者见面会；首都机场海关李占青获评"北京市优秀共产党员"。

（四）注重权力运行监督，防范系统风险有力有效。

一是不断深化"制度+科技"运用。深入落实行政执法三项制度，不断提升权力运行法治化水平。强化自查自纠内控力度，对816个内控节点开展自查。深入开展审计监督，完成总署推动重大决策部署贯彻落实情况等3项专项审计，对9个隶属海关单位开展经济责任审计。二是加强日常廉政监督。严格执行廉政纪律，对16个隶属海关全面从严治党制度执行情况开展检查，每半年对基层单位外出执法、礼品礼金上交情况开展梳理统计；主动加强外部监督，积极发挥社会特约监督员作用，深化政务服务"好差评"系统应用，推进系统办件主动评价率100%、好评率100%。三是持续纠治利益冲突。对163名处级干部家属从业情况进行重点筛查，对全部科级领导干部家属从业情况开展排查，向存在廉政风险的干部所在单位提出加强提醒监督建议，督促领导干部廉洁从政、廉洁用权。

（五）坚持上下联动，巡视巡察一体深入推进。

一是坚决履行好巡视整改主体责任。研究制定北京海关巡视整改"两方案一清单"，制定挂账销号审核、定期会议、专题研究、巡视整改联动、跟踪督办"5项机制",有效整合党委纪检组、办公室、人事处和机关党委对巡视整改监督合力,对"战线长、难度大、推进慢"的整改任务专题部署,推动集中整改期内整改措施完成率达到97%。二是扎实推进北京海关巡察工作。对14个隶属海关、内设处室和所属事业单位开展专项巡察和常规巡察,共查发各类突出问题122个,提出整改建议42个。坚持巡视巡察上下联动,对8个隶属单位党委开展"基层海关党委工作规范化建设"专项巡察,发现相关问题66个。

(六)持续正风肃纪,反腐败综合效应持续深化。

一是扎实开展廉政教育。组织拟提任领导干部任前廉政考试5轮60人次,关党委委员进行任前廉政谈话28人次;制作《执法权力寻租不可以》"小正"系列廉政动漫视频,持续开展警示教育月活动,统筹用好北京市廉政教育资源,着力提升廉政教育效果;坚持以案为鉴,开展回访教育。二是深入开展"现场监管与外勤执法权力寻租"专项整治。自主查发问题线索6个。针对关区业务工作建立健全10项制度机制,实现专项整治工作与治理效能相互转化。

回顾一年来的工作,我们深深感到,北京海关全面从严治党、党风廉政建设和反腐败工作能够稳步开展、扎实推进,必须坚持党的全面领导、坚决践行"两个维护",以"首善"标准大力加强政治机关建设,自觉做到绝对忠诚讲政治;必须牢牢抓住管党治党主体责任的"牛鼻子",坚持党要管党、全面从严治党,将强化政治担当、履行主体责任压紧压实在每个领域、每个环节;必须加强权力监督、规范权力运行,坚持让制度管权管事管人,让人民监督权力,让权力在阳光下运行。成绩的取得来之不易,需要我们倍加珍惜。

二、关区全面从严治党形势分析

2022年是党的二十大召开之年,是北京冬奥之年,也是实施"十四五"规划承上启下的重要一年。做好2022年各项工作具有重要的政治意义和历史意义。

习近平总书记在十九届中央纪委六次全会上发表重要讲话时强调,今年是党的十八大以来第十个年头。十年磨一剑,党中央把全面从严治党纳入"四个全面"战略布局,以前所未有的勇气和定力推进党风廉政建设和反腐败斗争,刹住了一些多年未刹住的歪风邪气,解决了许多长期没有解决的顽瘴痼疾,清除了党、国家、军队内部存在的严重隐患,管党治党宽松软状况得到根本扭转,探索出依靠党的自我革命跳出历史周期率的成功路径。

要清醒地看到,虽然当前管党治党宽松软状况得到了根本扭转,反腐败斗争取得了压倒性胜利并得到全面巩固,但形势依然严峻复杂。腐败和反腐败的较量还在激烈进行,并呈现出一些新的阶段性特征。习近平总书记用四个"任重道远"警示全党:防范形形色色的利益集团成伙作势、"围猎"腐蚀还任重道远,有效应对腐败手段隐形变异、翻新升级还任重道远,彻底铲除腐败滋生土壤、实现海晏河清还任重道远,清理系统性腐败、化解风险隐患还任重道远。

习近平总书记在十九届中央纪委六次全会上对把全面从严治党向纵深推进作出战略部署,强调要巩固拓展党史学习教育成果,更加坚定自觉地牢记初心使命、开创发展新局。要强化政治监督，确保完整、准确、全面贯彻新发展理念。要保持反腐败政治定力，不断实现不敢腐、不能腐、不想腐一体推进的战略目标。要加固中央八项规定的堤坝，锲而不舍纠"四风"树新风。要加强年轻干部教育管理监督，教育引导年轻干部成为党和人民忠诚可靠的干部。要完善权力监督制度和执纪执法体系，使各项监督更加规范、更加有力、更加有效。

面对新的形势和任务，我们更要清醒地认识到自身工作中存在的问题和不足：一是廉政风险隐患不容忽视。北京海关业务执法领域和非执法领域风险隐患时隐时现，安全监管有漏洞、监管要求落实不到位等问题依然存在，酒驾醉驾、黄赌毒等非执法领域违法违纪行为风险较高。在惩治腐败的高压态势下，依然有人心存侥幸，不收敛、不收手，有的放弃了职业操守甘于被"围猎"，拿着手中权力向企业换利益；有的淡忘了党员干部和公职人员身份，对廉政"红线"视而不见，违规经商办企业。二是形式主义、官僚主义问题仍未根治。推诿扯皮现象屡禁不绝、消极敷衍态度仍然存在，有的干部担当意识不够，遇到问题绕着走，被动拖延影响工作效率；有的干部在疫情防控中麻痹松懈，风险意识与责任意识弱化，制度执行不到位，工作落实打折扣；以会议贯彻会议、以文件落实文件、以批示呼应批示等现象仍然存在，不作为、慢作为、乱作为现象未能根除；基层报送材料多、任务负担重的问题亟待解决。三是全面从严治党责任还没有完全压实。敢抓敢管、真抓真管的还未占到大多数，管党治党"宽松软"等问题没有彻底解决。有的隶属海关党委专题研究全面从严治党、清廉海关建设还不够经常，落实主体责任有效的措施还不够多，狠抓落实的力度还不够大；有的隶属海关党委对主体责任清单落实情况监督检查力度不够；有的领导干部履行"一岗双责"有差距，关注分管业务多、对落实全面从严治党工作指导少，对分管领域的党风廉政建设和反腐败工作研究部署少。四是对"一把手"和班子成员的监督有待加强。有的隶属海关党委"一把手"政治站位有待提高，思想认识有差距，主动接受监督的意识不强；有的隶属海关党委"一把手"政治能力不过硬，对主体责任、"第一责任人"责任认识不清，一谈监督就推给派驻纪检组，把自己当成旁观者；自上而下的组织监督和自下而上的民主监督贯通不够，监督合力还没有实现最大化。这些问题需要引起高度重视，认真加以解决。

三、2022年主要任务

2022年北京海关全面从严治党工作的总体要求是：以习近平新时代中国特色社会主义思想为指导，深入贯彻党的十九大和十九届历次全会精神，弘扬伟大建党精神，认真落实十九届中央纪委第六次全会部署，深刻认识"两个确立"的决定性意义，增强"四个意识"、坚定"四个自信"、做到"两个维护"，坚持稳中求进工作总基调，立足新发展阶段，完整、准确、全面贯彻新发展理念，构建新发展格局，推动高质量发展，自觉运用党的百年奋斗历史经验，永葆自我革命精神，深入贯彻全面从严治党方针，一体推进不敢腐、不能腐、不想腐，持续深化清廉海关建设，深入推进"五关"建设，以"走前列、创一流"为目标，绝对忠诚讲政治，守好国门保安全，改革创新促发展，严管厚爱强队伍，坚决当好政治强关"排头兵"，为建设社会主义现代化海关提供坚强保证，以优异成绩迎接党的二十大胜利召开。

重点做好以下6个方面工作。

（一）锲而不舍建设政治强关，捍卫"两个确立"、做到"两个维护"。

习近平总书记指出，看北京首先要从政治上看。北京海关作为首善海关，必须首先是政治强关。必须把政治建设作为第一位的任务，将政治能力作为最重要的能力，坚决当好政治强关建设排头兵。

在绝对忠诚讲政治上再加力。始终坚持落实好"第一议题"制度，持续完善上下贯通、执行有力的制度机制，强化督促检查，持续跟踪问效，做到时时处处向党中央看齐，扎扎实实贯彻党中央决策部署，确保执行不偏向、不变通、不走样。深入开展捍卫"两个确立"、做到"两个维护"、强化政治机关建设专项教育活动，组织各级党组织、广大党员扎实开展学习教育，对照"没有离开政治的业务，也没有离开业务的政治"开展交流研讨，做到人人学；组织全体干部职工深刻检视自身问题，深入剖析思想根源，坚持从政治看业务、从业务看政治，持续开展重大风险隐患大排查，做到个个查；督促各单位、各部门抓好整改落实，坚持项目化推进、销号式管理推动整改落地见效，做到全员改，实现"走在前列、创出特色、见到实效"的活动目标。

在铸魂励志强思想上再加力。把学懂弄通做实习近平新时代中国特色社会主义思想作为终身必修课，通过党委理论学习中心组学习、"三会一课"等方式深化学习研讨。认真抓好宣传贯彻党的十九届六中全会精神处级领导干部轮训、党员干部全员培训，扎实做好党的二十大精神的学习宣传贯彻。不断巩固拓展党史学习教育成果，建立常态化、长效化制度机制。大力加强对党忠诚教育、党性教育和海关职业操守教育，推进海关史研究，加强先进典型培树和宣传。

在严守纪律讲规矩上再加力。做到"五个必须"，防止"七个有之"。严格落实重大事项请示报告制度，凡是重大问题、重要事项、重要工作进展情况，都必须按规定及时请示报告。突出政治标准，加强政治审查，严格把好选人用人"政治关"。持续提高民主生活会和组织生活会质量，强化对下级党组织民主生活会的监督检查，营造清朗政治生态。

（二）锲而不舍推进管党治党，落实主体责任，发挥"头雁效应"。

习近平总书记强调，各级领导干部特别是主要负责同志必须切实担负起管党治党政治责任，始终保持"赶考"的清醒，保持对"腐蚀"、"围猎"的警觉。各级"一把手"和领导班子要不断提高管党治党能力本领，推动形成带头抓落实、善于抓落实、层层抓落实的生动局面。

在发挥表率作用上持续下功夫。关党委要以更高标准、更严要求加强班子自身建设，继承发展"五项承诺"和"四个坚决"全面从严治党表态承诺，坚持"四个带头"，奋力建设"政治坚强、团结协作、务实担当、勤政廉洁"的党委班子，切实发挥"头雁效应"，坚定不移推进全面从严治党、从严治关。

在强化责任担当上持续用气力。党委书记要做到"四个亲自"，管好班子、带好队伍，严格自律、严负其责、严管所辖。领导班子成员要认真落实"一岗双责",把分管领域全面从严治党工作抓紧抓实、抓出成效。各级党委要切实履行全面从严治党主体责任,通过季度提醒、半年检查、年度考核,加强对"一把手"和领导班子的监督。深入贯彻《中国共产党纪律检查委员会工作条例》,强化纪检监察部门监督责任和协助职责,不断加强纪检干部队伍建设,提升工作规范化、法治化、正规化水平。

在加强监督问责上持续抓落实。严格执行民主集中制,严格落实"三重一大"等事项研究决策制度,自觉主动接受监督。综合运用信访举报、案件查办、巡视巡察等,定期开展政治生态分析研判,认真查找领导班子自身存在的突出问题。开展述责述廉述党建,用好队伍建设综合管理平台,加强检查考核,全面强化监督。要精准规范问责。严格落实问责条例,对不抓不管、失职失责的党组织和党员领导干部严肃问责。坚持"三个区分开来",通过严肃问责激发担当精神,调动和保护党员干部干事创业的积极性、主动性、创造性。

(三)锲而不舍从严治党治关,坚持系统观念,深化综合治理。

习近平总书记强调,要把严的主基调长期坚持下去,以系统施治、标本兼治的理念正风肃纪反腐。我们必须坚定不移推进党风廉政建设和反腐败斗争,坚持惩治震慑、制度约束、提高觉悟一体发力,做到系统施治、标本兼治。

保持高压态势,彰显"从严"的震慑。坚持有腐必反、有贪必肃、有案必查,紧盯一线执法领域和重点岗位,紧盯"关键少数"特别是"一把手"和领导班子,严肃惩治利用影响力或职权谋私贪腐等问题。完善"一案双查"工作机制,强化打私反腐合力,提升线索处置和案件查办质效。巩固"现场监管与外勤执法权力寻租"专项整治成果,深入推进"海关重点项目和财物管理以权谋私"专项整治。开展"海关重点项目和财物管理以权谋私"专项整治是总署党委在新形势下贯彻落实党中央重大决策部署,促进海关中心工作的重要决策,彰显了总署党委惩治腐败无禁区、全覆盖、零容忍的坚定决心。我们要深刻认识开展专项整治工作的重大意义,以更高政治站位抓好落实。要聚焦政策支持力度大、资金密集、资源集中的重点领域和关键环节,严肃查处暗箱操作、权钱交易等问题,及时查找管理风险、制度漏洞和责任缺失,推动形成靠制度管权、管人、管事的长效机制。

推进以案促改,发挥"警鉴"的效果。凡是发生违纪违法案件的都要在案发单位开展以案促改,深入剖析案件暴露出的监管漏洞、制度短板,对存在共性问题的要在相关条线以案促治,做实"后半篇文章"。将以案促改作为巡察、派驻监督的重要内容,加强对受处分党员的回访教育,推动惩处、监督、教育贯通融合。做深做实警示教育。常态化学习党章党规党纪和法律法规,持续开展警示教育月活动,加大典型案例通报曝光力度,用身边案件教育身边人,使党员干部知敬畏、存戒惧、守底线。认真贯彻落实关于加强新时代廉洁文化建设的意见,打造线上线下廉洁文化品牌,从严从实加强年轻干部教育管理监督,深入推进家教家风建设。

加强配合协作,形成"监督"的合力。加强对纪检监察工作的领导和支持,旗帜鲜明、毫无保留地支持监督执纪工作,加强纪检监察干部队伍建设,提升专业化水平,推动纪检监察工作高质量发展，同向发力，画好监督"同心圆"。要建立完善派驻纪检组与驻在单位定期会商机制，积极发挥党委派驻纪检组近距离监督优势，切实提高派驻监督质量。

（四）锲而不舍强化作风建设，坚持严管厚爱，坚决正风肃纪。

习近平总书记提出，作风建设永远在路上，任何时候都不能松懈。我们要增强全面从严治党永远在路上的政治自觉，坚持严管和厚爱结合、激励和约束并重，激励党员干部担当作为，始终以好的作风提振精气神、凝聚正能量。

落实作风要求上头脑要特别清醒。严格落实中央八项规定及其实施细则精神，严格执行《中共海关总署委员会关于深入治理违反中央八项规定精神突出问题 进一步推进清廉海关建设的若干措施》，党员领导干部要做到"五个一律不准"，执法一线科长和关员要做到"四个一律不准"。对违规收受礼品礼金、接受吃请、公车私用、私车公养等问题，坚持露头就打、反复敲打。紧盯"四风"新表现新变种，重拳惩治风腐交织、隐形变异问题，从严从重处理不收敛不收手、顶风违纪行为。

纠治作风顽疾上行动要特别坚决。持续整治形式主义、官僚主义，抓好基层减负常态化机制落实，持续用力精文减会，进一步清理滥用积分排名及微信工作群、重复检查考核等，巩固深化业务问题收集反馈和机关直接服务基层长效机制。开展窗口作风提升行动，推进海关政务服务"好差评"系统应用，发挥好特约监督员、12360热线作用，坚决纠治不担当不作为、简单化乱作为、推诿扯皮等问题，不断增强企业群众获得感。坚持"过紧日子"，提高预算执行效率和资金使用效益，厉行勤俭节约，严肃制止餐饮浪费行为。

培养作风养成上落实要特别到位。严格纪律执行，持续传递全面从严、一严到底的强烈信号。强化疫情防控，加强责任追究。深化准军事化纪律部队建设，持续开展内务规范强化月、视频检查等，深化"三个一"内务品牌建设，整肃关容风纪。继续深化"强基提质工程"，增强党支部政治功能和组织力凝聚力。完善企事业单位管理监督机制，健全完善协管员队伍管理制度。进一步规范领导干部配偶、子女及其配偶从业行为，加强离职管理。要坚决查处和纠治"酒瓶子""车轮子"问题。持续纠治酒驾醉驾行为，严格落实禁止饮酒规定，一律不准在工作时间和工作日中午饮酒，对酒驾醉驾行为一律依规依纪依法顶格处理。强化"八小时以外"监督，净化干部职工社交圈、生活圈。完善运用"第一种形态"工作机制，做到抓早抓小、防微杜渐。更加突出严管厚爱，积极倡导人文关怀，建立健全"三关心"机制，关心干部成长、关心干部待遇、关心干部困难，鼓励担当作为，凝聚起攻坚克难、砥砺前行的强大力量。

（五）锲而不舍做好巡视巡察，把准政治定位，加强政治监督。

习近平总书记强调，要深化政治巡视，坚持发现问题、形成震慑不动摇，建立巡视巡察上下联动的监督网。我们要使巡察工作更加精准科学、更加有力有效。

坚持巡察工作高定位。全面贯彻中央巡视工作方针，紧扣"两个维护"根本任务，围绕"三个聚焦"巡察重点，强化政治建关，坚持问题导向，坚决按要求高质量完成北京海关巡察全覆盖。

织密巡视巡察联动网。根据总署统一部署，以巡视带动巡察、以巡察充实巡视，切实履行好巡察工作职责。发挥巡察综合监督平台作用，加强与政务督查、纪检监察、督察内审等其他监督力量的统筹衔接。

推动巡察整改见实效。总结巡察工作经验做法，研究内在规律，健全工作制度。完善整改监督工作机制，做好巡察反馈和移交工作，强化日常监督和专责监督，探索巡察整改量化评估，进一步压紧压实整改责任。全面梳理近年来巡察整改事项，健全完善整改常态化、长效化机制，紧盯不放、举一反三，确保真改实改彻底改。

（六）锲而不舍规范权力运行，坚持公权公用，强化履职担当。

习近平总书记指出，公权力姓公，也必须为公。只要公权力存在，就必须有制约和监督，不关进笼子，公权力就会被滥用。我们要保证公权力正确行使，更好促进干部履职尽责、干事创业。

拓展"制度+科技"新应用。开展查验、稽查、缉私案管等领域运行效果分析评估，加强经验总结推广，将"制度+科技"理念有序扩大到各个权力行为领域。积极稳妥推进科技控权。推动大数据、云计算、人工智能等信息技术在旅检、境外预检、固定资产管理、信息化应用项目管理、实验室管理、政府采购等领域延伸，逐步实现权力行使标准统一、权力处置智能判定、权力运行流程可溯。紧跟加贸及保税监管、属地查检等领域改革进展，一体提升执法效能和风险防控能力。

扎紧建章立制"铁笼子"。跟进海关规章立法后评估，加强制度规范性文件合法性审查，从制度源头规范权力运行。进一步健全行政执法机制，持续推进现场执法"选、查、处"分离，提高执法评估效能，强化制度执行刚性约束。

探索权力运行新路子。深化内控和审计，有效规范权力运行，继续推进各领域审计。不断完善审计工作制度和审计人才库的使用管理，深入查找制度落实中存在的问题。形成发现问题、推动整改、完善制度的链条式工作机制，确保权力使用不偏向、不变质、不出格，坚决抵制公权私用。

扬帆再启航，信有长风来。让我们更加紧密地团结在以习近平同志为核心的党中央周围，踔厉奋发、笃行不怠，锲而不舍、一以贯之，全力推进北京海关全面从严治党、党风廉政建设和反腐败斗争向纵深发展，以优异成绩迎接党的二十大胜利召开！

第二篇 专记

北京海关政治机关建设专项教育活动

北京海关党委坚决落实海关总署党委工作部署，瞄准"走在前列、创出特色、干出实效"目标，明确"五学五查五改"路径，扎实推进政治机关建设专项教育活动，深入学习研讨、查摆问题、改进提高，确保走深走实，务求良好成效，当好政治机关建设"排头兵"。

一、基本情况

北京海关党委将政治机关建设专项教育活动作为政治任务，与以机关党建推动落实习近平总书记重要指示精神和党中央经济工作决策部署专项工作（简称"学查改"专项工作）统筹开展、一体推进，抓紧抓实推动"两个专项"工作走深走实，确保取得实效。一是强化组织推动。成立领导小组、工作专班和巡回指导组，印发方案，细化32项工作任务，召开15次党委会、21次关长办公会和会商调度会研究部署、持续推进。党委书记明确提出"三带头三必须"要求，党委委员带头学习交流、带头查摆问题、带头整改落实，开展基层调研必须听取专项汇报、必须掌握问题底数、必须提出明确要求，党委委员深入基层、走访企业开展专题调研122次。4个巡回指导组持续跟进督导，确保专项工作落地落实。二是深入学习研讨。及时跟进学。第一时间组织开展《习近平经济思想学习纲要》、《习近平谈治国理政》第四卷等最新内容专题学习，关党委带头组织开展3次理论学习中心组专题扩大学习，党委书记主持召开5场专题座谈会，各级党委理论学习中心组组织学习180余次，2400余人次参加集体学习。拓展渠道学。扎实开展"政治机关建设我来讲"系列活动，各党支部结合"三会一课"、主题党日开展集中学习研讨，支部书记围绕"走好第一方阵 我为二十大作贡献"讲专题党课。贯通联动学。部门单位之间、基层党组织之间开展主题联学1142次，以理论学习深化党建沟通，以党建成效带动业务提升，推动学习成果有效转化。三是深入查摆问题。对标对表习近平经济思想和党中央经济工作决策部署，确立14个在经济社会发展中承担重要职责、关联度大的单位部门，聚焦"六对照六看六查""四个是否"要求，深刻检视海关工作中存在的风险隐患，认真梳理业务工作蕴含的政治要求，找准问题，形成清单，剖析根源，细化整改措施，确保查摆到边到底、问题找准找实、措施有力有效。共查摆重要风险隐患22个，制定整改措施78项，梳理岗位政治要求1597条。四是扎实推进整改。关党委带头认领整改任务，党委委员牵头推进整改。坚持"开门"整改、标本兼治，把巡视、巡察、审计、民主生活会和政治机关专项教育活动所查摆问题进行系统梳理，建立统一台账，一体整改落实。实施项目管理、专班推进、挂图作战，全部22项整改任务全部按期完成，取得扎实成效。

二、主要做法

坚持"首善"标准，聚焦政治强关建设，在创新路径指引、提升品牌质效、完善"三应"机制、浓厚"三实"氛围等方面下大力、出实招，坚决做到推进"学查改"专项工作符合海关总署要求、体现京关特点。

（一）强引领，创新路径。

坚持"五学五查五改"特色路径指引，推动"学查改"专项工作走深走实。"五学"并用，将理论学习"软实力"化为政治机关建设"硬支撑"。搭建"五学"平台，通过组织专题学、研讨交流学、集中轮训学、引导深入学、精品示范学，创新学习方式，强化理论武装，提升政治机关意识，北京海关在海关总署机关党建工作会上就"学查改"专项工作交流发言。"五查"贯通，以风险隐患"冷思考"推动政治机关建设"热运行"。按照"六对照六看六查"要求，着重查要求是否明确、查风险是否清楚、查重点是否突出、查剖析是否深刻、查清单是否全面，确保问题查摆岗位全覆盖、条线无缺失。"五改"求实，用问题整改"小支点"撬动工作质量"大提升"。将"改"作为检验"学查改"专项工作成效的"试金石"，突出统筹调度系统改、分析研判精准改、督查督办合力改、交流借鉴互动改、量化考评督促改，建立定期汇报、会商调度、督查督办、挂账销号工作机制，党委委员带头联系进出口企业，带头开展"防疫情、稳外贸、保安全"大调研大排查活动，带头认领问题压责整改，以上率下推动问题整改清零见底，不贰过。

（二）强质效，擦亮品牌。

打造"政治机关建设我来讲"品牌。推出学习习近平经济思想我来讲、"三实"文化我来讲、"一把手"我来讲、准军建设我来讲等8大专题，推动关区58位单位（部门）主要负责人、278名基层党支部书记、5576人次党员干部上讲台、谈体会，评选产生30篇优秀征文兼具理论高度、实践力度、情感温度。提炼基层特色学习品牌。强化精品意识，及时总结学习好经验、好做法，形成"党务干部每日学""半月谈""晨读一刻"等23个基层特色学习品牌，学出坚定信念、讲出心得体会、悟出使命担当。用好"思想理论学用讲坛"品牌。深化"青年理论提升工程"，组织23个青年理论学习小组、492名青年关员开展"青年跟党走建功新时代——强化政治机关建设"学习交流活动，围绕"更好按经济规律办事，青年怎么办"主题学习研讨82次，撰写心得体会621篇，打造爱岗敬业生力军。

（三）强机制，"三应"联动。

通过"学查改"专项工作探索构建完善"三应"机制，形成上下贯通、横向互动、有求必应的良好格局，实现工作聚焦、沟通顺畅、力量整合。"响应"提质，落实整改有提升。关党委实时督办、强力推动，各基层部门强化响应，深入整改、及时报送成效，推动"学查改"专项工作问题清单中21项问题、73项措施完成整改任务。"呼应"增效，联合攻坚有突破。针对排查发现的疫情防控、危险化学品监管、纠治形式主义官僚主义等复杂问题，建立"日推进、周调度、月汇报"机制，关党委9次召开会商会，9个职能处室跨部门联合攻关，提出实际举措18项，全力破解业务难题。"反应"纾困，强化调研有实绩。进一步完善基层调研指导机制，制定调研课题49项，安排包括党委书记在内的4位党委委员带队参加封闭管理、深入基层调研，关领导和职能部门主要负责人现场办公342次，形成真实反映一线实际调研报告47份，切实为基层解忧排难。

（四）强宣传，弘扬"三实"。

用足用好宣传渠道，加大宣传力度，营造浓厚氛围，推动"求实、扎实、朴实"成为新时代海关文化。成效展示求实，媒体宣传扎实。北京海关服务保障冬奥会工作、服务首都经济发展等工作成效被中央电视台《新闻联播》报道12次，新华社、《人民日报》等重要媒体报道2300余篇次。向海关总署政工办、市直机关上报信息476篇，刊发125篇，海关总署相关载体专题报道北京海关工作成效。氛围营造朴实。组织开展"两个专项"工作专题展、服务北京冬奥会主题展、促外贸保稳提质成果展、准军建设巡回展、迎"七一"主题文化展5个专题展览，拍摄制作音乐MV《领航》，在中央国家机关工委《旗帜》、北京市委《前线》以及《中国国门时报》等报纸刊物上刊发经验交流文章，全面总结宣传京关"学查改"专项工作成效，营造迎接党的二十大的浓厚氛围。

三、主要成效

抓实抓好"学查改"专项工作成果转化，补短板、强弱项，更加自觉从政治角度看待经济社会发展问题，更好按经济规律办事，实现以学促改、以改提质。

（一）信念更加坚定，绝对忠诚讲政治实现新提升。

通过深入学习研讨，对习近平总书记"看北京首先要从政治上看"的要求领会更加深刻，践行"两个维护"更加坚决，服务保障国家重大政治活动更加有力。把习近平总书记重要指示批示精神作为行动号令，闻令而动、遵令而行，研究确定重点任务36项、落实措施96项，日推进、周调度、月督办、季考核，确保政令畅通、令行禁止。以"一刻也不能停、一步也不能错、一天也误不起"的最高标准、最严要求，完成冬奥会通关保障任务，打造了国家重大活动通关服务保障的成功样板，党中央、国务院授予北京海关"北京冬奥会、冬残奥会突出贡献集体"荣誉称号。

（二）把关更加精准，守好国门保安全得到新巩固。

以"学查改"专项工作问题整改为有利契机，进一步提升风险防控工作意识，守好国门关口，筑牢安全防线，全力以赴护航党的二十大。慎终如始抓好疫情防控。坚持"人、物、环境"同防，坚决把各项防控措施100%执行到位。迅速落实"关长走进口岸封管区"要求，对收集的72条问题建议立行立改、挂账销号。落实"一原则、两确保、十必严"防护要求，快准严实抓好内部防护，精准有力确保国门安全。

（三）担当更加有力，改革创新促发展实现新作为。

坚决落实海关总署促进外贸保稳提质十条措施，实施"四优四提促五子"服务工程，细化28项具体措施，促进北京地区外贸保稳提质。一是优平台，改革提效能。大兴综保区作为全国唯一跨省区划综保区顺利封关运营；中关村、亦庄综保区申建工作稳步推进。二是优通道，通关提速度。持续畅通"双枢纽"空运通道和京津"无水港"海运通道，"船边直提""抵港直装"惠及企业，实现"即到即提、即装即走"。三是优环境，服务提质量。坚持简单证、优流程、提时效、降成本"四轮驱动"，实施空港营商环境百日攻坚、窗口作风百日提升、海关政策进万家"三大行动"，组织开展原产地优贸、税收征管、减免税、规范申报等对企宣讲。四是优产业，政策提优势。用好用足RCEP、减免税等政策工具，打造六位一体"芯"模式，创新实施企业进口研发"白名单"制度。

（四）作风更加过硬，严管厚爱强队伍取得新成效。

以"学查改"专项工作问题整改为抓手，进一步发挥党建引领作用，努力锻造"四过硬"的干部队伍。打造过硬班子。关党委明确提出打造"政治坚强、团结协作、务实担当、勤政廉洁"的班子，"四个带头"作表率，"四责协同"齐发力，"四管齐下"抓监督，紧盯班子建设、议事决策、选人用人等关键环节，切实加强"一把手"和领导班子监督，以班子强带动队伍强、工作强。打造过硬基层。实施"十百千万"党建提升行动，力争使全国海关党建品牌达到10个，"四强"党支部数量增至100个，千名党员干部能力素质"双提升"，在服务万家进出口企业中展现党员风采。2022年，11个集体、14名同志获评全国"青年文明号"、全国工人先锋号等省部级以上表彰。打造过硬队伍。树立"五重"的鲜明用人导向，坚决做到"一盘棋"考虑、"一张单"选拔、"一把尺"衡量，出台37项关心关爱疫情防控一线人员具体措施。打造过硬作风。倡导"事事马上办、人人钉钉子、个个敢担当"。实施关有示范、处有红旗、科有标兵的"三个一"准军品牌建设。坚决贯彻中央八项规定及其实施细则精神，细化具体措施40条。

撰稿人

王紫梁

服务保障北京冬奥会、冬残奥会

2022年，北京海关作为北京冬奥会、冬残奥会主办地海关之一，深入贯彻习近平总书记"简约、安全、精彩"的重要指示批示精神，坚决落实党中央、国务院关于疫情防控部署，按照海关总署党委要求，以高度的政治责任感和使命感，严把新冠疫情"外防输入"第一关口，扎实做好涉奥人员、物资通关保障工作，举全关之力高标准高质量完成北京冬奥会、冬残奥会的保障工作。北京海关1个集体获党中央、国务院授予的"北京冬奥会、冬残奥会突出贡献集体"，3个集体、6名个人获2022年北京冬奥会、冬残奥会北京市先进集体、先进个人。

一、组织架构

2022年，北京海关以北京冬奥会工作指挥部下设的"一办十一组"作为日常工作运转机制。与天津海关、石家庄海关按照三关北京冬奥会工作合作备忘录签署的内容就北京冬奥会物资通关中遇到的问题及时进行联络沟通。在首都机场海关成立"7×24小时"实体化运作的隶属海关三级监控指挥中心，形成"领导小组决策—指挥中心调度—闭环一线执行"的指挥调度机制。创建海关入驻机场运行控制中心（TAMCC）联席作业模式，与口岸各联检单位密切协同，建立"海关—边检信息互通""海关—机场信息发布"工作机制，实时掌握重点保障航班、重点关注旅客、重点监管措施。

在国家层面，北京海关作为成员单位参与北京冬奥会机场服务保障工作协调小组下设的值机柜台前移工作专班、北京冬奥会安全保卫工作协调小组下设的北京安保指挥中心的工作。在北京市层面，参与北京2022年冬奥会、冬残奥会北京市运行保障指挥部下设的礼宾及机场协调保障组、赛事综合保障组下设的食品安全部的工作；北京冬奥会（北京地区）食品供应安全工作领导小组下设"一办二十组"，北京海关为其成员单位。在冬奥组委层面，参与抵离中心领导的机场运行团队、由运动会服务部成立的北京冬奥会及测试赛工作专班和餐饮服务保障指挥中心的工作；在海关总署层面，参与海关总署北京冬奥会工作领导小组的工作。

二、制度设计

2022年，北京海关制订并发布13个北京海关冬奥会专项工作方案和10个应急预案，将具体任务分工细化到岗、落实到人，进一步规范工作流程。梳理形成监管作业"一图通"，整理归纳各项业务文件和操作手册，形成覆盖200余项业务的规范性作业指南并及时动态更新。建立北京冬奥会、冬残奥会值班值守工作机制，组织北京海关北京冬奥会、冬残奥会专项工作组做好"7×24小时"值班值守，负责全天候分析、处置、协调、报送北京海关各项北京冬奥会工作。

三、监管服务

（一）人员抵离。

根据航班情况实施"一机一策"保障方案，压缩涉奥人员通关时间。扩容改造首都机场T3航站楼D区作业现场，对进境人员分区域监管、分通道验放、分时段引流，优化现场布局和通关流程。设立出境旅客蓄存区，扩容出境旅客验放通道，提升通关效率。

与冬奥组委机场运行团队、抵离中心密切协作，拓宽信息获取渠道。加强与首都机场沟通，优化航空器停靠机位。与航空公司密切配合，提高旅客下机前申报率。与口岸各联检单位部门合作，统筹协调海关卫检作业、武警特情处置、边防入境管控、公安安全调度、民航机位停靠、卫健救护转运等资源，压缩旅客通关时长。

研发"智慧旅检集成化应用平台—卫生检疫模块2.0"系统，配备普通版自助申报核验一体机64台、助残版自助申报核验一体机16台，提供12种文字版本显示和8个语言版本，开发智能测温闸机，实现自助健康申报、远程验核、闸机自动放行、测温无感录入等功能，提升现场核验旅客速度。增加核酸采样工位至72个，引进新型标签打印机，使用无接触式消毒机，采样环节处置提速至3分钟/人。应用口岸传染病快速筛查技术及装备，提升口岸传染病人员的快速筛查鉴定能力。

针对冬残奥会人员的特殊需求，在健康申报、采样、流行病学调查、医学排查等环节提供"一对一"协助服务，确认采样禁忌症，动作轻柔、规范采样、避免损伤。优化通关路径，缩短旅客通行距离，减小通道高度、加宽通道，便于旅客顺利通行。定制C型底座申报位，增设可升降辅助台面，为视障人士提供自主申报机字体放大、语音提示等差异化服务。成立值机柜台前移工作组进驻冬奥村，开展柜台前移海关申报及验核工作。

北京冬奥会、冬残奥会服务保障期间，北京海关监管涉奥航班1048架次，人员4.4万人次。单名进境旅客卫生检疫时长压缩42%，高峰期单小时验放进境旅客650名；高峰期单小时验放出境旅客1200余人。

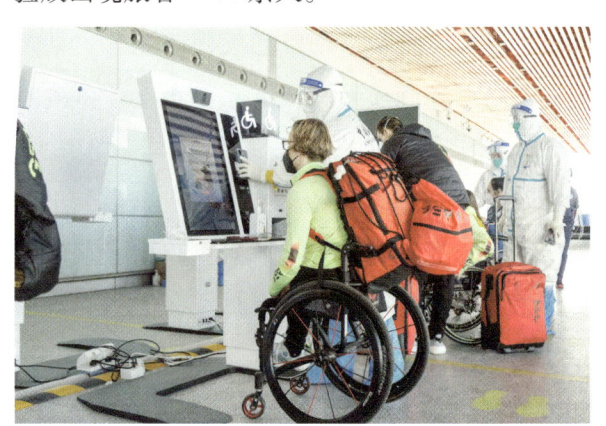

▲2022年2月26日，首都机场海关关员正在帮助入境的冬残奥会运动员进行健康申报　（刘超　摄）

（二）物资通关。

冬奥会保障期间，北京海关监管验放冬奥会物资1339票，价值35亿元。针对北京冬奥会期间大量物资集中进境的情况，采取以下便利化举措：北京冬奥会、冬残奥会暂时进境物资由冬奥组委统一向北京海关提供税款担保，免于逐票担保；应用冬奥会无纸化通关管理系统，企业可线上完成物资清单和物资证明函的审批办理，实时做到"一次申报、三方确认"；设立北京冬奥会物资专用通道，落实"5+2"预约通关制度，优先办理通关、查验手续；拓宽ATA单证册适用范围，对用于北京冬奥会比赛及训练等必需的体育用品，允许使用ATA单证册办理暂时进境海关手续；施行卡口通道专用、物流服务专线、应急力量专配、综合协调专员、外围安全同防，畅通北京冬奥会主物流中心物资仓储配送；与天津海关密切配合，确保北京冬奥会物资顺畅便利通关；派员前往主物流中心、主媒体中心对北京冬奥会暂时进境物资开展实地监管，核查北京冬奥会物资申报情况与实际使用情况；有序开展北京冬奥会物资的复运出境、留购及销毁等后续监管工作。截至2022年8月25日，北京冬奥会暂时进境物资全部完成结案手续。

▲2022年3月4日，首都机场海关关员验放冬奥物资
（刘超 摄）

（三）卫生检疫。

启用首都机场T2航站楼生物安全二级实验室，协调两辆移动生物安全二级实验室跨省支援检测，调配多名检测专家及业务骨干支援指导，引入第三方专业采样检测团队，提升采样检测质量，实现口岸样本即采即送即检，压缩核酸检测结果出具时间。

由联防联控机制牵头，北京海关、北京市疾病预防控制中心、河北省张家口市疾病预防控制中心及冬奥组委等部门共同建立核酸阳性结果信息通报机制。"7×24小时"做好涉奥人员核酸检测结果通报工作，北京冬奥会、冬残奥会期间审核报送各类数据报告近2000份、数据约23万项，确保各类风险高效处置。

北京海关与中国海关科学技术研究中心作为双牵头单位，协同石家庄、天津、太原、呼和浩特、沈阳、济南、郑州、青岛、大连9个直属海关组织召开9次北京冬奥会专题风险评估会，联合系统内外专家共同分析评估涉奥公共卫生风险，研提相关防控措施和保障建议。

设立兴奋剂检测工作相关的血样、尿样出入境审批绿色通道，根据国家体育总局申请增加反兴奋剂样本入出境主体，优化特殊物品查验流程，对符合条件的货物"随到随查、随查随放"，保障通关时效。

加强监督涉奥航空食品、航站楼旅客直饮水、航站楼公共区域及口岸病媒生物防控，全方位排查病媒生物孳生地。采用多种监督形式对三家航空食品生产企业实行"每日一查"，强化食品冷链疫情防控。督促企业建立完善并落实各项疫情防控制度，出动执法力量631人次，检查市场主体数量198家，发放监督意见书349份。

2022年1月1日至3月13日，北京海关开展食品生产经营单位卫生监督1046家次，开展公共场所经营单位卫生监督379家次，对发现问题的单位下发监督意见书，监督企业完成整改；开展食品安全现场快速检测148件，抽检生产用水22件、航空食品50件、餐饮具及加工用具涂抹20件，均符合国际食品安全标准。为489架次北京冬奥会、冬残奥会航班完成航空配餐保障38509份，其中专包机125架次，专包机航空配餐9644份；开展旅客直饮水水质检测82件，检测菌落总数、总大肠菌群、色度、浑浊度等8项指标，结果全部合格；开展集中空调通风口卫生学检测12处，采集空气中降尘样品189件，监测空气质量及微小气候数据1656项，均符合国际标准；下发《国境口岸卫生监督意见书》16份，开展病媒生物调查156家次，发现并监督清理孳生地72处，监督维护三防设施15939个。

（四）动植物检疫。

加强进境动植物检疫许可证申请审核、口岸动植物及其产品查验，开展检疫处理单位大检查，完善监管闭环，确保检疫安全。针对冬残奥会导盲犬、导听犬等工作犬进境及进境后处置问题，提请北京冬奥会工作领导小组专题研究制订进境赛时工作犬保障方案，制定冬残奥会赛时工作犬进境应急处置措施，提前了解工作犬进境情况，对相关单位和个人开展政策宣传，确保工作犬安全顺畅通关。北京冬奥会、冬残奥会期间，北京口岸未发生重大动植物疫情，无不合格农产品进境。

（五）食品检疫。

联系北京市运行保障指挥部赛事综合保障组食品安全部、北京冬奥会（北京地区）食品供应安全工作领导小组、北京冬奥组委运动会服务部餐饮服务处等部门，就供北京冬奥会进口食品和相关产品便利通关和检验检疫、餐饮业务领域相关进口业务、建立应急供应协调机制、涉奥空港食品等工作进行协调沟通。推动"冬奥会食品供应链有害因子智能化快筛技术和预测预警技术研究""疫情影响北京冬奥会的风险评估及防控技术""冬奥会口岸快速通关智能监管技术及装备"3个科研项目。

（六）商品检验。

组织相关领域业务专家赴北京冬奥组委，就出口危险货物包装使用鉴定和出口危险化学品检验政策开展法规宣传贯彻，并指导其规范申报；组织多部门联合完成现场检验，严格验核第三方检测机构出具的检验检测报告，完成2022年1月23日北京冬奥会火炬接力物资出口保障任务。与北京冬奥组委加强沟通交流，对不便运输、急于投入使用的北京冬奥会设备，制定"即查即放"工作预案，确保北京冬奥会设备快速通关。对命中查验指令的北京冬奥会代表团自用物资，第一时间请示协调、妥善处置，保障物资快速验放。做好属地检验工作，完成北京冬奥会期间商品检验保障。北京冬奥会、冬残奥会期间，北京海关完成24批次涉奥商品检验，货值384.57万美元。

（七）安保工作。

在首都机场海关、北京冬奥主物流中心应用行李智能查验装备、手持式核辐射成像设备、核辐射全息定位系统、痕量气味嗅探仪、智能巡检机器人等设备，提高口岸生化有害因子的快速筛查、核辐射因子的全息定位追踪、行李包裹的智能机检审图识别和常见化学类违禁品非介入智能侦检能力。

组织开展冬奥安保枪爆、核生化爆等专项培训，对接北京市公安局刑事侦查总队、中国海关管理干部学院，邀请各业务领域专家，从枪爆基础知识、常见枪爆物品识别、核辐射探测基础与防护、探测设备使用、生化突发事件处置等方面进行授课；参加海关总署组织的口岸监管环节冬奥安保及反恐怖工作网上培训。运用北京海关视频会议系统及"钉钉"网络平台，组织 13 个部门、单位，共计 600 余人次远程参加视频直播培训，并组织结业考试。

开展冬奥会安保"四不两直"专项检查，利用北京海关二级监控指挥中心，通过视频检查与实地检查相结合、深入自查与督导检查相结合，检查冬奥会安保方案制订情况、突发事件应急预案执行演练情况、核辐射监测工作开展情况，加大核生化爆监测力度。

对接中共北京市委政法委员会、北京市公安局出入境管理局、北京市人民政府外事办公室、北京市反恐怖工作领导小组办公室等部门，协助有关牵头部门做好方案研讨、细则制定、政策落地等事宜，定期反馈北京海关冬奥会安保相关工作情况，对重点、难点问题寻求北京市协助与支持；与冬奥组委、国家体育总局、首都机场公安局等部门建立工作联系配合机制。

（八）风险分析。

建立 27 个业务职能部门和隶属海关为成员单位的北京海关风险分析专项工作组，成立北京海关 2022 年北京冬奥会和冬残奥会风险分析工作专班，搭建 28 个成员单位及京津冀三地海关 56 名风险防控干部参与的风险分析工作机制，实行"7×24 小时"实体运作。制发风险分析组工作方案、赛事风险防控工作指引、京津冀风险工作专班工作方案。形成《在我国举办的重大赛事及国际活动风险防控操作指引》《北京冬奥会和冬残奥会风险布控操作指引》《从北京冬奥会风险防控研究实践探索重大赛事及国际活动海关监管风险防控工作模式》3 篇课题报告。与各单位、各部门联合发布信息、推送会商一体化布控规则、研判重点风险、开展风险处置及应急响应等工作事项，对涉疫情防控、反恐安保等风险开展定向信息采集，收集编制《风控分局冬奥会和冬残奥会专题风险信息快报》36 期，发布风险预警 19 条次。自主开发 2 个海关总署平台级及 3 个站点级"云擎"大数据应用模型。

北京冬奥会、冬残奥会期间，对 538 架次涉奥航班开展终末消毒风险布控。查获寄递渠道毒品及精神类药品、濒危动植物制品、植物种子、动物样品、试剂等风险情事 20 余票，查获跨境电商渠道走私管制刀具案件 1 起。

（九）应急演练。

提前预设场景，细化形成涵盖航空器监管、旅客监管、货物监管和口岸卫生监督 4 类 79 个场景处置预案，明确应急指挥体系、处置原则和工作要求。结合进出境人员疑似病例处置、高风险非冷链货物采样、涉新冠病毒样本处置等主题开展实战演练。组织开展冬奥会安保暨年度关区化学有害因子涉恐突发事件应急处置实战演练，邀请北京市反恐办化学有害因子专家，指导演练处置细节、设备使用、注意事项等。2022 年 1 月 21 日，组织开展冬奥会安保远程桌面推演，结合现场实际，设定核生化爆涉恐突发事件等演练场景，组织业务骨干从处置流程、人员防护、注意事项等方面现场作答。编制并修订 4 类 13 项冬奥会安保预案，组织现场监管人员 6000 余人次分批次、分场景进行桌面推演及实战演练。统筹发挥党委巡察、纪检监察、督察内审、政务督查作用，开展全方位监督。

四、服务保障

（一）思想工作。

强化党建引领，筑牢支部堡垒，成立 1 个临时党总支、10 个临时党支部，以"党组织带突击队"的方式，抓好党员政治建设、思想建设、组织建设、作风建设、纪律建设。制定冬奥会关心关爱口岸一线闭环管理人员工作措施，成立北京海关心理疏导工作团队，为北京冬奥会一线人员提供"7×24小时"全天候心理健康咨询服务。

（二）人力保障。

调研北京冬奥会测试赛阶段和正赛期间疫情防控一线保障人力资源需求，重点筛选具有旅检工作经历、货物监管经历、医学专业背景、登临检疫专业能力的骨干力量，建立疫情防控"一线人员、预备人员、应急人员"三个梯队，进一步完善关区"横向+纵向"分组的应急梯队调配机制，精准补充人员缺口，组织四批次218人的北京冬奥会和冬残奥会应急支援梯队。将2021年新入关59人安排在首都机场海关开展轮岗实习工作，其中涉及医学背景专业人员26人。向海关总署争取小语种人才支持，并通过关区统一调配为北京冬奥会进境高峰期间语言支持提供后备力量。制定冬奥会关心关爱口岸一线闭环管理人员工作措施，加强人文关怀。

（三）科技应用。

推动"智慧旅检集成化应用平台"对接至海关总署旅客通关管理子系统卫生处置应用分布式系统，纳入海关总署新通关管理系统，业务数据自动同步。开发自助申报、智能测温、电子关员、自助验核、数据分析、旅客档案管理六大软件功能，研发应用自助申报验核一体机，集成护照读取器、凭条打印机、影像式扫码器、高拍仪、高清摄像头，代替手写输入。完成"互联网+海关"无障碍功能升级，增加语音阅读引导，提供网页放大设置与大字屏幕服务、显示颜色选择等功能。保障移动生物安全二级实验室进京，协调开展方舱及设备仪器计量检定，通过北京市卫健委考核获取人员新冠病毒核酸检测资质。

在北京海关二级监控指挥中心基础上建设综合调度指挥平台，整合现有视频监控、视频会议、单兵设备、语音通讯及互联网会议系统，开发应急值守、指挥调度、融合通信、数据展示功能，实时展示航班动态信息和各业务现场值班安排，实现秒级组会调度，实时应急响应会商，提升二级监控指挥中心调度指挥效能。

为首都机场旅检、查验和物流现场配发18套智能眼镜，可同时对3米内的5人测温，每分钟测温200人次。在首都机场海关查验中心投入使用4套智能摄像头。

推广应用"科技冬奥"《冬奥会口岸快速通关智能监管技术及装备》成果，包括17种硬件设备、可快速检测60种传染病的试剂盒、3套信息化系统。部分成果写入海关总署《共同推进"智慧海关、智能边境、智享联通"建设与合作的建议》。

成立生物安全检查组，采取"现场+视频"的方式不定期开展检查督导，开展应急演练6次，确保生物安全。检修水冷空调，维护保养空调送风系统，抢修负压隔离设备。配备高通量核酸提取仪2台及荧光定量PCR仪4台，部署接入"智慧旅检"系统，提高接样速度和数据统计效率。

（四）教育培训。

将涉及北京冬奥会、冬残奥会服务保障培训纳入关区一级培训，重点给予培训资源保障。建立京津冀三地海关北京冬奥会跨关区业务培训协作机制，组织二地海关与冬奥组委物流部开展联合培训。汇总整理并编制涉奥课程等各类"云端"教学资源21门；组织开展专题培训和应急演练84期，4910人次参训；组织线上测试5场，2769人次参加考试。

（五）新闻宣传。

在首批北京冬奥会物资通关、倒计时100天、人员进出境高峰、开闭幕式前后等关键时间点，联系相关部门完成组稿拍摄，第一时间向主要媒体投稿，确保新闻时效。组织安排专人在闭环内执行北京冬奥会宣传保障任务，制订针对性拍摄方案，统筹提供技术装备和业务指导，及时掌握第一手素材。重点宣传应用前沿科技装备、开通专用窗口和快速通道、值机柜台前移等众多创新亮点举措，突出北京海关特色。

北京冬奥会、冬残奥会期间，主要媒体平台发布涉及北京海关服务保障新闻稿件252篇次。电视媒体报道70次，其中中央广播电视总台报道47次，包括《新闻联播》12次、《焦点访谈》1次；北京卫视《北京新闻》等栏目报道13次。《科技日报》《法治日报》《中国国门时报》《北京日报》等主要报刊发布图文稿件57篇。新华社、中新社、"学习强国"、"海关发布"微信公众号等媒体报道128次。

撰稿人

殷　喆　谯杨　康　凯　李　蕾　孙晓东
王　竞　刘　慧　于雪梅　张　潇　王祎玥
谢馨艾　任盛达　申　彬　王晓龙　周泽宇

优化口岸营商环境

2022年，北京海关对标"国际一流、国内领先"营商环境，一体推进海关总署促进跨境贸易便利化专项行动、世行营商环境新评价（B-Ready）迎评、北京市国家营商环境创新试点城市建设、北京市优化营商环境5.0版改革、开展空港口岸营商环境优化提升行动、开展跨境贸易便利化全环节改革，将优化口岸营商环境与"两区"建设相结合，与降低市场主体制度性交易成本、助企纾困相结合，不断提升助企、惠企服务水平，激发市场主体新活力。

一、跨境贸易便利化专项行动

2022年，北京海关连续第5年开展跨境贸易便利化专项行动，围绕"简单证、优流程、降成本、提效率"，印发《北京海关2022年促进跨境贸易便利化专项行动方案》，出台的26项改革举措均取得扎实成效。积极发挥跨境贸易领域商务和海关双牵头作用，巩固京津联合工作机制，密集参加京津两地跨境贸易工作组调度会、集中工作，推进京津政策互认共享，确保在政策发布、通关协作、联动处置、对外宣传等方面步调一致、形成合力。

通过深入推广"两步申报""提前申报"，配套实施汇总征税、主动披露等政策措施，为企业提供多元化通关选择，进一步压缩整体通关时间，实现通关速度再提升。根据海关总署统计数据，通过开展特殊物品"智能审批"、实施告知承诺制、取消部分备案事项等进一步简政放权，实现办事效率再提升。推进税款担保模式改革，扩大"一保多用""全国通用"受众范围。全国首创跨境电商销售医药产品试点，并逐步扩围增量，北京版跨境电商医药类海关监管方案成为全国蓝本。首创保税物流供应链监管新模式，航材利用率大幅提升，单次航班航材保障成本进一步降低。首创"免税、保税、跨境电商"政策衔接试点。首创智能化"库门监管""库位监管"保税监管模式，试点企业整体仓储物流运作成本进一步降低。

二、世行营商环境新评价（B-Ready）迎评准备

2022年，世界银行正式启动全球营商环境新评价项目（B-Ready）。其中国际贸易指标与过去相比发生了颠覆性变化，评价维度增加，评价范围拓展，评价链条延伸，部分内容涉及国际贸易争端或敏感问题，应对难度极大。面对新变化，北京海关积极发挥双牵头作用，会同市商务局深入开展研究预判，细化分解考评点和风险点，梳理考评点任务清单并逐项落实责任部门，目前已建立起任务清晰、路径明确

的国际贸易指标市级迎评机制。

在新评价体系中，海关部门主要承担货物贸易海关监管框架和程序相关工作。北京海关第一时间组建并扩充迎评工作专班，加强研究、定期调度，先后对世行初步概念书、正式概念书国际贸易指标进行了三轮分析研判，深入推进迎评准备工作。撰写对标世行新评价体系推进高水平对外开放调研报告1篇，为海关总署决策提供参考。同时，加强同海关总署对口司局沟通，就国家事权事项争取口径支持和数据支持，并派员参加海关总署世行迎评工作专班，深度参与国家层面世行国际贸易指标迎评工作。在货物贸易监管领域，主动对标《贸易便利化协定》等国际标准，借助经济合作与发展组织（OECD）TFIs指标工具，细化查找迎评风险和短板，扎实提升世界银行营商环境新评价迎评能力。2022年5月，在OECD对标国际规则标准优化营商环境国际培训班跨境贸易指标交流培训会上作主题发言，全面展示北京市贸易便利化改革经验，并与OECD专家进行了深入交流。

三、统筹推进北京市创新试点城市建设和5.0版工作任务

2022年，北京海关持续加大同北京市相关部门对接力度，按照北京市统一部署，统筹推进北京市创新试点城市建设和北京市优化营商环境5.0版改革任务，吸纳借鉴其他城市先进经验，在创新试点城市的横向比较中形成北京优势，助力打造全国口岸营商环境示范高地和标杆城市。会同北京市商务局对跨境贸易领域20项改革任务集中研究、多次调度，明确改革路径和落实举措，倒排工期、挂图作战。北京海关4项主牵头任务，均提前完成，完成率100%。其中，"畅通京津冀海运通道、深化京津冀海关一体化监管"，以及"对标国际先进规则、推进RCEP高质量落地生效"等改革项目形成典型经验，"京津冀产业链供应链重点企业通关保通保畅机制"入选全国营商环境创新发展典型宣传推广案例。

四、开展空港口岸营商环境"优化提升"行动

2022年，北京海关发挥北京首都国际机场、北京大兴国际机场双枢纽航空货运优势，会同北京市商务局，连续两年接续开展空港口岸营商环境"百日攻坚""优化提升"行动，推进"通关+物流"一站式信息化服务，打造国内领先的北京双枢纽空港电子货运平台。依托海关物流监控系统，设计提交货预约管理、查验管理、区港通道、退运退库、特殊监管等18大类189项功能，实现卡口光学识别、提货交货预约、查验预约、可视化空港物流底账管理、两场分拨、区港通道管理等功能场景全覆盖，货物通关可达"秒放级别"。依托北京国际贸易"单一窗口"，串联海关、综保区、口岸运营主体等9类主体共65项关键数据，实现通关物流全链条数据共享，空港口岸数字化服务实现"0到1"的突破。

五、开展跨境贸易便利化全环节改革

北京海关按照北京市关于将优化营商环境与"两区"建设对接的工作要求，会同北京市商务部门放眼国际贸易大环境、全链条，融合跨境贸易全周期、事前事中事后监管全环节，出台《北京市推进跨境贸易便利化全环节改革

实施方案》并推进落实，着眼全方位制度型开放和全环节改革创新，推出一系列突破性举措并取得显著成效。会同北京市药监部门建立北京市生物医药企业进口研发用物品"白名单"制度，完成首批"白名单"企业和物品认定并顺利通关；开展高新技术货物布控查验模式试点，解决进口高新技术产品命中口岸布控后，因洁净度等需求无法开箱查验的实际困难；创新综保区文化保税展拍模式，优化艺术品保税展示交易业务中担保及延期审批环节，将总担保期限从6个月延长至2年，打造暂时进出境展览品免税款担保驻场监管模式。为进一步优化京津冀区域营商环境，会同北京市商务局与津冀两地对口部门共同协商，签订《京津冀营商环境一体化发展跨境贸易领域合作框架协议》并积极推进落实。

六、政策培训宣传

2022年，北京海关突出改革创新重点、深挖提炼工作亮点，开展"海关政策进万家"行动，多渠道、多途径开展政策宣讲和法规解读，进一步提升企业对政策措施的知晓度和获得感。开展"窗口作风提升百日行动""百名干部下基层"活动，强化"人人都是营商环境，个个都是海关形象"，落实"首问负责制""首办责任制"，做到"沟通零距离、咨询零等待、问题零积压"。加强政策宣传，在"学习强国"、《北京日报》、中新网"海关发布"微信公众号等媒体平台刊发多篇专题报道，参加北京市"两区"建设两周年贸易投资便利化专场新闻发布会，介绍北京海关推进跨境贸易便利化情况，取得良好反响。建立北京海关—隶属海关两级宣讲机制，为进出口企业进行线上线下政策解读、联合北京商务部门开展营商环境企业培训，进一步围绕企业诉求，释放政策红利。

撰稿人

金品旭

坚守国门第一道关口 以首善标准筑牢"首"卫防线

2022年,北京海关坚持以习近平总书记系列重要指示批示精神为指导,坚决贯彻落实党中央、国务院决策部署,牢记海关总署党委"口岸疫情防控海关必坚守"的要求,始终坚守首都口岸新冠疫情防控第一道防线,全关上下勠力同心、尽锐出战、不怕牺牲、敢打必胜,为"外防输入"和全国抗疫的阶段性胜利作出了首都海关的积极贡献。

一、基本情况

北京海关始终坚持守土尽责,秉承严的主基调,科学精准优化各项疫情防控措施,制修订疫情防控方案、突发事件应急处置预案及相关业务指导通知文件90余份;严格落实"人、物、环境"同防,全年督导现场终末消毒监督航班1600余架次;严格做好"多病同防",共编写8期风险评估报告供口岸决策参考;严守安全防护底线,落实封闭管理要求;严格数据管理要求,2022年全年,共审核数据项104余万项,航班分析报告等总计4000余份;严格监督指导,举办出入境卫生检疫、采样能力提升、个人防护、信息报送等各类培训20余次。聚焦科技赋能,将每班次作业人员压减50%,旅客通关速度由疫情初期的每小时150人,提升至北京冬奥会时期的每小时800人,并成功启用全国首个控制区内的"P2+实验室",压缩采样检测用时40%。紧盯重点任务,2022年北京冬奥会、冬残奥会保障期间单名旅客卫生检疫时长压缩42%,显著提升检疫通关效能,完成口岸卫生检疫保障任务。统筹服务保障,持续优化人员物资保障工作。全年共组织疫情防控培训、演练和知识测试176期次,11922人次参训,配合开展疫情防控内部防护"应知应会"知识全员考试6次。

▲2022年2月5日,首都机场海关冬奥保障突击队在进驻前进行誓师动员 (方星 摄)

二、主要措施和成效

(一)坚持守土尽责,严防境外疫情口岸输入。

1. 严把"外防输入"关口,不折不扣落实疫情防控措施。

一是严格完善疫情防控制度体系。结合海

关总署最新防控政策要求，结合北京口岸特点，制订有针对性的疫情防控工作方案和传染病风险评估工作方案。二是严格落实"人、物、环境"同防。按照海关总署最新版技术方案和文件要求，严格落实入出境人员、航空器检疫及终末消毒监督等工作；制订各口岸海关监管作业现场及人员封闭管理场所的环境监测方案，做好环境监测工作；第一时间部署落实非冷链物品检疫优化措施，严格按布控指令做好非冷链物品检疫监测工作。三是严格做好"多病同防"。重新组建重大传染病疫情监测小组，每季度组织关内外专家对公共卫生风险进行分析评估，为口岸防控措施的制定提供科学参考；梳理明确猴痘、埃博拉病毒病、黄热病、霍乱、登革热、不明原因儿童急性肝炎等各种传染病防控要求，统筹做好防控工作。针对猴痘疫情全球扩散趋势，密切关注全球疫情态势，组织开展猴痘疫情防控培训，严格开展重点国家航班入境旅客口岸检疫和猴痘检测，严防疫情风险叠加。四是严守安全防护底线。时刻绷紧安全防护弦，严格落实封闭管理要求；持续规范设置个人防护装备区域，制定脱卸流程，拍摄教学视频，开展防护培训，强化"岗前培训考核+日常现场监督+多级监控检查"管理模式，严防职业暴露感染。五是严格防控数据管理。持续强化和完善数据专班"7×24小时"信息报送模式，依托"管理+制度+技术"持续优化数据传输形式，升级完善与卫健部门系统数据接口，强化审核、业务培训和信息反馈机制，严格确保信息高效、安全、准确传递和报送。六是严抓防控监督指导。通过各类培训，有效提升一线人员技术水平；以"基层单位日常自控+职能部门条线联合督查+综合专项督查"相结合的形式，建立全方位、制度化、可持续的监督检查长效机制，确保口岸防控体系不断完善。

2. 因时因势优化调整，确保防控措施更加科学精准。

一是科学严谨开展优化措施调研。围绕海关总署党委提出的6个调研主题和12个海关必坚守中的疫情防控题目，立足北京海关实际开展专题调研，通过形势分析、问题剖析和研提建议，向海关总署报送调研报告，部分优化措施建议得到海关总署采纳并部署落实。二是第一时间落实优化措施部署。按照海关总署优化措施部署，结合北京口岸特点，第一时间研究制订细化落实方案，不动摇、不走样抓好各项优化措施落实，并组织开展优化措施落实情况综合专项督查，确保政策落实落地。

（二）聚焦重点突破，科技赋能助力严守国门。

始终坚持问题导向，在"外防输入"抗疫过程中，力争更好发挥科技支撑引领作用，并将好的经验做法固化为长效机制，有效支撑了现场业务开展，提升了入境把关效率。

一是聚焦通关快、体验好。持续深入推进"智慧旅检卫生检疫模块"（简称"智慧卫检"）系统建设，在旅检通道制订实施一系列软硬件升级方案，包括开发支持20多种语言的自助健康申报核验一体机，申报时间由5分钟缩短为1.5分钟左右。实现健康申明"无接触式"验核，旅客全流程"一码通关"，做到"航班抵港即下客""旅客刷码即验核"。

二是聚焦定位精、人力少。一体机内置电子关员功能，开展实时"伴随式"核验，提供"3次提醒"的贴心服务，每名旅客的舱单、健康申报、测温数据、现场检疫情况、核酸检测结果等各类信息汇成唯一的健康通关档案，结合集成多功能闸机，配套创新研发集成小型化黑体、红外测温仪等设备为一体的智能测温验放通道，与一体机配合完成旅客无感体温监测及精准测温绑定、高风险旅客精准拦截等功能。依托系统优化和效率提升，将现场验核岗人员由 16 人缩减至 4 人，将每班次作业人员压减 50%。

三是聚焦检得准、检得快。采样工作站配置智能外设，旅客可"电子化"签署采样知情同意书，免采样人员或免采样情况"一站式"登记与提醒。采样信息实时同步到实验室系统，实现采样管从标签生成、打印、绑定、采样、装箱、发运、接收、检验、结果报送与复核"全周期管理"。启用全国首个控制区内的"P2+实验室"，冬奥会期间发挥 2 台移动 PCR 方舱实验室作用，建成"机翼下的实验室"，实现即采即送、快送快检。与地方联防联控机制的核酸信息共享力度在全国范围内属于首次创新，开启海关防疫数据共享视角的数据链路"5G"时代。

四是聚焦调度精、响应快。在二级监控指挥中心的基础上建设综合调度指挥平台，实现指令快速下达、应急会商决策、扁平化调度、精准指挥、高效协同的要求。整合现有视频监控、视频会议、单兵设备、语音通信及互联网会议系统，通过在应用层上创新开发融合指挥调度应用，满足一体化融合指挥调度需求。实时展示航班动态信息和各业务现场值班安排，突发情况下，由监控指挥中心一键呼叫相应岗位值班人员，被呼叫人员的移动电话、固定电话、UC 同时提醒，实现秒级组会调度，实时应急响应会商。

（三）紧盯重点任务，坚决做好重大活动保障。

1. "精准、高效、科学、严格、协同"完成北京冬奥会、冬残奥会卫生检疫保障工作。

一是构建清晰完整的制度体系。提前预设各种突发情况，细化形成 4 类 79 个场景的处置预案，明确应急指挥体系、处置原则和工作要求。联合中国海关科学技术研究中心和 9 个直属海关，开展口岸公共卫生风险评估和突发事件紧急应对工作，协同完成专题风险评估 9 次并完成评估报告。二是全面优化通关流程。采取"一机一策"，必要时"一人一策"的保障方案，将岗位划分、人员配置、指挥体系、应对措施等 13 项内容在工作调度表上"清单化"呈现。启用全国首个机场隔离区内机翼下的"P2+实验室"，即采即送即检，精准高效完成北京冬奥会、冬残奥会人员入境检疫检测工作。

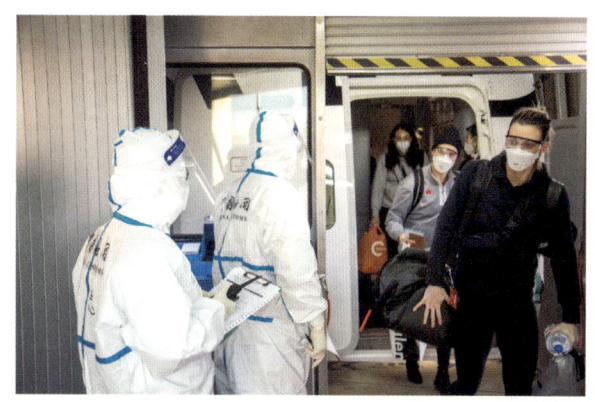

▲2022 年 1 月 27 日，首都机场海关关员对冬奥航班进行登临检查 （方星 摄）

2. 严谨周密做好包机出入境卫生检疫保障任务。

对于重大活动及特殊包机保障任务，严格落实海关总署、首都严格进京管理联防联控协调机制通关保障政策，一机一策，一事一议，细化流程，确保责任到岗、任务到人，全程做好与接待方流程对接、样本即采即送即检即报，严谨全面把握保障细节，有序有节妥善做好应急处置和信息报告，快捷、高效完成各团组检疫通关任务。

（四）统筹服务大局，持续优化人员物资保障。

一是优化人员保障。按照"精准支援、快速响应、预备充分、系统筹划"的原则，制定《北京海关口岸疫情防控人力资源保障应急工作预案》，建立分级应急响应机制。根据各隶属海关区域位置、人员规模、业务类型和业务体量进行测算，建立对口支援机制，确保及时有效应对北京口岸疫情防控形势变化。不断完善疫情防控"一线人员、预备人员、应急人员"三个梯队，根据"统筹调配、科学分类"的原则，进一步完善关区"横向+纵向"分组的应急梯队调配机制。"横向"即根据各部门（单位）工作实际和报名人数，将应急梯队平均划分为4组，统筹调配人力资源；"纵向"即结合专业能力和工作经历，将应急梯队细化分类为4组，定期调整人员名单。突出精细用兵，实施总量少、多频次、快调整、提前动的用兵策略，确保足量一线人员高峰时段快速冲得上，低谷时段迅速撤得出。

二是优化物资保障。积极开拓保障渠道，科学测算疫情防控需求，多渠道、多途径寻求支持支援。坚持未雨绸缪，在防护物资供应紧张、渠道受限情况下，多方寻找、自行筹措，保证了一线防护所需。建立一线战术储备库和后方战役储备库，开发物资信息化管理系统，实施分类型管理、分级别储备、分时段监测、分任务配置，科学储备防疫物资，为疫情防控工作提供坚实保障。

撰稿人

王骏钦　孙晓东　凌　岚　康　凯　王路佳
谢馨艾　魏　京　任盛达　韩真真

北京海关"异宠"防控工作

2022年，为坚决贯彻落实党的二十大精神和习近平总书记关于生物安全的重要指示批示精神，全面落实总体国家安全观，海关总署聚焦"异宠"这一新兴行业，统一谋划部署，组织开展"跨境电商寄递'异宠'综合治理"专项行动。北京海关闻令而动，以高度的政治责任感和使命感，多措并举，进一步强化口岸检疫防控工作，严防动植物疫情疫病传入和外来物种入侵，坚决筑牢首都口岸检疫防线，守护首都生态环境安全、农林牧渔业生产安全和人民群众生命健康安全，取得了良好成效。

一、组织领导

第一时间下发行动方案。2022年10月，接到海关总署"异宠"综合治理专项行动的通知后，结合北京关区实际，制订印发《北京海关关于"跨境电商寄递'异宠'综合治理"专项行动实施方案》，成立以北京海关主要负责人为组长的专项工作组。各部门各司其职、紧密配合，充分发挥职能作用，协同推进专项行动，坚决落实各项工作要求。

北京海关党委召开指挥部会议，专题听取并部署专项行动工作，要求全关区把"异宠"综合治理专项行动作为重要的政治任务积极推进。专项工作组赴口岸现场进行实地监督指导，要求一线人员加强能力建设，强化实货监管，并充分利用智能审图、工作犬等技术手段，强化技术赋能，在思想上、行动上做到毫不懈怠。

加强信息报送。向海关总署报送"异宠"防控工作简报信息31期，被采用42条，数量位居全国海关第2名。建立北京关区"异宠"防控工作简报制度，收集各隶属海关报送信息78条，制发3期工作简报。

深入开展调研。撰写《北京海关关于加强"异宠"监管的调研报告》，针对实际问题提出工作建议，获得多位署领导批示。参与动植检司组织的专项行动推进会、外来物种刑事处罚条例研讨会和"异宠"防控工作外事会谈，并作典型发言。

加强跨部门合作。与北京市林业和草原局强化联防联控，建立信息通报制度，针对国内普查发现疑似天牛等外来入侵物种，进一步加强风险布控，防范外来物种传入。

二、压实企业主体责任

结合典型案件，对关区范围内20余家邮政快件、跨境电商等运营企业深入开展科普宣传贯彻和警示教育。强化政策解读，要求相关企业按照《濒危野生动植物种国际贸易公约》（CITES）和《中华人民共和国进出境动植物检疫法》及其实施条例等相关国际公约和法律法规要求，主动查发违法违规售卖的"异宠"并及时采取下架处理，严格落实收寄验视制度，不揽收、承运、派送禁止寄递或限制寄递的物品，督促企业落实生态安全和生物安全主体责任。通过建立"吹哨人"制度，与寄递运营企业保持信息互通，切断非法交易链条。

三、风险监测和分析处置

成立"异宠"信息收集小组，广泛收集进境非贸渠道截获非法寄递以及相关网络交易"异宠"的相关信息，整理、发掘有价值的信息和线索，强化潜在风险信息的收集分析和预警力度。依托数据分析平台，构建多维度风险监测模型。筛选典型案例开展针对性分析，研发"异宠"查获分析模型，开展"跨境电商消费行为+寄递收发货数据"画像。

利用收集信息组织开展稽查调查，强化对跨境电商网购保税货物涉及高风险影子商品的实货监管，加强账册管理，2022 年累计完成 14 本电商账册、超过 1400 项商品的梳理工作。对电商商品进行抽查，强化电商正面清单外及"异宠"类商品查发力度。依据指令开展核查，防范通过跨境电商网购保税渠道伪瞒报进口"异宠"情况的发生。

四、口岸"异宠"查验监管

体形较小的昆虫作为热门"异宠"，对环境要求低，是截获数量最多的种类。不法分子通过伪瞒报的方式对"异宠"进行隐匿遮蔽以逃避海关监管。

北京海关加强科技赋能，开展"异宠"防控工作专题培训和"异宠"机检判图培训，收集全国口岸现场截获图片和机检对比图片，对比学习机检透视状态下"异宠"及其藏匿环境呈现的影像特点，提高一线人员的敏感性，提高判图分析水平。

对工作犬开展针对"异宠"的搜检专项训练，利用智能审图等技术手段强化进境寄递物品机检查验，提升查发效能。自"异宠"综合治理专项行动开展以来，2022 年从来自日本的进境邮件中查获活体甲虫 26 批次 173 只，并对截留物开展制图标图工作，常态化扩充审图数据库。海关总署工作简报共通报北京海关"异宠"查获信息 12 条，位居全国海关第 3 名。

▲2022 年 10 月 9 日，北京邮局海关利用机检、智能审图等技术手段，在进境邮件中查获亚克提恩大兜虫（*Megasoma Actaeon*）22 只　（袁佰增　摄）

五、"异宠"潜在危害宣传教育

在北京关区范围内通过电子显示屏滚动播放、发放《进出境动植物检疫相关法律法规选编》200册、"防范外来物种入侵，警惕'异宠'安全风险"宣传折页1万份等方式，宣传相关法律法规和科普知识。

利用线上视频课程录制，组织"线上普法进校园"活动，进行"异宠"防控宣传教育，普及法律法规常识。

在新华社、"学习强国"、《北京日报》、《中国国门时报》等多家媒体平台上发布图文稿件11篇次，结合查获的典型案例，强化相关法规和政策解读，提高社会公众认知度，营造社会共治良好氛围。

撰稿人

王欣月　袁佰增

北京地区危险品检验监管

2022年，北京海关严格落实习近平总书记重要指示批示精神，坚定履行"管行业必须管安全、管业务必须管安全、管生产经营必须管安全"的政治责任，围绕海关系统在安全生产方面4项职责，不断增强"时时放心不下""事事放心不下"的责任感，积极开展"口岸危险品综合治理"百日专项行动，配合做好进口危险化学品检验模式改革试点工作，推动口岸危险品综合治理工作常态化。

2022年，北京海关共检验进出口危险化学品3612批，检出不合格121批，不合格率3.35%。其中进口3308批，货值6983.01万美元，检出不合格121批，不合格率3.66%；出口304批，货值3.52亿美元，无不合格。完成出口危险货物包装性能检验13批1.24万件；使用鉴定297批5.23万件，其中不合格21批5248件，不合格率7.07%。

一、"首"卫国门，扎实开展"口岸危险品综合治理"百日专项行动

按照海关总署党委"防范化解重大风险海关必上心"要求，根据《海关总署关于开展"口岸危险品综合治理"百日专项行动的通知》要求和海关总署关于安全生产系列专题会议精神，北京海关有力有序有效开展北京关区"口岸危险品综合治理"百日专项行动。

（一）提高站位，强化政治担当。

党的十八大以来，习近平总书记多次就安全生产工作作出重要指示批示，党的二十大提出"推进安全生产风险专项整治，加强重点行业、重点领域安全监管"，为做好海关工作指明了方向，提供了根本遵循。北京海关始终把推进危险品综合治理作为学习贯彻党的二十大的具体行动，强化政治责任和使命担当，以"时时放心不下"的责任感，继续保持前期的干劲和势头，抓紧抓好海关总署已出台的各项政策措施的落细落实，决不能有任何的麻痹、松懈和动摇，锲而不舍地做好危险品综合治理工作。

（二）以上率下，强化责任意识。

北京海关党委将"口岸危险品综合治理"百日专项行动列入重要工作事项，明确提出确保首都口岸安全是保障党的二十大胜利召开的重要政治任务，北京海关责无旁贷。成立北京海关"口岸危险品综合治理"百日专项行动工作组，关长担任组长进行督导，分管关领导每日调度。各隶属海关成立由主要负责同志任组长的专项行动现场工作组，各相关部门和隶属海关协同配合、同向发力、重点攻坚，压紧压实各环节安全生产责任。

（三）健全机制，强化支撑能力。

一是迅速研究制订工作方案，细化职责分工，各相关部门和隶属海关主动担当作为，责任再压实、监管再加严、能力再提升、配合再紧密、监督再严格，全力以赴狠抓各项措施落实。二是成立北京海关进出口危险化学品检验监管业务指导工作组，发挥专业指导作用，提炼借鉴好的经验做法，建立健全具有北京海关特色、符合首都安全发展要求的口岸危险品检验监管机制。三是组织专家组专题研究疏解首都口岸危险化学品积压堵点，指导口岸现场对新增需取样检测的危险化学品进行快速处理，多次赴口岸现场或线上召开专题会议研究危险公示标签整改问题。

（四）精准施策，强化主体责任。

一是督促相关隶属海关补充完善关区范围内危险化学品相关企业档案，建立"一企一档"机制，主要包括企业基本情况介绍、危险化学品安全数据单、危险公示标签样本、安全管理制度和安全操作规程等，强化档案动态调整，加强危险化学品安全管理。二是开展监督检查，进行实地调研和现场检查，督促企业落实安全生产主体责任，对于查发的问题立即督促整改。

（五）多措并举，有效化解进口积压。

专项行动期间，组织专家组专题研究疏解首都口岸危险化学品积压堵点，指导口岸现场对新增需取样检测的危险化学品涂料进行快速处理；开展远程技术指导，召开线上专题会议研究危险公示标签整改问题；积极请示协调，将31票不适合在口岸取样送检的进口危险化学品转目的地海关实施检验，有效纾解首都机场口岸进口危险化学品积压情况；按照海关总署商品检验司指示，结合首都机场口岸积压的"已取样未出检测结果"的进口危险化学品的检测项目均为涂料挥发性有机化合物（即VOC）等品质检测项目，均不涉及危险特性分类鉴别的实际情况，7月12日指导首都机场海关对相关进口危险化学品实施快速处理，做到"动态清零"。

二、优化服务，推进进口危险化学品检验模式改革试点

为深入贯彻习近平总书记关于安全生产工作的重要指示批示精神，全面落实党的二十大部署，巩固"口岸危险品综合治理"百日专项行动成果，有效化解危险品口岸聚集性风险、有力惩治危险品"伪瞒报"不法行为，进一步建立健全海关危险品综合治理长效机制，在海关总署统一部署下，北京海关扎实推进进口危险化学品检验模式改革试点工作。

（一）细化措施，推动改革见到实效。

一是调整检验监管模式。在保持"100%抽批检验"原则不变的基础上，将进口危险化学品及其包装"口岸批批验核"模式，调整为"100%审单验证＋口岸检验或者目的地检验"模式。将进口危险化学品检验作业由仅按照指令作业的模式调整为"指令＋作业指导书"模式。指令明确现场作业的基本内容和要求，对于指令难以尽述的情况，由作业指导书予以明确和说明。单证审核工作由申报地海关实施；现场检验按照指令，分别由口岸、目的地海关实施。

二是分类设定作业环节和比例。根据危险化学品属性和危险货物包装类型，对进口危险化学品分类设定检验的作业环节（地点）和比

例。对于泄漏风险高的，主要在口岸环节实施；对于泄漏风险低的，主要在目的地环节实施，并在口岸环节实施较低比例的检验，进行风险验证。

三是分情形下达作业指令。凡通过相关直属海关进口危险化学品的检验作业指令，由海关总署统一下达；单证审核环节的即决布控指令由进口申报地海关下达；口岸现场检查环节的即决布控指令或者布控指令调整由口岸海关下达。

四是实施口岸、目的地联动监管。根据布控作业指令（含即决布控指令和调整指令），部分进口危险化学品的检验由口岸检验和目的地检验组合而成，口岸海关与目的地海关实施联动监管。

（二）真抓实干，建立试点保障机制。

一是建立直通机制。负责与海关总署相关司局和相关直属海关进行联络，对隶属海关反映的问题及时研究解决。直通机制由商品检验处牵头，综合业务处、口岸监管处、稽查处、北京海关风险防控分局和北京海关进出口危险化学品检验监管业务指导工作组业务专家参加。

二是建立应急处置机制。负责及时应对试点期间现场发生的影响通关、检查作业的突发情况。应急处置机制由口岸监管处牵头、北京海关风险防控分局配合，综合业务处、商品检验处、稽查处、科技处参加。

三是建立审单时效监控机制。负责监督、指导跨关区异地审单与相关直属海关口岸检验之间的协作。审单时效监控机制由综合处牵头，相关部门参加。

（三）紧盯重点，加强监督形成合力。

根据关长批示精神，分管关领导高度重视，组织对关区进出口危险化学品生产使用企业进行安全检查。根据企业出口量和商品危险类别，2022年9月19日至2022年年底，组织丰台海关、通州海关、亦庄海关、天竺海关对关区范围内危险化学品生产企业开展安全检查20家次。组成多部门联合检查组，先后赴10家危险化学品生产企业进行调研和现场检查，重点查看航空煤油、1-己烯、超氧化钾、己烷浆液催化剂等产品生产、灌装、储存等现场环节，核查危险公示标签和安全数据单，检查危险货物包装是否符合相关要求，督促企业落实安全生产主体责任，对于查发的问题立即督促整改。

▲2022年9月29日，商品检验处赴企业调研出口情况（高宇 摄）

三、久久为功，建设人才队伍

按照海关总署党委"建设堪当民族复兴重任的高素质干部队伍海关必力推"要求，坚持不懈强化岗位资质管理和人员培训，通过组织自主学习、集中培训、在线学习等多种形式，不断提升执法专业水平。

一是组织关区85人次参加海关总署统一组织的3期进出口危险货物及其包装检验监管岗

位资质培训，进一步充实北京海关进出口危险品及其包装检验监管队伍。

▲2022年4月28日，平谷海关关员参加进出口危险货物及其包装检验监管岗位资质考试 （杜洋 摄）

二是为切实提高一线关员业务能力和执法水平，为相关单位部门征订"危险货物及其包装、危险化学品检验基础知识"网络课程，组织15个单位和部门报名参加培训。

三是按照《进出口危险货物及其包装检验岗位资质管理规定（2022）》，建立备案制度，及时更新《进出口危险货物及其包装检验岗位人员备案表》。截至2022年年底，关区共有130名关员具备进出口危险货物及其包装检验岗位人员资质，均已报海关总署商品检验司备案。

四、真抓实干，求实效建新功

一是保障冬残奥会火炬接力物资出口。北京冬奥组委计划于2022年1月23日出口北京冬残奥会火炬接力物资到英国，时间紧、任务重。北京海关接到相关出口申请后迅速对接，全力保障火炬接力物资出口。就火炬接力物资中的危险化学品检验向海关总署商品检验司请示工作流程，制订工作方案。组织丰台海关、亦庄海关联合完成现场检验，严格验核第三方检验检测机构出具的检验检测报告，确保出口安全。

二是科学指导出口检验。2022年，北京关区1-己烯出口量大幅增长，共完成检验132批、重量13961吨，同比分别增长158.82%和271.51%。针对1-己烯出口批次激增的情况，多次深入企业调研，了解企业质量管理体系、产品生产工艺流程、关键控制点以及安全生产管理措施等；经请示海关总署商品检验司批准，充分发挥专家组作用，指导隶属海关厘清"申报批"和"检验批"的异同，对出口1-己烯、航空煤油、超氧化钾等产品制订检验方案，降低理化项目实验室检测频次，采取相适应的合格评定方式实施检验，保障出口顺畅。

▲2022年6月15日，商品检验处赴丰台海关调研出口业务情况 （吴文 摄）

三是严厉打击涉危不报。汇总整理《危险化学品目录》（2015版）品名、别名、CAS号等内容并提炼重点，研究制定打击进出口危险化学品伪瞒报规则，维护参数表数据4905条。逐期梳理《海关总署"口岸危险品综合治理"百日专项行动工作简报》，借鉴其他海关经验做法，确定重点商品，加强实际监管。全年查发进出口危险化学品伪瞒报27起，全力以赴守牢国门安全。

四是推动建立长效机制。为做好常态化口岸危险品综合治理工作，巩固"口岸危险品综合治理"百日专项行动工作成果,向关领导报送进出口危险化学品检验监管工作情况报告,分析关区当前存在的难点,提出对策建议。多次召开专家组会议,强调发挥专家作用,强化业务指导,建立长效机制,推动落实危险化学品"指令+作业指导书"检验监管模式,配合做好进口危险化学品检验监管模式改革试点工作。

撰稿人

张　潇

推进北京"两区"建设

北京海关以"走前列、创一流"为目标，深入推进各项"两区"建设任务，全力做好自贸试验区创新制度探索和申报，研究制定《北京海关"四优四提促五子"促进外贸保稳提质若干措施》和配套工作方案，围绕优平台改革提效能、优通道通关提速度、优环境服务提质量、优产业政策提优势出台28项支持举措，以政策创新促高水平开放新格局，营造良好的进出口营商环境。

一、突出区域特色，紧密围绕"两区"重点任务下苦功

一是助推"两区"高水平开放。2022年，北京市"两区"建设任务共涉及北京海关30项，其中主责任务11项、协办19项。其中，周报任务中已落地5项，落地率83%；季报任务中5项牵头任务已全部申报落地。此外，北京海关4项创新举措入选北京市"两区"办公布的"两区"十大最具影响力政策；4项创新举措入选北京市"两区"办"五个一批"优秀政策。

二是扎实建设综保区特色发展模式。支持天竺综保区服务贸易特色综保区建设，进一步降低高端艺术品展示的税款担保成本，实行一份保函全国通用；探索无实物出口型保税检测业务海关监管模式，设立北京市首个无实物出口保税账册；助力大兴国际机场综保区高标准建设，探索建立"一个系统、一次理货、一次查验、一次提离"的港区一体化创新监管模式，依标准加快推进区港联络道海关监管设施建设。

三是打造更多高水平开放平台。指导协助中关村综保区和亦庄综保区申建，集中业务骨干成立中关村综保区筹备工作专班，参与中关村综保区建设规划，针对建设保税研发特色综保区设想，就园区建设方案、信息化建设、功能配置、围网设置、卡口和路网规划等核心问题提出海关方面建议，形成《中关村综保区概念设计方案》和《中关村综保区信息化建设规划方案》，并着手开发综保区海关监管信息化辅助平台。此外，同步跟进亦庄综保区申建进度及规划选址方案调整工作，加强对地方主管部门前期规划建设指导。

二、增强内驱动力，着力优化监管向创新要效益

一是结合实际精准出台创新举措。研究制定《北京海关"四优四提促五子"促进外贸保稳提质若干措施》和配套工作方案，围绕优平台改革提效能、优通道通关提速度、优环境服务提质量、优产业政策提优势出台28项支持举措，涵盖监管、关税、通关、保税、查验、检疫等海关监管业务全领域，全面提升监管效能，

以政策创新促高水平开放新格局。

二是建成全国首个"保税+特殊物品集中查验"新平台。一站式完成报关、采样、查验和处置等海关监管，叠加综保区分送集报、先入区后报关等便利措施，解决入境口岸查验现场不具备查验特殊物品所需安全防护场地、转场查验导致通关效率低的问题。查验平台已吸引美国ATCC亚太菌种库、亚洲细胞库等生物资源库入驻，辐射带动科研、制药等企业20余家，以疫苗、特殊物品等生物制剂为核心的区内外聚集态势初步形成。

三是畅通"两直"海运通道。完成"双枢纽"信息化系统提交货预约管理、查验管理、区港通道、退运退库、特殊监管等主要功能模块设计开发，以及首都机场二级库拼装区调研和信息化方案准备，2022年，共计1272家北京企业参与"船边直提"改革，直提箱量22029箱，直提率为23.91%。积极做好"船边直提、抵港直装"政策推广工作。

三、多维度释放红利，推动优势产业发展再上新台阶

一是全面落实RCEP关税优惠政策。对RCEP成员快运货物通关采取6小时内放行便利措施，高标准落实经核准出口商制度，实行归类、价格、原产地预裁定，加大对与RCEP成员有贸易往来企业高级认证培育力度。落实科技创新产业税收优惠政策，持续落实"十四五"期间支持科技创新进口税收政策，确保应免尽免，惠及减免税申请单位近200家。推进税款担保模式改革，备案税款担保的平均金额明显提高，"备案次数少、业务规模大"的集约化改革成效初步显现。

二是加大进出口企业信用培育力度。主动开展信用修复工作，促进"双自主"企业扩大出口，组织各单位、各部门面向企业开展全方位的政策宣讲和法规解读，依托"北京海关发布""京关e家人"和"京关信用"等微信公众号，运用业务现场电子显示屏、公告栏、对企海关专项政策培训会等多种方式，分享国内外最新技贸资讯信息，有针对性地开展政策宣讲和维权指导，帮助企业对内知晓享受最新政策、对外稳妥应对国外技术性贸易壁垒，协助企业应对海外市场侵权风险，促成多家企业申请知识产权海关备案，维护市场份额和品牌形象。

三是多措并举达企惠企享实效。创新推动生物医药企业进口研发"白名单"制度落地实施，推广多元化担保模式保障大型集团医药企业供应链的畅通运转，进口SPF豚鼠隔离检疫期由30天缩短至14天；实现进口药品通关单电子数据联网核查，协助企业享受协定税率，落实节假日"7×24小时"预约服务制度；鼓励医疗器械企业入区发展，享受进口研发、展示用医疗器械可不办理相关注册或备案手续等优惠政策；打造减免税便捷审批、AEO认证全程辅导等六位一体"芯"模式，支持集成电路等重点产业的先进技术设备、关键零部件优进大出，推进芯片等真空包装高新技术货物布控查验模式试点；稳步发展保税免税跨境电商政策相衔接海关监管模式，积极推动扩大跨境医药电商试点品类，力推跨境电商B2B出口监管业务发展。

撰稿人

王　楠　刘　龙

北京海关打击走私重点专项工作

2022年，北京海关缉私局共立案侦办走私犯罪案件54起，其中，侦办涉税走私犯罪案件28起，侦办非涉税走私犯罪案件26起。立案调查走私行为案件35起；立案调查违规及其他违法案件251起。

一、专业打私方面

一是坚决贯彻落实习近平总书记重要指示批示精神。严厉打击"洋垃圾"走私。开展"蓝天2022"专项行动，联合北京市公安局打击"破坏环境资源"违法犯罪。办理"洋垃圾"案件2起，查获人发、动物皮毛等固体废物3.59吨。严厉打击象牙等濒危物种及其制品走私。开展"护卫2022""清风2022"专项行动，查发濒危物种及其制品走私线索，立案侦办案件3起，查获象牙制品1059件、动物皮毛3张、犬齿5件。严厉打击"水客"走私，立案15起，抓获犯罪嫌疑人14名。严厉打击淫秽物品走私。参与全国第三轮淫秽书籍走私集中打击行动，共刑事立案3起，抓获犯罪嫌疑人3人。

二是打击武器弹药走私方面。严厉打击武器弹药走私，围绕旅检、邮递、快件等高风险渠道，紧盯枪支和枪支散件，加强风险研判、监管查缉和专业打击联动，深化国门一线堵源截流。会同相关部门开展集群作战，合力斩断走私通道。深入开展全国公安机关打击整治枪爆违法犯罪专项行动，共查发涉枪涉暴线索53起，立案侦办走私武器弹药案件2起，查获枪支2支，抓获犯罪嫌疑人4名。协助市公安局核查线索14条。

三是打击毒品走私方面。深入开展"净边2022"专项行动，查发涉毒线索，立案侦办毒品走私犯罪案件18起，抓获犯罪嫌疑人3名，缴获卡西酮、大麻原植物、"迷奸水"、涉毒减肥药等各类毒品725.73克。加强与北京市禁毒委员会办公室、北京市公安局在禁毒缉毒跨警种联合执法、禁毒宣传宣教等领域的合作。结合关区查缉毒品走私工作实际，根据各监管查缉一线查发情况特点，以涉毒线索为面，以侦办毒品走私案件为点，围绕首都"陆空邮"成员单位工作职责，强化北京关区打击毒品走私案件的宣传工作。主推线上学习载体，积极编发、转发禁毒宣传宣教内容，推动关区全体关警员提升识毒、拒毒、防毒意识。密切关注寄递渠道毒品走私特点，创新"双向衔接、三线成网、协同联动"战术战法。

四是查办大案要案方面。围绕"中央关注、社会关切、群众关心"的突出走私问题，结合首都外向型经济发达特点，严厉打击重点涉税商品走私。共侦办案值超千万元以上重特大走私案件4起。1起案件被海关总署列为二级督办案件。北京海关缉私局联合北京市公安局、北京市税务局深入开展打击走私、虚开、洗钱犯罪专项行动，成功破获北京海关首起涉嫌洗钱犯罪案件，抓获犯罪嫌疑人8名，打掉2个犯罪团伙。该案也是北京市首例以走私犯罪为上游犯罪的洗钱案件。

二、全员打私方面

全关各单位、各部门坚决贯彻党中央关于海关缉私部门管理体制调整重大决策部署，严格落实海关总署党委关于进一步加强打私工作的"1+6"文件精神，统筹发挥监管"堤坝"和缉私"利剑"作用，打私合力有效增强。各隶属海关在缉私部门的业务指导下深入推进"两简"案件办理，全年共办结"两简"案件195起，其中首都机场海关办结162起，其他隶属海关共办结33起。各职能部门和隶属海关共向缉私局移交线索376条。全关业务部门全年查发移交缉私刑事立案数30起，占缉私部门办理刑事案件总数54起的55.56%。

三、能力建设方面

一是加强法治建设。法制部门全年共审查各类刑事案件86起。促进健全完善侦查监督与协作配合机制，围绕最高人民检察院、公安部联合制定出台的《关于健全完善侦查监督与协作配合机制的意见》，配套出台《北京市人民检察院第四分院、北京海关缉私局侦查监督与协作配合机制实施细则》《北京海关缉私局法制专班、法制专员、法制联络员与案管专员工作机制暂行办法》，构建层次分明、责任到人的法制监督与侦检对接工作体系。

二是加速行政办案。依据海关总署缉私局最新修订的《行政案件考评办法》，对全局行政案件办理开展全流程、多要素考评，严格时限监督，提升执法质效。下最大决心、以最快速度、采取最坚决果断措施，推进"拉网式、集中式"积案清理工作，建立了案件快办快结、预防管控积案长效机制。

三是提高刑事技术水平。共对11起毒品线索、20起仿真枪和管制刀具线索、8000余件淫秽物品进行鉴定，分析文件检验样本及检材50余份，为执法办案提供了有力技术支持。

四、综合治理方面

一是履行统筹协调职责。北京市打击走私综合治理领导小组办公室设在北京海关，北京海关缉私局承担综合治理职能。2022年，领导小组办公室根据工作需要组织各成员单位对领导小组成员和联络员进行动态调整，印发《北京市打击走私综合治理领导小组成员名单》《北京市打击走私综合治理领导小组办公室主任及联络员名单》。召开议事协调机构会议，2022年8月9日，北京市2022年打击走私综合治理领导小组成员单位联席会议在北京市政府召开，会议总结回顾2021年以来全市打击走私工作，分析当前面临的反走私工作形势，部署下一阶段全市打击走私综合治理工作任务。北京海关通报了2021年以来北京市反走私综合治理工作情况。完善议事协调机构规章制度，领导小组办公室研究起草了北京市打击走私综合治理领导小组督查评估反馈机制和北京市打击走私综合治理领导小组反走私调查研究工作制度。2022年共印发文件18个，涉及工作要点、联席会议、规章制度、工作部署等内容。

二是加强联合打击。严厉打击"洋垃圾"走私。开展"蓝天2022"专项行动，北京市公安局、北京海关联合打击"破坏环境资源"违法犯罪，办理"洋垃圾"案件2起，查获人发、动物皮毛等固体废物3.59吨。严厉打击象牙等濒危物种及其制品走私。北京市委政法委、北京市公安局、北京海关联合印发打击野生动植物非法贸易《2022清风行动工作方案》，开展"护卫2022"专项行动，办理走私珍贵、珍稀动植物及其制品案件3起，查获象牙制品1059件、虎皮2张、豹皮1张、豹犬齿2件、猫科动物犬齿3件。严厉打击"水客"走私。摸排"水客"走私线索，受案1起，立案5起，抓获犯罪嫌疑人5名。严厉打击淫秽物品走私。北京市公安局、北京海关积极参与全国第三轮淫秽书籍走私集中打击行动，共刑事立案3起，抓获犯罪嫌疑人3人。严厉打击骗取留抵退税和出口骗退税。北京市公安局、北京市税务局、北京海关深入开展打击走私、虚开、洗钱犯罪专项行动，成功破获多起涉嫌走私医疗器械、虚开增值税专用发票和洗钱犯罪案件，该系列案件抓获犯罪嫌疑人8名，打掉犯罪团伙2个。严厉打击武器弹药走私。北京市公安局、北京海关深入开展全国公安机关打击整治枪爆违法犯罪专项行动，立案侦办走私武器弹药案件1起，查获枪支2支、气枪弹5发，抓获犯罪嫌疑人1名。严厉打击毒品走私。北京市公安局、北京海关深入开展"净边2022"专项行动，立案侦办毒品走私犯罪案件18起，抓获犯罪嫌疑人3名，缴获卡西酮、大麻原植物、"迷奸水"等各类毒品32.917千克。

三是开展专项整治行动。北京市市场监督管理局、北京市公安局、北京海关对未经检验检疫及国外疫区冻肉制品开展联合执法，办理涉嫌犯罪案件42起、行政处罚案件5395起。北京市园林绿化局、北京市市场监管局、北京市公安局、北京海关联合开展"清风行动"，对潘家园、十里河地区花卉市场和民俗文化城实施多轮检查，保持打击野生动植物及其制品违法行为高压态势。

五、工作创新方面

严格落实"执法队伍专业化、执法行为标准化、执法管理系统化、执法流程信息化"工作要求，打造实战实用实效、好用易用管用的执法办案基地，首创"共用地方执法办案中心"。

一是加强规范化建设。隶属分局在有限空间内严格配置"三合一"功能室、讯（询）问室、监控室等基本功能室，保障基础刑事执法工作的运作。局机关配置建设辨认室、扣留室等功能室，全局执法办案部门可根据执法实际需要调剂使用，从而实现了有限空间的高效整合，互补调配。

二是加强实战化使用。深化跨警种协作，建立缉私、公安局共用地方公安执法办案管理中心新模式，探索办案场所提质增效新路径，与北京市公安局联合签署《关于深化执法办案管理中心工作机制的意见》，明确了"优势互补、共同发展"工作原则，明确办案范围、工作模式、使用办法和管理规范。该意见属地方公安、行业公安就深化执法办案管理中心联合管理使用首创规范性文件。

三是加强专业化管理。紧密围绕"合法规范、实战高效、专业安全、因地制宜"建设原则，持续加强执法办案场所的规范化建设和使用、管理。严守执法办案场所使用管理"四个一律"工作基线,通过执法检查、实地巡查、不定期抽查的方式,不断强化后排监督存在感,确保法制监督、督察监督、执纪监督在各自职责范围内对执法办案场所的使用管理开展常态化监督,通过严格管理、严肃问责,确保各办案场所安全、稳妥、高效运转。

撰稿人

鲁文坤　汤　丹

第三篇

大事记

2022 年北京海关大事记

1月

1—3日 关领导高玉潮、冷艳梅、林劲松、孙铭辉督导检查工作并慰问一线干部职工。

4日 关长、党委书记高玉潮主持召开疫情防控专题办公会，研究部署冬奥会期间采样检测人力保障工作。

5日 关长、党委书记高玉潮赴首都机场海关督导检查北京冬奥会保障工作。

6日 关领导高玉潮、李春风、孙仁宏、石文来、冷艳梅、林劲松、周中华、孙铭辉参加全国海关专题会议。

17日 关长、党委书记、总指挥高玉潮在首都机场海关主持召开统筹口岸疫情防控和促进外贸稳增长工作指挥部全体会议暨北京海关冬奥会工作领导小组全体会议。

19日 党委书记、关长高玉潮主持召开党史学习教育专题民主生活会。

20日 关长、党委书记高玉潮赴海关总署参加2022年促进贸易便利化专项行动部署会。

21日 关领导高玉潮、孙铭辉陪同时任中央政治局委员、北京市委书记蔡奇，以及海关总署副署长孙玉宁赴北京首都国际机场调研冬奥会、冬残奥会相关准备工作。

23日 关长、党委书记、总指挥高玉潮指挥调度冬奥会入境人员通关服务保障工作。

24日 关领导高玉潮、李春风、孙仁宏、尹鹏飞、石文来、冷艳梅、孙铭辉参加全国海关工作会议。

关领导高玉潮、李春风、尹鹏飞、石文来、冷艳梅、周中华参加全国海关全面从严治党工作会议。

26日 关长、党委书记高玉潮主持召开北京海关1月形势分析及工作督查例会暨关务扩大会。

27日 关长、党委书记、总指挥高玉潮到首都机场海关指挥调度冬奥会人员通关检疫及服务保障工作。

28日 关领导高玉潮、孙铭辉赴首都机场海关三级监控指挥中心现场指挥调度涉奥人员海关检疫通关工作。

2月

1日 关长、党委书记高玉潮参加海关总署视频点名，向倪岳峰署长汇报北京海关春节期间值班工作及冬奥会通关服务保障工作。

春节期间关领导高玉潮、孙仁宏、尹鹏飞、石文来、冷艳梅、孙铭辉前往总关行政值班室等地现场督导并慰问。

8日 关领导高玉潮、李春风、孙仁宏、尹鹏飞、石文来、冷艳梅、周中华参加市纪委十二届七次全会。

关领导高玉潮、周中华参加2022年全国海关缉私工作会议暨全国打私办主任会议。

11日 关长、党委书记高玉潮陪同海关总署党委委员、副署长王令浚到北京海关十八里店办公区调研。

关长、党委书记高玉潮主持召开2021年领导班子和署管干部年度考核总结述职会议暨干部选拔任用工作"一报告两评议"。

16日 关领导高玉潮、李春风、尹鹏飞、石文来、孙铭辉，以及一级巡视员徐福华参加驻署纪检监察组"海关重点项目和财物管理以权谋私"专项整治工作动员部署视频会议。

21日 海关总署政治部主任、党委委员许大纯出席北京海关关长任职仪式。高玉潮、张格萍分别发言。

关长、党委书记张格萍到监控指挥中心调研冬奥会人员出境高峰通关服务保障工作。

22日 关长、党委书记张格萍参加第147次市政府常务会议。

党委书记、关长张格萍主持召开党委会议。

关长、党委书记张格萍到首都机场海关调研。

23日 关长、党委书记张格萍陪同海关总署副署长孙玉宁、国家安全部负责同志在北京海关调研。

24日 党委书记、关长张格萍主持召开2022年北京海关工作会议、全面从严治党工作会议。

关长、党委书记张格萍主持召开2月形势分析及工作督查例会暨关务扩大会。

25日 关长、党委书记张格萍在光华路办公区各部门调研并慰问干部职工。

关长、党委书记张格萍到二级监控指挥中心查看冬残奥会入境航班通关情况。

关领导张格萍、石文来参加2022年北京海关纪检监察工作会议。

26日 关领导张格萍、孙铭辉赴首都机场海关三级监控指挥中心现场指挥调度冬残奥会入境高峰海关检疫通关工作。

27日 关长、党委书记张格萍到二级监控指挥中心检查冬残奥会入境航班通关情况。

3月

1日 关长、党委书记张格萍参加第149次市政府常务会。

关长、党委书记张格萍赴天竺海关调研。

2日 关长、党委书记张格萍拜会北京市副市长杨晋柏并汇报北京海关近期重点工作开展情况。

关长、党委书记张格萍参加北京海关2022年缉私工作会议。

关长、党委书记张格萍参加北京海关"海关重点项目和财物管理以权谋私"专项整治动员部署会。

3日 党委书记、关长张格萍主持召开开展捍卫"两个确立"、做到"两个维护"、强化政治机关建设专项教育活动党委理论学习中心组专题（扩大）学习。

关长、党委书记张格萍赴缉私局、税管局（京津）、朝阳海关调研。

4日 关长、党委书记张格萍在甜水园办公区各部门调研并慰问干部职工。

关长、党委书记张格萍赴保健中心调研。

7日 关长、党委书记张格萍参加北京海关

"政治机关建设我来讲"女干部职工代表座谈会。

9日 关长、党委书记张格萍前往总关行政值班室检查"两会"期间关区值班应急工作。

10日 关长、党委书记张格萍赴邮局海关调研并慰问一线关员。

11日 关长、党委书记、疫情防控工作总指挥张格萍以视频形式参加全国海关疫情防控工作专题视频会议并召开党委（扩大）会议暨疫情防控指挥部（扩大）会议。

14日 党委书记、关长张格萍主持召开党委会议。

关领导张格萍、孙铭辉到二级监控指挥中心查看冬残奥出境航班通关监管情况。

15日 关长、党委书记张格萍与海科中心主任宋悦谦座谈。

16日 关长、党委书记张格萍与北京市商务局局长闫立刚座谈。

17日 关领导张格萍、冷艳梅参加2022年全国海关卫生检疫工作视频会。会后，张格萍关长对北京海关卫生检疫工作提出要求。

关长、党委书记张格萍与北京市大兴区委书记王有国在大兴国际机场海关座谈。

关领导张格萍、孙铭辉赴大兴国际机场海关调研。

18日 关长、党委书记张格萍参加中关村新一轮先行先试改革动员部署会，并拜会时任中央政治局委员、北京市委书记蔡奇，时任北京市市长陈吉宁。

关长、党委书记张格萍主持召开关长办公会。

19日 关长、党委书记张格萍参加全国疫情防控工作电视电话会议。

关长、党委书记张格萍参加北京市政府优化营商环境专题调度会。

21日 党委书记、关长张格萍主持召开关党委会议。

22日 关长、党委书记张格萍赴北京海关史荣誉室暨决战T3D主题展现场指导。

23日 关长、党委书记张格萍参加北京市委常委会会议。

关领导张格萍、尹鹏飞参加国办秘书一局、海关总署办公厅赴北京海关信息调研活动。

24日 关领导张格萍、李春风、孙仁宏参加全国海关持续推进审计问题整改工作视频会议。

关领导张格萍、孙仁宏参加海关总署税管局2021年度总结述职视频会议。

25日 关长、党委书记张格萍主持召开3月形势分析及工作督查例会。

28日 关长、党委书记张格萍赴平谷海关调研。

29日 关长、党委书记张格萍赴首都机场海关调研。

30日 关长、党委书记张格萍陪同海关总署党委委员、副署长王令浚到北京海关缉私局调研。

关长、党委书记张格萍参加北京市委常委会会议。

31日 党委书记、关长张格萍主持召开党委会议。

关长、党委书记张格萍参加全国安全生产电视电话会议。

4月

1日 关长、党委书记张格萍主持召开助力首都"五子"联动工作专题座谈会。

2日 关党委全体以视频会议形式参加海关总署党委理论学习中心组（扩大）学习。

3日 关长、党委书记张格萍前往总关行政值班室、二级监控指挥中心检查清明节期间值班工作。

6日 党委书记、关长张格萍主持召开党委会议暨北京海关统筹口岸疫情防控和促进外贸稳增长工作指挥部会议。

8日 关长、党委书记张格萍现场参加北京冬奥会、冬残奥会总结表彰大会。

11日 关长、党委书记张格萍参加北京市"两区"工作领导小组会议。

12日 党委书记、关长张格萍主持召开党委会议。

党委书记、关长张格萍主持召开"学查改"专项工作党委理论学习中心组（扩大）学习。

关党委全体参观"4·15"全民国家安全教育日国门生物安全专题展览。

关领导张格萍、尹鹏飞、冷艳梅陪同海关总署财务司司长王新平在北京海关调研。

13日 关长、党委书记张格萍与北京经济技术开发区工委书记杨秀玲在经开区工委座谈。

关长、党委书记张格萍赴亦庄海关调研。

14日 关长、党委书记张格萍参加北京市企业破产和市场主体退出工作联席会议机制第二次全体会议。

关领导张格萍、尹鹏飞参加"讲政治、勇担当、建新功"机关副处级领导干部代表座谈会。

15日 关领导张格萍、尹鹏飞、冷艳梅参加海关总署安全生产工作领导小组会议暨全国海关安全生产电视电话会议。会后，张格萍关长主持召开北京关区安全生产电视电话会议。

18日 党委书记、关长张格萍主持召开党委会议。

关长、党委书记张格萍参加全国保障物流畅通促进产业链供应链稳定电视电话会议。

19日 关长、党委书记张格萍参加北京市区政府工作交流会。汇报北京海关大力实施"四优四提促五子"服务工程，促进北京外贸保稳提质工作情况。

关长、党委书记张格萍在主会场参加北京冬奥会冬残奥会总结表彰大会。

20日 关长、党委书记张格萍采取"一对一"方式听取派驻纪检组工作汇报。

21日 关长、党委书记张格萍参加北京市数字消费能级提升专题工作会议。

24日 关长、党委书记张格萍陪同驻署纪检监察组组长、海关总署党委委员王林在北京海关调研。

25日 关长、党委书记张格萍参加国务院第五次廉政会议。

党委书记、关长张格萍主持召开党委会议。

关党委全体参加十九届六中全会精神轮训。

26日 关长、党委书记张格萍主持召开4月形势分析及工作督查例会暨北京海关统筹口岸疫情防控和促进外贸稳增长工作指挥部（扩大）会议。

27日 关领导张格萍、孙铭辉赴天竺海关调研。

28日 党委书记、关长张格萍主持召开党委会议。

关长、党委书记、北京海关统筹口岸疫情防控和促进外贸稳增长工作总指挥张格萍主持召开指挥部专题会议。

29日 党委书记、关长张格萍参加北京海关"青年跟党走 建功新时代——弘扬北京冬奥精神 强化政治机关建设"青年干部座谈会。

5月

1日 关长、党委书记张格萍慰问一线干部职工并督导检查工作。

4日 关长、党委书记张格萍传达海关总署党委书记俞建华批示并视频检查工作。

5日 关长、党委书记张格萍拜会北京市常务副市长崔述强。

7日 关长、党委书记张格萍参加全国自建房安全专项整治电视电话会议。

党委书记、关长张格萍主持召开党委扩大会议、党委理论学习中心组学习会议暨北京海关统筹口岸疫情防控和促进外贸稳增长工作指挥部会议。

关长、党委书记张格萍赴首都机场海关慰问抗疫一线关员代表并主持召开座谈会。

9日 关领导张格萍、冷艳梅参加全国新冠疫情防控工作电视电话会议。

关领导张格萍、孙铭辉参加全国促进外贸外资平稳发展电视电话会议。

11日 海关总署署长俞建华与关长张格萍视频连线。

党委书记、关长张格萍主持召开党委（扩大）会议暨关务会议。

12日 关领导张格萍、冷艳梅、孙铭辉与税管局（京津）、朝阳海关、后勤管理中心视频连线。

16日 关长、党委书记张格萍与北京车站海关视频连线。

17日 关长、党委书记张格萍参加第160次市政府常务会议。

关长、党委书记张格萍与中关村海关、西城海关视频连线。

18日 关长、党委书记张格萍与海淀海关、通州海关视频连线。

19日 关长、党委书记、总指挥张格萍主持召开5月形势分析及工作督查例会暨北京海关统筹口岸疫情防控和促进外贸稳增长工作指挥部（扩大）会议。

20日 党委书记、关长张格萍主持召开2022年第22次党委会议。

关长、党委书记张格萍与丰台海关、顺义海关视频连线。

23日 关长、党委书记张格萍主持召开关长办公会。

关长、党委书记张格萍主持召开疫情防控专题办公会。

24日 关长、党委书记、总指挥张格萍主持召开统筹口岸疫情防控和促进外贸稳增长工作指挥部（扩大）会议。

25日 关长、党委书记张格萍参加全国稳住经济大盘电视电话会。

31日 关长、党委书记张格萍参加国家审计进点电视电话会议。

关长、党委书记张格萍参加第162次市政府常务会。

党委书记、关长张格萍主持召开党委会。

6月

3日 关长、党委书记张格萍前往行政值班室检查值班工作。

7日 海关总署署长、党委书记俞建华到北京海关调研。海关总署党委委员、办公厅主任黄冠胜参加调研。

8日 关长、党委书记张格萍参加北京市医药健康产业调度会。

党委书记、关长张格萍主持召开党委（扩大）会议暨关务会议。

9日 关长、党委书记张格萍前往GE公司、北方华创调研。

10日 关长、党委书记张格萍赴会展海关调研。

13日 党委书记、关长张格萍主持召开党委会议。

14日 关长、党委书记张格萍赴通州海关调研。

15日 党委书记、关长张格萍主持召开党委巡察工作领导小组2022年第一次会议。

关长、党委书记张格萍赴大兴国际机场海关调研。

16日 关长、党委书记张格萍赴亦庄海关及关区范围内企业调研。

17日 党委书记、关长张格萍主持召开党委会议。

20日 关长、党委书记张格萍参加北京市第165次市政府常务会议。

关长、党委书记张格萍赴中关村海关、西城海关调研。

21日 党委书记、关长张格萍主持召开党委会议。

23日 党委书记、关长张格萍参加北京海关"光荣在党50年"纪念章颁发仪式暨"老骥伏枥跟党走、同心共迎二十大"老干部座谈会。

24日 党委书记、关长张格萍以普通党员身份参加办公室党支部"奋进新征程 建功新时代 护航'二十大'"主题党日活动。

27—30日 党委书记、关长张格萍参加北京市第十三次党代会。

30日 党委书记、关长张格萍主持召开党委会议。

7月

1—2日 关党委全体参加2022年全国海关年中工作会议。

5日 关长、党委书记张格萍主持召开北京海关2022年年中工作会议。

8日 关长、党委书记张格萍赴车站海关调研。

9日 关长、党委书记张格萍陪同时任北京市委书记蔡奇、时任市长陈吉宁赴北京大兴国际机场临空经济区调研。

11日 关长、党委书记张格萍参加全国安全生产电视电话会议及北京市安全生产工作部署会。

关领导张格萍、李春风、孙仁宏、尹鹏飞、冷艳梅、冯斌、周中华参加北京市委理论学习中心组学习。

12日 关领导张格萍、冷艳梅与北京冬奥组委物流部部长李燕凌座谈。

13日 党委书记、关长张格萍主持召开党委会。

党委书记、关长张格萍主持召开党委理论学习中心组学习会议。

关领导张格萍、尹鹏飞与北京市直机关工委副书记何群座谈。

14日 党委书记、关长张格萍以"走好第一方阵，以实际行动迎接党的二十大胜利召开"为题讲授党课。

15日 关长、党委书记张格萍参加市委财经委第十三次全体会议。

关长、党委书记张格萍主持召开北京海关外贸形势分析会议。

18日 关领导张格萍、冯斌、孙铭辉与海关总署企管司副司长梁均座谈。

19日 关长、党委书记张格萍参加第169次市政府常务会议。

20日 关长、党委书记张格萍参加时任北京市市长陈吉宁主持召开的北京市营商环境调度会。

关领导张格萍、李春风、孙铭辉参加海关总署"口岸危险品综合治理"百日专项行动部署动员会。

22日 关领导张格萍、尹鹏飞、冷艳梅、孙铭辉参加全国海关疫情防控专题视频会议。

关领导张格萍、李春风、石文来、冷艳梅、冯斌、周中华、孙铭辉参加"海关重点项目和财物管理以权谋私"专项整治迎检工作见面沟通会。

关领导张格萍、李春风、孙铭辉参加北京海关"口岸危险品综合治理"百日专项行动部署动员会。

25日 党委书记、关长张格萍主持召开党委会。

关长、党委书记、统筹口岸疫情防控和促进外贸稳增长工作指挥部总指挥张格萍主持召开指挥部会议。

27日 海关总署政治部主任、党委委员许大纯到北京海关调研。

29日 党委书记、关长张格萍主持召开党委会。

8月

2日 关长、党委书记张格萍赴北京车站海关、丰台海关调研。

3日 关长、党委书记张格萍赴顺义海关调研并与顺义区区长龚宗元座谈。

关长、党委书记张格萍赴缉私犬基地、动物隔离场调研。

4日 党委书记、关长张格萍主持召开党委会。

关长、党委书记、统筹口岸疫情防控和促进外贸稳增长工作指挥部总指挥张格萍主持召开指挥部（扩大）会议。

5日 关领导张格萍、周中华陪同海关总署署长、党委书记俞建华赴海关总署北京缉私犬基地调研。海关总署党委委员、办公厅（国口办）主任黄冠胜，海关总署缉私局局长孙志杰陪同调研。

8日 关长、党委书记张格萍参加第172次市政府常务会议。

关领导张格萍、孙铭辉与国家安全部负责同志、海关总署风险司副司长王延春座谈。

9日 关长、党委书记张格萍参加2022年北京市打击走私综合治理领导小组成员单位联席会议。

10日 关长、党委书记张格萍参加时任市委书记蔡奇主持召开的疫情防控专题视频调度会。会后，张格萍关长赴首都机场海关召开紧急部署会。

关领导张格萍、孙铭辉参加副市长卢彦主持召开的疫情防控调度会。

11日 关长、党委书记张格萍参加时任北京市委书记蔡奇主持召开的疫情防控专题视频调度会。

关长、党委书记、统筹口岸疫情防控和促进外贸稳增长工作指挥部总指挥张格萍主持召开指挥部会议。

关长、党委书记张格萍赴首都机场海关调研危险品治理工作。

关长、党委书记张格萍在首都机场海关三级监控指挥中心现场连线慰问现场关员。

关领导张格萍、孙铭辉与南昌海关关长党英杰座谈。

关领导张格萍、孙铭辉在监控指挥中心视频调度首都机场入境航班监管。

13日 关长、党委书记、统筹口岸疫情防控和促进外贸稳增长工作指挥部总指挥张格萍主持召开指挥部会议。

15日 关长、党委书记、统筹口岸疫情防控和促进外贸稳增长工作指挥部总指挥张格萍主持召开指挥部会议。

16日 关长、党委书记张格萍参加首都严格进京管理联防联控协调机制机场疫情防控专题调度会。

关长、党委书记张格萍赴邮局海关航站监管现场调研。

关领导张格萍、孙铭辉参加首都严格进京管理联防联控协调机制前方指挥部机场防疫现场办公会。

关领导张格萍、孙铭辉赴首都机场海关现场调度疫情防控工作。

17日 关长、党委书记张格萍参加全国稳外贸稳外资扩消费电视电话会议。

关长、党委书记张格萍主持召开关长办公会。

关党委委员集体参加"海关e课堂——深入学习《习近平谈治国理政》第四卷"专题培训暨党委理论学习中心组专题（扩大）学习。

18日 关长、党委书记张格萍参加时任市委书记蔡奇主持召开的疫情防控专题视频调度会。

关长、党委书记张格萍主持召开北京海关8月外贸形势分析会议。

19日 关长、党委书记张格萍参加第173次市政府常务会。

关党委集体参加市委理论学习中心组学习。

党委书记、关长张格萍主持召开党委理论学习中心组学习。8月22日，关长、党委书记张格萍参加时任市委书记蔡奇主持召开的北京市"两区"工作领导小组专题会议。

关党委集体参加全国海关加强新时代廉洁文化建设暨警示教育大会。

23日 关长、党委书记张格萍参加第174次市政府常务会议。

关领导张格萍、尹鹏飞与中国海关出版社有限公司执行董事、经理韩钢座谈并就常态化合作达成共识。

24日 关长、党委书记张格萍参加十三届市委常委会第10次会议。

关长、党委书记张格萍同大兴国际机场临空经济区联合管委会主任王荣武座谈。

25日 关长、党委书记张格萍参加临空经济发展国际论坛暨北京首都国际机场临空经济区全球招商推介会。

党委书记、关长张格萍主持召开关党委巡察工作领导小组2022年第二次会议。

26日 党委书记、关长张格萍主持召开党委会。

党委书记、关长张格萍以视频形式主持召开北京海关加强新时代廉洁文化建设暨警示教育大会。

29日 关领导张格萍、李春风、孙仁宏、尹鹏飞、石文来、冷艳梅、冯斌、周中华参加全国深化"放管服"改革持续优化营商环境电视电话会议。

31日 关长、党委书记张格萍线上参加2022年全球服务贸易峰会。

党委书记、关长张格萍主持召开党委会。

关长、党委书记张格萍与北京报关协会顾问王继军座谈。

9月

1日 关长、党委书记张格萍陪同海关总署党委委员、办公厅（国口办）主任黄冠胜参加2022服贸会"北京日"——"两区"建设两周年主题活动。

关领导张格萍、孙铭辉参加"健全'三应'运行机制，深化海关业务改革融合"课题调度会。

2日 关领导张格萍、尹鹏飞与交通银行北京市分行行长刘建军、总行养老金融部副总经理宋国斌座谈。

5日 关长、党委书记、统筹口岸疫情防控和促进外贸稳增长工作指挥部总指挥张格萍主持召开指挥部会议。

6日 关长、党委书记张格萍参加第173次市政府常务会议。

8日 党委书记、关长张格萍主持召开党委理论学习中心组学习会议。

党委书记、关长张格萍主持召开党委会。

9日 关党委全体参加全国海关新冠疫情防控工作电视电话会议。

关长、党委书记、统筹口岸疫情防控和促进外贸稳增长工作指挥部总指挥张格萍主持召开指挥部（扩大）会议。

关长、党委书记张格萍到首都机场海关慰问并与执法一线科长座谈。

13日 关长、党委书记张格萍主持召开关长办公会调度疫情防控工作。

14日 关长、党委书记张格萍赴首都机场海关调研督导工作并与首都机场海关部分处级领导干部进行谈心谈话。

15日 党委书记、关长张格萍主持召开党委会。

关长、党委书记张格萍主持召开北京海关9月外贸形势分析会议。

16日 关领导张格萍、石文来陪同北京市纪委常委、监委委员张丽红在北京海关调研。

19日 关长、党委书记、统筹口岸疫情防控和促进外贸稳增长工作指挥部总指挥张格萍主持召开指挥部会议。

21日 关长、党委书记张格萍赴海淀海关、保健中心调研。

关党委集体到北京市全面从严治党警示教育基地接受廉政警示教育。

22日 北京海关迎接海关总署在京重点机房现场巡查。关长张格萍与海关总署科技司副司长郑才明座谈交流，副关长冷艳梅陪同海关总署专家组巡查。

23日 关长、党委书记张格萍参加国务院安委会专题电视电话会议。

关领导张格萍、李春风、尹鹏飞、石文来、冷艳梅、冯斌、周中华、孙铭辉参加全国海关系统"防风险、保稳定、迎二十大"专题电视电话会议。会后，张格萍关长立即召开北京海关"防风险、保稳定、迎二十大"电视电话会议。

关领导张格萍、李春风、尹鹏飞、石文来、冷艳梅、周中华参加市委理论中心组（扩大）

学习。

26日 关党委全体参加全市领导干部会议。

27日 党委书记、关长张格萍主持召开党委会。

28日 关长、党委书记张格萍主持召开现场单位9月工作推进会暨风险管理委员会工作会议。

关领导张格萍、尹鹏飞参加共青团北京海关机关第九次团员大会。

29日 关领导张格萍、李春风、孙仁宏、尹鹏飞、石文来参观"奋进新时代"主题成就展。

30日 党委书记、关长张格萍主持召开党委会。

关长、党委书记张格萍赴首都机场海关一线慰问并督导检查工作。

关长、党委书记张格萍赴邮局海关新顺场地、天竺海关调研。关长、党委书记张格萍前往总关行政值班室和监控指挥中心检查值班工作。

10月

1日 俞建华署长给首都机场海关旅检一处三科党支部回信。

8日 关长、党委书记、统筹口岸疫情防控和促进外贸稳增长工作指挥部总指挥张格萍主持召开指挥部会议。

10日 关领导张格萍、尹鹏飞陪同北京市直机关工委调研督查第六组在北京海关调研。

关长、党委书记张格萍与甜水园办公区二级巡视员、二级总监"一对一"谈话。

关领导张格萍、尹鹏飞赴甜水园办公区检查内部安全管理工作。

关领导张格萍、尹鹏飞赴第五派驻纪检组、东城海关、风控分局调研。

12日 关长、党委书记张格萍与中欧协会副理事长潘锋座谈。

13日 关党委全体参加全国海关系统全力以赴做好党的二十大召开期间安全生产相关工作电视电话会议。会后，关长、党委书记张格萍立即主持召开北京海关做好党的二十大召开期间安全生产相关工作电视电话会议。

关长、党委书记张格萍与审计署京津冀特派员办事处分党组成员、副特派员李正辰进行工作交流。

14日 党委书记、关长张格萍主持召开党委理论学习中心组学习会议。

关长、党委书记张格萍赴首都机场海关督导检查"防风险、保稳定、迎二十大"工作。

关长、党委书记张格萍赴执法一线科室联系点调研。

16日 关党委全体集中收看党的二十大开幕会直播。

17日 党委书记、关长张格萍主持召开党委理论学习中心组学习会议。

19日 海关总署副署长、党委委员孙玉宁到首都机场海关调研。

24日 关党委全体参加全国海关学习宣传贯彻党的二十大精神视频会议。

关党委全体参加全市领导干部会议，传达学习贯彻党的二十大精神。

党委书记、关长张格萍主持召开党委会。

27日 关领导张格萍、尹鹏飞参加在北京海关召开的市直机关"机关党建高质量发展"现场会。

28日 关长、党委书记张格萍参加市政府第六次全体会议。

关长、党委书记张格萍主持召开10月"践三实、抓落实"专题推进会暨外贸形势分析会议。

31日 关领导张格萍、李春风、孙仁宏、尹鹏飞、石文来、冷艳梅、冯斌参加海关总署党委理论学习中心组（扩大）学习暨司局级主要负责同志学习贯彻党的二十大精神培训班开班动员会。会后，张格萍关长组织召开北京海关党委理论学习中心组（扩大）学习暨学习贯彻党的二十大精神培训班开班动员会。

关长、党委书记张格萍参加首都严格进京管理联防联控协调机制前方指挥部疫情防控工作调度会。

关长、党委书记张格萍参加办公室党支部党员大会。

11月

1日 关领导张格萍、李春风、孙仁宏、尹鹏飞、石文来、冷艳梅、冯斌参加党委专题研讨交流会。

关领导张格萍、李春风、孙仁宏、尹鹏飞、石文来、冷艳梅、冯斌、孙铭辉参加北京市委组织的党的二十大精神宣讲报告会。

2日 关领导张格萍、李春风、孙仁宏、尹鹏飞、石文来、冷艳梅、冯斌、孙铭辉参加海关总署党委理论学习中心组（扩大）学习暨司局级主要负责同志学习贯彻党的二十大精神培训班全体会议。

3日 关领导张格萍、李春风、孙仁宏、尹鹏飞、石文来、冷艳梅、冯斌参加海关总署党委理论学习中心组（扩大）学习暨司局级主要负责同志学习贯彻党的二十大精神培训班交流会。

关领导张格萍、李春风、孙铭辉参加全国海关"口岸危险品综合治理"百日专项行动总结暨常态化工作部署视频会。会后，张格萍关长迅速组织召开北京海关"口岸危险品综合治理"百日专项行动总结暨常态化工作部署会议。

关领导张格萍、孙铭辉陪同海关总署风控司副司长王延春在北京海关调研。

4日 关长、党委书记、统筹口岸疫情防控和促进外贸稳增长工作指挥部总指挥张格萍主持召开指挥部会议。

关领导张格萍、李春风、孙仁宏、尹鹏飞、石文来、冷艳梅、冯斌、孙铭辉参加海关总署党委理论学习中心组（扩大）学习暨司局级主要负责同志学习贯彻党的二十大精神培训班全体会议。

关领导张格萍、李春风、孙仁宏、尹鹏飞、石文来、冷艳梅参加海关总署党委理论学习中心组（扩大）学习暨司局级主要负责同志学习贯彻党的二十大精神培训大会交流。

5日 关党委全体参加海关总署党委理论学习中心组（扩大）学习暨司局级主要负责同志学习贯彻党的二十大精神培训班总结会。

7日 关长、党委书记张格萍参加首都严格进京管理联防联控协调机制前方指挥部疫情防控工作调度会。

8日 关领导张格萍、李春风、孙仁宏、尹鹏飞、冷艳梅、冯斌、周中华参加北京海关党委理论学习中心组（扩大）学习暨学习贯彻党的二十大精神培训大会交流。

党委书记、关长张格萍主持召开党委会议。

关长、党委书记张格萍赴首都机场海关公务机监管现场调研。

9日 北京海关召开北京海关党委理论学习中心组（扩大）学习暨学习贯彻党的二十大精神培训全体会议、结业式。党委书记、关长张格萍做学习辅导。全体关党委委员参加会议并交流发言。

11日 关领导张格萍、尹鹏飞、孙铭辉参加全国新冠疫情防控工作电视电话会议。

12日 关领导张格萍、孙仁宏、尹鹏飞、石文来、周中华参加全国海关疫情防控专题视频工作会议。会后，张格萍关长主持召开北京海关统筹口岸疫情防控和促进外贸稳增长工作指挥部（扩大）会议。

13日 关长、党委书记张格萍参加北京市领导干部会议。

14日 关长、党委书记张格萍参加首都严格进京管理联防联控协调机制前方指挥部疫情防控工作调度会。

关长、党委书记、统筹口岸疫情防控和促进外贸稳增长工作指挥部总指挥张格萍主持召开指挥部会议。

16日 党委书记、关长张格萍主持召开党委会议。

17日 关领导张格萍、李春风、孙仁宏、尹鹏飞、冷艳梅、冯斌、周中华、孙铭辉、王辉参加北京海关课题研究专题培训会议。

18日 关长、党委书记张格萍参加北京市市长国际企业家顾问会议。

关长、党委书记、统筹口岸疫情防控和促进外贸稳增长工作指挥部总指挥张格萍主持召开指挥部会议。

21日 关领导张格萍、李春风、孙仁宏、尹鹏飞、石文来、冷艳梅、冯斌、孙铭辉、王辉参加北京市领导干部会议。

关长、党委书记、统筹口岸疫情防控和促进外贸稳增长工作指挥部总指挥张格萍主持召开指挥部会议。

21—22日 关长、党委书记、统筹口岸疫情防控和促进外贸稳增长工作总指挥张格萍主持召开指挥部专题调度会议。

22日 关长、党委书记张格萍陪同中央政治局委员、北京市委书记尹力赴首都机场检查调研口岸疫情防控工作。

24日 党委书记、关长张格萍主持召开党委会。

25日 关长、党委书记、统筹口岸疫情防控和促进外贸稳增长工作指挥部总指挥张格萍主持召开指挥部会议。

26日 关长、党委书记张格萍主持召开疫情防控调度会。

28日 关长、党委书记、统筹口岸疫情防控和促进外贸稳增长工作总指挥张格萍主持召开指挥部（扩大）会议。

29日 关长、党委书记张格萍与亦庄海关视频连线宣讲党的二十大精神。

30日 党委书记、关长张格萍主持召开党委会议。

12月

6日 关长、党委书记张格萍参加北京市第185次市政府常务会议。

7日 党委书记、关长张格萍主持召开党委会议。

关长、党委书记张格萍主持召开疫情防控工作会议。

8日 关领导张格萍、尹鹏飞、石文来参加领导干部任前集体谈话会议。

11日 关长、党委书记张格萍参加北京市副市长崔述强主持召开的药品供应专题调度会。

12日 关长、党委书记张格萍参加第186次市政府常务会议。

14日 关长、党委书记张格萍参加北京市疫情防控日调度会。

16日 关长、党委书记张格萍与首都机场海关视频连线宣讲党的二十大精神。

20日 关长、党委书记张格萍参加第187次北京市政府常务会。

关长、党委书记、统筹口岸疫情防控和促进外贸稳增长工作总指挥张格萍主持召开指挥部会议。

21日 关领导张格萍、尹鹏飞、石文来、王辉参加北京市"以案为鉴，以案促改"警示教育大会。

23日 党委书记、关长张格萍主持召开党委会议。

25日 关长、党委书记张格萍参加全国新冠疫情防控工作电视电话会议。

关长、党委书记张格萍参加北京市第十三届委员会第二次全体会议。

27日 关长、党委书记张格萍参加北京市第188次市政府常务会。

关长、党委书记张格萍参加北京市副市长杨晋柏主持召开的天竺综保区二期围网验收备案及规划范围调整签批有关情况专题调度会。

28日 关领导张格萍、李春风、孙仁宏、尹鹏飞、石文来、冯斌参加全国海关疫情防控工作会议。

党委书记、关长张格萍主持召开党委会议。

关长、党委书记、统筹口岸疫情防控和促进外贸稳增长工作指挥部总指挥张格萍主持召开指挥部会议。

30日 关领导张格萍、李春风、孙仁宏参加全国海关全面加强审计问题整改工作专题视频会议。

31日 关长、党委书记张格萍参加首都严格进京管理联防联控协调机制前方指挥部会议。

关领导张格萍、冯斌参加北京市疫情防控工作领导小组专题会议。

关长、党委书记张格萍前往监控指挥中心、行政值班室检查节日期间值班工作。

第四篇 党的建设

党建工作

【概况】2022年,北京海关党建工作以习近平新时代中国特色社会主义思想为指导,以党的政治建设为统领,把学习宣传贯彻党的二十大精神作为重大政治任务,统筹开展政治机关建设专项教育活动,大力推进创建模范机关工作,深入实施基层党建"双提升"行动,有力推动精神文明建设,推动实施民生工程和暖心工程,全面提高党建工作质量,有效发挥党建和思想政治工作的教育引导、示范引领、服务保障功能,以机关党建高质量推动北京海关各项事业发展再上新台阶,以更加昂扬奋进的步伐走好"两个维护"的第一方阵,推动党的二十大精神和党中央决策部署在北京海关形成更多生动实践。

全年,党支部战斗堡垒作用和党员先锋模范作用进一步发挥,全关19个集体、18名个人获国家级、省部级表彰。机关党委(思想政治工作办公室)获评北京市思想政治工作先进集体。

【宣传思想文化】2022年,北京海关深化理论学习,以习近平新时代中国特色社会主义思想为指引,健全"关党委—隶属海关党委—党支部—普通党员"四级理论学习机制。组织保障关党委理论学习中心组学习18次,指导各隶属海关党委、基层党组织开展学习研讨2170次,有力推动学习贯彻习近平新时代中国特色社会主义思想往心里往深里走。组织开展2021—2022年度创建模范机关评选表彰,制发《北京海关政治部关于开展2021—2022年度创建模范机关评选表彰工作的通知》,严格"讲政治、守纪律、负责任、有效率"标准要求,明确"自评申报、评审复核、民主测评、党委审议、颁发荣誉"实施路径,以评促改、以评促建、以评促强,推动以高质量机关党建引领模范机关建设,评选模范机关先进单位,把过得硬、叫得响、有得学的正面典范评出来、树起来、学起来,带动关区政治建设高质量发展。经3轮次评审打分,经北京海关党委审议决定,授予办公室、综合业务处"北京海关2021—2022年度创建模范机关标兵单位"称号,授予人事处、口岸监管处、海关总署税收征管局(京津)征税一处"北京海关2021—2022年度创建模范机关先进单位"称号。学习宣传贯彻党的二十大精神、推动首都外贸保稳提质、展现先进典型风采、严守国门安全等主题,通过电视广播、报纸、新媒体等平台打造多元化宣传矩阵,切实强化网络意识形态引导。2022年共刊发新闻宣传报道1022篇次。提升京关文化氛围,举办"弘扬冬奥精神、建设首善之关"主题展、"政治机关建设专项教育"汇报展、"全力以赴保稳提质 千方百计服务发展"专题展、"内务规范强化月"成果展、组织传唱中国梦主题歌曲《领航》等"五展一歌"主题活动，制作《带砺山河守初心》主题汇报片，打造关史荣誉室暨决战"T3D"主题宣传阵地，7篇事迹材料入选中国海关出版社有限公司出版的《国门抗疫：守护我的国》，唱响主旋律，弘扬正能量。开展队伍思想动态分析，加强意识形态工作的分析研判，组织开展意识形态专项检查，将意识形态工作责任制落实纳入"北京海关防范化解重大、系统性风险任务清单"，定期督导检查。

【基层组织建设】2022年，北京海关抓好基层党建工作，从强支部、强书记、强党员、强引领入手，部署推动"十百千万"党建提升行动，力争使全国海关党建品牌达到10个，"四强"党支部达到100个，千名党员干部实现能力素质"双提升"，在服务万家进出口企业中发挥党建引领作用。制定"四强"党支部14个方面33项创建指标体系，选树形成100个"四强"党支部先进方阵；推动党建品牌创建，营造"一支部一品牌，一品牌一特色"良好氛围，推动实施"一品牌一项目"，培育"7+39"的全国、关级党建品牌。注重培树典型，评选表彰"两优一先"200人，打造"党旗耀京关"基层党建实景阵地，进一步浓厚学先进、赶先进、当先进的氛围。配强各级党组织领导班子，完成254个基层党组织换届。为党组织书记搭建展示、交流、提升的平台，首次承办北京市直机关"党建高质量发展"现场会，4名不同层面的基层党组织书记做交流分享，经验做法获市直机关工委和与会40多家市直机关部门领导广泛好评。推动实施"书记项目"59个，着力破解基层党建重点难点问题，"十百千万"党建提升行动获评全国海关优秀"书记项目"，中关村海关党建特色做法获评全国海关基层党建创新案例。抓实党务干部能力培养，组建党建工作数据资料库和党建专家人才库，建立结对共建"三带动"工作机制，开展"送教上门""集中会诊""定期体检"等常态化指导，推动"理论—实操"培训基层党务干部1863人次。树牢党建和业务融合发展理念，推动实施空港营商环境百日攻坚、窗口作风百日提升、海关政策进万家"三大行动"，累计惠及企业近万家，覆盖受众万余人次，答复办结企业咨询2.7万余件，涉及26项业务领域，让党旗在基层一线高高飘扬。

【离退休干部党建】2022年，北京海关做好离退休干部党组织建设。聚焦落实落细党建工作任务，研究制定北京海关党委关于落实加强新时代海关离退休干部党的建设工作具体措施，举办离退休支委培训班，开展专题党课，着力从学习党的二十大精神、党务知识、党风廉政建设三个方面，引导离退休支委强化理论根基，提升工作水平。在2022年度"两优一先"评选活动中，2名退休干部被评为"优秀共产党员"，1名退休干部被评为"优秀党务工作者"，1个退休干部党支部被评为"先进党组织"。5个退休干部党支部积极争创"四强"党支部，其中2个党支部荣获"四强"党支部荣誉称号。组织各离退休干部党支部开展4次季度线上理论学习，引导老干部参与专项教育活动，强化理论武装。组织离退休干部通过电视、网络等多种途径，收看收听中国共产党第二十次全国代表大会开幕盛况。组织老干部开展警示教育月活动,学习廉政警示微视频。召开"光荣在党50年"纪念章颁发仪式暨"老骥伏枥跟党走 同心共迎二十大"老干部座谈会,向老党员颁发"光荣在党50年"纪念章,并通报北京海关工作情况,听取老干部的意见建议。

【党风廉政建设】2022年,北京海关坚定不移推进党风廉政建设和反腐败工作,积极行动、创新方式、主动作为,持续推进全面从严治党治关纵深发展。明确6大类49项具体任务,推进全面从严治党各项要求落实落细。每半年梳理汇总党风廉政建设责任制完成情况,总结北京关区全面从严治党工作情况,做好参谋助手;每季度组织开展"一把手"和领导班子成员重点事项自查报告,加强督促提醒。强化"八小时外"监督,推进廉洁文化建设。组织召开关区警示教育大会,深入推进思想铸廉、文化育廉、教育倡廉、作风树廉、制度固廉、监督促廉、惩腐强廉、自律守廉的"八廉"工程。完成北京海关《践行"三实"文化 破解一体推进"三不腐"现实问题的调研报

▲2022年6月23日,北京海关召开"光荣在党50年"纪念章颁发仪式暨"老骥伏枥跟党走 同心共迎二十大"老干部座谈会 (张京通 摄)

告》。配发"一书一盘一图一册"学习资料,组织全体干部职工观看警示教育片,组织各级党组织书记结合警示教育片讲授廉政党课,结合关区通报的违纪违法典型案例开展交流研讨,组织开展应知应会线上答题测试,2732人次参加,推动警示教育活动入脑入心。开展处级领导干部配偶、子女及其配偶从业情况抽查,组织处级领导干部开展自查申报,按要求完成领导干部及家属抽查,向存在廉政风险的干部所在单位提出加强提醒监督建议。持续加强外部监督,加强"好差评"系统应用,落实办件联系单机制,加强办件督办,确保"件件有人管,评价有回应",年内企业通过系统办件720件。推动基层规范运用监督执纪"四种形态",特别是第一种形态,细化43项具体任务和14项监督重点,强化"一把手"和领导班子监督。聚焦关键节点做好廉政提醒,严防"四风"问题反弹回潮和"黄赌毒"、酒驾醉驾等违法违纪问题发生。组织任前廉政考试,开展"年轻干部谈廉洁"等主题活动,组织全关认真学习警示教育片,深入学习海关总署通报的典型案例、北京海关典型案例,促使广大党员干部明法纪、知敬畏、存戒惧、守底线。细化北京海关党委加强新时代海关廉洁文化建设58项细化措施,健全廉洁文化制度。组织开展廉洁文化作品征集活动、"清风国门"家风宣传教育主题"五个一"工作,组织开展"家属廉洁寄

语"主题活动，征集各类作品80余件，其中26幅作品在海关总署获奖。通过"京关e家人"公众号编发廉洁文化专刊8期，集中展示关区优秀廉洁文化作品、传播优秀家风故事、转载基层单位好的经验做法，营造浓厚廉洁文化氛围。统筹开展政治教育、纪法教育和警示教育，制发北京海关专项整治学习教育方案和学习资料汇编，明确"4+X"学习内容，制定"3个1"活动安排，搭建"学、练、考"平台，细化"海关重点项目和财物管理以权谋私"专项整治学习教育测试题库，组织学习教育答题测试，全员通过。做好"专项整治个人剖析材料"撰写组织工作，形成《机关党委关于专项整治个人剖析材料相关问题和风险隐患情况报告》。

【准军事化纪律部队建设】2022年，北京海关线上线下"齐步走"，统筹推进疫情防控和作风建设，聚焦打造形神兼备的准军事化海关纪律部队发力，围绕建立内务建设闭环管理工作机制用劲，创新做法和特色亮点在《旗帜》《中国国门时报》等刊物上刊发，获得海关总署思想政治工作办公室相关载体推介。借助"内务规

▲2022年4月6日，北京海关组织举办关区准军教员队列教学法集训　（赵洪刚　摄）

范强化月"活动开展准军教员队列教学法集训，组织准军教员轮流参与关区内务检查督导，创新开展季度常态化队列训练，整体提高准军骨干组训施管的能力水平；试行"视频教"、开展"云端练"、举办"网上展"，录制队列动作示范讲解教学视频资料，应用"线上统一下达口令、各办公场所同步实施、远程检查评比"的组训方式，推广常态化疫情防控"小时间、小场地、小队伍、小会操、小讲评"等特色鲜明的"五小"练兵活动，利用关区准军工作群实时展示内务秩序、训练成果；建立健全检查通报、常态训练、示范观摩、绩效考核工作机制，激励比作风、比内务、比技能、比绩效；配合稽查业务条线开展群众性岗位练兵活动和业务技能考核，持续提升队伍能力素质。

大力推进"窗口作风提升百日行动"，优化办公环境、岗位练兵、关容仪表等5大类15条工作措施，借助内务检查、专项整改、简报专栏等载体宣传推广窗口作风提升的好做法好经验好模式，为改善首都营商环境、促进外贸保稳提质贡献准军方案。创新开展"关有示范、处有红旗、科有标兵"的"三个一"内务品牌建设，举办"内务规范强化月"活动成果巡回展，开展"内务标兵""服务标兵""队列之星""战疫之星"评选宣树，总结推广各单位、各部门疫情防控、岗位练兵、典型培育、内涵学军等方面的特色做

▲2022年7月1日，北京海关组织青年同志重温入党誓词　（刘超　摄）

法和创新亮点，以点带面助推关区准军建设基础更扎实、特色更鲜明。

【群团工作】2022年，北京海关强化组织建设，完成第九届机关团委换届选举，推动首都机场海关机关团委、北京大兴国际机场海关团总支和16个团支部完成换届选举。抓实青年关员思想建设，着力深化青年理论学习提升工程，推动建立23个青年理论学习小组，创建"青年网上读书班"，指导形成"半月谈""知春晖"等系列学习品牌，总结"谋、学、悟、讲、行"特色学习方法，青年思想政治教育阵地建设更加坚实。注重青年关员实践锻炼，选派人员参与冬奥组委服务保障等重大活动，组织参与北京市青年技能大赛等重要赛事，努力搭建广阔舞台，让青年在实战中锻炼素质、提升本领、收获成长。全关6个集体被认定为"一星级全国青年文明号"、1个集体被命名为"北京市青年突击队"，10名青年同志获得省部级及以上荣誉表彰。

组织"庆七一"书画摄影作品展，参加市直机关第六届运动会，创北京海关历史最好成绩。深化职工之家建设，选树申报2个"示范职工之家"，打造7个"职工暖心驿站"，申报北京市职工书屋示范点1个，建设便利型职工阅读站点、劳模书架各1个，平谷海关"职工心灵驿站"通过专家评审。广泛开展关心慰问，开展夏季极端天气和"送清凉"慰问活动，做好节假日坚守岗位干部职工、市级劳模、因公致残职工、援藏干部慰问，组织发放退休荣誉纪念章53枚，制作纪念相册26册，实现应覆盖全覆盖。组织年度全关职工健康体检工作，覆盖2634名干部职工，针对闭环工作特点，定制疫情防控一线人员专项体检方案，增加2次健康体检。组织干部职工参保重大疾病、在职意外、女工特疾、非工伤意外等保险。发挥心理疏导工作团队作用，依托北京市相关服务平台，为干部职工提供全天候心理健康咨询及自助

▲2022年4月19日，北京海关关员参加全国"五一"劳动奖和全国工人先锋号颁奖仪式　（张平　摄）

077

类心理健康评估与个性化干预模块服务。开展8期心理健康大讲堂活动，"从心出发"关爱闭环人员，覆盖闭环管理人员1100余人次。

【书香机关建设】2022年，北京海关深入推动新时代全民阅读工作，优化阅读资源供给，加强阅读风尚引领，着力推动党的创新理论、主题出版精品等阅读学习，使党员干部不断汲取文化养分和精神力量，为干部职工订阅党报党刊1600余份，增配智慧书吧11台，2家单位获评北京市"书香机关"，1名个人获评北京市"书香家庭"。

撰稿人

王紫梁　王　力　王文娟　张　龙　赵洪刚　赵　磊

巡视整改和巡察

【概况】2022年，北京海关组织开展巡视巡察整改集中清查和巡视发现共性问题整改工作，推动巡视巡察整改事项落地落实、整改到位。组织开展2轮、对9个单位部门巡察工作，实现党委巡察"全覆盖"。

【巡视整改】2022年，北京海关在3月至7月期间，组织开展北京海关巡视巡察整改集中清查工作，围绕十九届中央第一轮巡视海关总署涉及北京海关的问题整改情况、海关总署党委2021年常规巡视北京海关党委的整改情况、党的十九大以来海关总署审计北京海关的整改情况、党的十九大以来北京海关党委巡察的整改情况4个方面重点，纠正巡视巡察整改工作存在的问题不足，推动巡视巡察整改事项整改到位。9月，组织开展巡视发现共性问题整改工作，对海关总署党委巡视组反馈北京海关党委的问题及整改措施逐类逐项对照检查，对照《党的十九大以来海关总署党委巡视发现的共性问题自查清单》开展自查，进一步加强巡视整改，避免屡查屡犯。

【巡察工作】2022年，北京海关开展两轮巡察工作。4月15日至5月7日开展第一轮巡察，组织对稽查处、中国电子口岸数据中心北京分中心和动物隔离场领导班子开展常规巡察。巡察组围绕"三个聚焦"，以及落实巡视整改工作情况，开展捍卫"两个确立"、做到"两个维护"、强化政治机关建设专项教育活动和"学查改"专项工作情况，开展"海关重点项目和财物管理以权谋私"专项整治情况等监督重点，通过开展个别谈话45人次、查阅各类资料163份等方法，共查发问题18个，提出意见建议11个，完成巡察报告3份。6月15日，北京海关党委巡察工作领导小组召开会议，审议通过巡察报告。经2个月巡察

▲2022年8月8日，北京海关党委2022年第二轮巡察工作动员部署会　（王晓龙　摄）

整改，被巡察单位（部门）均按时提交巡察整改情况报告。10月在被巡察单位（部门）干部职工中进行满意度问卷调查，共组织填写76份，对巡察整改工作情况的总体满意率为100%。

8月8日至8月12日组织开展第二轮巡察，对办公室、财务处、督察内审处、人事处、机关党委和监察室领导班子开展专项巡察。3个巡察组聚焦贯彻落实习近平总书记重要指示批示精神和党中央重大决策部署、推进关区重点工作情况，以及领导小组要求了解的其他重点情况，包括落实巡视整改工作情况，开展捍卫"两个确立"、做到"两个维护"、强化政治机关建设专项教育活动和"学查改"专项工作情况，开展"海关重点项目和财物管理以权谋私"专项整治情况等监督重点，开展个别谈话73人次，发放并回收调查问卷108份，查阅各类资料107份，共查发问题32个，提出意见建议18个，完成巡察报告6份。8月25日，北京海关党委巡察工作领导小组召开会议，审议通过巡察报告。经2个月巡察整改，被巡察单位（部门）均按时提交巡察整改情况报告。

撰稿人

林小静

加强巡察机构建设，择优增配巡察专职干部，设立巡察工作经费，编制巡察工作手册，优化绩效考核各项加分和减分设置，系统增强巡察工作的制度化和规范化水平。开展巡视巡察整改事项集中清查，将党的十九大以来、关区9轮巡察所覆盖的33个单位（部门）开展巡察整改情况，一同列入关区巡视巡察整改集中清查工作实施方案，组织被巡察单位（部门）逐项梳理895项整改措施，有力推动了巡察"后半篇文章"的落地落实。

纪检监察

【概况】2022年,北京海关纪检监察工作聚焦监督专责和协助职责,立足"监督的再监督"定位,准确对标对表开展政治监督,疫情防控监督贯通全年,"海关重点项目和财物管理以权谋私"专项整治做深做透,正风肃纪反腐主动作为,执纪问责严格规范,以案促改举一反三。

【监督检查】2022年,北京海关聚焦"两个维护",加强对贯彻落实习近平总书记重要指示批示精神情况的监督,推进政治监督具体化、精准化、常态化。聚焦党的二十大召开、北京冬奥会和冬残奥会通关服务保障等重大活动,对北京海关疫情防控指挥部各类会议部署和各项疫情防控措施落实情况开展印证式监督检查,从严从细抓好口岸疫情防控和内部防护监督。围绕"国之大者",紧盯禁止"洋垃圾"进境、打击象牙等濒危动植物及其制品走私、优化口岸营商环境、安全生产、落实"过紧日子"要求杜绝跑冒滴漏、"一把手"和领导班子、打击"水客"走私、"套代购"走私等开展专题政治监督。紧盯元旦、春节、"两会"、五一、端午、中秋、国庆等重要时间节点,开展落实中央八项规定精神深化纠治"四风"工作专项监督,从立行立改和长效机制建设2方面提出工作建议,推动党委及时部署整改。将事业单位纳入派驻监督范围,实现监督全面覆盖。各派驻纪检组与驻在单位开展会商50余次,开展谈话谈心900余人次,开展监督分析并形成报告32份,较好发挥了派驻监督优势。

【执纪问责】2022年,北京海关主动作为,自主查发案件占比50%。充分发挥打私反腐"一案双查"作用,把握关区腐败阶段性特征和变化趋势,严查借贷收息受贿、"影子股东"等新型腐败和隐性腐败,

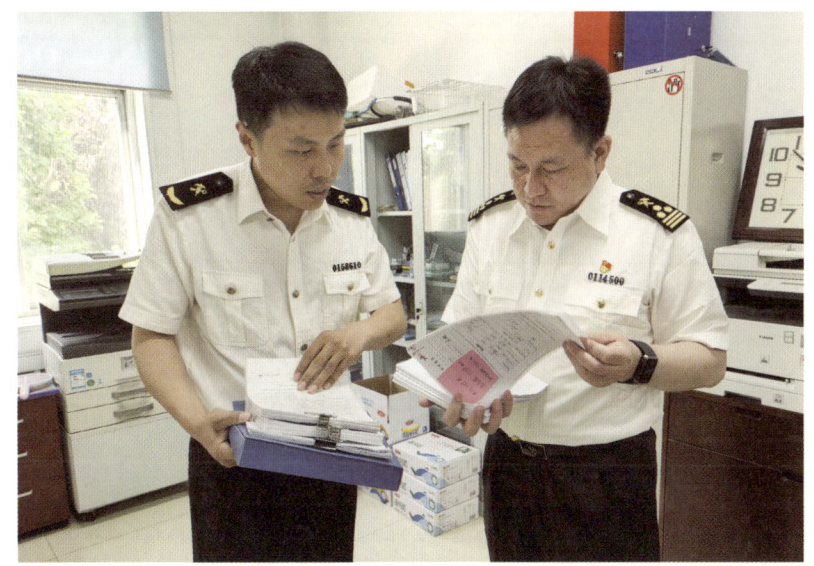

▲2022年6月29日,北京海关党委第一派驻纪检组对动物隔离场落实中央八项规定精神情况开展监管检查 (马克毅 摄)

严查群众强烈反映案件，落实"查办案件以上为主"，依规向驻署纪检监察组请示报告线索案件查办工作，提升办案质效。在关区警示教育大会通报北京海关近年典型案例，用"身边事"警醒"身边人"。聚焦全面从严治党政治责任，做到失责必问、问责必严，精准规范用好问责利器，透过执法问题，深挖政治责任落实不到位等深层次问题，从业务问题和管理责任破题，指导相关部门第一时间出台以案促改、以案促建、以案促治一揽子工作方案，以问责促尽责。

【"海关重点项目和财物管理以权谋私"专项整治】2022年，北京海关聚焦反腐效能，推进"海关重点项目和财物管理以权谋私"专项整治走深走实。梳理形成涵盖关区5类领域17个子项目的575个重点项目清单。组织开展个人违规事项申报550人、谈心谈话530余人次；收集1062家相关企业信息资料，向637家企业发放调查问卷、发布通告和举报途径，电话调研228家。制发专项整治整改方案，坚持"当下改与长久立相结合"的整体思路，健全"销号"责任制、严把整改"出口"关，建立周调度、周督导、周报告"每周三项"工作机制，推动问题均已完成整改。

撰稿人

郭　焱

干部队伍建设

【概况】2022年，北京海关以习近平新时代中国特色社会主义思想为指导，深入学习贯彻党的二十大精神，落实新时代党的建设总要求和新时代党的组织路线，按照"铸忠诚、担使命、守国门、促发展、齐奋斗"要求，围绕"走前列、创一流"工作目标，着力建设忠诚干净担当的高素质专业化干部队伍。

【机构编制和人力资源管理】2022年，北京海关在深入调研、科学论证的基础上，调整优化科技处、首都机场海关、北京邮局海关、中关村海关、北京海关风险防控分局5家单位（部门）16个科（室）的机构设置、职能配置和人员编制情况，进一步适应形势任务和海关改革的发展变化，提高一线执法的有效性；推进与北京大兴国际机场综合保税区建设相适应的海关机构编制配置工作，结合北京大兴国际机场综保区发展规划、现阶段情况及业务量预估情况，统筹考虑北京大兴国际机场综保区封关运行初期和长远发展，明确由北京大兴国际机场海关承担北京大兴国际机场综保区监管职责，并新设和调整6个科级机构负责相关工作；调整明确党委派驻纪检组监督范围，落实全面从严治党要求，结合党委各派驻纪检组工作地点、派驻单位数量和业务特点等情况，将各事业单位纳入党委派驻纪检组监督范围，进一步强化对事业单位的监督，防范基层廉政风险。不断完善疫情防控"一线人员、预备人员、应急人员"三个梯队，根据"统筹调配、科学分类"的原则，进一步完善关区"横向+纵向"分组的应急梯队调配机制。精准支援现场需求，确保应急梯队始终处于备战激活状态。

【干部选育管用】2022年，北京海关落实新时代好干部标准，树立重政治、重品行、重基层、重担当、重实绩的鲜明用人导向，坚持"一把尺""一张单""一盘棋"，选优配强各级领导班子。坚持把政治标准放在首位，在民主推荐、考察过程中深入细致考察干部的政治素质，把紧把严政治关这个首要之关，确保选出来的干部政治上信得过、靠得住、能放心。统筹职级职数情况和干部队伍实际，积极调研其他直属海关情况，立足当前、着眼长远，重实干、重实绩导向，用好职级职数，激励干部担当作为。

制定《北京海关党委关于进一步加强优秀年轻干部选育管用的工作措施》，实施年轻干部培养"四苗"计划，通过拓源育苗、压担壮苗、大力选苗、悉心护苗，努力建设一支有理想、敢担当、能吃苦、肯奋斗的年轻干部队伍。破除论资排辈、打破隐性台阶，及时提拔使用政治过硬、历练扎实、实绩突出、廉洁自律的年轻干部。有计划地开展关区干部交流工作,选拔优秀年轻干部进入机关。精准实施新关员"三年成才"计划,将专业技术类新录用公务员安排在科技处实习,其余新录用公务员安排在隶属海关实习。

按照程序做好接信接访、登记备案、调查核实等各项工作。配合思想政治、纪检监察、督察审计、巡察等部门提供相关材料,并协助做好核实工作。开展隶属海关选人用人检查,督促各单位抓好问题整改,切实提升隶属海关选人用人工作质量。持续开展违规投资企业及在企业兼(任)职问题专项整治。根据《北京海关协管员管理办法》,指导隶属海关制定协管员管理细则,形成关区协管员管理制度体系,防范工作中的管理、廉政风险。

【人才队伍建设】2022年,北京海关落实党中央新时代人才工作的新理念新战略新举措,坚持党管人才原则,制订《中共北京海关委员会关于学习贯彻习近平总书记重要讲话精神加强海关人才队伍建设的实施方案》,明确北京海关人才队伍建设的指导思想、组织领导等,提出培养高层次科技领军人才、培养高素质法治人才、培养高水平国际合作人才等13个方面的具体措施。

▲2022年10月8日,人事处、教育处召开2022年新录用公务员工作会议 (顾婕 摄)

【干部考察考核】2022年,北京海关发挥考核导向性作用,打造北京海关"四三二"绩效考核模式。聚焦"四线牵引",以强化政治建设为标线,全面梳理北京海关政治建设基本要求,设置政治建设指标;以全面落实海关总署工作要求为主线,按照海关总署党委工作部署设置业务建设指标;以最大限度防范风险为底线,列明"负面清单",针对各类事故问题设置考核减分项,划清"政治红线",将海关总署和北京海关重点整治的问题列入一票否决项;以考核评价机制穿针引线,统筹党建、队伍、业务等重点领域,推动各项工作扎实开展。统筹"三个链条",建立联动有效的考核运行体系,打造海关总署、北京市与关区绩效考核协同推进链条,完善平时考核、专项考核与领导班子考核贯通互补链条,形成纪检监察、督察审计与考核评价机制衔接配合链条。强化"两个重点",有效提升考核针对性和实效性,重点保证考核过程"考得准",重点实现考核结果"用得实",考核上下贯通,将考核结果与干部年度考核优秀等次比例相结合、与处级领导干部年度考核结果相结合、与干部队伍管理相结合，同时注重向基层一线倾斜，最大限度提高结果与运用的关联度。

【公务员队伍管理】2022年，北京海关深化公务员分类管理改革，全面实施综合管理类、行政执法类、专业技术类公务员分类管理，持续开展专业技术类公务员任职资格动态评定。在首次评定的基础上，评定初级任职资格1人、中级任职资格2人，按要求向海关总署推荐参评副高级任职资格18人、正高级任职资格20人。完善公务员统计和信息更新采集工作机制，强化队伍建设综合管理平台应用，持续做好公务员登记备案工作，夯实公务员管理工作基础。高质量完成2022年公务员考试录用工作，实施结构化小组等公务员考录面试模式，深入调研科学设置2023年招录岗位，携手清华大学等7所在京"双一流"高校，开展招考录工作宣讲，吸引更多优秀高校毕业生进入海关队伍。7个集体、9名同志获省部级以上表彰奖励，2个集体、1名同志被海关总署授予二等功，2个集体、2名同志获海关总署政治部通报表扬，4名同志获评2021年度"百名优秀执法一线科长"。对2021年和2022年第一季度工作中表现突出的集体和个人给予奖励，为4个集体和19名公务员个人记三等功，为8个集体、237名个人记嘉奖，突出示范引领作用。为全关共计648人授予或晋升关衔，配合海关总署做好35名三级关务监督授衔仪式，切实增强干部队伍的责任感和荣誉感。

【关心关爱干部职工】2022年，北京海关制定下发《北京海关关于进一步细化保护关心爱护疫情防控一线人员工作措施的通知》《北京海关关于进一步推动总署党委关心爱护疫情防控一线人员措施落地见效的实施方案》，为一线干部职工送温暖、办实事、解难题。配合做好"关长走进口岸封管区"工作，及时收集汇总相关问题及意见建议。把疫情防控一线作为考察识别干部的"试金石"，充分发挥考核指挥棒作用，年度考核评优向一线单位倾斜。强化正向激励，对于在疫情防控工作中表现突出、堪当重任的优秀干部，结合一贯表现，优先提拔使用、晋升职级。突出表彰奖励工作的基层导向，向疫情防控一线和闭环管理现场倾斜，侧重科级及以下干部尤其是执法一线科长。

【事业单位规范化管理】2022年，北京海关针对事业单位档案工作基础相对薄弱的实际问题，通过制订工作计划、抽调业务骨干、严格审核程序、反复查核研讨，共完成153卷干部人事档案集中审核，并同步完成海关人事信息管理系统数据更新。精心组织工程、农业、卫生三个系列的职称评审推荐工作，经过申报推荐、受理审核、组织评审等程序，4人取得初级职称、5人取得中级职称，推荐7人参加海关总署高级职称评审，其中1人取得副高级职称。1名个人获省部级以上表彰奖励，为1名事业单位人员记功，为1个集体和12名事业单位人员记嘉奖，提高事业单位人员干事创业热情，激励担当作为。借助人社部事业单位工作人员培训服务平台，依托中国人事科学研究院的教学资源，组织18名事业单位人事干部进行30课时的线上培训，进一步规范北京海关事业单位人事管理工作，切实提升事业单位人事干部政策水平和业务能力。

【干部教育培训】2022年，北京海关干部教育培训着眼打造

▲2022年9月26日，人事处开展岗位练兵　（顾婕　摄）

"微课堂"培训矩阵，线上线下培训同频共振，全年组织各级各类培训1229期次，培训41002人次，组织各类考试21场次，3275人次参考。

强化政治引领，把学习贯彻习近平新时代中国特色社会主义思想纳入关区各级各类培训，作为干部教育培训的首课主课必修课。组织学习党的二十大精神、党的十九届六中全会精神全员培训，把学习贯彻党的二十大精神纳入各类重点班次，组织处级以上干部学习贯彻党的十九届六中全会精神轮训3期，304人参训。组织"海关e课堂"政治类专题培训，制作习近平新时代中国特色社会主义思想海关特色课程和系列微课程21门，在网络教室设立"学习贯彻党的二十大精神"学习专栏。

服务年度重点工作，为北京冬奥会、冬残奥会服务保障中心工作提供智力支持和人才保障，围绕口岸监管、通关保障、反恐演练、各类突发事件应急处置等重点环节开展专题培训和应急演练84期，5024人次参训。强化疫情防控培训，组织防护装备使用、内部防护采样等培训、演练和知识测试182期次，11922人次参训。组织"践三实、抓落实"网络培训班，1329人参训；组织"三智"、优化营商环境、"六稳六保"、海关贸易安全、打击"洋垃圾"等重点工作专题培训39期次，9198人次参训。统筹推进"学查改"专项工作和政治机关建设专项教育活动，建立特色学习机制，录制钉钉课程4门，组织专项培训7期次，3489人次参训。加强青年理论学习阵地建设，构建青年干部课程学习体系，组织专项课程5次。

分级分类施训，完成执法一线科长、处科级领导干部任

▲2022年8月17日，北京海关组织"海关e课堂——深入学习《习近平谈治国理政》第四卷"专题培训暨党委理论学习中心组专题（扩大）学习　（施亮　摄）

▲2022年9月21日，北京海关组织开展隔离转运应急处置人员防护装备使用强化培训　（陈曦　摄）

职培训、关衔晋升培训和新录用公务员初任培训等干部队伍能力建设和人才培养培训10期，490人次参训。组织党建、廉政、准军、保密、法规、"四优四提促五子"服务工程、关税、"异宠"综合治理、猴痘知识、跨境电商监管等关区一级培训152期，11268人次参训。开展"小范围、多频次"的二级培训，拓展干部培训途径。结合疫情防控常态化形势，紧扣当前时期职业学习信息获取新形态，持续灵活运用网络培训，共组织民法典、网络安全、贸易统计等各类网络培训88期，25446人次参训。

持续推进兼职教师队伍建设，健全领导干部上讲台制度，年内关领导班子成员带头上讲台9人次。推选5人成为海关总署涉外培训兼职教师，6人成为署聘兼职教师。派出7人次为海关总署、中国海关管理干部学院等单位授课。组织兼职教师教学能力提升专题培训，提升教学能力。提升教培工作者调查研究能力，报送政研文章2篇，其中1篇获中国海关学会天津分会入围奖及北京海关学会二等奖。探索建设"微课堂"培训矩阵，把复杂业务拆解为"知识点"，年度制作完成《讲政治 见行动 求实效》《查验制度概述》等21门时长十分钟以内、内容精简、紧跟业务改革的微课程，学员根据课程"菜单"自由"点菜"，精细适配。完成6门署级课程录制，贡献京关智慧。

协助组织稽查岗位练兵，提升稽查队伍实战查发能力。抓好专业资质考核，推动干部队伍专业化。组织完成全国海关行政执法资格考试149人次，动植物检疫现场查验及签证兽医官、签证植物检疫官资

▲2022年9月16日，教育处组织微课程录制　（吴博　摄）

质考试 22 人次，入境人员新冠病毒采样岗位能力及防护技能培训考核 166 人次，稽查执法岗前考试 16 人次，进出口危险货物及其包装检验监管人员培训及考试 62 人次。

撰稿人

冒诗文　常　远　徐　盟　任盛达　宋　洋　赵志凌
吴　博　邵琦敏

第五篇

业务建设

国际及港澳台地区合作

【概况】2022年，北京海关学习贯彻习近平总书记关于外交工作的重要讲话和重要指示批示精神，坚持"首善"标准，持续加强"三智"合作和国际交流，积极服务重大外交活动、助力高质量共建"一带一路"，为国家整体外交大局和海关系统国际合作工作作出积极贡献。

【服务外交大局】2022年，北京海关以习近平外交思想为理论指引，将海关口岸执法和通关保障工作植入大国外交大局之中。制订《北京海关贯彻落实习近平主席在中国—中东欧国家领导人峰会上的重要讲话精神的实施方案》《北京海关落实〈商务部等6部门高质量实施区域全面经济伙伴关系协定（RCEP）的指导意见〉细化措施及分工方案》，持续跟踪工作进度，确保落实到位；严格落实外交礼遇，完成北京冬奥会和冬残奥会期间各国元首和国际组织负责人通关保障任务，充分展现了中国速度、北京温度、海关精度。

【"三智"建设】2022年，北京海关深入践行习近平总书记提出的"智慧海关、智能边境、智享联通"重要指示要求，落实海关总署领导在亚欧会议"三智"国际研讨会上的致辞精神，着力提升智慧海关建设水平、智能边境管理水平、智享联通合作水平。在既有"三智"建设成果的基础上，新增申报"三智"项目2个，分别为北京双枢纽空港电子货运平台项目及北京海关禁限管理辅助系统应用项目；积极参加全国海关"三智"项目评审，截至2022年底，北京海关共有在海关总署备案"三智"先行先试项目5个、全国示范项目1个。制发京关政研"三智"专刊，撰写完成"三智"关级课题2个，配合完成署级课题1个。加强工作统筹，就加快"三智"建设和服务"一带一路"高质量发展制定17项工作措施，定期跟踪督办，确保各项任务有序推进。开展对外宣传，北京海关相关工作成效获中新社等重点媒体报道40余篇次，海关总署相关载体编报北京海关相关稿件5篇次。

【国际交流合作】2022年，北京海关按照海关总署统一部署，结合新冠疫情防控工作实际，采取灵活方式积极参与线上国际交流合作。全年共选派业务骨干42人次参加金伯利进程联席会谈、世界海关组织协调制度会议、中国—海合会自贸协定谈判等重要线上外事活动，在国际规则标准制定、相关议题谈判、经验交流分享等工作中发挥积极作用。年内，北京海关与莫斯科地区谢列梅捷沃、多莫杰多沃、伏努科沃三个机场海关构建的"四方"合作机制，被海关总署国际合作司编入直属海关践行"三智"理念推动关际合作创新发展的经验做法。

【外事基础工作】2022年,北京海关严格执行各项外事规定,结合新形势新任务新要求,不断健全关区外事管理体系建设。优化调整关区外事工作领导小组,设立业务部门外事工作联络员,着力构建大外事工作格局。落实外事领域防范化解重大、系统风险任务,开展全面自查、风险分析并制定落实防范措施3项。修订《北京海关行政互助协查工作实施细则》,建立外事参阅件报送机制,2022年被海关总署采用7篇次。加大外事人才培养力度,选派业务骨干3人到海关总署国际合作司集中工作,深度参与重点工作。

撰稿人

王 茜

法治建设

【概况】2022年,北京海关法治建设工作以习近平法治思想为指引,贯彻落实海关总署各项决策部署,夯实规章制度建设基础,优化法治化营商环境,推进复议应诉工作,强化法治宣传教育,为进一步提升依法行政水平,更好服务高水平开放高质量发展提供坚实法治保障。

参与《中华人民共和国海关法》(简称《海关法》)修订工作,配合海关总署完成部门规章立法研究,建立制度台账动态管理机制;加入北京市涉案企业合规整改试点改革机制,受邀成为北京市第三方监督评估机制管委会成员单位,与北京市人民检察院第四分院联合制发整改效果评价指南;推进法治人才梯队建设;实施行政许可事项清单化管理;国境口岸卫生许可告知承诺审批制度改革列入北京市第四批告知承诺审批事项清单并对外公开;线上线下多种形式开展系列普法宣教活动,普法经验做法和优秀作品被新华社、"学习强国"、《法治日报》等媒体宣传报道80余次。《首都机场海关疫情防控》摄影组照荣获中共中央政法委员会组织的第六届平安中国"三微"比赛摄影类作品二等奖;北京海关荣获北京市宪法知识竞赛优秀组织奖;北京海关法规处荣获司法部首次组织评选的"全国行政执法先进集体"光荣称号。

【规章制度建设】2022年,北京海关参与修订《海关法》,对《海关法》修订稿"进出境物品"章节、海关核查业务等开展立法研究,并反馈最终研究成果。对《海关法》第六稿修订草案进行研究,经征询各部门意见、公职律师研讨,针对14个条款提出修改意见共17条。开展部门规章立法

▲2022年11月15日,法规处党支部参观"奋进新时代"主题成就展 (韩庚太 摄)

▲2022年12月27日，法规处荣获2022年度全国行政执法先进集体
（王晓龙 摄）

研究工作，就海关总署拟修订的8部规章、文件研提建议共27条。参与立法后评估工作，对海关总署43部现行有效的部门规章研提评估意见。与海关法治工作第一协作区其他成员单位沟通配合，对多家企业联合"云调研"、征集立法后评估意见，完成对有关原产地规则部门规章的立法后评估报告。

对机构改革后北京海关制发的26份规范性文件集中清理，保留或修改共19件，废止、宣布失效7件。针对清理工作中发现的问题，修订完善《北京海关规范性文件管理办法》，从源头规范管理。组织开展2022年度内部规章制度清理，修订规章制度11件，废止、宣布失效24件。建立动态台账管理制度，对"试行""暂行"制度进行梳理，转化为长期适用制度共18件。严格内部规章制度法制审核，对拟制发的19项规章制度进行审核，研提意见建议13条。

就法律适用、规章效力等方面问题提供咨询25项。审核民事合同671份。配合司法、行政机关开展案件调查，协助办理各类案件20起。多种形式强化对基层接报单位的业务指导，处置重大涉检违法线索举报事项。完善北京海关案件审理委员会工作机制，修订工作规程，调整审委会办公室职责，针对重大案件、执法疑难问题加强集体审议决策，保障执法公平公正。

【行政复议应诉】2022年，北京海关开展案例统计分析和案例通报工作，发挥典型案例"反哺"作用。汇总梳理行政复议、应诉案件，通报案件办理中发现的执法问题，提出改进建议，促进规范执法。通过"北京海关法治宣传教育专栏"登载典型的复议诉讼案例，以案说法。以公职律师讲评的形式，对典型诉讼案件进行分析和讲解，梳理争议焦点，发挥典型案例的教育作用。下载典型案例庭审视频，组织关区相关单位观看学习。开展海关行政处罚主题培训，举办"司法审查与行政执法"专题培训，提高关区干部职工依法行政意识。

践行新时代"枫桥经验"，通过合议审理、会商审理等模式，提高办案专业度；通过调查取证、举行复议听证等方式，全面查明事实，增强审理透明度，实质性化解争议矛盾。共收到行政复议申请20份，经审查受理复议案件18起；审理1起2021年未结案件。办结的17起新发复议案件中，通过与双方当事人充分沟通、督促隶属海关主动纠正等方式，申请人自愿撤回复议申请5起。法规处荣获司法部首次组织评选的"全国行政执法先进集体"光荣称号。

邀请北京市高级人民法院法官开展实务培训，组织"行政复议人员和公职律师培训班"，提示一线规避执法风险。加强府院联动，与北京市第三中级人民法院开展交流座谈，研讨海关行政执法与应诉工作，加深沟通交流。全年共应对行政诉讼案件5起，其中新发案件2起，2021年未结案件3起。结案2起，其中二审结案1起，再审结案1起，海关均胜诉。与其他直属海关开展工作交流，牵头组织原海关行政应诉第二协作区成员单位开展典型案例汇编工作，完成17个典型诉讼案例分析的编写工作。作为轮值单位，组织开展海关法治工作第一协作区线上联学活动，分享行政复议诉讼典型案例，交流工作经验。

【优化法治化营商环境】2022年，北京海关实施行政许可事项清单化管理，完成北京海关行政许可事项清单编制和对外公开工作。规范16个线下行政审批窗口建设，动态维护门户网站行政审批事项专栏，加强"一个窗口"监督检查。推进关区涉企经营许可事项"证照分离"改革，开展政策解读，落实审批改备案、实行告知承诺、优化审批服务等涉市场准入的涉企改革举措。形成具有特色的改革举措，为新兴业务领域的重点行业进行多次"送教上门"，结合实际情况开展惠企政策"云宣讲"，重点解读RCEP原产地规则、《中华人民共和国进出口食品安全管理办法》（简称《进出口食品安全管理办法》）等法律法规，实现利企便民的工作目标。对接北京市政务服务部门，将海关行政许可事项清单纳入地方省级清单管理，依托首都之窗等政府门户网站同步对外公开。推进国境口岸卫生许可告知承诺审批制度改革，将其列入北京市第四批告知承诺审批事项清单并对外公开。协助北京市高级人民法院建立破产案件财产处置协调机制，明确海关查封扣押、刑事调查等特定情形的解封处置程序，完成涉政务服务及司法保障领域相关改革任务。加入涉案企业合规整改试点改革机制。与北京市人民检察院第四分院、北京市工商业联合会联系配合，受邀成为北京市第三方监督评估机制管委会成员单位。在第三方监督评估机制下，与北京市人民检察院第四分院联合研究制发整改效果评价指南。推荐北京海关缉私领域专家参加天津市人民检察院第三分院涉嫌走私案件涉案企业合规整改评估工作。

【法治宣传教育】2022年，北京海关围绕北京冬奥会和冬残奥会、"4·15"全民国家安全教育日、"8·8"海关法治宣传日、民法典宣传月、"12·4"国家宪法日暨宪法宣传周等重要时间节点，线上线下多形式开展系列普法宣教活动。强化北京冬奥会法治保障，大力宣传冬奥会物资进境、奥林匹克标志专有权知识产权保护、外籍人员入境卫生检疫等政策法规。联合北京市第二中学经开区学校、北京亦庄实验小学，开展"异宠"主题"普法进校园"线上宣教活动，向师生家长1000余人普及海关国门生物安全知识和法律法规常识。通过线下政策宣传贯彻会、线上"云课堂"、布展搭台等方式，开展送法"进企业""进社区""进学校""进机关"活动。组织参加北京市宪法知识竞赛，北京海关荣获"优秀组织奖"。全年共组织培训交流活动20余场，制作宣传视频10余部，发放宣传材料20000余册，惠及企业3000余家。

▲2022年8月8日,法规处组织"海关政策进万家"线上普法活动(李绪芝 摄)

举办"公职律师大讲堂""行政执法专题培训讲座"等活动,加强对内宣传教育。联合创作《小关姐姐带你学宪法》《"关典"故事——张总买肉避坑记》普法宣传视频,在"学习强国"平台上登载。理论研究文章《坚持人民至上,谱写法治海关建设新篇章》在《中国国门时报》上刊发。《首都机场海关疫情防控》摄影组照荣获中共中央政法委员会组织的第六届平安中国"三微"比赛摄影类作品二等奖。北京海关普法经验做法和优秀作品被新华社、"学习强国"、中新网、《法治日报》、"海关发布"、"北京普法"等国家级、省部级媒体平台宣传报道80余次。

【法治队伍建设】2022年,北京海关强化领导干部普法责任,压紧压实工作责任,以年度绩效考核为抓手,一级抓一级,层层抓落实,推动普法工作落到实处。举办"学习宣传贯彻党的二十大精神 推动全面贯彻实施宪法"专题法治培训讲座,专题学习习近平法治思想,学习党的二十大精神中关于全面推进法治中国建设的重要内容,提升领导干部这一"关键少数"群体以法治思维和法治方式思考问题、化解矛盾、推动发展的能力水平。

公职律师团队扩充至93人。通过建立"法治工作任务单"制度、定期举办"公职律师大讲堂"、参加海关总署组织的"行政复议人员和公职律师培训班"等方式,加强队伍建设,发挥公职律师法治先锋作用。实行关区公职律师兼任内部法律顾问制度试点改革,在北京海关所属天竺海关、北京朝阳海关开展公职律师跨隶属关区任职试点工作。普法讲师队伍扩充至60人。依托普法讲师团队,对接受众需求,开展各类对内对外法治宣传教育活动。继续聘任优秀社会律师作为关区法律顾问,借助"外脑"力量,协助解决复议应诉案件办理、一线行政执法、民事合同审核等工作中的法治疑难。建立兼职法律顾问制度,选聘关区优秀公职律师为缺少法律人才的隶属海关单位提供法治服务保障,有效平衡关区法治资源。

撰稿人

王凯漾 谢素桃 简红声 李绪芝 富 红

业务改革与发展

【概况】2022年，北京海关业务改革与发展工作以"强改革、促发展、保通关"为主线，持续在改革引领、政策集成、履职服务三个维度发力，为北京海关事业发展作出新贡献。牵头开展海关总署"健全'三应'运行机制，深化海关业务改革融合"（空运货物专班）课题研究，形成1个主报告和4个专题报告；实施"四优四提促五子"服务工程，推出28项措施取得良好社会反响；建立京津冀产业链供应链通关保通保畅机制，推动京津冀协同发展；顺利完成冬奥会物资通关保障，出台抗疫情保通关稳外贸8项措施，通关业务保持"零投诉""零延误"；巩固北京关区压缩进出口整体通关时间成效，持续稳定在合理区间；严格进出口贸易禁限管控，积极开展技术性贸易措施帮扶工作；建设知识产权保护成果展厅，推荐案例入选2021年中国海关知识产权保护典型案例。

【业务改革与发展】2022年，北京海关牵头开展"健全'三应'运行机制，深化海关业务改革融合"（空运货物专班）课题研究。北京海关制订空运专班工作方案，会同石家庄海关、济南海关、郑州海关、广州海关、成都海关、西安海关明确工作分工，建立联系机制，广泛征求意见建议，实现共研、共商、共答。以健全业务"三应"运行机制为改革目标，提出深化业务改革融合建议方案，形成空运货物专班课题报告。

以"四优四提促五子"为抓手，以"走前列、创一流"为目标，助力北京市"五子"联动服务和融入新发展格局。出台《北京海关"四优四提促五子"促进外贸保稳提质工作方案》，细化四个方面28项具体措施。优平台改革提效能，加快助力中关村、亦庄综保区申建工作，打造"四个一"港区一体化监管模式，加快推动形成"空运双枢纽+四个综保区"的"两场四区"大开放、大平台、大集群。优通道通关提速度，持续畅通"双枢纽"空运通道，推动空港口岸物流系统的升级改造，实现通关物流全链条数据共享；持续畅通京津"无水港"海运通道，推进"船边直提""抵港直装"；持续畅通跨境电商贸易通道，发挥北京版跨境电商医药类海关监管方案的样本示范作用，打造最具竞争力的跨境电商海关监管服务机制。优环境服务提质量，开展海关政策进万家、窗口作风百日提升行动，为企业办实事、解难题，统筹做好迎接世界银行评估、推进优化营商环境等重点工作，打造市场化、法治化、国际化的一流营商环境。优产业政策提优势，深化集成电路六位一体

"芯"模式、生物医药企业进口研发"白名单"制度、综保区文化保税展拍等监管模式创新。

会同天津海关、石家庄海关印发《北京海关、天津海关、石家庄海关关于新冠疫情期间通关工作保通保畅措施》，出台包括建立京津冀海关保通保畅协调工作机制、加快口岸货物通关、建立重点企业重点物资通关绿色通道、加速京津冀地区进出境货物跨关区流转、加强京津冀关企信息互享互通等5方面措施，制定第一批166家重点企业名单，并动态调整增至第二批257家。京津冀海关积极营造区域优质营商环境，与三省市政府部门联合签订了推进京津冀营商环境一体化发展合作框架协议，在跨境贸易协同发展水平上由京津两关进一步扩大到京津冀三关合作。打造区域高水平对外开放平台，创新跨省级行政区划综保区海关管理机制，为大兴国际机场综保区量身定制辅助管理平台，打造"一个系统、一次理货、一次查验、一次提离"通关模式，大兴国际机场综保区作为全国唯一的跨省级行政区域综保区于2022年4月正式运营。推动区域企业信用管理一体化合作，针对分支机构或办公场所跨京津冀区域的企业，建立一关牵头、两关协同的联合认证模式，实行三地海关同步入组、同步认证、同步研判，提高认证工作效率，通过跨关区联合、就地委托，节省企业和海关人员往返多地的路程和时间，降低认证成本。深化京津冀海关知识产权保护合作，三关建立数据共享、布控共商、监管共治、人员共训、创新共育的知识产权海关保护共同体，整体提升京津冀区域知识产权海关保护工作综合成效。

【通关运行管理】2022年，北京海关持续压缩进出口整体通关时间，做好整体通关时间监控工作，坚持通关时间日报制度；加强对超长报关单的监督、处置工作，与清理未结关报关单工作相结合，有效减少通关时间超长报关单数量；充分发挥"两步申报"叠加"提前申报"在提升整体通关时间方面的正向作用，带动整体通关时间水平的提升；深入开展调研，对关区通关时间及企业需求和意见进行摸底，形成《关于北京关区压缩整体通关时间工作情况的调研报告》。

研究制订2022年北京冬奥会的物资通关保障工作方案和应急预案，并在关区范围内制定了通关组联络员制度，全力保障北京冬奥会物资顺畅通关。在全部隶属海关设立冬奥会物资通关专用窗口，确保冬奥会物资即来即办。根据新冠疫情防控新形势，不断完善疫情防控物资通关保障机制，结合复工复产、稳外资稳外贸相关政策，有重点、有效率地对进出口疫情防控物资开展通关保障。针对疫情变化和出口物资新特点，开设疫苗出口专用绿色通道，对符合出口条件的疫苗出口进行全程通关保障，对北京属地疫苗生产企业提供海关全流程业务"一对一"指导。

在海关总署指导下，建立由北京、天津、石家庄三地海关参与的协调工作机制，强化跨关区通关疑难问题、应急事件的快速响应和协同处置，确保现场业务不间断办公，统筹保障新冠疫情期间通关业务。京津冀三地共两批257家重点企业经统一的绿色通道，实现通关手续从快从简，外贸货物保通保畅。强化进出境口岸、申报地及目的地海关间的联系配合，确保货物快速提离口岸，符合条件的尽早进入国内市场销售使用。年内完成通关时效监控系统搭建工作并在全关区范围内进行常规运行；开展通关时效每日监控；完善通关业务工作检查要点并按计划开展工作检查；完成反馈授权、企业注销、业务咨询等各类业务联系单。

【禁限管控和技贸帮扶】2022年，北京海关针对新时代海关禁限管理工作面临的新形势新任务，组织业务骨干开展调查研究，撰写完成海关禁限工作调研报告、国际焦点背景下贸易管制研究文章、海关智慧禁限管理课题研究报告等。在配合海关总署组织监管一线关员参加世卫组织医用吗啡调研过程中，提出优化建议，完成工作。制订并印发工作方案，明确职责分工，强化关区监管证件事后核查作业的规范化与制度化，定期应用信息化系统对涉证报关单开展监控核查，进行后续监控，并通过事件管理平台向现场海关制发处置联系单，确保北京关区禁限货物严密监管。结合近三年实际案例，通过关区业务培训的形式，帮助业务现场岗位提高工作技能。进一步完善联系配合机制，与濒危物种进出口管理办公室北京办事处等主管部门加强沟通，共同开展政策宣讲。借助信息技术手段，针对禁限管理风险进行综合研判，并在运行过程中及时进行优化调整。年内，各项布控运行效果良好，有效减少相关漏证情况发生，部分历年高发风险得到了有效防范。节假日期间主动做好技术维护工作，及时接收维护海关总署下发参数30余批次，保障综合分类表、协定税率表等相关参数及时接收、按时生效。推动北京海关禁限管理辅助系统通过终验，向各业务现场持续推广应用，及时更新完善系统数据库，年内3000多人次登录学习使用，辅助现场审核涉证报关单近万票，进一步提升了禁限管理工作信息化应用水平。

按照海关总署统一部署，通过在线填答问卷形式调查657家北京关区企业上一年度遭受国外技术性贸易措施影响情况，精准了解出口企业面临的困难与需求，并将相关调查结论与工作建议形成调查报告上报海关总署，为更好开展技贸工作提供有力数据支持。年内，北京海关梳理加拿大、印度、智利等7个国家（地区）通报的各类技术法规和标准144项，完成主要贸易国家（地区）技术贸易措施编写任务。先后向海关总署研提TBT/SPS特别贸易关注议题6项次，其中欧盟黄原胶环氧乙烷限量要求特别贸易关注议题获得海关总署采纳，成功在SPS委员会与外方进行了初步交涉，为维护我国出口产业合法权益发挥积极作用。年内，北京海关推荐关区17家企业纳入海关总署国外技术壁垒交涉应对重点企业库，指导建立一对一沟通联系机制，及时了解企业技贸诉求，提升帮扶工作主动性。征集企业遭遇国外技术性贸易措施影响案例，向海关总署报送助力多肉植物首次出口日本、出口实验鼠实现新突破等关区技贸帮扶案例与工作信息6篇。2022年，北京海关通过互联网站"京关技贸"服务专栏和"北京海关发布"微信公众号，及时发布和转发涉及RCEP成员技贸知识、食品安全、出口产品通报等各类技贸措施解读材料45篇。组织关区11家企业代表参加中德技贸论坛交流，通过视频会议形式为关区230余家企业开展在线授课宣讲，分享学习国内外最新技贸资讯，解答企业相关疑问，有效加强关企沟通联系。年内，加强与北京市药品监督管理局协调配合，积极参与拟定《北京市生物医药研发用物品进口试点方案》，印发《北京海关生物医药研发用物品进口通关操作指引（试行）》，指导口岸型隶属海关按照方案要求切实做好进口通关管理工作，顺利完成第一批"白名单"物品进口，有效促进首都医药产业创新发展。

【知识产权海关保护】2022年，北京海关积极参与《中华人民共和国海关法》、知识产权海关保护法律文书的修订和海关总署文告编写专项工作，加强知识产权海关保护法治保障。参与制定《北京市知识产权强国示范城市建设纲要（2021—2035年）》《北京市关于加强知识产权纠纷多元调解工作的实施意见》等地方文件。开展《"双循环"新发展格局下涉外定牌加工商标权海关保护研究》课题研究和"推动知识产权海关保护工作高质量发展"调研活动，持续加强理论研究和制度创新。开展知识产权保护"龙腾行动2022"，加强对"一带一路"共建国家（地区）高风险侵权贸易监控，以"入口""贴身"等侵权假冒产品为重点，切实维护消费者健康安全。编发政策解读、执法要点，加强与办赛部门的联系合作，做好北京冬奥会和冬残奥会等重大赛事活动知识产权海关保护。开展寄递渠道知识产权保护"蓝网"行动和出口转运渠道知识产权保护"净网"行动。全年各渠道共查获涉嫌侵权商品3299批次、63.4万余件。查办案件分别入选全国海关和北京市知识产权保护典型案例。

推广商标智能识别、"云确"远程确权等科技工具应用，督促指导各环节规范使用知识产权保护系统，现场查发、确权和案件办理效能整体提升。将知识产权海关保护协作机制纳入《京津冀营商环境一体化发展知识产权合作框架协议》，扎实推进京津冀协同发展。与部分直属海关开展线索通报和联合执法，防范"口岸漂移"。依托北京市打击侵权假冒工作领导小组、知识产权办公会议等平台，参与政策研究、联合培训、集中宣传等活动。与北京市市场监督管理局等多部门联合开展网络市场监管专项行动。会同北京市公安局、郑州海关开展线索分析对碰，合力捣毁制假售假链条。

将"促进'双自主'企业扩大出口"作为北京海关"四优四提促五子"服务工程中的重要任务，助力开拓国际市场。主动收集、解决企业问题困难，实施"一企一策"服务，针对企业产品在海外市场被侵权风险，提供专题研判、动态跟踪、维权指导的"服务套餐"。引进北京市海外知识产权公共服务信息库，推荐出口知识产权优势企业加入北京市海外知识产权保护联盟。联合发布"网络市场合规指引"，举办"双十一"促销行政指导会，提示电商企业关注侵权风险、规范进出口行为。以"专精特新"企业为重点，鼓励指导多家中小企业就知识产权申请海关备案。年内，举办知识产权业务、执法能力培训5次，邀请知名学者、行业专家授课，累计培训900余人次。举办企业政策宣讲3次，累计服务198家企业。多渠道、多形式开展"知识产权宣传周"和日常宣传活动，张贴海报，发放宣传册；参加北京市知识产权保护状况新闻发布会，介绍北京海关知识产权保护工作创新举措；建成知识产权保护成果展厅，通过实物、图文等呈现方式，回顾多年来工作成效，打造知识产权保护成果展示宣传阵地；依托主流媒体、海关新媒体平台宣传知识产权海关保护政策法规和举措成效，为知识产权强国建设营造良好氛围。

撰稿人

刘　龙　李　蕾　王朝翔　孙　华

税收征管

【概况】2022年,北京海关围绕年度税收工作重点,开展税收征管、深化综合治税,统筹通关便利与依法科学征管,服务首都经济高水平开放高质量发展,做好政策服务与助企纾困,将"减负增效"落在实处,持续优化口岸营商环境,完成全年各项工作任务。全年税收入库669.99亿元,同比增长4.48%。其中,关税入库102.30亿元,同比增长2.60%;进口环节税入库567.69亿元,同比增长4.82%;为企业办理各类退税2.53亿元,减免税款滞纳金2541万元,通过汇总征税、关税保证保险、多元化担保等方式为北京关区企业减少占压资金645.60亿元。

【税则税政】2022年,北京海关共收集税政调研议题共计228项,同比增长21.28%。负责牵头全国海关"生物医药"专项税政调研工作,提出的18项药品被《财政部 海关总署 税务总局 药监局关于发布第三批适用增值税政策的抗癌药品和罕见病药品清单的公告》列入清单,占清单药品总数的四分之一。在2023年关税调整方案中,包括阿糖胞苷原料药、带壳扁桃仁、均化食品、优维显、含钆注射液、亚麻子在内的6项商品新增暂定税率建议,以及16项抗癌药纳入增值税减免清单建议最终被采纳。参与各级课题研究工作,完成《数字化场景下海关商品归类研究》《低值货物简易税收征管模式初探》。参与完成"12360海关热线关税聚焦"栏目中《〈海关总署关于执行2022年关税调整方案的公告〉解读》《新型显示产业进口税收优惠政策解读》《从〈2022年关税调整方案〉看海关税政调研——民生消费篇》等7篇文章的政策解读工作。发布《一文帮您GET手套归类要点》《春暖花开——北京海关税政调研进行时》《咖啡归类指引》等微信公众号文章,更新发布"京关归类"微信公众号文章32篇,累计阅读量超7万次。

【估价管理】2022年,北京海关广泛开展政策宣传,对特许权使用费申报、涉及生物医药类企业的估价问题等进行集中宣讲,为500余家企业宣传税收政策服务包,帮助企业开展合规合法经营,促进外贸保稳提质,服务首都经济高水平开放高质量发展。提高政策宣传精准度,对重要税源企业进行估价事务调研,为企业开展技术支持和指导,帮助属地企业应对国外海关审查问题。采用"价格预裁定+合规申报指导意见"方式,解决企业价格疑难问题,为属地企业作出价格预裁定决定书。对租赁货物海关估价规则运行现状开展研究,开创性提出分层立法建议及具体估价方法等规则重建方案；协助完成转让定价协同机制研究，贡献"有限协同"等思路建议。完成世界海关组织（WCO）第55次海关估价技术委员会参会任务，对各技术性议题深入研究，提出海关应考虑的审查方向及应对方案，参与运费扣减估价指引、医疗器械管理等专项工作，推动相关政策规定出台，进一步优化营商环境。

▲2022年12月2日，关税处关员为企业办理税款担保备案手续 （刘士尧 摄）

【**税收征管**】2022年，北京海关定期分析研判关区税收形势，制定《北京海关2022年税收征管水平评估指标体系实施办法》，定期开展税收质量考核评估，提升征管质效。

持续推广汇总征税，年内北京关区共受理汇总征税报关单26.32万票，汇总征收税款298.64亿元，占税收入库金额的44.57%。推进关税保证保险改革试点，全年共有299家进出口企业开通北京关区关税保证保险通关业务，涉及1430份保单，担保税款金额189.10亿元。落实以企业为单元的税款担保改革，确保北京属地企业充分享受"一保多用、全国通用"政策红利，全年共为北京属地企业备案税款总担保1271份，担保总金额645.60亿元，其中关税保证保险、集团财务公司保函等多元化税款担保占备案担保总份数的82.69%，担保总金额的37.06%。

持续提升属地纳税企业规范申报水平，年内共开展6轮申报差错纠正工作，集中审核65.03万条进口申报数据，对499家企业的1.37万条不规范申报数据进行纠正；协助异地直属海关修改申报差错报关单共计76批次。做好属地企业服务，为涵盖生物医药、高端设备、汽车制造、航空航材等产业的23家重点属地企业打造关税政策一揽子"服务包"，定向开展"一企一策"帮扶支持；为70余家关区重点税源企业提供税收政策辅导，引导企业合理应用"两步申报"、汇总征税等申报纳税改革措施。推动"海关政策进万家"活动，年内以政策解读、专场宣传贯彻等多种形式开展近20场税收征管业务培训，参训企业累计达300余家次。

【**减免税管理**】2022年，北京海关贯彻中央各项决策部署，多措并举支持减税降费政策落地落实。推进《投资北京·北京外商投资指南（2021—2022）》的编辑工作，借助平台进一步拓展服务对象。推动减免税快速审核模式运行，大幅提升货物通关速度和企业获得感，为22家企业开通了快速审核模式，最快可实现系统24小时秒审出单。加强政策宣传，《减免税快速审核模式助力集成电路进口税收政策红利释放》《2022年服贸会明天开幕，北京海关详解哪些展品能免税》《用最优政策为科研创新发展注入崭新活力》《新型显示产业进口税收优惠政策解读》《一文读懂〈海关总署关于对外国政府、国际组织无偿赠送及我国履行国际条约规定进口物资减免税审核确认事宜的公告〉》等宣传稿件在社会主流媒体上发布。

【原产地管理】2022年，北京海关积极服务北京市对外开放建设，将RCEP各项工作同北京国家服务业扩大开放综合示范区、中国（北京）自由贸易试验区"两区"建设高度融合。开展RCEP进口企业调研，了解进口企业适用RCEP政策情况，开展课题研究并完成RCEP实施调研报告。开展政策宣讲培训，联合北京市商务局、贸促会、报关协会等组织或自行开展线上政策宣讲会12场，惠及企业约3400家次。配合国务院RCEP调研，应北京市委、市政府等单位和部门要求报送RCEP实施情况，或主动报告工作情况、信息等12份。依托中国（北京）国际贸易单一窗口，开辟上线RCEP协定税率概览和查询专项功能模块，面向社会无偿提供贸易规则查询服务手段。年内，北京海关进口RCEP享惠货物货值3890.05万美元，优惠税款617.62万元；签发RCEP证书4304份，货值2.45亿美元，出证数量、金额稳步上升。

▲2022年4月22日，中关村海关关员开展进口航材税收优惠政策企业培训（刘士尧 摄）

【服务地方经济】2022年，北京海关聚焦国家战略和支持首都特色优势产业发展，稳步推进"两区"建设。立足税收优惠政策研究，参与进口藏品免税政策制定；用足用好退税、减免税的优惠政策，助力航空维修、集成电路等新兴优势产业发展，培育外贸新动能、增强外贸新优势；成立专项政策小组，持续关注重点集成电路生产企业分期纳税方案及相关政策执行情况，收集政策执行问题，加强协调组织，有效帮扶企业。释放进口种子种源减免税政策红利推动种业发展；用足用好税收优惠政策积极服务残疾人事业发展；保障税收优惠落地落实，助航空产业"振翅高飞"；切实从"简单证、优流程、提时效、降成本"四方面持续发力，助力集成电路进口税收政策红利释放。

主动对接提供2022年北京冬奥会减免税进口和服贸会进口展品税收优惠政策，加大对北京市重点项目的支持，助力国家级对外开放展会平台扩大影响。聚焦国际科技创新中心建设，对昌平生命科学园、怀柔科学城等国家重点项目主动上门服务，支持多个国家重大科技基础设施平台、国家级实验室的建设，为量子信息、网络通信、人工智能、生物医药等众多战略科技领域提供政策保障。支持科技创新设备开放共享,简化申报材料,加强与主管部门联系配合,形成政府部门监管合力。

【非贸税收管理】 2022年,北京海关推进邮政缴税业务改革,完成"邮政缴税联网"署级专项工作。系统上线后,实现了关邮之间的税款信息互联互通,进一步提升邮件通关效率和用邮人缴税便利水平。联网项目试点推广至全国23个直属海关,系统运行稳定。

撰稿人

刘士尧　王　珏　李晓航　马　玲　吴　尧　张云飞　张　浩

卫生检疫

【概况】2022年，北京海关严把"外防输入"关口，从严从紧从细落实各项疫情防控要求，坚持"人、物、环境"同防、"多病共防"。加强全球传染病监测制度建设和人才队伍建设，对新冠疫情等全球重大传染病疫情信息进行持续关注和风险研判，为制定针对性的口岸防控措施提供科学参考。完成2022年北京冬奥会和冬残奥会等重大活动通关检疫保障任务。"7×24小时"全力保障新冠疫苗检疫审批通关"零延时"。进一步规范优化风险评估程序，推进"两区"建设有关特殊物品支持措施落实，促进生物医药企业高质量发展。开展鼠类及体表寄生虫等病媒生物调查、监测工作。制订《北京海关生物安全体系建设方案》，提升北京海关防范和化解生物安全重大风险的能力。承办海关总署生物安全宣传片制作任务。开展"全民国家安全教育日""全国疟疾日""世界艾滋病日"等宣教活动，加大口岸出入境健康宣教及检疫查验力度，持续做好口岸生物安全知识的宣传普及工作。2022年，北京海关卫生检疫处获评"北京冬奥会、冬残奥会北京市先进集体"和"全国消除疟疾工作先进集体"荣誉称号。

【检疫管理】2022年，北京海关贯彻落实习近平总书记关于新冠疫情防控的重要指示批示精神，筑牢首都口岸检疫防线。持续完善疫情防控制度体系，结合海关总署最新防控政策要求及北京口岸特点，制订防控方案、突发事件应急处置预案及相关业务指导通知文件90余份。

落实出入境人员、航空器检疫及终末消毒监督等工作；制定各口岸海关监管作业现场及人员封闭管理场所的环境防控方案，做好环境监测工作；第一时间部署落实非冷链物品

▲2022年3月8日，卫生检疫处召开疫情防控专题工作会议 （凌岚 摄）

检疫优化措施，按布控指令做好非冷链物品检疫监测工作。落实封闭管理要求；持续规范设置个人防护装备区域，制定脱卸流程，摄制教学视频，持续开展防护培训，强化"岗前培训考核+日常现场监督+多级监控检查"管理模式，严防职业暴露感染。强化和完善数据专班"7×24小时"信息报送模式，依托"管理+制度+技术"持续优化数据传输形式，升级完善与卫健部门系统数据接口，强化审核、业务培训和信息反馈机制，严格确保信息高效、安全、准确传递和报送。全年共审核数据项104余万项，疫情病例报告、专（包）机报告、航班分析报告等总计4000余份。

严抓防控监督指导，举办出入境卫生检疫、采样能力提升、个人防护、信息报送等各类培训20余次，有效提升一线人员技术水平；开展全面自查整改，确保问题动态清零；以"基层单位日常自控+职能部门条线联合督查+综合专项督查"相结合的形式，建立监督检查长效机制。构建海关与外交、安保、联勤、运营的"1+4"联动合作模式，围绕重要高访团组保障制订有针对性的工作方案，严格演训考核形成国宾级采样作业标准，全程做好与接待方流程对接，样本即采即送即检即报。

充分发挥"科技冬奥"作用，完成"智慧旅检卫生检疫模块"系统升级优化和自主申报验核一体机研发，实现健康申报"无接触式"验核，旅客全流程"一码通关"。口岸旅客通关速度由疫情初期的150人/小时提升至800人/小时，高峰期单小时验放旅客1200余人。引进无接触式消毒机和新型标签打印机提升口岸采样效率；建成全国首个口岸控制区内P2+实验室，实现口岸样本即采即送即检即报。

【生物安全管理】2022年，北京海关高质量保障疫苗毒株检疫通关。贯彻落实习近平总书记提出的全球疫苗合作行动倡议，建立疫苗出口企业"一对一"联络人制度；开通"7×24小时"审批通关服务绿色通道，"5+2"保障疫苗出境审批即到即办，高效协调航空公司、机场安检、入库、配载等6个环节，做到疫苗"随到随装、随验随走"，保障疫苗出口"零延时"，助力国际抗疫合作大局。保障研究毒株入境，梳理完善监管流程，建立审批专班，压实引进单位主体责任，协调首都机场、国航等部门无缝衔接。

规范高致病性病原微生物入境的监管模式，加强特殊物品出入境不合格案例的分析研判，构筑国门生物安全防线。制发《加强高致病性病原微生物出入境检疫监管工作的通知》，规范关区出入境高致病性病原微生物检疫监管工作，在支持国家重大科研项目开展的同时，进一步维护国门生物安全。加强对伪瞒报、夹藏出境新冠疫苗、新冠快筛试剂风险分析、研判，严把口岸生物安全防控关。全年共查获特殊物品不合格121批，同比增长133%，其中查验不合格103批；截获瞒报的白喉毒素、百日咳毒素等特殊物品18批。

优化特殊物品监管模式，助力首都生物医药产业健康发展。进一步落实中关村检验检疫试验区"智能审批"政策，持续对符合条件的企业送政策上门，并向全国直属海关分享"智能审批"的经验和做法。年内共办理出入境特殊物品卫生检疫审批2.8万余批次。增加评估机构，稳步提升入境高风险特殊物品风险评估效率；创新科研用高风险样本风险评

▲2022年7月14日，卫生检疫处赴企业调研　（赵鲲鹏　摄）

估模式，对进口急需使用的、小批量科研用样本采取快速风险评估模式；简化实验室交换样本风险评估材料要求，拓展风险评估结果应用范围，第三方评估机构由1家增至3家，风险评估频次由原来的每月1次增加至每月3次。全年共完成23次、145批次出入境高风险特殊物品风险评估工作，同比分别增长91.7%、31.8%。

全力做好"海关特殊物品出入境审批与分析系统"上线工作。加强对外宣传指导，建立关区企业沟通反馈平台，第一时间解答企业问题，共反馈解决新平台使用问题120余条；增强海关各环节工作人员对新平台的掌握，杜绝因系统切换导致企业通关效率降低；切实解决新老系统切换过程中带来的数据迁移、单位信息完善、海关内系统关联、必要功能缺失等诸多问题，保障新系统按时全面启用。

稳步推进北京关区生物安全体系建设，提升生物安全风险防控能力。制订《北京海关生物安全体系建设方案》，细化工作措施，全面提升防范和化解生物安全的重大风险能力。对接北京市生物安全风险监测预警机制，推动落实有关工作部署。持续做好国门生物安全知识的宣传普及工作，制作"4·15"全民国家安全教育日生物安全宣传片，张贴发放生物安全主题宣传材料2000余份，利用中新网、"海关发布"等媒体刊载特殊物品海关监管政策等相关内容，扩大宣传活动影响力和覆盖面。

【疾病监测】2022年，北京海关强化重大传染病风险监测，重新组建重大传染病疫情监测小组，对全球新冠疫情等全球重大传染病疫情信息进行持续关注和风险研判，每季度分专题组织关内外专家召开公共卫生风险评估会议，编写8期风险评估报告，为口岸防控措施制定提供科学参考。梳理明确猴痘、埃博拉病毒病、黄热病、霍乱、登革热、不明原因儿童急性肝炎、流感等各种传染病防控要求，指导口岸统筹做好防控工作。特别是针对猴痘疫情全球扩散趋势，密切关注全球疫情态势，组织开展猴痘疫情防控培训，严格开展重点国家航班入境旅客口岸检疫和猴痘检测，严防疫情叠加风险。落实出入境传染病监测要求，加强对新冠疫情、猴痘等对公共卫生有重大影响的疾病监测，严防传染病传入及扩散；同时开展法定出入境人员健康体检5.48万人次，其中出境4.34万人次，入境体检和验证1.13万人次。实施出入境预防接种2.84万针次，其中接种黄热病疫苗3532针次。开展"全国疟疾日"和"世界艾滋病日"宣传活动。面向公众宣传普及疫病信息和防治知识，提高公众防控知识知晓率和自我防护能力。在《中国国门时报》、"中国海关传媒"、"北京海关发布"等媒体上合计推送微信图文和宣传文章3篇。

【卫生监督】2022年，北京海关严格落实口岸食品安全管理和卫生监督工作，确保口岸公共安全。制订《北京海关2022年度国境口岸卫生监督工作计划》《北京海关2022年度国境口岸食品安全抽检工作实施方案》，进一步压实口岸运营者、交通工具运营者和口岸相关市场主体的主体责任。严格落实海关总署《入境客运航空器固液体废弃物处理监督作业指南（试行）》及相关工作要求，做好对航空器固液体废弃物的现场监督和对航空公司、口岸运营者的日常监督工作。全年，共开展食品实验室采样送检170件；快速检测251件；进行卫生监督11537次。

落实口岸卫生许可"证照分离"改革及"双随机、一公开"制度，优化口岸营商环境。持续组织做好口岸区域"口岸卫生许可证（涉及公共场所）核发"告知承诺改革、自由贸易试验区的口岸区域内"口岸卫生许可证（涉及部分公共场所）核发"实施备案管理改革及"口岸卫生许可证（涉及食品、饮用水核发）"优化审批服务。制订《2022年北京海关国境口岸卫生监督"双随机、一公开"抽查工作实施方案》，明确抽查工作适用范围、工作职责、"双随机"规则和工作流程，指导相关隶属海关建立检查对象名录库、卫生监督员名录库。年内，从816家口岸卫生许可单位和备案单位按照5%比例随机抽查49家单位；从102家口岸储存场地中抽查60家单位；抽查出入境交通工具11206架次。

加强口岸病媒生物监测，防止传染病随病媒生物跨境传播。制订《北京国境口岸病媒生物监测工作方案》，组织相关隶属海关开展鼠类及体表寄生虫（蚤、蜱、螨）、蚊类以及蝇等病媒生物监测工作，降低口岸病媒生物传播疾病的风险。组织参加京津冀病媒生物样本库建立视频培训，牵头数据分析，建立京津冀口岸病媒生物数据库。全年开展鼠类及体表寄生虫（蚤、蜱、螨）监测，共布放鼠夹、鼠笼13770个/次，捕获鼠7只，平均鼠密度为0.05%，捕获种属为小家鼠4只，褐家鼠3只。进行鼠疫耶尔森菌、汉坦病毒、伯氏疏螺旋体、致病性钩端螺旋体病原体检测结果全为阴性。其中一只褐家鼠检出鼠体寄生的毒厉螨27头；一只褐家鼠检出体表寄生虫须纤恙螨80只，经中国海关科学技术研究

▲2022年7月21日，卫生检疫处荣获全国消除疟疾先进集体称号（孙晓东 摄）

中心确认属北京国境口岸首次检出的鼠类体表寄生虫；开展成蚊监测，布放诱蚊灯264盏，捕获成蚊3146只，平均蚊密度5.96只/（灯·时）。淡色库蚊是优势蚊种，占比79.78%，其次白纹伊蚊占10.84%。进行乙型脑炎病毒核酸、疟原虫核酸、西尼罗病毒核酸、甲病毒属病毒核酸等检测结果均为阴性；开展蚊蚴/伊蚊监测，布放诱卵器2651个，阳性数为101个，平均诱蚊诱卵指数3.81%。开展游离蜱监测，共拖放白旗85面，捕获游离蜱9只，平均密度0.11只/（布旗数×小时数）。所捕获的9只游离蜱，经鉴定均为长角血蜱，系北京口岸首次检出。开展蝇类监测，共捕获蝇894只，鉴定出9个蝇种，无新记录蝇种，以红尾粪麻蝇、丝光绿蝇、大头金蝇为主，分别占捕获总数的38.4%、20.2%、15.7%；平均蝇密度为8.0只/笼·天，远低于控制标准200只/（笼·日），较2021年相比上升了42.9%。开展蜚蠊监测，布放粘蟑板3445张，捕获蜚蠊4只，全部为德国小蠊，平均蜚蠊密度0.001只/（张·夜）。北京口岸首次在进口货物集装箱内截获活体蝇类，经实验室种类鉴定和病原体培养检测，截获主要蝇种为酪蝇，为北京口岸首次截获蝇种，检出粪肠球菌等5种菌类，体现目的地查验对于口岸公共卫生安全把关的重要补充作用。

撰稿人

凌　岚　孙晓东　赵鲲鹏

动植物检疫

【概况】2022年，北京海关动植物检疫工作全面落实党的二十大精神，严防非洲猪瘟、高致病性禽流感、松材线虫等重大动植物疫情传入传出，开展严防动植物疫情疫病传入和外来物种入侵"国门绿盾2022"行动，推进"跨境电商寄递'异宠'综合治理"专项行动，深化动植物检疫业务改革，推动进出境生物材料检疫监管措施改革和种质资源引进试点措施落实，持续开展国门生物安全监测和安全风险监控，做好党的二十大、北京冬奥会和冬残奥会服务保障，开展"进机关、进企业、进校园"国门生物安全宣传活动，全面落实北京关区动植物检疫各项工作。全年共对5类114批次进出境动物及其产品开展16个监测项目共1932个样品检测，均为阴性；设立210个外来物种监测点位，开展2次实地踏查，监测到长芒苋、意大利苍耳等外来杂草25种，监测到昆虫101种，其中3种为检疫性昆虫；抽取安全风险监控样品138个，获得监控结果590个。截获检疫性有害生物2种，非检疫性有害生物21种。查获禁止进境动植物及其产品537批次，涉及外来物种280批次。安全顺利保障优质种用马匹检疫工作，推动SPF鼠等生物材料和小麦种子等关区特色优势产品出口，其中"发挥职能优势，促成北京地区首批SPF大鼠出口日本"入选北京海关第四批"我为群众办实事"优秀案例。

【动植物疫情疫病防控】2022年，北京海关全面落实动植物疫情疫病防控各项工作。修订《北京海关进出境重大动物疫情应急处置预案》《北京海关进出境重大植物疫情应急处置预案》，下发《动植物检疫处稽查处关于做好有关农产品出口检疫工作的通知》《北京海关关于开展严防动植物疫情疫病传入和外来物种入侵"国门绿盾2022"行动的通知》《北京海关关于印发〈北京海关2022年度国门生物安全监测实施方案〉的通知》，推进各项工作有序开展。部署落实海关总署发布的关于非洲猪瘟、非洲马瘟、牛结节性皮肤病、禽流感等动物疫情的公告、警示通报等，制发进出境动物疫情风险预警信息和防控要求联系单18份。结合防控形势开展非洲猪瘟、高致病性禽流感等重大动物疫情口岸防控监督检查。编制发布京关动植物检疫信息动态4期，提高业务现场工作针对性。开展法律法规、非洲猪瘟和高致病性禽流感防控、进境食用水生动物、水果监管等一线作业培训5期，组织开展北京海关重大动植物疫情防控应急演练2场次。加大设备投入，以动植检能力提升工程建设为抓手，为北京海关

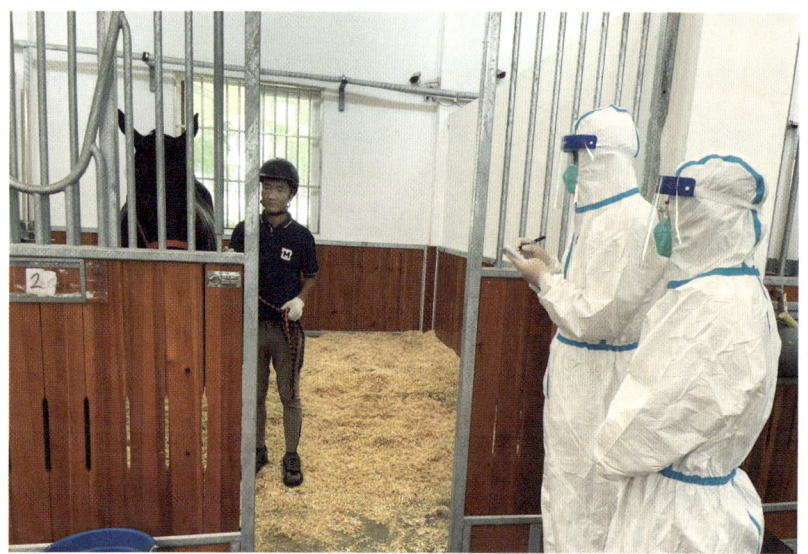
▲2022年6月13日，动物隔离场工作人员对进口马匹进行日常巡查工作（李秋月 摄）

所属首都机场海关、大兴国际机场海关、北京邮局海关配备全维有害生物智能鉴别仪等设备30余台（套），推进口岸初筛实验室建设，强化口岸把关能力。加强专业队伍建设，强化动植物检疫岗位资质管理，全年组织关区动植物检疫岗位资质考试30余场次，向海关总署备案动植物检疫现场查验岗和普通签证官232人次。加强与地方农林部门强化合作，在疫情信息、监督执法、技术支持等开展联动，结合"4·15"全民国家安全教育日，组织开展"进口岸、进机关、进校园、进企业、进社区、进海关"等"六进"系列宣传教育活动。

【外来入侵物种防控】2022年，北京海关持续深入开展"国门绿盾2022"行动，部署实施"跨境电商寄递'异宠'综合治理"专项行动，推进落实北京关区国门生物安全监测、外来入侵物种普查工作，强化外来物种防控。加强贸易渠道动植物疫情监测工作，重点针对邮局、首都机场口岸等非贸渠道开展植物疫情及外来物种的检疫监管，利用机检、智能审图等技术手段，查获禁止进境动植物及其产品556批次，涉及外来物种295种次。加强"异宠"监管，连续从来自日本申报品名为"模型""玩具"等的进境邮件中截获活体甲虫26批次173只，规范后续处置，实施闭环管理。

【促进农产品进出口】2022年，北京海关完成优质种用马匹检疫保障任务。排解6大风险隐患，排查8个重要环节，梳理27个关键节点，确保政治安全、动物安全、人员安全、执法程序安全4项安全，保障优质种用马匹进境。

推动优质种子种苗出口。加强产地调研，上门提供技术指导，完善检疫监管体系建设，及时组织专家组对种植基地和包装厂储存库开展注册考核，并按进口国（地区）要求，实施出口检疫监管。全年助力3700株多肉植物顺利出口日本，实现关区范围内多肉植物对日出口"零突破"。完成600千克小麦种子出口，数量创近年来北京口岸单批次种子出口之最，为推动北京市科研用种出口、服务"一带一路"共建国家（地区）农业合作作出应有贡献。

助力北京地区首批SPF大鼠出口日本。前期深入出口企业调研，了解企业实际需求和存在的问题。针对日方对证书样本、内容等检疫要求，对动物卫生证书样本多次磋商、互换意见。对出口企业实验动物饲养场进行现场查验和指导，确保动物卫生健康、文件证单等各方面均符合日方检疫要求，为企业顺利出口保驾护航。

落实试点方案完成首批种质资源检疫监管。按照海关总署关于支持种质资源引进试点方案，细化17条工作细则，在风险评估基础上，建立口岸查验"绿色通道"，采取"特殊转场"通关模式，实施便利化通关，通过压实企业主体责任、3次现场和视频监管、定期采样检测等方式，严格后续隔离检疫监管，完成首批试点引进德国玉米种子的全过程监管，在保障种质资源安全高效引进的同时，有效防范有害生物传播风险。

做好粮食后续监管，守卫首都进口粮仓。指导隶属海关与关区范围内粮食、农业等部门签署三方合作协议，强化进境粮食风险联防联控，将进境粮食检疫监管纳入北京粮食安全区长责任制考核。运用电子化信息手段，强化进境粮食跨区调运协作机制，推动调出地、指运地两地海关信息互通、监管互动。加强进境粮食储备库、加工厂及周边区域有害生物监测力度。全年共完成检疫监管储备粮8800吨、加

▲2022年6月30日，动植物检疫处在北京市科研院所种植基地进行考核（袁佰增 摄）

工粮50000余吨，监测发现长芒苋、圆叶牵牛、小蓬草、反枝苋、菱叶苋、刺蒺藜、苘麻、大地锦、斑地锦、皱果苋等检疫性杂草及美国白蛾，并监督企业进行防除。

【动植物检疫国际合作】2022年，北京海关积极参与海关总署动植物检疫国际合作，代表海关总署参与中法非洲猪瘟区域化管理专家组会议，参与国际动植物检疫舆情监测，完成意大利输华牛遗传物质生产企业续展注册评估，与国外官方机构确认中国出口至墨西哥实验动物检疫要求、输日啮齿动物卫生证书模板、拟定阿根廷输华血液制品议定书等10余项国际交流合作工作。

【动植物检疫制度建设】2022年，北京海关加强动植物检疫制度建设，构建口岸生物安全体系，筑牢口岸检疫防线。成立北京海关动植物检疫工作组、动植物疫情和外来入侵物种监测普查工作组，打造专家队伍。修订《北京海关进出境重大动物疫情应急处置预案》《北京海关进出境重大植物疫情应急处置预案》，提升口岸应急处置能力。制订"国门绿盾2022"、国门生物安全监测、安全风险监控、监督抽检和风险监测、"2022绿剑行动"等专项工作实施方案，构筑国门生物安全防线。修订出境伴侣动物检疫操作规程，建立长效化开展动植物检疫除害处理单位监督检查工作机制，规范口岸动植物检疫截获报

送,加强进境粮食检疫监管和农产品出口检疫。按照海关总署要求,落实入境口岸外来入侵物种普查和进境种苗附条件提离相关工作,推动有害生物和外来物种初筛鉴定室建设,不断强化保障首都国门生物安全能力。

撰稿人

张红梅　王欣月　柏亚铎　马树宝　袁柏增　孙　博

进出口食品安全监管

【概况】2022年，北京海关严格进出口食品安全监管，构建三级联动的北京海关进出口食品安全工作新格局，建立健全新的工作运行机制，进一步强化源头管控、全链条协同监管。开展"国门守护"行动，全年检验监管进出口食品化妆品13446批次，退运或销毁不合格产品170批次，完成北京市重点民生实事项目食品安全抽检任务；加强进口食品审单、查验和抽检全程监管，排查非准入食品逃漏检风险，开展打击含金银箔粉食品进口违法行为专项工作；加强出口企业监管，全年下达71条核查指令；组织开展"共创食安新发展 共享美好新生活"2022年全国食品安全宣传周活动；执行北京口岸进口冷链食品管控措施，更新北京海关落实措施和作业指导书，开展一线人员技能培训和应急演练；服务首都科技创新中心建设，深化减免研发测试用食品化妆品样品进口随附材料便利化措施；制订冬奥食品安全监管工作方案和应急预案，统筹冬奥进口食品监管和服务保障；开展"一带一路"共建国家（地区）进出口食品安全体系研究，建立北京海关、满洲里海关、武汉海关、长沙海关之间非洲国家（地区）食品安全管理体系研究及准入评估工作联系协调机制；建立北京海关境外食品生产企业注册评审员队伍，全年完成境外食品生产企业注册评审151家；助力北京地区特色农产品出口；依靠改革和科技"双轮驱动"，积极参与海关智慧监管平台进出口食品安全项目顶层设计。

【进口食品安全监管】2022年，北京海关严格执行北京口岸进口冷链食品管控措施，根据国务院联防联控机制、海关总署、北京市最新要求持续更新北京海关落实措施和作业指导书，持续做好一线人员技能培训和应急演练。派员参加北京市冷链专班集中工作，按照北京市进口冷链食品疫情防控指挥部部署，积极配合北京市完善进口冷链食品全过程监管机制，协调海关总署支持北京市相应工作，全年持续参加北京市市场防疫组暨冷链指挥部调度会109次；配合开展恢复北京口岸冷链食品进口研究，会同北京市进口冷链食品疫情防控指挥部办公室、市场防疫组、北京市商务局开展多轮实地调研、会商，提交北京口岸恢复进口冷链食品海关查验作业场地需求分析。组织开展进口冷链食品及相关从业人员风险排查和整改专项行动，梳理进口冷链食品从业人员、口岸环节冷库等仓储设备情况。市场领域疫情防控工作，以北京首都国际机场、北京大兴国际机场为核心区域，持续开展疫情防控常态化检查，加强对一线的监督指导，对口岸疫情防控开展专项检查和重要节假日远程现场检查。

制订并组织实施进口食品监督抽检和风险监测方案，特别针对业务调整带来的新变化，开展专项业务培训，通过监督抽检、风险监测和国门生物安全专项监测共抽检进出口食品化妆品样品832个，基本涵盖乳制品、酒类、糕点饼干、饮料、糖果、干坚果、禽蛋等主要类别，顺利完成进出口环节食品抽检任务。

确保粮食、肉类等重要资源性产品安全、顺畅通关。承担海关总署进口肉类、水产品准入评估审查、境外企业注册工作，扩大境外来源地；优化检疫审批服务，审批时限比规定时限压缩90%以上，重点产品随到随批；协调口岸海关和实验室优先查验、优先检测，减少合格评定和出证时间；对进口商开展销售记录、进口记录的核查抽查，确保进口食品质量安全；加大与北京市食药安委成员单位的沟通协作力度，对粮食、肉类等进口不合格产品检出情况开展信息通报。

服务首都科技创新中心建设，深化研发测试用食品化妆品样品进口便利化措施，全年给予便利通关321批次，同比增长15.9%。支持北京"双枢纽"建设，通过现场交流、桌面推演和实地考察，对大兴国际机场口岸筹建的进口冰鲜水产品、进口肉类产品指定监管场地建设提出相关指导意见和建议，创建好高水平、现代化专业监管场地。

组织实施监督抽检、风险监测、国门生物安全监测。加强进口食品审单、查验和抽检全程监管，深入排查非准入食品逃漏检风险，开展打击含金银箔粉食品进口违法行为专项工作和日本涉核辐射产品进口情况专项排查，督促食品进出口商落实主体责任，全年共退运或销毁进口不合格食品170批。持续严防非洲猪瘟、高致病性禽流感等重大动植物疫病的传入传出，加强对重点国家（地区）敏感产品的监管督导检查，严防疫情叠加。

组建冬奥会食品安全专项工作组，参加海关总署冬奥会工作专班集中工作，精准对接北京冬奥组委需求，统筹冬奥进口食品监管和服务保障，配合海关总署制定冬奥会食品安全监管工作方案和应急预案，跟踪参与科技部3个"科技冬奥"重点项目研究，完成"相约北京"系列测试赛和赛时餐饮业务领域保障任务。北京海关北京冬奥会、冬残奥会服务保障工作组获得"中共中央国务院北京冬奥会、冬残奥会突出贡献集体表彰"。

牵头"一带一路"共建国家（地区）进出口食品安全体系研究任务，对北非七国进行系统性跟踪研究，建立北京海关、满洲里海关、武汉海关、长沙海关之间非洲国家（地区）食品安全管理体系研究及准入评估工作联系协调机制。承担回顾性检查和体系评估工作，组织和参与境外生产企业回顾性检查6次，牵头突尼斯输华禽肉体系准入评估和加拿大输华肉类产品整改评估。建立北京海关境外食品生产企业注册评审员队伍，全年完成境外食品生产企业注册评审151家。

【出口食品安全监管】2022年，北京海关制订下发北京地区出口食品化妆品工作方案，对抽样部门、抽样时间进行分解，组织隶属海关和检测实验室在实施出口动物源性食品风险监测计划和供港蔬菜专项检查计划中，按照序时进度完成任务。加强出口企业监管，全年下达71条核查指令。深入排查涉及禽、猪产品出口备案企业和备案养殖场，保障供港澳禽、猪产品质量安全。开展出口不合格食品境外通报核查，共核查10批次通报不合格食品，并根据核查情况督导相关隶属海关加强出口食品监管。

收集主要出口国家（地区）的技术标准和贸易措施，主动通报、引导企业根据国际市场需求拓宽出口渠道。助力食品企业等"中华老字号"食品出口，累计出口60多个国家和地区，货值10亿元。建立出口食品生产企业备案信息联系配合工作机制，紧密出口食品生产企业备案核准环节与现场检查环节衔接，严密监管缝隙。重点帮扶北京市密云区绿色产业发展，助力林果制品、蜂产品等特色农产品质量提升，逐步形成出口新优势，推动形成党建工作、乡村振兴和进出口食品安全工作共建共促、融合发展的工作新局面。

【食品安全调查研究】2022年，北京海关深入开展食品安全工作调查研究。在《进出口食品安全管理办法》《进口食品境外生产企业注册管理规定》正式实施后，第一时间就

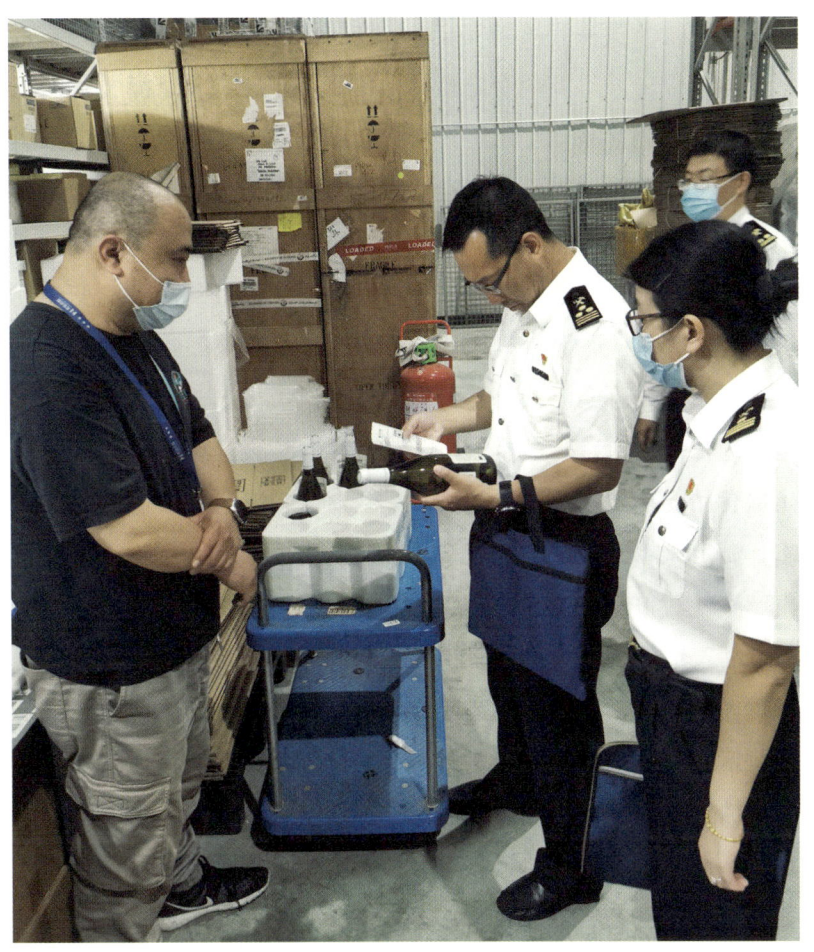

▲2022年6月15日，进出口食品安全处开展跨境电商保税进口食品调研工作（刘慧 摄）

政策执行、监管实效和企业反响等情况开展调研，完成《北京海关关于〈进出口食品安全管理办法〉和〈进口食品境外生产企业注册管理规定〉实施情况报告》。针对北京跨境电商出现融合发展新形式，赴北京天竺综保区专题调研跨境电商、免税品进口和保税业务融合业态，实地走访园区跨境电商、免税品进口企业，详细听取企业的意见和建议。组建课题组围绕进口食品全链条监管开展调查研究，形成《北京海关关于加强进口食品安全全链条监管的调研报告》。开展国际法规研究，完成《北非国家食品安全法规比较研究报告》；关注国内外焦点，报送《机遇与挑战并存国内乳品供应链亟须完善》《环氧乙烷超标问题对我国食品进出口影响值得关注》等；加强食品安全风险分析，形成《大米中香兰素及乙基香兰素专项调查报告》《北京海关2019—2021年进出口

食品、化妆品贸易和质量安全形势分析报告》等6个专题研究报告。强化食品安全风险和舆情信息监测，增设食品安全信息工作组，搜集、分析、上报风险信息千余条。

【安全生产专项行动】2022年，北京海关落实海关总署安全生产工作要求，全面排查进出口食品安全监管条线风险隐患，制定风险隐患清单和安全生产责任清单，组织开展进出口食品安全领域安全生产专项行动。建立月抽查、季通报常态化工作制度，按照10%比例随机抽查，就发现的问题持续组织开展监督整改，全面提升食品安全领域的安全生产水平。

组织开展主题为"共创食安新发展 共享美好新生活"的全国食品安全宣传周活动。通过"线上线下"多种形式开展"海关政策进万家"、食品安全"口岸行""企业行""社区行"等各类活动27场次，举办讲座6场次，出动工作人员70人次，充分宣传食品安全知识与法律法规，重点开展《进出口食品安全管理办法》《进口食品境外生产企业注册管理规定》两部新规章宣传贯彻，展示北京海关进出口食品安全工作成果，活动报道被多个媒体、平台转载，累计浏览超100万人次。

与北京市食品药品安全委员会成员单位间建立食品安全数据共享机制，关地协同筑牢首都食品安全防线。通过风险会商会、信息通报等方式实现信息共享，加强与地方食品安全监管机构的执法互助、技术交流。完成北京市重点民生实事项目任务，积极参加北京市食品药品安全工作评议考核工作，支持三个城区成功创建国家食品安全示范城市。

针对个人防护、监测采样、预防性消毒监督等环节开展进口货物防控重点培训，累计培训337人次；针对海关总署进出口食品（食用农产品）、化妆品监督抽检和风险监测、国门生物安全监测新变化新要求，联合动植物检疫处开展专题培训，提升实操能力、规范业务执行，累计培训846人次。组织进出口水产品、化妆品检验检疫监管、食品安全信息工作、境外食品生产企业注册审核等多个专题培训，累计参与培训500余人次。

将"内控体系建设"纳入工作要点，防范风险、促进管理，规范内控节点运行流程，加强海关内部控制与监督子系统运用，关注海关总署下发的所有署级岗位节点共30个，对本业务条线工作进行全方位监控，30个节点全部进行自查自纠，制发2份监控核查联系单，录入节点台账31份，形成6项专项报告，提升风险日常防范和化解能力。

参与海关总署组织的市场监管信息化工程进出口食品安全监管系统的开发和测试工作，组织开展新上线的进境动植物检疫审批系统培训、测试和推广应用工作。

撰稿人

刘　慧

商品检验

【概况】2022年，北京海关商品检验工作全面贯彻落实习近平总书记重要指示批示精神，以"走前列、创一流"为目标，以"疫情要防住、经济要稳住、发展要安全"为宗旨，强化监管，优化服务，有效提升海关进出口商品检验监管能力。全年共检验进出口工业品4.81万批，同比下降22.20%。其中，检验进口工业品4.76万批，同比下降22.67%，检验出口工业品0.055万批，同比增加38.83%。检出不合格520批，同比下降12.50%，其中进口不合格499批、出口不合格21批。其中，检验进出口危险化学品3612批，检出不合格121批，不合格率3.35%。其中进口3308批，货值6983.01万美元，检出不合格121批，不合格率3.66%；出口304批，货值3.52亿美元。完成出口危险货物包装性能检验13批1.24万件；使用鉴定297批5.23万件，其中不合格21批5248件，不合格率7.07%。

开展形式多样调查研究。建立常态化调研机制，通过"海关政策进万家"帮助企业用足用好政策；赴医疗器械重点企业调研，帮助企业纾困解难，疏通企业进口环节遇到的难点、堵点、痛点；组织业务专家赴中国海关科学技术研究中心综合检测部学习，就进口医疗器械国家标准、现场检验、实验室检测、不合格判定等问题进行研讨。就支持医疗器械进口课题开展专题调研，共调研1家行业协会、18家企业，调研报告从贸易情况、"卡脖子"现状、存在的问题、意见建议等方面进行阐述，支持中高端医疗器械扩大进口，加大稳链强链力度，确保医疗器械产业链供应链安全。

【危险品检验监管】2022年，北京海关开展进口危险化学品检验模式改革，建立三大试点保障机制，提出四点工作要求。开展北京关区"口岸危险品综合治理"百日专项行动，成立北京海关"口岸危险品综合治理"百日专项行动工作组，各相关部门和隶属海关协同配合，压紧压实各环节安全生产责任。研究制订《北京海关"口岸危险品综合治理"百日专项行动工作方案》，成立北京海关进出口危险化学品检验监管业务指导工作组，建立健全具有北京海关特色，符合首都安全发展要求的口岸危险品检验监管机制。

组织专家组专题研究疏解首都口岸危险化学品积压堵点，指导口岸现场对新增需取样检测的危险化学品涂料进行快速处理，赴口岸现场或线上召开专题会议研究危险公示标签整改问题；加大与其他直属海关沟通协调力度，将31票不适合在口岸取样送检的进口危险化学品转目的地海关实施检验，有效纾解首都机场口岸进口危险化学品积压情况；结合首都机场口岸积压的"已取样未出检测结果"的进口危险化学品的检测项目均为涂料挥发性有机化合物（VOC）等品质检测项目，均不涉及危险特性分类鉴别的实际情况，指导首都机场海关对相关进口危险化学品实施快速处理，做到"动态清零"。

北京关区1-己烯出口量大幅增长，共检验132批，重量13961吨，同比分别增长158.82%和271.51%。针对1-己烯出口批次激增的情况，多次深入企业调研，了解企业质量管理体系、产品生产工艺流程及关键控制点以及安全生产管理措施等；指导隶属海关厘清"申报批"和"检验批"的异同，对出口1-己烯、航空煤油、超氧化钾等产品制订检验方案，降低理化项目实验室检测频次，采取相适应的合格评定方式实施检验，保障出口顺畅。严厉打击涉危不报，汇总整理《危险化学品目录》（2015版）品名、别名、CAS号等内容并提炼重点，研究制定打击进出口危险化学品伪瞒报规则，维护参数表数据4905条。逐期梳理《海关总署"口岸危险品综合治理"百日专项行动工作简报》，确定重点商品，加强实际监管。全年共对6票报关单实施即决式布控，查发进出口危险化学品伪瞒报27起，均属涉危不报情况，已按相关规定实施后续处置。

建立"一企一档"机制。补充完善关区范围内危险化学品相关企业档案，主要包括企业基本情况介绍、危险化学品安全数据单、危险公示标签样本、安全管理制度和安全操作规程等，强化档案动态调整，加强危险化学品安全管理。对关区进出口危险化学品生产使用企业进行排查。组织相关隶属海关开展关区范围内进出口危险化学品生产使用企业安全检查。2022年9月19日起，组织丰台、通州、亦庄、天竺海关对关区范围内危险化学品生产企业开展安全检查20家次。组成多部门联合检查组，赴多家危险化学品生产企业进行调研和现场检查，重点查看航空煤油、1-己烯、超氧化钾、己烷浆液催化剂等产品生产、灌装、储存等现场环节，核查危险公示标签和安全数据单，检查危险货物包装是否符合相关要求，督促企业落实安全生产主体责任，对于查发的问题立即督促整改。

保障北京冬残奥会火炬接力物资出口，北京冬奥组委计划于2022年1月23日出口北京冬残奥会火炬接力物资到英国，北京海关接到相关出口申请后迅速对接，就火炬接力物资中的危险化学品检验制订工作方案。组织丰台海关、亦庄海关联合完成现场检验，严格验核第三方检验检测机构出具的检验检测报告，确保出口安全。

加强培训考核和资质管理，组织关区85人次参加海关总署3期进出口危险货物及其包装检验监管岗位资质培训，其中52人通过考试，进一步充实北京海关进出口危险品及其包装检验监管队伍。征订"危险货物及其包装、危险化学品检验基础知识"网络课程，组织15个单位和部门报名参加培训。按照《进出口危险货物及其包装检验岗位资质管理规定（2022）》，建立备案制度，及时更新《进出口危险货物及其包装检验岗位人员备案表》，全年共有130名关员具备进出口危险货物及其包装检验岗位人员资质，均已报海关总署商品检验司备案。

【重点机电产品检验监管】

2022年,北京海关加强进口特定用途医疗器械检验监管。协助制订全国医美专项、药品专项工作方案;制订医疗美容行业突出问题专项治理工作方案,成立工作组,梳理进口医疗美容9类重点商品,对光子美容仪等69个商品品名实施重点监管,打击企业伪瞒报行为。与北京市十部门联合印发《医美行业突出问题专项治理工作方案》,成立工作专班。积极对接北京市市场监管局、北京市药品监督管理局等部门,探索联合执法、协同监管工作机制,做好线索移送、查办协作等。加强信息宣传政策宣传贯彻,编制7期工作简报,对14家进口企业进行政策宣传贯彻。共检验进口特定用途医疗器械160批次,金额698.9万美元。货运渠道查发11批次不合格,货值约8.7万美元;行邮渠道查发2批次跨境电商禁止进口产品、截留17批次进境邮件。规范申报不规范报关单52份,下达即决式布控指令5个,删改单处置12批。针对医疗美容产品开展监测工作,及时了解相关国内外政府部门、媒体、消费者的信息,掌握进口医疗美容器械的

▲2022年9月29日,商品检验处赴企业进行调研 (吴文 摄)

质量安全风险,形成齿科材料、隐形眼镜等监测报告3篇。根据监测结果,对从跨境电商平台进口的隐形眼镜开展抽样检测,共抽取样品7批次,发现不合格2批次。

加强进口机动车检验监管,参与进口汽车检验管理办法修订工作,严格落实风险处置措施,加强车辆核查,落实风险处置措施14次。强化作业项目实施,加强进口机动车VIN码核查,严防VIN码不合格车辆进口。落实采信工作要求,探索进口机动车采信模式,对外公布采信机构资质要求,进一步规范进口机动车检验采信要求。全年共检验进口机动车51辆,货值1120.6万美元。

开展国际交流合作,参加WTO全球会议。派员参加WTO海关估价委员会2022年第一次及第二次正式会议,就《海关估价协定》及委员会相关决定执行情况、装运前检验立法通报等情况进行讨论,议题涉及全球三十多个国家(地区)。积极应对技贸措施,服务外贸健康发展。开展境外通报调查相关工作,指导企业及时查找不合格要素,帮助企业有效应对出口玩具等境外技术性贸易壁垒,针对性做好产品设计和质量审查,提高产品出口合规性。全年共开展境外通报调查2次。推行多项创新举措,进一步释放政策红利。进

▲2022年5月18日，海淀海关对进口设备进行现场检验 （刘研 摄）

口医疗器械追溯监管创新举措以及京津冀协同核查举措均获备案。推动创新措施试点，解读创新措施政策要求，介绍应用经验；修订创新措施落地文件，为措施应用和成效评估提供政策支持。

牵头海关总署医疗器械联网核查工作，加大与药监部门监管证件电子数据联网核查力度，对应取得注册备案的医疗器械，依法验核药监部门出具的监管证件，严格医疗器械进口监管。持续优化产品代码及布控体系。多次对进口旧机电产品、食品接触产品、视听设备、信息设备等编码进行更新，进一步提升检验监管的科学性、精准性和有效性，有效防范进口商品质量安全风险。

【重点消费类产品检验监管】2022年，北京海关加强进口儿童用品检验监管，全年共检出4批、105个不合格儿童玩具，责令企业进行技术整改或销毁处理。协助海关总署完成2021年6月—2022年5月全国海关进口婴童用品数据汇总、信息发布等工作，"海关发布"采用2篇稿件（《总署通报进口婴童用品质量安全不合格典型案例》《挑选玩具别大意，典型案例来分析》）。开展2022年度跨境电商进口消费品风险监测工作。对口腔器具、湿巾、奶嘴、锅和电吹风等进行抽样检测，按照进口国（地区）标准和我国强制性标准进行检测，共完成24批样品的抽样送检，不合格3批，不合格率为12.5%。

按照《海关总署关于开展2022年度法定检验商品以外进出口商品抽查检验工作的公告》《海关总署商品检验司关于开展2022年法定检验商品以外进出口商品抽查检验工作的通知》要求，制订工作方案并组织开展关区抽查检验工作。抽检46批商品，检出35批不合格，不合格率76.09%，主要为笔类和服装标签标识不合格。完成羽绒制品和户外用品共2份监测报告。根据监测结果和境外通报召回情况，委托中国海关科学技术研究中心通过线上线下相结合的方式，采购进口户外服装、羽绒制品和出口水晶泥等产品，并按照相关标准进行检测。本次风险监测共抽取75批，检出36批不合格，不合格率48%。

【检验监管模式改革】2022年，北京海关对关区进口服装检验监管情况进行风险分析，向海关总署建议进口服装作为采信试点商品，参与海关总署进口服装检验采信试点工作研讨会，按照《海关总署关于进口服装采信要求的公告》要求推进进口服装采信工作。会同北京市商务局等部门印发《促进首店首发经济高质量发展若干措施》和《关于加快引导时尚类零售企业在京发展的指导意见（2022—2025年）》，共同推进采信工作。派员参加采信集中工作，参与配套文件研究制定和进出口商品采信管理系统线上测试等工作。

【进出口商品质量安全风险预警】 2022年，北京海关推动《国务院关于完善进出口商品质量安全风险预警和快速反应监管体系 切实保护消费者权益的意见》的落实落地。充分发挥监测在检验监管中的特殊地位与作用，加强进出口重点敏感商品的质量安全风险监测。完善风险监测预警体系，充分发挥北京海关一级风险监测点作用，培育新的二级风险监测点，构建立体高效的进出口商品质量安全防护体系；持续深化与市场监管部门的联系配合，建立质量信息共享、协同配合机制，共同服务北京地区经济发展。充分发挥各级风险监测点作用，全面服务关区工作。聚焦海关总署年度重点工作，针对进口消费品、医美产品、跨境电商产品、汽车零部件等商品质量安全项目实施重点监测。通过进出口商品质量安全监测及风险分析研判，撰写相关文章3篇；通过海关进出口商品质量安全风险管理系统上报监测信息1400余条，报送专项监测报告3期。共计完成监测专报12份，对齿科材料、户外用品、儿童用品以及跨境电商开展5次专项风险监测；拓宽进出口商品质量安全监测范围，加强车辆核查，落实风险处置措施。

撰稿人

童树波　张　潇　于雪梅

口岸监管

【概况】2022年，北京海关口岸监管工作以"走前列、创一流"为目标，紧扣查验管理、物流监控、口岸管控、装备管理4条主线，推动口岸监管工作提质增效。严格做好入境客运航空器终末消毒监督工作，加强数据分析上报，实施"5+2"及节假日无休工作模式，在全国海关率先创新"三优化、三严格"制度措施，实现一线关员与旅客"零接触"，共监督入境客运航空器终末消毒1613架次。2022年1月1日至3月13日，北京海关口岸共监督涉北京冬奥会、冬残奥会入境客运航空器终末消毒471架次。建立具有北京海关特色安全生产长效机制，整合安全生产岗位责任机制、检查工作机制、"吹哨人"预警机制的"三大机制"，安全生产专项整治三年行动收官，实现安全事故"零发生"。完成"口岸危险品综合治理"百日专项行动，与中国民用航空华北地区管理局建立定期通报机制，危险化学品口岸停留时间缩短55%，超期危险化学品实现"零积压"。紧盯2022年北京冬奥会、冬残奥会和党的二十大等重要时间节点，明确海关反恐工作7大类24小项工作要求，顺利完成口岸安全保障工作任务。组织冬奥会安保桌面推演、反恐实战演练，首次超越核生化领域，设定疑似爆炸物演练场景，首次探索应用融合指挥系统，首次采用"一镜到底"形式。推进北京大兴国际机场口岸进境食用水生动物、进境植物种苗2类指定监管场地被海关总署专家考核组正式验收通过。牵头二级监控指挥中心工作，定期开展音视频设备在线率巡查，及时通报自查情况。积极推动北京双枢纽空港电子货运平台建设，整合两机场国际航空物流资源，实现信息平台全覆盖、物流渠道全打通、口岸服务再升级、通关时间再压缩，创新全国领先的双枢纽空港电子货运新模式。推动京津冀协同发展，密切联动天津海关、北京市商务局、天津市商务局等部门，开展线上联合宣讲，发放"政策明白纸"，扩大企业改革参与度和覆盖面，年内共计1593家北京企业参与进口货物"船边直提"改革，1276家企业参与出口货物"抵港直装"改革。

【口岸物流监管】2022年，北京海关立足首都机场、大兴国际机场"双枢纽"航空货运比较优势和发展布局，积极推动北京双枢纽空港电子货运平台建设，整合两机场国际航空物流资源，实现信息平台全覆盖、物流渠道全打通、口岸服务再升级、通关时间再压缩，创新全国领先的双枢纽空港电子货运新模式。配合市商务局做好平台立项工作，向北京市发改委介绍平台建设必要性和业务需求编写情况。优化完善平台业务需求，在原有业务需求基础上，根据现场业务实际优化完善查验预约、退运退库、特殊业务监管等业务需求。配合首都机场管委会做好卡口升级改造等相关工作。

推广进口货物"船边直提"和出口货物"抵港直装"试点业务模式。加强政策宣传解读和企业服务对接，扩大北京企业改革参与度和覆盖面，高质量推进"船边直提""抵港直装"（简称"两直"）业务上规模。跟进"两直"业务在天津口岸的最新举措，通过发放"政策明白纸"等形式加深北京地区企业的认知度。加强与北京市商务局联动，研讨和落实加大政策宣讲工作。与京津相关部门开展线上联合宣讲，积极推介业务特色和支持措施，为有需要且具有参与意愿的北京企业提供解读和服务对接。密切与天津海关工作联系配合，共同推动扩大北京企业参与面。

"严格规范"督导，固化北京冬奥会和冬残奥会口岸疫情防控经验，创新"三优化、三严格"制度措施，筑牢口岸疫情防控铜墙铁壁。2022年1月1日至3月13日，北京海关口岸共实施涉北京冬奥会、冬残奥会入境客运航空器终末消毒监督471架次，全年督导现场终末消毒监督航班1613架次。

▲2022年4月23日，口岸监管处和北京朝阳海关走访企业　（柳倩　摄）

【货物监管】2022年，北京海关贯彻落实习近平总书记重要指示批示精神，严格执行布控指令，全面加强"洋垃圾"、象牙等濒危野生动植物口岸监管，严禁"洋垃圾"入境、严防外来物种入侵，维护生态安全；加强进出境卫生检疫和动植物检疫监管，维护生物安全；借助X光机、智能眼镜等查验设备，做好北京冬奥会和冬残奥会出入境物资口岸查验工作，在口岸查验现场设置冬季奥运会和残奥会物资专用窗口，在明显位置张贴奥运物资优先办理的标识，优先办理手续并优先实施口岸查验及采样消毒；首都机场海关口岸查验现场提供"7×24小时"查验值守，大兴国际机场海关提供预约查验服务。继续在关区推行"口岸灵活查验模式"，对于有特殊运输要求的货物，灵活采取预约查验、下厂查验、入库查验等方式，减少货物搬移和企业查验等待时间；相关口岸现场加快内部作业，统筹人力安排，延长工作时间，报关单"单到即接"、普通货物查验"日清日结"、高非冷货物采样"即到即采"措施，确保海关作业"零延误"；对当事人长期不到场办理海关手续的待查验、待采样货物，持续不断督促提醒当事人尽快到场办理手续，鼓励引导企业积极使用"免于到场查验"措施；

▲2022年10月20日,首都机场海关关员开展货物查验工作 (柳倩 摄)

配合海关总署做好北京关区"中俄海关绿色通道"合作项目,引导符合条件的2家中方企业积极申报,便利试点企业快捷通关。

【场所场地监管】2022年,北京海关关区范围内海关监管作业场所(场地)以航空运输为主,兼有铁路、公路、快递、邮件、跨境电商等,门类齐全、功能多样。监管作业场所(场地)按照《海关监管作业场所(场地)设置规范》《海关监管作业场所(场地)监控摄像头设置规范》要求,实现了场所设置标准化、管理集约化、作业规范化、监管信息智能化、通关便捷化的总体目标。以北京首都国际机场、北京大兴国际机场—市两场"双枢纽"为龙头,整合北京地区航空、铁路、公路、邮路物流监管,实现对物流链各个关键节点的智能化监控。按照《北京海关监管作业场所(场地)管理操作指引》,北京关区海关监管作业场所审批、集中作业场地备案均已采取线上办理模式。经营企业登录海关总署"互联网+海关"全国一体化在线政务服务平台,可通过"海关监管作业场所(场地)管理系统"办理相关业务。落实《海关监管作业场所(场地)巡查"双随机、一公开"实施细则》,运用系统派单功能开展关区范围内监管作业场所(场地)巡查工作,巡查结果在北京海关官网"政府信息公开"栏目"双随机、一公开"事项中公示。推进北京大兴国际机场口岸进境食用水生动物、进境植物种苗两类指定监管场地正式验收,海关总署专家考核组对该两类指定监管场地完成验收。提升北京关区指定监管场地管理的规范性和科学性,构建"结构布局合理、贸易环境优越、市场定位清晰"的北京关区指定监管场地格局,有效防范动植物疫病疫情输入风险,保障国门生物安全,优化北京口岸营商环境,促进首都经济发展。

【口岸运行监控指挥】2022年,北京海关监控指挥中心严格落实海关总署及北京海关相关要求,继续强化全国海关音视频监控检查设备应用管理考核工作。每月根据海关总署通报,结合北京海关音视频监控检查设备应用情况,协调相关部门分析数据开展通报工作,及时发现存在的问题;做好与海关总署监控指挥中心的协调和对接工作。组织做好二级监控指挥中心日常值守的人员安排,对海关总署监控指挥中心"四不两直"抽查、应急演练以及日常连线值守及时响应,对海关总署监控指挥中心各项工作部署积极落实呼应,对发现问题、提示风险做到有效回应；做好二级监控指挥中心口岸疫情防控专项监控检查工作。组织口岸防控组相关业务条线工作人员，每日开展检查，发现隐患和问题，及时通报隶属海关现场，做到立行立改。每日向海关总署监控指挥中心报送检查工作日报；做好每周连线会商工作，及时形成北京海关监控指挥中心连线会商会议纪要，根据海关总署监控指挥中心在会商过程中提出的工作要求，制定任务分解表，明确责任部门和反馈要求，指导口岸现场疫情防控监督检查工作。年内，北京海关二级监控指挥中心共开展安全防护监控检查1493次，制发通报27份，督促问题整改107项。

【口岸监管环节反恐】2022年，北京海关紧密结合当前反恐斗争形势，立足工作实际，理论知识和实际操作相结合、政策指导与日常监管相结合，组织开展关区年度反恐培训。邀请天津海关及北京公安大学反恐学院专家就海关核辐射监测工作及系统应用、当前反恐斗争形势进行授课，共计300余人次参加培训。持续规范核辐射监测及处置流程，分类别、分情形明确处置要求，规范处置操作，确保口岸核安全。通过合理调整人员配置、自主开展设备维护、建立关企配合机制等措施，最大限度降低漏检风险，实现报警处置加速度。组织北京冬奥会安保远程桌面推演，各口岸隶属海关紧密结合现场监管实际，对核生化爆涉恐等多项突发事件应急处置进行全流程作答，发挥业务领域专家作用，对作答情况进行点评、打分，并就应急处置中涉及的专业问题、关键环节进行指导。组织开展年度关区反恐实战演练。

【安全生产】2022年，北京海关安全生产工作以思想"零偏差"、行动"零懈怠"、责任"零缺位"、措施"零遗漏"、事故"零发生"五个零工作目标，统筹领导责任、部门责任、属地责任、岗位责任"四责协同"抓安全。落实《北京海关安全生产专项整治三年行动实施方案》有关要求，保障2022年北京冬奥会、冬残奥会和党的二十大等重大活动期间首都口岸安全。整合北京关区安全生产岗位责任机制、安全生产检查工作机制、安全生产"吹哨人"预警机制，制定《北京海关安全生产领域防范化解重大风险工作机制》。突出重点开展专项督导检查，2022年"安全生产月"及重要节日和时间节点期间组成联合检查组，对关区9个货运监管现场的重点监管作业场所（场地）开展实地检查和监控检查。

【口岸危险品综合治理百日专项行动】2022年，北京海关完成"口岸危险品综合治理百日专项行动"工作，建立口岸危险品综合治理长效机制，严密监控海关监管区内超期存储危险品货物情况，防范口岸危险品滞留积压，与中国民用航空华北地区管理局建立定期通报机制。

撰稿人

柳　倩　王晓云　庞　珂　李　凯　王　帆　朱佳乐　王祎玥

行邮监管

【概况】2022年,北京海关以学习宣传贯彻党的二十大精神为主题主线,以"走前列、创一流"为目标,踔厉奋发、稳中求进,推动行邮监管各项工作有力有序有效开展。做好口岸新冠疫情防控,优化现场作业流程,参与北京口岸入境管理联防联控前方指挥部工作,解决突发问题,构建起多层次、全链条、立体化的防控体系;提升邮快跨渠道监管效能,建立完善打击跨境电商进口走私"断链刨根"专项工作长效机制;持续全面落实总体国家安全观,严厉打击有害出版物等违禁印刷品音像制品入境,守护政治、文化安全;全力维护首都社会安全及生态安全,全面加强象牙等濒危野生动植物及其制品的口岸监管工作,强化打击"异宠",保障国门生物安全;推动行邮领域改革创新,创新开展快件、跨境电商"共线分拣",在降低成本的同时助力快件企业实现多元化经营;服务首都经济发展,推动口岸免税店增设工作,规范免税企业合法依规经营,营造良好市场环境。

【快件邮件监管】2022年,北京海关通过"硬件+软件"创新,全面提升快件全链条监管水平,切实担负起守卫首都国门的重大责任。在硬件方面,以国航电商库跨境电商业务迁址快件监管中心为契机,结合企业发展实际,做好快件监管中心跨境电商公共库改造升级,提升监管智能化、智慧化水平。创新开展"共线分拣"模式,充分利用现有场地和分拣线,通过科学改造和系统升级,实施快件、跨境电商"共线分拣",在降低成本的同时助力快件企业实现多元化经营。在软件方面,深入推进"两类通关"改革,制发低值快速货物征税支付功能上线工作方案,稳步推进改革。扎实推进快件智能审图应用,开展算法分类部署试点,参与"异宠"智能审图专项研发,开展常态化制图标图工作。

全年验放进出境快件512.49万票,价值25.03亿元。其中进境快件124.21万票,价值5.95亿元,征收税款1.14亿元;出境快件388.28万票,价值19.09亿元。截至2022年底,北京海关在册快件运营单位14家。监管进出境邮递物品209.1万件,同比下降57.7%;监管进出境邮政快件826.9万件,同比下降43.1%。查获涉毒(含疑似精神药品)违规情事103起58.0千克;濒危动植物及其制品违规情事13起41件;枪支弹药及管制刀具违规情事55起509件;侵权商品3150批次60.1万件。

新顺邮检作业场地于9月30日启用。注重加强与邮方的工作协调,全方位做好各项转场准备工作。适时开展进口邮件通关试运行，同步评估系统运行、线体作业和邮件分拣分流情况，确保转场过渡平稳有序，监管有效。

【跨境电商监管】2022年，北京海关持续深化跨境电商特色业务。新增2家跨境医药电商试点企业，规范"免税、保税、跨境电商"相衔接业务操作模式，该模式在2022年中国国际服务贸易交易会被北京市发布为"两区"十大最具影响力政策，成为北京跨境电商新业态发展的靓丽"名片"。做好跨境电商B2B出口业务，2022年新增审核海外仓备案企业6家，海外仓8个，目前在册的海外仓备案企业18家，海外仓30个，企业海外仓分布于美国、德国、南非、日本等12个国家或地区。参与海关总署跨境电商B2B出口退货政策研究，探索推动跨境电商线上线下融合发展，研究解决消费者"即买即提"诉求的关键痛点，探索将业务拓展至市内热门重点商圈。扎实做好跨境电商调查研究。紧盯国际贸易新业态新模式，立足全球发展趋势，结合北京发展实际，科学制定课题研究方案，深入开展调研，形成《北京海关关于跨境电商进口业务线上线下融合发展的调研报告》。

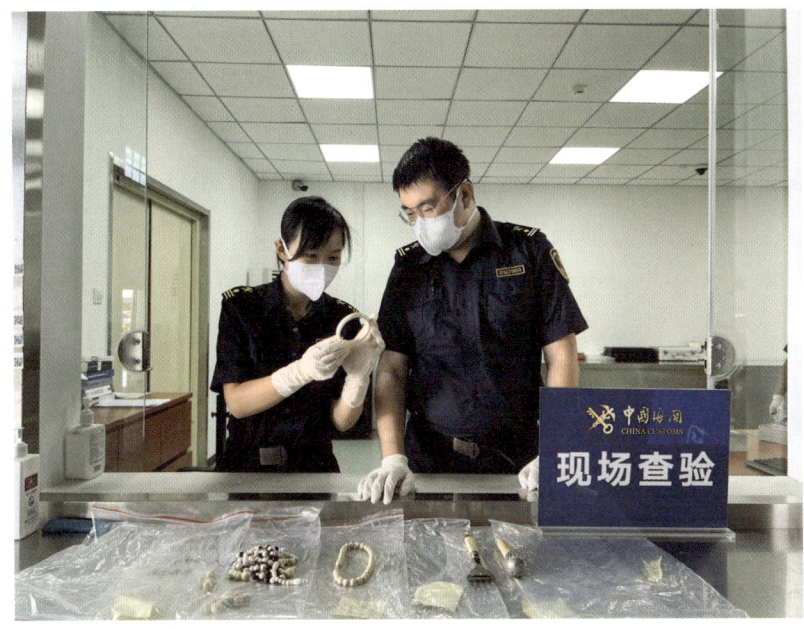

▲2022年8月25日，首都机场海关关员查获象牙制品　（王隽　摄）

【行李物品监管】2022年，北京海关监管进出境人员65.26万人次，其中旅客45.65万人次、运输工具服务人员19.61万人次，同比增长7.8%。进境人员26.32万人次，同比增长25.33%；出境人员38.94万人次，同比下降1.5%。全年查获入境旅客违规携带未申报的昆虫标本646件、入境旅客违规携带的超量应税物品约合123万元、入境旅客违规携带未申报的疑似精神类管制药品585包（共计3470粒）、出境旅客违规携带未申报的现金29.5万美元。

【其他监管方式】2022年，北京海关全力做好北京冬奥会和冬残奥会出入境人员物资的检疫监管和通关保障工作，细化形成4类79个场景的处置预案，明确应急指挥体系、处置原则和工作要求，采取"一机一策"保障方案，保障相关团组快速、便捷通关。北京冬奥会和冬残奥会保障期间，共监管涉奥航班1048架次、人员4.4万人次。同时北京海关以冬奥会保障为契机，进一步优化模式、丰富手段，完成各项重大活动的口岸安保与通关保障任务。

结合口岸疫情防控需要，创新研发"智慧旅检集成化应用平台—卫生检疫模块"，配合"旅客自助申报校验一体机"，即时完成对旅客的体温绑定、报警、拦截、分流等工作，将原有面对面式健康申明卡验核模式优化为旅客自助、关员远程介入模式，最大程度减少与旅客的接触，降低感染风险，同时设置助残版一体机为残障人士提供更加便捷、友好的服务。创新研发集成小型化黑体、红外测温仪等设备为一体的智能测温验放通道，与一体机配合完成旅客无感体温监测及精准测温绑定、高风险旅客精准拦截等功能。

进一步强化对关区内免税商店和免税企业的日常监管，强化免税品的购买要求，部署开展专项检查，对存在风险隐患的免税商店，约谈企业负责人全面整改，确保免税品销售合法合规。发现并核查部分企业涉及免税商品的线下实体店、微信小程序和公众号违规经营情况，约谈相关免税企业督促整改。同时，指导、监督北京市外汇商品免税店做好阶段性延长免税外汇商品购买期限工作。

截至2022年年底，共有210家外国驻华使馆、联合国驻华代表处、享受外交待遇的其他机构在北京海关备案，其中使馆175家、国际组织29家、其他享受外交待遇的机构6家。全年共监管外国驻华使馆、联合国驻华代表处、享受外交待遇的其他机构及人员进出境公自用物品8603票。

【智能审图】2022年，北京海关不断深化智能审图应用，拓展智能审图应用领域，实现邮件领域智能审图从无到有的突破；创新智能审图应用模式，提出"回溯验证"机制；建立常态化制图标图工作机制，全力推动智能审图系统向前发展。北京海关现有3个业务现场开展智能审图应用工作，分别为首都机场海关旅检、快件现场和北京邮局海关新顺邮检作业场地，全年累计扫描图像数量85.66万幅，其中首都机场海关旅检现场3.04万幅、快件现场82.62万幅。

快件监管现场于5月9日至9月25日开展CT智能审图算法分类部署试点。试点期间，CT设备过机总量71381幅，智能审图总体准确率为96.49%，较2021年全年提升2.43%；拦截商品智能审图总体误报率为2.37%，较2021年全年降低3.11%。试点过程中，北京海关协同系统供应商对试点算法模型进行了优化。

参与"异宠"智能审图专项研发，开展"异宠"制图工作，全面梳理关区前期查获"异宠"样本清单，已重点开展蚂蚁、蝴蝶、甲虫（多类别、多尺寸）的集中制图，制得图像563幅；走访中国科学院动物研究所，就建立常态化联系配合机制、协助提供样本开展"异宠"算法研发等事宜进行深入座谈，明确标本资源共享、技术合作等事项。

开展常态化制图标图工作。建立关区常态化制图标图工作机制，将制图工作纳入隶属海关绩效考核，要求开展智能审图应用的现场每年至少开展1次集中制图，建立"回溯验证"工作机制，对开箱查验环节查发的违禁物品与过机图像进行回溯验证，即决开展制图标图；加强现场判图岗对误报、漏报、错报图像的即决式标图作业；利用《CT智能审图操作手册》《CT标注站操作手册》组织现场关员开展专题培训，增强关员应用能力。年内北京海关快件监管现场针对种子、海螺开展集中制图，共制得图像1539幅。

【暂时进出境货物监管】2022年，北京关区ATA单证册项下暂时进境货物496票，同比增长39%；暂时出境货物395票，同比增长18%；复运进境货物283票，同比增长8%；

复运出境货物587票，同比增长55%。目前，已新增体育比赛、体育表演及训练的必需体育用品，可以使用ATA单证册办理暂时进境，中国海关可接受的暂时进境ATA单证册用途从最初的展览会、交易会、会议或类似活动中展示或使用的货物，扩大至专业设备、商业样品与体育器材。北京海关积极协调北京冬奥组委和中国国际商会，开展冬奥会物资系列线上培训和ATA单证册保障政策宣讲，用足用好政策，指导和保障冬奥会物资通关。

【ATA单证册核销中心】2022年，北京海关在ATA单证册核销中心共监控全国ATA单证册项下暂时进境、暂时出境、复运进境、复运出境货物7933票，同比增长20.76%。其中，外国商会签发的ATA单证册暂时进境货物1702票，同比减少3.51%，货值12.32亿元，同比增长16.78%；中国国际商会签发的ATA单证册暂时出境货物2303票，同比增长53.64%，货值1.12亿元，同比增长24.44%。追索ATA单证册50票，同比下降79%；发出核销通知书39票，同比下降86%；发出缴款通知书14票，同比下降73%，涉及税款约64.07万元，同比下降37.78%。指导全国海关做好未按期核销ATA单证册的清理，及时办结海关手续。配合做好中国国际商会ATA全球电子化系统（"水星系统"）二期测试。

【会展监管】2022年，北京海关多措并举为首都会展业发展提供通关便利。针对首都文化产业特点，拓展多元化担保方式，允许企业根据自身情况采用保证金、保函、关税保证保险等方式办理担保手续。从服务首都"文化中心"建设出发，立足高端会展业发展需求，创新海关会展监管模式，

▲2022年1月18日，北京海关派员前往北京冬奥会主媒体中心开展暂时进境冬奥物资实地监管 （谯杨 摄）

对符合条件的展览会实施免担保驻场监管，切实减轻企业资金压力。精简国际展览品检验审批流程，对暂时进出境的展览品，除法律、法规另有规定的以外免予检验。创新大型国际展会便利化施检作业模式，在大型展会、重大活动的现场设置海关查验区，经海关审核同意，可将参展物资运至现场海关查验区查验，提高查验速度。针对展览品监管的高风险节点，制订巡查计划，建立每个展会的档案资料库，明确巡展次数，完善巡展记录；采用现场巡查和视频监控相结合的监管模式，丰富监管手段，降低行政成本；针对重大国际展会，建立多部门联动机制，开展联合执法，提升监管效能。全年共为58个展览会办理进出境备案手续，为中国国际服务贸易交易会做好通关保障服务。主动对接北京市国际服务贸易事务中心、首都会展集团等主承办部门，提前了解计划进境展览品情况，宣讲免税政策，指导企业做好展会前期准备工作。在通关现场设置"服贸会物资报关专用窗口"，指定专人负责协助办理海关通关手续，做好相关监管和服务，对服贸会物资实施24小时及"5+2"全天候通关服务。积极指导服贸会进行展期内销售进口展品税收优惠政策的具体操作，推动服贸会成果促进政策的落实。

撰稿人

郭晓舟　康　凯　龚攀文　谯　杨

政策研究与统计

【概况】2022年，北京海关充分发挥统计职能作用，完成关区各项政策研究及统计工作。组织实施关区政策研究；开展统计分析工作；组织开展统计调查；开展进出口货物贸易统计及相关工作；实施业务统计；定期公布海关统计资料。全年，北京地区（含中央在京单位，下同）进出口总值3.64万亿元人民币，同比增长19.7%，占全国进出口总值的8.7%。其中，进口3.06万亿元，同比增长25.7%，占全国进口总值的16.9%，出口5890亿元，同比下降3.8%，占全国出口总值的2.5%。

【政策研究】2022年，北京海关以海关总署党委提出的12个方面的具体要求、38个"深入思考"征集课题，有步骤推进课题研究工作。围绕"铸忠诚、担使命、守国门、促发展、齐奋斗"工作要求，聚焦关党委关心关注的重点问题，在新型冠状病毒疫情防控和通关保障、落实推动"三智"建设、服务"一带一路"高质量发展的意见、推动海关制度创新与治理能力建设、支持首都高水平开放高质量发展等方面，开展关级课题征集、立项工作，组织完成署关级课题研究，形成了多篇系列具有创新价值和应用价值的政研文章和推动指导海关工作的研究成果。

【统计调查】2022年，北京海关协助海关总署完善跨境电商统计调查制度、优化海关统计数据在线查询平台性能、修订海关统计调查项目管理办法等工作。充分发挥统计调查联络员队伍作用，指导关区范围内企业完成中国外贸出口先导指数调查、"关键小事"课题攻关、进口景气指数意见征求、外贸企业订单情况追踪等多项调查调研工作。协助海关总署开展海关统计制度方法研究、统计指标口径设置等工作。

【贸易统计】2022年，北京海关通过门户网站，按月向社会公众发布北京地区相关统计数据。2022年，北京地区（含中央在京单位，下同）进出口规模创历史新高，进出口总值3.64万亿元，较2021年增长19.7%，占全国进出口总值的8.7%，对全国进出口增长贡献率19.9%，居全国第1位。其中，进口3.06万亿元，同比增长25.7%，占全国进口总值的16.9%；出口5890亿元，同比下降3.8%，占全国出口总值的2.5%。

月度进出口屡创新高。2022年，北京地区外贸月度进出口增速始终保持正增长，下半年连续5个月增速超过20%。月度进出口规模连续6个月保持在3000亿元以上，年内月度进口规模4次创历史新高，出口2次创历史新高。

主要贸易方式均增长。

2022年，北京地区一般贸易进出口 3.19 万亿元，同比增长 21%，占地区进出口总值的 87.6%。同期，保税物流进出口 2569.3 亿元，同比增长 8.2%，占 7%；加工贸易进出口 1458.1 亿元，同比增长 29.2%，占 4%。

国有企业、民营企业双增长。2022年，北京地区国有企业进出口 2.73 万亿元，同比增长 32.3%，占 74.9%；民营企业进出口 3033.4 亿元，同比增长 4.5%，占 8.3%。

与"一带一路"共建国家（地区）贸易稳步向好。2022年，北京地区对"一带一路"共建国家（地区）进出口 1.59 万亿元，同比增长 28.2%，占地区进出口总值的 43.7%。同期，对中东、非洲、拉美分别进出口 9005.6 亿元、3249 亿元、2757.7 亿元，同比分别增长 52.3%、19.7%、10%。

能源产品拉动进口增长，机电产品出口增长。2022年，北京地区能源产品进口 1.65 万亿元，同比增长 43.5%，占地区进口总值的 54.1%，上拉地区进口整体增速 20.6 个百分点，对北京地区进口增长贡献率达 80.3%。

同期，北京地区出口机电产品 2711 亿元，同比增长 0.7%，占地区出口总值的 46%；成品油 1947 亿元，同比增长 44.9%，占 33.1%；钢材 188.4 亿元，同比增长 23.4%，占 3.2%。

为构建高效便捷的申报体系，根据相关工作要求，推动组织完成海关内部测试工作，指导各隶属海关做好宣传贯彻、业务解答等工作，切实引导企业了解具体内容并遵照执行，扎实推进海关深化业务改革的具体措施。组织完成关区统计培训，组织人员参加海关总署统计专题培训，合计培训人员 500 余人次。

【分析研究】 2022年，北京海关组织分析员撰写重点商品进出口分析报告。撰写北京地区外贸分析报告，向地方政府报送北京地区进出口统计专报。加强海关的宏观研究能力建设，积极开展和参与宏观课题研究，同时发挥信息优势，跟进国外著名智库的涉华研究。开展保稳提质政策建议的征集，对收集到的建议进行筛选评估，报送成熟建议。

撰稿人

冯喆　陈世勃　耿文婷　刘鲁宁　丁玲璘　朱明源

企业管理

【概况】2022年,北京海关企业管理工作在自贸创新、信用管理、区域保税、资质备案等四大企管业务条线上,进一步深化改革创新、优化监管流程、加强队伍建设,完成各项工作任务。全年北京关区注册企业总数70119家,同比增长18.64%;现有特定资质备案业务共计4类12项,特定资质备案企业3979家;高级认证企业数量上升到268家,失信企业数量下降到20家。全年共完成企业信用等级调整11家次;完成企业信用修复29家次;完成各类资质管理作业16492票;综合保税区进出口总金额875.2亿元,同比增长2.3%。

【企业信用培育】2022年,北京海关聚焦育企,以政策为引领,建立重点企业培育库,加大对跨境电商平台等新兴业态、"专精特新"企业的信用培育力度。联合地方政府部门对北京市龙头产业的重点企业进行信用培育,开展"线上线下"多渠道政策宣传,在业务现场摆放宣传材料,积极宣传新《中华人民共和国海关注册登记和备案企业信用管理办法》《海关高级认证企业标准》及相关配套措施,使广大进出口企业了解海关AEO高级认证企业的优惠措施以及信用管理改革的政策红利,扩大AEO的社会影响力。

【企业认证】2022年,北京海关聚焦便企,稳步推进2022年新申请高级认证企业工作,全年共10家企业顺利通过海关高级认证,高级认证企业数量同比增长3.5%。对企业分支机构和办公地点在异地的企业,建立北京海关牵头、其他直属海关协同的联合认证模式,推行"线上+线下""实地+远程"的认证方式,实施认证结果互认,节省企业人员和海关人员往返多地的路程和时间,降低认证成本。建立北京海关高级认证企业样本企业库,选取优质的、有鲜明行业特色的企业入库,树立成功培育典型,为调研观摩和推广AEO制度奠定基础。2022年北京海关有2家企业入选海关总署AEO互认观摩名录库。

【企业守法便利措施】2022年,北京海关聚焦惠企,推动AEO高级认证企业便利措施落地生根。共开展高级认证企业便利措施落实情况摸底3次;全年优先办理备案、通关等业务6300余票,优先开展属地查验850家次;配备专属"企业协调员"17人,全年为企业协调解决问题80余个,其中解决跨关区通关问题30余个;对AEO企业的预约通关申请由24小时缩短为8小时,提供快速预约通关服务37家次;口岸现场实施"7×24小时"查验制度,并优先采用"非侵入""灵活查验模式"

方式查验，降低查验时间和货物损坏风险；除进口食品以外，采信企业承诺书或相关证明材料代替实验室检测，需要实验室检测的享受先受理、快速检验，为22家企业第一时间出具检测结果。

【企业信用修复】2022年，北京海关聚焦助企，建立红绿灯修复提示清单模式，实施滚动式筛查，实行"一降级一告知"，制发"信用修复温馨提示"，推动符合信用修复条件的失信企业尽早申请；建立符合"依企业申请"和"海关主动"两种信用修复模式企业台账，依法依规对9家不再符合失信情形的企业重新认定为实施常规管理措施企业；建立直属—隶属海关两级联动机制，推动电子化传输，实现隶属海关接受企业申请提交至直属海关当日结转。全年北京海关下调11家企业为失信企业，并实施多部门联合惩戒；完成信用修复29家；失信企业由41家下降至20家，同比减少52.5%。

【"海关政策进万家"】2022年，北京海关聚焦为企，面向企业开展全方位的政策宣讲和法规解读，开展"防疫情、稳外贸、保安全"大调研大排查活动，选取有行业代表性的22家企业实地调研，全年北京关区开展"海关政策进万家"系列政策宣讲会230次，网络平台宣传1025次，实地赴企业调研403次，电话、书面调研3297次，发放调查问卷3193份，覆盖企业17000余家。

【"多证合一"改革】2022年，北京海关加强与市场监管部门的工作对接，建立工作沟通协调机制。自2022年1月1日起取消进口肉类收货人、进口化妆品收货人备案事项，海关报关单位备案（进出口货物收发货人备案、报关企业备案）全面纳入"多证合一"改革，进一步压缩出口食品生产企业备案办理时限，更新"出口食品生产企业备案"办事指南，最大限度释放改革红利，提高企业获得感，减少企业通关时间，进一步便利贸易，优化营商环境。全年北京关区通过"多证合一"方式的企业备案数量占同期备案总量比例达70%以上。

【企业动态管理】2022年，北京海关开展市场监管部门已注销、吊销企业在海关注册登记状态专项核实工作，全年对市场监管部门已注销、吊销的510家海关备案企业进行了专项核实，并区分情况做好后续处置，不断提升企业注册信息完整性、有效性。进一步加强北京关区内海关企业信息核对工作，加强对未报送海关年报、"一址多企"、"一人多企"、异常信息等企业的信息核对，依法依规做好信息变更、注销等后续处置工作，将30家"双失联"企业移入"双失联"企业名录。

【对企服务】2022年，北京海关开展企业资质备案业务条线窗口作风提升百日行动，通过视频检查、电话抽查、窗口自查等方式，对11个隶属海关企业资质备案条线窗口进行了全面排查和梳理，严格执行首问负责制，热情接待前来咨询、办事的企业，确保窗口不缺位，杜绝办事群众"找不到人、等不到人、办不了事"现象。全力帮扶食品生产企业开拓国际市场，对关区内3家对蒙古国推荐注册企业开展出口食品生产企业境外注册信息核对工作，并针对欧盟通报的"获准向欧盟出口机构登记的新程序"，加强输欧盟食品生产企业注册信息核对，保证关区内对欧盟、蒙古国推荐注册食品生产企业注册信息的准确性和有效性，保障食品企业正常出口。

【自贸创新举措】2022年，北京海关共2项创新举措获海关总署同意备案，分别是"进口医疗器械追溯监管创新模式""未经联网核查的进口医疗器械风险防控京津冀协同新模式"。此外，综合运用"两区"工作总结、"两区"案例和自贸专刊等多种渠道，向北京市集中推介北京海关天竺综保区特殊物品公共查验平台、亦庄海关"六位一体"芯模式、RCEP一揽子惠企措施等优秀创新工作成果。

【综保区建设】2022年，北京海关指导地方政府开展天竺综保区规划调整（二期）规划和建设工作，对实地调研中发现的围网、监管用房、视频监控系统等存在的问题提出整改意见；组织北京市发展和改革委员会、北京市财政局、北京市规划和自然资源委员会、北京市商务局、北京市税务局、北京市市场监督管理局、国家外汇管理局北京市分局、北京天竺综和保税区管理委员会等部门成立天竺综保区规划调整（二期）联合验收组，于6月10日对天竺综保区1.820平方千米面积完成相关验收工作；协助地方政府推进0.009平方千米规划范围面积核减审批事项。

推进大兴国际机场综保区首票货物入区相关准备工作，并于2022年4月25日，成功实现总价值约1343万美元的芯片、电子产品及红酒等货物入区，标志着北京大兴国际机场综合保税区正式进入运营阶段；对"一个系统、一次理货、一次查验、一次提离"的区港一体化创新监管模式开展研究，并对大兴综保区公共库功能及运营模式、港区联络道及卡口建设等研提了建设性意见和建议。

【保税区域场所】2022年，北京海关组织13个隶属海关开展保税仓库和出口监管仓库的自查、专项核查及专项检查工作。组织开展北京关区区域场所安全生产月、安全生产百日行动、安全生产隐患排查等工作，实现对北京关区综保区、保税物流中心（B型）、保税仓库、出口监管仓库及区（中心/仓库）内重点企业的安全生产检查全覆盖。完成北京关区两仓监管模式调整，取消两仓集中审核作业模式，实施属地化管理，强化"三应"机制建设，加强横向协同、纵向联动，打造系统完备、科学规范、运行有效的监管体系。全面实行两仓行政许可审批网上办理，通过信息化系统严控受理、审批时限，加强经营企业资质确认，防止无资质企业违规获得许可，同时建立直属、隶属海关二级台账制度。规范仓库日常管理，制发关区统一的月报制式报表，提升数据质量，全面实行两仓分送集报、货物延期、简单加工、库存调整等业务核批的隶属关两级核批制度。强化保税仓库"全链条"监管措施，建立维护北京海关风险参数和风险规则，设置针对商品、企业、业务环节等运行风险规则8条，全面提升北京海关保税仓库实货监管水平。

撰稿人

刘　东　倪海闻　周　静　崔　哲　王　楠　王宇光

稽查工作

【概况】2022年,北京海关稽查工作以"走前列、创一流"为工作目标,推进稽查重点领域改革,促进稽核查、加工贸易监管和属地查检工作高质量发展。全面树牢以查发为导向的改革理念,加大对大要案的查发力度。推进"简快"案件办理,顺利承接检验检疫行政处罚案件职能管理。牵头组织"海关属地查检业务管理系统"及"云签发"创新模式开发上线工作。启动北京海关首家企业集团加工贸易监管模式,促进保障产业链供应链循环畅通。推动北京海关对边角废料网上拍卖全国统一版信息化系统的应用工作。年内,稽查查发率84%,同比增长20个百分点;核查作业按时办结率100%,核查有效率70%,同比增长14个百分点。北京关区进口目的地查验24969批次。设立加工贸易电子化手册474份,正在运行电子账册13本,实际进出口金额51.7亿美元。

【稽查业务】2022年,北京海关按照海关总署统一部署,采取贸易调查与稽查作业相结合的方式,在关区内推进专项行动。打击出口危险化学品违瞒报行为,建立危险化学品领域稽查工作模式,向海关总署报送《北京海关关于开展出口危险化学品违瞒报行业性稽查的建议》。

推进稽查改革落地生效,组织稽查专家和业务骨干,成立专班开展3轮集中研讨,共商北京关区稽查业务改革细化措施及配套方案。编写完成《北京海关关于深化稽查改革的细化措施》《北京海关关区协作稽查工作管理办法》《关于深化稽查改革的解析与思考》等配套文件及政研文章。加强北京关区稽核查指令风险研判。完善指令的生成与流转机制,与税管、关税、风险部门沟通协调,不断提升各类重点专项任务的技术支持与风险分析能力。深化关检业务融合,强化属地查检稽查业务联动,完成关区首起涉检稽查作业办理。

加强稽查专家队伍建设,发挥稽查业务专家的指导作用,对重大疑难作业进行现场指导;加强北京关区专家队伍梯度,发挥4名全国稽查业务专家的专业优势,强化稽查业务专家和业务骨干储备。编制《北京海关稽查专家型人才库管理办法(试行)》,明确稽查专家和业务骨干的发现、培养、储备和使用,使北京关区专家管理制度化规范化。强化技术支持,购买"启信宝"账号,用以查询企业相关信息,便利业务现场多维度全面掌握企业情况。

【核查业务】2022年,北京海关通过核查、贸易调查等方式,着重对北京关区内重点商品开展风险研判,及时启动作业。北京海关稽查部门在贸易调查的基础上，精准锁定出口危险化学品违反进出境检验检疫要求情事。配合做好"两仓"（保税仓库和出口监管仓库）专项检查，从指令及时性有效性和核查作业的精准性规范性两个重点同时发力，全面提升核查质效。形成关区核查业务宣传合力。核查业务骨干与食安领域专家共同撰写《北京海关关于加强进口食品安全全链条监管的调研报告》，调查总结了涉及进口食品的核查业务并提出意见建议。新华社北京分社发表了《以"诚信"换"红利"》，"学习强国"、中新社北京分社、《法治日报》、《中国海关》杂志等多家媒体转发；"海关发布"微信公众号刊发《"智慧核查"助企业渡疫情难关》。

【属地查检】2022年，北京海关强化政策研究，服务管理决策，推动日常工作与调查研究深度融合，坚持问题导向，组织开展关区属地查检业务调研，通过书面和实地两种方式了解业务开展情况。摸清关区属地查检工作的现状和存在的问题，撰写调研报告，提出有针对性的政策建议。

加强助企纾困，帮扶外贸企业，贯彻落实促进外贸保稳提质工作措施，按照海关总署的统一部署，11个相关隶属海关全部开辟进出口鲜活易腐农食产品属地查检绿色通道，公布预约电话，实行优先查验、"5+2"预约查验等快速通关模式，助力外贸发展。提醒企业提前研判并有效规避风险，实施"一企一策"，为企业做好政策指导和风险预警，营造企业发展好环境。优化查验模式，针对命中目的地检验布控指令的货物，提前沟通协调，做到第一时间响应。全年北京关区进口目的地查验24969批次。强化风险排查，组织开展属地查检领域安全风险隐患排查和规范执法作业强化属地查检工作两个专项行动。重点关注台账清单、整改措施和时限是否清晰明确，各项重点内容是否落实到位。规范执法作业，从布控指令长期未接单、接单长期未办结等数据分析入手，分析可能存在的风险及成因，及时与现场进行沟通了解执法作业的实际，提升工作督导的针对性和有效性。

建立多元化人员培训机制，加强属地查检部门与卫动食商等部门协调配合，发挥专家传帮带作用。加强对一线人员查检能力的培训，提升一线人员的执法水平，确保具有特殊专业岗位资质人员满足一线执法工作需要。参与协助海关总署开展"海关属地查检业务管理系统"及"云签发"创新模式开发上线及向全国的复制推广工作，为智慧海关建设贡献北京力量。

【检验检疫行政处罚】2022年，北京海关做好关区检验检疫行政处罚职能调整工作。依托原有的检验检疫行政处罚工作办理框架，指导隶属海关提高安全责任意识，发挥关区办理检验检疫行政处罚的资源优势，加大重点领域检验检疫行政处罚力度，合规开展卫生检疫业务领域、动植物检疫业务领域、进出口食品安全业务领域、商品检验业务领域行政处罚工作，强化后续处置责任，防止发生重特大安全事故，稳中求进持续推动检验检疫行政处罚工作高质量开展。

撰稿人

齐　琦　毛红娟　李海霞　郭　颖

查缉走私

【概况】2022年,北京海关缉私局贯彻落实习近平总书记关于打击走私工作的重要指示批示精神,深入推进"国门利剑"等专项行动,保持打击走私高压态势。全年共立案侦办走私犯罪案件54起,涉嫌偷逃税款6037.97万元、同比下降11.65%。立案查办行政案件287起。罚没入库2084.85万元。

【打击涉税走私违法犯罪】2022年,北京海关缉私局共立案侦办涉税走私犯罪案件28起,案值7654.7万元,涉税1370.37万元。

【缉私法制建设】2022年,北京海关缉私局对接北京市公安局,围绕联合办案、信息共享、执法协作等重要议题,议定了7项协作事项,汇聚打私合力。联合签署《关于深化执法办案管理中心工作机制的意见》,首创缉私部门、地方公安共用执法办案管理中心举措。深入推进"两统一"工作机制,制定《法制专班、法制专员、法制联络员与案管专员工作机制》,构建责任到人的法制监督工作体系,加强刑事执法全方位监督。全年法制部门共审查各类刑事案件89起。聚焦提升首都打私执法效能,先后8次对接北京市人民检察院第四分院,深入开展案件研讨和交流培训,建立"检查机关提前介入""捕后引导继续侦查""取保直诉案件预审查"3项工作机制,对走私犯罪案件关联罪名开展侦诉一体化研究。全年案件退补侦数量显著下降,缉私办案质量明显上升。

【综合治理】2022年,北京海关缉私局稳步提升综合治理整体效能。

制发《2022年反走私综合治理工作要点》,印发联席会议纪要,更新成员单位领导和联络员信息,制定《北京市打击走私综合治理领导小组反

▲2022年1月29日,首都机场海关缉私分局荣获"北京打击虚开骗税违法犯罪两年专项行动——优秀先进集体奖"及"先进个人奖"　(王涛　摄)

▲2022年8月9日,北京海关组织召开2022年北京市打击走私综合治理领导小组成员单位联席会议 (王晓龙 摄)

走私综合治理调查研究工作制度》和《北京市打击走私综合治理领导小组督查评估反馈机制》,梳理了近3年来缉私经费转移支付预算及使用情况,打私办基础工作更加扎实。积极开展反走私"五进"主题宣传活动,走进社区开展禁毒普法宣讲,引导群众增强法治观念,自觉抵制走私违法犯罪行为。深入开展打击走私宣传报道,通过电视、报刊、网站、新媒体等各渠道发布打私宣传报道数十篇次,力促打击走私政治效果、法律效果、社会效果有机统一。

撰稿人

鲁文坤　汤　丹

风险管理

【概况】2022年，北京海关风险防控工作以"走前列、创一流"为目标，以"精准化、纵深化、一体化、智能化"为工作主线，坚持第一议题和重大部署有新作为、联防联控和多元共治有新突破、大数据应用和风险评估有新应用，校准"统筹关区业务风险防控"职能和基层双重职责，承担海关总署及北京海关两级工作任务。搭建北京海关风险管理委员会、业务风险跨部门联合研判、北京海关风险防控分局与海关业务现场联动的"1+2"业务风险防控机制。按照"各类重大风险有预判、有预警、有预案、有预演"要求，推进关区16个部门、17个海关业务现场定期召开重大业务风险隐患联合研判会。年内召开跨部门联合研判联动会议3次，书面会商2次，梳理问题57+7个，不断构筑防范化解业务风险"大风控"工作格局。同时积极推进海关真空包装等高新技术货物布控查验改革，强化业务现场即决式风险布控，扎实推动关区风险管理高质量发展。

完成《进口货物口岸疫情防控》《入境涉检验检疫科学随机布控体系建设研究》等课题，制订并在全国范围实施压缩涉检抽批率方案，对170余个全国范围法抽规则进行优化，全年布控检查数量同比下降12.47%。参与撰写海关风险信息工作规范、口岸风险布控数据展示任务书，推动海关风险管理子系统二期进入应用及全国推广阶段。参与海关总署涉检验检疫布控优化、第三方采信与风控系统对接改革、进口危险化学品检验模式改革试点、大数据模型优化迭代及大数据应用模型建设项目验收等。

【北京海关重大风险排查重点工作】2022年，北京海关印发《北京海关防范化解重大、

▲2022年4月22日，北京海关风险防控分局组织召开跨部门会商会议（周泽宇 摄）

系统性风险任务清单》。聚焦43项重大、系统性风险，定期跟踪排查业务风险整改落实情况，确保不发生系统性风险、颠覆性错误，避免小风险转化为大风险。

【风险防控区域协作】2022年，北京海关建立京津冀海关风险防控区域机制，全力保障2022年北京冬奥会和冬残奥会，组织区域例会7次，发布区域信息、推送会商一体化布控规则，编制风险分析工作组冬奥工作周报19期。

【口岸安全风险联合防控机制】2022年，北京海关健全完善常态化口岸安全风险联合防控机制。联合政府部门磋商合作，签署合作备忘录，开展跨部委合署办公。承担其他部委风险防控专项工作，建立数据模型200余个。

【北京海关口岸风险布控场所】2022年，北京海关口岸风险布控场所布控指挥室投入使用，联通海关总署5个系统，组织承接全国海关会议6次。口岸风险布控场所维修改造项目于2022年纳入海关总署项目库，按要求开展项目初步设计和概算。为进一步落实口岸安全风险联合防控常态化工作机制，口岸风险布控场所筹备并保障跨部委合署办公，承担各专项行动的全国布控及监控工作。

【全国重大风险政策性布控】2022年，北京海关及时转化新冠疫情、非洲猪瘟、沙漠蝗、松材线虫、禽流感、诺如病毒、猴痘等重大疫情全国防控布控要求。实时响应新冠疫情进口冷链熔断布控任务，完成转化近300次，布控规则400余条。落实国家外交政策布控指令转化。最大限度保障进口快速通关，优化调整进口商品布控规则与表单共300余条，调减送检项目565个，确保进口粮食、肉类产品通关顺畅。

【重大活动政治安全风险防控】2022年，北京海关保障党的二十大、全国两会、国庆节等重大活动，围绕暴恐等五大安全准入风险加强分析防控，同时开展口岸危险品综合治理、防范化解海南离岛免税"套代购"走私、跨境电商寄递"异宠"综合治理等专项行动。

【口岸疫情风险防控】2022年，北京海关开发疫情防控数据分析监控模型12个，其中2个模型在全国推广应用。开展"7×24小时"布控监控，"一机一策"细化流程，完成入境航班终末消毒监督风险布控工作任务。

【安全准入风险防控】2022年，北京海关参与"口岸危险品综合治理"百日专项行动，筛选甄别数据，优化调整布控规则。打击进出口危险化学品逃检专项行动成效显著，命中未报检进出口货物共计25批，涉及危险化学品25种，累计重量1.97吨。查发未列入《中国现有化学物质目录》新化学物质2624千克。查获寄递渠道安全准入风险情事147起，查获毒品并移交刑事立案18起，截获活体火蝾螈10只和活体意大利壁蜥5只，非法入境植物种子27票共6.65千克。查发旅商渠道安全准入风险情事321起，疑似盗用身份证件情事297起。

【跨境电商风险防控】2022年，北京海关搭建跨境电商异常分析全国平台级1个、关区站点级"云擎"大数据模型5个。查获高风险企业涉嫌虚假贸易、违规进口非准入商品情事。深化信息"五层筛"应用，助力"6·18""双十一"等重要节点通关监管有序开展，建立重点风险分析表和风险档案。

【濒危及野生动植物风险防控】2022年，北京海关提出人工分析布控规则32条，查获5票。

主要查获商品涉及紫杉醇、非洲李（臀果木）和红景天提取物，非法邮寄濒危仙人掌种子共 11 种 13000 粒。布控查发 CITES 附录Ⅱ进口涉濒危豆科黄檀属的货物 1 票，净重 223 千克。

【知识产权保护】2022 年，北京海关加大对侵犯知识产权商品的分析研判力度，布控命中侵犯知识产权的出口货物 4 票，包括喷油器、钥匙扣、滤清器等货物。在空运渠道一次性查获出口侵犯商标专用权的货物逾 39 万件。

【大数据海关应用】2022 年，北京海关业务定制化模型操作、"数据+监管"工作模式的融合度均有效提升。协助职能部门及隶属海关构建大数据模型 30 余个，提供建模指导和技术支持 20 余次。旅商渠道自主开发 2 个平台级、4 个站点级"云擎"模型。完成真空包装改革试点、货运渠道风险防控、境外收发货人、即决式布控等查询、商品送检情况分析等"云擎"模型制作，提高大数据决策辅助效能。全年北京关区"云擎"系统各类操作 14.2 万次，同比增长 14.8%；应用"云搜"模块 1.2 万次，同比增长 15.6%；应用各类模型 3417 次，同比增长 5.8%。

【风险信息转化应用和管理】2022 年，北京海关通过后续稽查、布控指令建议等处置手段实现风险信息的实战有效转化，提高风险信息对业务的风险防控作用。北京海关 23 个业务单位应用综合业务管理平台报送各类风险信息 173 条，被海关总署信息周报采编 21 条。强化风险信息化系统管理，全年共处理业务联系单 9648 份，催办跨关区超期联系单 70 余份，收发关级联系单 630 份，调整新增授权 390 人次。同时，开展海关风险管理子系统推广应用，授权 300 余人，完成联系单流转 2000 余份。

【风险预警评估及转化】2022 年，北京海关强化风险预警的先导作用，完善态势分析向全国预警转化、向布控转化，开展自主分析预警 20 余次；发布多类疫情预警提示；对重点领域开展产品分析，关注系统性、区域性、趋势性及行业性风险的预警转化；全年非贸寄递渠道完成分析态势报告 48 篇。

撰稿人

杨旌旗　张慧媛

第六篇

综合保障

政务管理

【概况】2022年,北京海关以习近平新时代中国特色社会主义思想为指导,聚焦"铸忠诚、担使命、守国门、促发展、齐奋斗"工作要求,在完善落实"响应、呼应、反应"机制上下功夫,全面做好政务服务保障工作。坚定不移抓好习近平总书记重要指示批示精神贯彻落实,日推进、周调度、月督办,以抓落实闭环确保贯彻落实习近平总书记重要指示批示精神坚定坚决、不折不扣、有力有效。深入学习宣传贯彻党的二十大精神,迅速掀起学习宣传贯彻党的二十大精神热潮,第一时间在中央广播电视总台等权威媒体推出京关学习宣传贯彻党的二十大精神情况。充分发挥"两个维护"第一方阵排头兵示范作用,组织青年党员40人次参加8次全国海关政务办公系统青年理论学习小组系列联学活动。坚持系统观念,围绕海关中心工作,不断提升政策研究"深度"、调查研究"准度"和服务决策"力度"。面对新冠疫情防控工作任务,政务运转实行"7×24小时"最高等级,坚持"五快"标准,实现对接"零时差",办理"零延误"。紧扣"12个必"、38个"深入思考",开展调查研究,积极建言献策。向海关总署报送调研报告12篇、工作专报9期,获署领导批示37次。弘扬海关"三实"文化,持续强化服务意识、提升服务水平,扎实开展"关长接待日""窗口作风百日提升行动",深入纠治形式主义、官僚主义,持之以恒改进工作作风,营造办实事、解难题、暖民心的良好氛围。

【督查督办】2022年,北京海关共制发督办单223个,上报呈阅单125个,撰写专项督办专报41期。强化台账督查工作法,以习近平总书记重要指示批示精神贯彻落实台账、促进北京市高水平开放高质量发展任务台账、北京海关2022年工作会议重点任务台账和关领导批示台账为抓手,狠抓任务落实。强化对关领导调研收集问题、基层反馈问题、检查发现问题、公文流转检查发现问题的督办,扩大线索来源,增强督查质效。优化督查制度机制,完善督查工作制度,修订《北京海关督促检查工作管理细则》,着力提升督查工作的科学化、规范化、制度化水平。加强报告制度建设,印发《北京海关不担当不作为、推诿扯皮情况记录报告制度(试行)》,制发《北京海关办公室关于加强和规范请示报告工作的通知》《办公室关于规范工作专报、调研报告报送方式的通知》,明确工作机制和流程。强化风险防范制度建设,梳理形成《北京海关防范化解重大、系统性风险任务清单》,

增强风险研判和处置能力。强化基层减负,规范周期性材料报送,将259项隶属海关单位周期性报送材料压减为97项,形成《北京海关所属隶属海关单位周期性报送数据表格材料正面清单》。整治"指尖上的形式主义",组织开展微信等网络工作群自查并清理48个。做好基层减负监测点工作,年内分两批选定4个隶属海关作为监测点,畅通基层意见反馈渠道,收集基层负担情况第一手资料,建立动态监测统计台账。

【公文处理】2022年,北京海关将讲政治的要求落实到公文处理工作的全过程各方面,打好以文辅政"攻坚战"。发文数量持续压减,严格发文必要性审核、严控发文规格和文件格式、严格加强发文统筹,全年共制发正式文件97件、便函等非正式文件305件,发文数量均保持只减不增。发文质量不断提升,将《党政机关公文处理工作条例》中的公文审核要求细化为15大类、28小项的发文审核自查表,逐项对照检查。重点文件实行"双核双校""多人唱校",消除政治性表述错误、错别字、格式错乱等硬差错,重点加强对文件流程及可操作性的审核,确保文件印发后无异议、可执行、快落实。规章制度更加完备,按照《海关总署公文处理工作办法》,结合工作实际制定《北京海关公文处理工作办法》,及时调整相关职能部门、隶属海关单位、事业单位行政排序及简称和发文代字,面向各单位、各部门开展公文办理专题培训,参训人数达790名,确保做到人员"全覆盖"。公文收发更加规范,实行公文收发"7×24小时"值班全年无休工作模式,累计收发各类文件12105件,未发生任何文件丢失、遗漏及迟收迟发、制发文件不规范等事项,制发文件"零"退文,海关总署"文电管理"考核满分。

【会议管理】2022年,北京海关落实精简会议要求,动态监控会议数量,加大统筹力度,严格总量控制。采用"多会一开"等方式,切实减少不必要的会议,不召开没有明确议题、缺乏实际内容的会议。全年纳入统计范围的会议数量同比减少8.3%。坚持"务实、高效"标准,创新会议形式,提高会议实效。针对疫情多发情事,在确保保密安全的前提下,拓展视频会议应用范围;优化重要会议组织工作,科学拟定会议议题和重点汇报单位,严控发言时长和会议材料篇幅,会后做好任务分解督办,确保会议部署落实到位。严格执行会议纪律、保密纪律,全年会议组织工作实现零差错、零违纪、零事故。

【信息工作】2022年,北京海关密切跟踪境内外疫情疫病风险动态,梳理总结"守国门、促发展"工作举措和成效,发挥数据"首报、首发、首用"优势,深度分析重点区域、重点国别、重点产业外贸情况,及时反映新趋势、新情况,组稿报送要情信息,服务领导决策。围绕学习宣传贯彻党的二十大精神、口岸疫情防控、"四优四提促五子"服务工程、助力外贸保稳提质、国门安全、党建人事等展示京关工作,向海关总署、北京市报送各类业务改革情况、创新做法、先进经验和措施成效,全年共获海关总署采用175篇次,获北京市委市政府采用60篇次,其中4篇信息获署市领导批示。立足关区重点工作,搭建关内平台,在平台上设立办公综合、综合业务、自贸区域、税收征管、卫动食商、企管稽查、政治工作等板块,第一时间反映关内各单位、各部门工作开展情况，全年共计编发249期，涵盖5000余条信息。强化互联网信息采编，聚焦全球经济形势、疫情疫病变化、监管难点堵点等，第一时间梳理报送涉海关业务相关信息，同时聚焦首都实际，向北京市政府报送涉及首都经济民生等相关舆情。2022年，北京海关办公室获评全国海关政务信息先进单位，所属平谷海关获评全国海关互联网信息先进单位。

【新闻宣传】2022年，北京海关加强新闻宣传工作，中央及北京市主要媒体共报道北京海关工作972篇次，同比增长32%。其中，中央电视台《新闻联播》报道14次，《人民日报》报道7次，《北京新闻》报道11次，《北京日报》报道51次。中央广播电视总台来信感谢北京海关在北京冬奥会和冬残奥会及促外贸保稳提质宣传报道中提供的有力支持。学习宣传贯彻党的二十大精神，围绕中心，服务大局，参与权威媒体"奋斗者正青春""沿着总书记的足迹"等主题宣传，获《人民日报》《光明日报》《科技日报》，以及中央广播电视总台《特别报道》《新闻纵横》等媒体报道近百篇次。《新闻直播间》报道北京海关一线关员学习党的二十大报告，聚焦高水平对外开放，建设贸易强国。服务保障北京冬奥会和冬残奥会，首都机场海关派专员进驻闭环拍摄，获主要媒体报道258篇次。其中中央广播电视总台报道47次，《新闻联播》报道12次，《北京新闻》等报道13次，《人民日报》《北京日报》等刊发稿件57篇，新华社、中新社等报道128次。北京冬奥会闭幕式现场转播中，播放现场关员挥手致意画面。筑牢国门守防线，《新闻联播》《中国新闻》及新华社等报道北京海关人物同防、精准检测等工作41次。此外，权威媒体144次报道北京海关在国际航空、货运、邮递等渠道织牢立体防控网，查获"异宠"、濒危动植物及其制品、危险化学品等案件。促外贸保稳提质，围绕RCEP生效、服贸会、大兴国际机场综保区首批货物通关等热点，结合"四优四提促五子"服务工程、"海关政策进万家"活动主动发声，获《人民日报》《新闻联播》《北京日报》《北京新闻》等媒体报道389篇次。

【值班应急】2022年，北京海关将值班应急作为践行"首都无小事，事事连政治"意识的重要抓手。强化应急值守，严格做好党的二十大、全国两会、北京冬奥会和冬残奥会等重要时期关区值班值守工作。在疫情紧急时期及北京冬奥会和冬残奥会期间实行"总值班室+行政值班室"双值班工作机制，确保重要情况第一时间掌握、第一时间报告、第一时间处置。全年共报送值班信息521篇，获海关总署领导批示10篇次。积极开展值班应急业务培训，各相关职能部门和监管现场牵头组建应急备勤力量，确保随时处置各类突发事件。北京海关主要负责同志多次看望慰问值班人员，查看值班环境，听取意见建议；强化应急管理，落实"预防为主、防消结合"总目标，以及"预案—演练—实战"有机联动工作原则，充分发挥应急工作领导小组作用，针对疫情防控、冬奥会通关保障等重点任务，及时修订《疫情防控应急处置工作制度汇编》（第2版）等应急处置制度，健全完善应急预案体系。制发并组织实施年度关区应急演练计划，围绕疫情防控、口岸反恐等重点工作统筹开展应急处置演练60余次，确保关区各项应急机制始终处于激活状态。年内北京关区未发生任何突发事件处置不当或矛盾激化情事，各单位、各部门的应急处突能力得到全面考验和提升；强化机制建设，对标"三应"（响应、呼应、反应）机制，优化完善"北京海关—职能部门—隶属海关"上下贯通的应急值守体系，全年未出现应急值守责任履行不到位情事，值班工作经验做法被海关总署采用编发。持续完善关、处、值班员三级值（带）班工作制度，动态修订《北京海关值班工作手册》《北京海关行政值班工作指引》《行政值班应知应会及应答参考》，设立值班日志模板，提升工作标准化水平。实行日常"值班提醒、值班检查、值班通报"制度，在节假日、重大会议活动期间开展"全覆盖"检查。将"值班值守"作为年度绩效考核指标之一，细化5项评分标准，督促值班要求落细落实、值班人员在岗在责。

【保密管理】2022年，北京海关未发生信息安全事件。坚持党管保密，持续加强和健全保密组织机构建设，缉私局、各隶属海关单位及事业单位均设立保密委员会或保密工作领导小组。健全制度机制，编发北京海关工作秘密事项清单，进一步加强和规范北京海关工作秘密保护和管理，切实提升定密规范化、精准化水平。紧跟当前信息化、数字化趋势要求，及时制订相关制度或文件；开展全关互联网邮箱风险排查，严防新冠疫情防控特殊时期失泄密风险；制定北京海关互联网邮箱保密安全须知等，查缺补漏，不断织牢织密关区保密防护网。加强涉密文件管理，从源头上严防涉密文件失泄密风险。加强保密宣传，组织开展保密宣传月活动，开设保密宣传教育活动专栏，设立保密法律法规、保密学习资料、保密故事大家讲三大版块，进一步加强保密形势和保密知识普及。组织开展党委理论中心组学习、"保密大讲堂"培训会、"保密观"线上培训、新入关人员初任保密培训、知识竞赛等。组织1970余人参加线上保密培训并获得培训证书，2000余人参加"《北京市保守国家秘密条例》知识竞赛"答题活动，获得北京市保密局知识竞赛活动优秀组织奖。加强保密监督检查，组织开展党的二十大保密专项实地检查，全面梳理保密工作风险点，通过后台对全关电脑进行全覆盖检查，及时发现隐患、堵塞漏洞，不断提升保密防范水平。对照海关保密自查自评标准和海关工作人员保密自查目录逐条梳理，对保密制度建设、涉密人员管理、秘密载体管理等19项重点内容进行全面检查。持续巩固微信专项整顿行动成果，开展系列保密专项检查，充分发挥以查促改、以查促防的"利剑"作用，及时消除风险隐患。

【档案管理】2022年，北京海关共收集整理入库文书档案纸质4134件（电子4134条），法规类档案32盒，审计档案6盒，新冠疫情防控档案10盒；标识废止与失效档案43份；编制全宗卷1册，续写全宗指南、机构沿革。在权威档案杂志《中国档案》上发表题为《新冠疫情防控建立疫情数据库的思考》的专业档案文章。做好冬奥会档案管理，及时跟进北京海关参与北京冬奥会和冬残奥会工作情况，收集整理冬奥会档案文件资料9盒145件、视频59个、新闻报纸52条、照片39张、实物档案7件，全面记录海关服务保障冬奥会的全过程。编制完成《北京海关冬奥会大事记》，覆盖北京海关从2018年至2022年期间通关服务全过程。设计制作《圆梦冬奥会 一起向未来——北京海关保障2022年北京冬奥会、冬残奥会纪实》，全面展现京关风采。

【政务公开】2022年，北京海关持续完善政务公开制度建设。制发《北京海关贯彻落实海关总署办公厅2022年海关政务公开工作要点任务分解落实方案》《北京海关全面推进基层政务公开标准化规范化工作实施方案》和《北京海关关区基层政务公开标准事项目录（第一版）》；更新《北京海关政府信息公开指南》《各隶属海关受理依申请公开地址一览表》。落实依申请办理，受理依申请公开政府信息5件，按期答复1件，经与申请人沟通后撤销4件，未发生行政复议与行政诉讼，以及对依申请公开工作的举报投诉。强化政务平台建设，完成北京海关门户子网站升级改版。新增"跨境电商场景化服务""'首关一站通'集成服务平台""RCEP原产地应用场景式服务"3个场景式服务；增设"北京海关基层政务公开标准化规范化专栏"，发布各试点隶属海关工作进展情况，宣传和展示试点工作成效。作为系统内第一批试点海关，完成直属海关子网站适老化无障碍技术改造。在北京海关门户子网站共发布政策解读34篇，被海关总署采用发布12篇。

【信访工作】2022年，北京海关持续优化信访工作。完善制度建设，修订《北京海关信访工作制度》《北京海关依法分类处理信访诉求清单》，印发《北京海关领导干部接访下访制度》《北京海关信访维稳突发事件应急预案》《办公室关于新形势下加强和改进海关信访工作的通知》。落实专项工作，开展信访风险排查治理化解工作，对重复信访事项和积案事项全面开展"回头看"检查，确保各项信访事项及时有效依法依规依职依责完成办理，全面保障信访人的合法权益。根据《办公室关于下发新形势下加强和改进信访工作细化任务分工进度表的通知》，按照时间节点推进任务分解，年内高效完成8个大项、23个小项分解任务的落实落地工作。落实年度登记办理，北京海关门户网站"关长信箱""信访"栏目全年共收到留言442条，收办海关总署信访阅办单30件，及时受理率、按期办结率、回复率均达100%，未收到不满意信访答复的举报投诉，未发生闹访、缠访事件，未出现涉访人员规模性聚集、个人极端事件及因信访工作不到位引发的负面炒作。

【热线服务】2022年，北京海关12360热线开展"窗口作风百日行动"，畅通"12360热线""门户网站咨询"双通道。年内服务热线累计受理各类业务咨询、通关求助、意见建议及投诉举报等事项57663条，其中接听热线电话56517个、答复门户网站留言956条、微博留言190条。处理海关总署12360热线转办工单57条，报送工作动态12次，报送并采用新媒体稿件19篇。在2022年海关总署办公厅关于全国海关12360热线工作情况的通报中，北京海关12360热线质检抽查准确率100%。对照2022年海关总署政务公开考核中涉及热线指标自查，各项考核指标均为满分。完善与北京市12345热线在电话转接、工单转办、知识库共享等方面的联动机制，协助12345热线完善《关于北京海关工作职责与派单范围的业务提示》等制度，与北京市投资促进服务中心合作为12345企业服务热线专席人员开展线上培训。年内共接办12345转办电话54件，转办工单166件，均及时妥善处置。

撰稿人

王　茜

财务管理

【概况】2022年,北京海关财务工作围绕"十四五"时期海关事业发展需要,秉持系统观念,加强全面统筹,落实"过紧日子"要求,优化支出结构,突出绩效导向,优先保民生、重点保运转、精准保发展,为正常履职提供必要的财力保障。深化"强基提质工程",加强为民办实事办好事,全年较好完成了疫情防控常态化防疫物资和资金保障,财务综合保障能力不断提升。

【预决算管理】2022年,北京海关全面细化经费需求情况,内部挖潜,调剂非紧急非刚性预算,优先保障防疫一线所需。及时测算资金需求数据,根据实际支出及时申请追加防疫经费,确保口岸防疫经费充足。积极争取地方财政资金支持,向北京市财政局申请工作经费,向亦庄开发区管委会、顺义区政府、大兴区政府等其他渠道争取资金,为北京海关公用、项目经费提供有力补充。完成2021年部门决算、住房改革支出决算和政府财务报告编制。预算以"优化结构、保障民生、突出重点、厉行节约、科学统筹"为原则,落实"过紧日子"要求,严格压缩一般性支出和非必要、非刚性支出,同时重点保障涉及北京海关重大决策部署和重点工作的资金需求。进一步提高财政资金使用效益,切实抓好年度预算执行。实行预算实时动态监控、定期通报等措施,每月通报关区各单位各部门预算执行情况,对执行进度进行排名,不定时召开预算执行推进会,分析执行难点和问题,提出具体要求,根据实际需求及时调整预算。开展2021年项目绩效自评65个,2022年绩效运行监控56个,2023年部门预算项目绩效目标申报58个。开展2021年重点项目绩效评价工作,选取本级的海关缉私办案费和首都机场海关的防止境外疫情输入专项2个项目,作为重点项目开展绩效评价。修订北京海关项目支出核心绩效指标体系,为北京海关各单位开展预算绩效管理、制定绩效指标提供指导意见。

落实海关总署"1+6"文件精神,秉持"便警、惠警、务实、高效"的工作理念,严格执行《北京海关缉私警察财务管理实施细则(试行)》,做好缉私警察经费保障工作。加强对缉私警察经费预算执行、开支审批事项审核把关,优先保障涉及职工切身利益支出和维持缉私工作正常运转的刚性支出。

【涉案财物管理】2022年,北京海关每周定期向办案、业务部门发送巡视整改加快结案提交处置督促表,取得明显成效,未提交处置占比由原64%下降至14%,降幅高达78%,

完成海关总署党委第一巡视组常规巡视整改销账工作。配合做好国家审计工作，反馈审计中涉案财物管理实地监盘、数据调取、问题答询，进一步推进原检截留物处置工作。严格按照涉案财物管理流程开展入库时监督、出库前鉴定、出库后销毁等各项工作。

年内就涉案财物仓库安全生产制订实施方案、责任清单，全面深入开展涉案财物仓库安全生产大检查，排查重大风险隐患，确保全覆盖、不遗漏、无死角。坚持"三个同防"，严格按照防疫卫生要求保管，加强网络安全、财产安全、消防安全管理，严格落实涉案财物仓库24小时值班、领导带班和应急值守制度。进一步加快涉案财物的处置，有效降低涉案财物仓储保管风险。

▲2022年7月6日，财务处人员开展罚没化石及古生物制品移交国家自然博物馆工作　（傅子强　摄）

【税费财务管理】2022年，北京海关加强费收管理，确保及时汇缴。建立保证金在账情况定期核对通报机制，保证金到期及逾期清理工作取得明显成效。加强职能监督、有效防范风险，落实优化营商环境相关举措为企业办实事，克服业务量激增影响，采取企业预约与即时办理相结合的方式，进一步提高工作效率，加快退税等业务的财务审批进度。

【企事业财务管理】2022年，北京海关完成北京市检验检疫科学技术研究院、原首都机场出入境检验检疫局服务中心门诊部法人注销工作。推动北京出入境检验检疫局东城门诊部、北京出入境检验检疫局服务中心开发区门诊部开展清算注销工作。按照北京海关国企改革三年行动实施方案，完成北京通华通生物技术有限公司和北京世纪捷诚物流有限公司的产权转让工作。充分发挥北京海关事业单位监督管理委员会的监督作用，审议各所属事业单位提交的项目31个。

北京海关建立多部门联合协同机制，每季度对各隶属海关办事大厅、事业单位及所属企业收费管理进行全覆盖检查。协助北京市商务局等单位开展口岸收费联合检查，组织隶属海关和企事业单位进一步梳理收费档案，在北京海关官方网站公示海关行政事业性收费停征政策并及时按照海关总署要求进行更新。

【基建管理】2022年，北京海关全面推进大兴国际机场口岸非现场设施—海关项目建设，有序推动新建项目实施，办公区修缮改造、空调系统节能改造等项目按步骤、有计划推进。按照"管建分离、分工负责"的要求，推动设置基本建设项目实施专班，专职负责北

▲2022年6月8日，财务处人员开展第二季度收费检查工作 （朱东超 摄）

京海关本级基建项目和关区重大基建项目实施，切实加强内控管理，有效防范廉政风险。

【资产装备管理】2022年，北京海关加强固定资产监督管理，提高固定资产使用效益，完善固定资产管理制度。做好资产清查后续工作，协调推进关区跨单位跨部门固定资产核实确认。推进闲置房地产整合利用，做好公共维修资金管理工作。大力宣传厉行节约、营造节能降碳浓厚氛围，组织开展节能减排等宣传教育活动，全年建成节约型机关单位14个。

【专项整治工作】2022年，北京海关聚焦工程建设类、疫情防控物资保障类及财务管理方面风险问题，先后开展4次全面排查，共排查项目事项642个，形成重点项目清单（196个项目：工程建设类67个、疫情防控物资保障类129个），排查出财务管理方面问题25个；围绕排查出的问题，深刻剖析原因，查找制度短板，推动问题整改。做好北京海关党委第二巡察组巡察各项工作，对巡察反馈的6个具体问题逐一分析研究，制定整改措施14项，推进各项问题挂账销号，持续巩固整改成果。

撰稿人

魏　京　冯矗驷　吴思嘉　姜小丽　郭　霏　傅子强
王笑尘　李建勋　姚　晨　朱东超

科技发展

【概况】2022年,北京海关贯彻习近平总书记重要指示批示精神,以科技引领支撑,能力持续提升。稳步推进国产化替代,打造牢固信息系统基础环境;推进智能设备应用,推动业务改革不断发展;毫不放松狠抓安全生产,确保实验室生物安全;立足实际情况不断推动科研能力提升,署级、关级、与地方合作的各项科研创新工作均有稳步进展。

【信息化建设】2022年,北京海关优化网络布局,配合首都机场海关扩容改造T3航站楼海关业务网,增加接入交换机4台,调整弱电间接入交换机配置,将IP地址资源扩充一倍,满足智慧卫检等系统终端设备对交换机端口和IP地址资源的要求。完成北京大兴国际机场海关接入光传输网的双局双路由改造,避免了同局同路由双线故障导致北京大兴国际机场海关光传输网彻底中断的情况。开通口岸专网对外接入局域网延伸专线,减小互联网暴露面。

升级改造关区视频监控系统。在旅检和查验现场部署智能眼镜和5G智能布控球,逐步实现无接触查验和远程查验;到中关村机器人产业创新中心、航天信息科技园调研,结合口岸旅检、物流等监管需求开展智能巡检机器人定制研发;持续优化"智慧旅检"二期项目,在北京冬奥会期间完成与北京市统一核酸检测平台对接、残奥会无障碍化改造和健康申报第九版更新工作;配合口岸完善"智慧旅检"系统第三版需求方案,提高人机交互自动化程度。

针对北京疫情制订防控应急保障方案,高效保障各单位部门居家办公和业务办理需求。部署防护服智能比对系统,利用人工智能(AI)、大数据分析等先进信息技术手段,做到实时提醒异常,确保操作规范,该项目已被评为2022年署级科研课题。

【信息系统管理】2022年,北京海关落实机房安全管理责任制,将16个有属地机房管理职能的单位部门纳入共治共管,制定《北京海关信息系统机房管理规定》《北京海关信息系统机房安全管理规范》,主机房等实行"7×24小时"专人值守,按季度现场巡查、不定期检查,联合数据分中心开展核心机房空调漏水、北京大兴国际机场海关机房环控系统报警等应急演练。落实海关总署专项督导检查进行全面自查,开展门禁失效、UPS及备用电池故障、空调故障报警及手持灭火器使用等演练和气灭系统操作使用培训。为北京海关甜水园办公区机房增加手持二氧化碳灭火器和实时监控以及测温摄像头监控,对门禁系统进行改造,为首都机场海关、北京大兴国际机场海关机房配备呼吸机和灭火器。其间，采取关员与工程师双值守模式，组织各单位机房安全运行每日"零报告"。

召开北京海关内部防护信息化系统、海关分层随机参数项目和出境伴侣动物检疫申报查检辅助系统、北京（新顺）国际邮件监管作业场地海关监管辅助系统等4次立项论证会；举办移动办公平台升级改造、物流监控子系统采样模块优化、动物隔离场信息化系统、首都机场快件监管中心物流监控系统、金关工程二期北京海关文化保税区物联网项目升级优化服务和"智慧旅检"升级改造等6次验收会。主持"智慧旅检"出境模块升级、首都机场闸机配套软件升级、海关易服务首都机场智慧库管模块变更、税管局酒类知识图谱大数据技术服务、北京海关门户网站改版服务、业务监控统计展示平台、首都机场云客服平台迁移7次需求及技术方案论证。完成海关总署智能审图、相关统计模块升级部署和关内日常系统运维的对外沟通协调。

【实验室技术能力建设】2022年，北京海关积极落实海关总署部署，做好新冠病毒样本实验室检测工作。建立保健中心首都机场P2实验室、海淀P2实验室和移动检测方舱检测工作梯队和应急响应机制。组建由海关总署专家、支援检测人员、保健中心检测人员和第三方检测人员组成的检测工作组，研判会商和部署，持续完善实验室标准操作规程，与冬奥组委联合改进快检单试剂初筛、双试剂平行检测等方式，提升检测时效。启用全国首家机翼下的机场P2+实验室，同时做好天津海关、青岛海关移动P2+实验室进京支援保障，与北京市公安局、首都机场股份公司等单位密切合作，保障方舱安全抵京，并协调北京市卫生健康委员会推动移动方舱通过评审，在北京冬奥会开幕前顺利启用。

根据安全生产、疫情防控等相关要求，抓好实验室日常管理。开展人员生物安全培训、考核、风险排查、消毒记录检查、检测记录检查等工作；督促海关总署（北京）国际旅行卫生保健中心制定完善猴痘检测操作规程，开展检测技术、生物安全培训，保障猴痘检测工作顺利开展；强化实验室质量管理，对检测记录、计量检定、能力验证、人员监督等情况进行检查。北京冬奥会和冬残奥会期间，成立生物安全检查小组落实"日查日改周通报"机制，保持实验室检测领域"零感染"。

【科技发展规划及科研管理】2022年，北京海关全面科学做好科技发展规划。制定印发《2022年北京海关科技工作要点》，修订《北京海关实验室管理实施细则》《北京海关信息化应用项目绩效考核管理实施细则（试行）》，推动实验室管理及应用项目管理更加有章可循。做好基础研究工作，开展"如何更好发挥科技支撑引领作用"的研究，组建研究专班，开展广泛调研，了解基层需求和高新技术发展情况，形成调研报告，总结了科技手段在北京冬奥会海关保障中的成功应用，分析了重大活动服务保障对海关科技提出的新挑战，提出科技助力重大活动保障3项意见建议。

严格开展科研管理，"冬奥会新冠疫情输入风险评估技术""冬奥会口岸卫生检疫查验模式及关键技术研究"2个"科技冬奥"课题通过验收；完成"冬奥会海关便利监管与应急调度体系研究"等9个海关总署科研项目；"重大活动新冠核酸检测应急实验室作业指导"等10项科研项目申报2022年度海关总署科研项目获得3个立项；"入境口岸涉疫动植食产品就地快速生物消解技术和装备研发及应用"申报北京市科委课题；继续开展"入境涉检科学随机布控体系建设研究"等3个关级科研课题；送审"可编程智能摄像头查验现场应用""5G单兵智能眼镜海关业务现场应用"等5个"微创新"项目；推荐"新冠病毒核酸现场快速一体化检测设备及试剂盒研发及应用"申报北京市科学技术奖；进一步完善科研管理制度保障，组建成立科技委专业组，起草《北京海关科技成果评定办法》；集中优势资源，对制约口岸现场执法的突出问题，推荐"海关口岸疫情防控智能化监管技术研究"申报2022年度海关总署"揭榜挂帅"科研需求征集。

【海关科技队伍建设】2022年，北京海关以"海关重点项目和财物管理以权谋私"专项整治工作为契机，以信息化建设和实验室建设两个重点专项为抓手，开展自查整改和督导检查防范廉政风险。16次组织召开工作推进会，汇总梳理181个信息化建设类项目以及131个实验室建设类重点项目；按照检查组要求反馈8次、76项材料调阅需求，线上沟通47次。上线试用"项目文档管理协同共享平台"，依托"制度+科技"对项目立项申请、业务技术论证、经费报批以及采购实施、合同签订、验收上线、运维服务等全生命周期进行一体化管理，有效降低项目建设各环节的廉政风险。涉及信息化建设和实验室建设领域督导反馈各2个问题及全面自查阶段5个问题均已整改完毕。

【"疫情内部防控智慧管理平台"建设】2022年，北京海关开发北京海关内部防护信息化系统，为内部防护工作构建防疫信息化系统，以数据库为载体，结合内外网输入端口完成数据汇总、整理，按权限输出所需电子台账或相关人员信息，最大限度整合疫情防控内部防护相关数据、信息，为应急处置、日常记录、督察、审计等工作提供支持。系统优化了疫情防控相关数据统计、汇总、整理等各项管理功能，提高工作效率，减少数据处理错漏。

【网络安全保障工作】2022年，北京海关科技部门成立网络安全保障领导小组和专项工作组，对部分单位不符合安全要求的互联网系统进行关停处理、机房巡检等工作；开展互联网渗透测试和漏洞修复、复测确认，摸清底数，更新北京海关互联网资产台账，排查应用系统及设备的账号口令及特权账号，检查网络边界安全防护情况，组织网络安全设备厂商进行了专项巡检，对重点防护的互联网网站采用技术措施防止篡改安全事件发生。组织核心机房空调漏水、北京大兴国际机场海关机房环控系统报警机房安全应急演练和互联网信息系统网页篡改突发事件应急演练，安全机构派员提供技术支持，开展全天候网络安全监控预警及研判处置。

撰稿人

谢馨艾

督察内审

【概况】2022年,北京海关全面依法履职,优化督察监督方式,强化审计监督效能,积极配合国家审计,巩固整改长效机制,深化内控机制建设,完善执法评估体系,扎实完成各项工作任务。全年共计开展4项署级督察、2项专题督察。组织开展隶属海关领导干部任期经济责任审计项目2个,配合审计署京津冀特派办对北京海关开展国家审计,持续推进审计问题整改长效机制建设,督促被审计部门和单位完成审计整改,提升审计整改质效。持续推进内控机制建设,强化内控主体责任和节点控制措施刚性执行;增强内控建设示范效应,带动关区内控机制建设水平整体提升。完成属地查检署级专题评估、协助开展进出口危险化学品监管署级专题评估,参与原油、涂料改革措施事前评估,稳步实施2项关级专题评估项目,实现执法评估精准发力。

【配合审计】2022年,北京海关全力配合审计署京津冀特派办对北京海关开展国家审计工作,充分发挥牵头部门职能作用,提升配合审计工作质效。共计办理《审计需求单》203批、《审计取证单》48份,与审计组对碰、反馈各类数据、资料千余份。协调审计组赴32家企业开展41次延伸审计,会同相关部门(单位)与审计组开展专题沟通,组织谈话(通话)125人次。编报《北京海关迎审工作动态》45期,撰写《迎审动态分析》4期,围绕审计重点关注事项强化系统性分析研判,向各职能处室、隶属海关单位通报审计情况并研提工作建议,充分发挥预示性辅助决策作用。

【督察监督】2022年,北京海关聚焦主责主业,跟进督察关区工作会议部署落实情况、涉案财物清理工作推进情况、"三大工程、十二件实事"推进完成情况、节假日专项工作部署执行情况等重点工作,与监督部门、职能部门协同发力,督促相关单位对发现问题立行立改。组织开展"双随机制度落实情况""濒危物品鉴定执行情况""设备使用绩效管理情况"专项督察,发现问题3类8个,提出3项工作建议。落实北京海关"现场监管与外勤执法权力寻租"专项整治工作要求,组织督导关区23个职能部门、4个事业单位和16个隶属海关深入排查廉政风险高发点、重点岗位和重点人员,汇总形成北京海关廉政风险排查清单。开展领导干部任期经济责任审计项目2个,发现问题11个,提出审计建议6条。开展"企事业脱钩及产权转让""大金额差错报关单"专项审计,对照专项审计工作质量评估表逐一检查核对;开展"禁止'洋垃圾'入境措施落实""进口冷链食品高风险非冷链集装箱货物监管措施落实""贸易管制相关风险防控机制运行""对美加征关税政策落实情况"4项专项审计调研并形成调研报告。配合海关总署延伸审计及其他各项工作，共计反馈审计取证单10份，提供审计所需资料27份。

【内控建设】2022年，北京海关推动内控节点刚性执行。梳理关级内控节点，更新内控节点岗位落实清单，建立内控风险日常提醒机制，月度公示成效节点，季度通报内控绩效，推动各职能部门对本业务条线关级节点动态调整。组建涉及财务、动植物检疫、风险管理等16个领域共63名前置审核专家队伍，参与海关总署12个规章制度、政策规范前置审核。开展海关总署智慧党建管理升级信息化项目论证工作及海关内部控制与监督子系统与"金关二期"系统互联互通测试等工作，开展关级内控前置审核40项，海关总署采编信息17篇。深入推广内控平台应用，应用科技手段查缺补漏，提升关区内控审核总体水平。打造内控样板推动内控纵深延展，明确内控示范科室基础标准，在执法、非执法领域评选出10个内控示范科室，其中首都机场海关人教处督审科被评选为署级内控示范科室。

将内控平台作为保障基层自控、职能监控、专门监督"三道防线"发挥作用的重要工具，推动各隶属海关应用子系统深入查找执法、管理等各环节问题并及时解决。制定2022年度《内控评价考核指标》和《海关内部控制与监督子系统绩效考核办法》，开展针对性强的专门指导帮扶，以系统可见数据提示引导相关单位主动形成专项成果。加强对职能部门和基层单位内部自控的指导和培训，通过系统实操演示、现场问答、内控调研等方式，就内控节点指标体系、内控平台应用进行讲解，明确分数测算与系统操作要求。强化与稽查、缉私部门联动，提升成果转化质效。

推动隶属海关做好基层自控，综合运用随机抽查、视频监控、机动核查、定期检查等自控手段，提升高风险重点领域自我管控能力。引导职能处室对本业务条线开展指导检查，强化职能监控。开展本业务条线内控岗位节点清单梳理，加强潜在系统性风险和典型问题的实时监控并督促跟进处理，建立内控风险日常提示机制，积极履行条线业务监督提醒职责，提升"专项专责"主动防控风险能力。主动加强专门监督，根据工作进度开展强化培训，定期通报内控绩效、节点成效，持续完善内控考评机制，稳步推进内控机制建设全覆盖。

【执法评估】2022年，北京海关牵头组织青岛海关等8个单位开展属地查检署级专题评估，通过借鉴国家审计部门研究型审计工作思路，因时制宜采用"远程集中工作+关区现场验核"方式，规范项目过程控制和质效管理，从管理制度、作业流程、规范执法、信息化建设、能力提升等方面开展多维分析，全面客观评估全国海关属地查检工作的推进情况、工作成效及问题风险。落实防范化解重大风险要求，配合海关总署"口岸危险品综合治理"百日专项行动，协助天津特派办开展全国海关危险化学品进出口监管情况专题评估，深入查找在危险化学品申报管理、风险防控、口岸监管和属地查检等海关监管方面存在的问题和风险。落实海关总署工作要求，协助开展原油、涂料改革措施事前评估，参与撰写"调减进口原油法检比例和优化进口涂料检验要求两项措施"评估报告，辅助海关总署党委精准决策。先后组织开展RCEP实施成效、跨境电商、跨境贸易便利化等署级专题评估的关区书面调研材料反馈和企业问卷调查工作。完成"北京海关进出口危险化学品监管措施落实情况"及"北京海关进口目的地查检工作效能"2项关级专题评估项目，系统梳理进出口危险化学品相关监管法律法规及制度规范，综合把握北京海关进出口危险化学品监管制度执行情况及工作成效，对北京关区进口目的地查检工作推进落实、制度完善、指令执行和规范执法情况等开展分析并提出针对性建议。制作"云擎"数据分析模型11个，梳理排查各类风险点4类13个，对查检指令流转时效超长等问题风险进行全面筛查和精准定位，增强督审监督的靶向性和有效性。

【专项督察】2022年，北京海关扎实推进"国门绿盾2022行动""促进跨境贸易便利化""支持外贸促稳提质""口岸检查作业规范落实情况"署级督察项目，通过"书面自查+实地核查+远程检查"等方式，发现问题5类13个。协调11个隶属海关关区范围内285家企业参与"支持外贸促稳提质"书面调研，会同业务职能部门结合316份有效问卷，对企业关注的11项便利化措施实施现状开展问题分析并研提解决路径。加强疫情防控措施落实情况督导检查力度，联合12个部门逐项核查205个问题，做到"问题清零"。围绕专项审计问题开展跟踪督察，按照国家审计关注重点风险，集中梳理风险样本，针对十九大以来北京海关涉及国家审计、总署审计58个问题整改情况开展督察监督，从根源上抓好问题整改。

【审计整改】2022年，北京海关制定《北京海关审计整改实施细则》，推动审计成果转化，发挥审计监督"治已病，防未病"作用。制定问题清单，实现整改情况动态管理，持续跟踪审计查出问题整改进度，及时反映当前审计问题整改进展。针对制度缺失、执行偏差、历史遗留等情形实施分类处置，建立定期复核、随机抽核机制，加大日常监督检查力度。组织开展审计整改"回头看"，对实施意见落实情况开展监督检查，成立3个督导检查组赴实地开展督促指导检查，形成联动机制，督促2021年度9个被审计部门和单位完成审计整改工作。

【督审信息化建设】2022年，北京海关形成"三个一"工作法。依托一个站点，即"云擎"站点，与"海关内部控制与监督子系统"平台相互补充，围绕易发多发的风险点，建立关税、监管、检疫等方面审计数据模型。形成一套指引，充分运用《内部审计核查重点操作指南》《内部控制与监督子系统操作手册》，明确核查重点及核查手段。推进一种模式，数据先行，全面推进"审前数据分析+现场验证核实"作业模式。围绕筛选形成的审计疑点数据和问题清单，组织督审人员进行重点核实，实现工作效率质量双提升。参与海关执法评估指标体系建设专项工作，协助牵头海关围绕企业管理和稽核查、商品检验两个领域设计完善9个业务指标；参加直属海关执法评估指标体系试点应用，以对相关领域执法水平进行"精准画像"为目标，探索推进关区日常化监督工作。结合2021年度专题评估"云擎"数据模型的建立和使用情况，参加2022年度执法评估模型固化工作，承担跨境电商风险分析的数据模型固化工作，协助组织开展模型试用及结果验证，指导全国海关评估人员深化大数据应用。

撰稿人

米　洋

离退休干部工作

【概况】2022年，北京海关离退休干部工作以习近平新时代中国特色社会主义思想为指导，深入贯彻海关总署关于离退休干部工作的方针政策，推动离退休干部工作提档升级。统筹推进离退休干部工作，制定关于落实加强新时代海关离退休干部党的建设工作具体措施，增强离退休干部幸福感归属感；持续做好离退休干部党的建设工作，推进离退休干部政治建设、思想建设和党组织建设，引导离退休干部弘扬正能量；做好走访慰问工作，强化离退休干部"三化"建设，努力提升离退休干部工作水平。

【服务与管理】2022年，北京海关落实走访慰问制度，持续做好走访慰问工作。以上门走访、电话慰问、线上祝福等多种形式，在元旦春节、国庆节、重阳节等重要节日点开展慰问，关心关注离休、重病、孤寡、高龄等老干部群体，全年共计慰问1940人次。春节期间，组织向老干部寄送慰问信和慰问品，亲情传递海关总署党委、北京海关党委的崇高敬意和节日祝愿，让大家充分感受组织温暖。

"七一"前夕，走访慰问41名高龄、重病的离退休党员，为4名有特殊困难的老党员送上慰问金。强化离退休干部"三化"建设。推广使用海关离退休干部服务管理平台"智慧银海"，更新维护中国海关离退休干部管理信息系统。落实精准化理念，开展"一站式""上门式"服务，进行现场办公，集中做好各项工作；组织做好年度体检工作，合理配置资源，避免人群聚集；落实福利委员会帮扶机制和生活困难党员帮扶机制，为70名因重病导致生活困难的老干部申请补助。结合工作实际，综合研判离退休干部工作新形势新任务，修订工作制度，做好各项管理服务工作。召开离退休干部工作领导小组会议，研

▲2022年1月18日，离退休干部办公室开展春节慰问　（张京通　摄）

究讨论关于离退休干部党的建设、管理服务等方面的相关事项。组织摸排、动态跟进老干部疫苗接种情况，鼓励老干部在知情自愿和身体条件许可的前提下应接尽接。购置并寄送防疫物资、抗原试剂盒，采取按需应急的原则发放紧缺药品。密切关注老干部的思想状况，深入了解老干部的身体、生活和家庭等相关情况，及时帮助解决实际困难，跟进做好思想工作。组织做好 2 轮次、1451 人次的退休人员违规投资企业及在企业兼（任）职问题自查整改工作。积极引导 694 名老干部完成专项整治工作问卷调查。

【教育与宣传】2022 年，北京海关组织老干部以支部学习、书记座谈、电话访谈等形式，开展"建言二十大""我看中国特色社会主义新时代"专项调研，引导老干部发挥余热，弘扬正能量。组织老干部参加"共产党员献爱心"捐献活动，496 名党员共计捐款 5.4 万余元。退休第六党支部和退休第十一党支部的 3 名党员参加京蒙交流"云"植树活动，捐赠树木。积极引导老干部报名参加海关总署老年大学书法、国画、钢琴等课程，协助海关总署老年大学做好服务管理工作。

撰稿人

王满晶　张京通

第七篇

隶属海关单位

首都机场海关

【概况】首都机场海关为北京海关副厅局级隶属机构，主要职责是受北京海关直接领导，按授权承担指定口岸和区域范围内海关管理工作。承担党的基层组织建设和干部队伍建设工作；办理首都国际机场空港口岸进出境货物、物品、运输工具及人员的通关、检验检疫、监管、征税等工作，实施口岸卫生监督，反馈执法作业结果。监管范围主要包括航站楼监管区、北京天竺综合保税区口岸操作区、口岸卫生监督辖区3个区域，面积近50平方千米。内设办公室（党委办公室）、综合业务处、旅检一处、旅检二处、通关处、物流监控处、快件监管处、查验处、口岸卫生监督处、财务保障处、人事政工处（党委组织宣传部）11个处室。

2022年，首都机场海关以习近平新时代中国特色社会主义思想为指导，深入学习宣传贯彻党的二十大会议精神，在北京海关党委的坚强领导下，坚持"讲好政治、防好疫情、保好安全、稳好外贸、带好队伍"。深化政治建关，建立中央重大决策部署党委班子"一周一调度"工作机制和关、处两级措施清单，构建"督办单—任务单"双推动的跟踪落实机制，切实践行"两个维护"。筑牢疫情防线，严格落实海关总署防控要求，不断提升"人、物、环境"同防和"多病共防"能力；在保证所有检疫措施执行无遗漏的基础上，利用科技赋能，提高监管质效，全力做好北京冬奥会、冬残奥会服务保障任务；服务保障外交大局，完成全年高访团保障任务；强化实际监管，严厉打击走私违法犯罪，维护口岸国门安全；优化口岸营商环境，着力促进外贸保稳提质；扛起管党治党政治责任，强化政治机关建设，严明纪律规矩红线，强化正风肃纪反腐，不断深化清廉海关建设，全力推动全面从严治党走深走实。

2022年，首都机场海关共监管进出口岸货物69.03万吨，货物货值1334.90亿美元。1个集体获全国工人先锋号，1个集体3名同志获2022年北京冬奥会、冬残奥会北京市先进表彰，1个集体获评"平安北京建设工作先进集体"，1个集体获全国海关集体二等功，1个集体荣获"北京市青年突击队"称号，3个集体获评一星级"全国青年文明号"，2个集体获评"北京市青年文明号"，2名同志获评北京市"扫黄打非"先进个人。

【党的建设】2022年，首都机场海关全面加强党的领导，不断提升党建工作水平。加强党委自身建设，严格落实"第一议题"制度，建立"关—处—

科"三级"党组织+行政机构"双层次落实机制，形成涵盖45项措施的落实清单。落实"一周一调度""一事一跟踪"，下达督办单和任务单238条，确保重大决策部署落地生根。落实意识形态等领域工作责任制。全面规范完善议事程序和具体事项，修订贯彻落实"三重一大"决策制度实施办法，发挥党委把方向、管大局、保落实的能力。强化理论武装，深入学习贯彻党的二十大精神，建立"集中+分散""班前+班后""线上+线下""大讲堂+微课堂"的"4+4"学习模式，组织"谈体会、话担当"主题讨论，开展"建言二十大，争做排头兵"主题调研，在"全面学习、全面把握、全面落实"上下功夫见实效。党委理论学习中心组落实"每周学、每人谈"学习机制，全年开展集体学习44次，各党总支、党支部通过"三会一课"、主题党日、青年理论学习等开展学习1200余次。强化基层党建，推进基层党建"双提升"行动，深化"一支部一档案""一支部一品牌"建设，编制党建工作"百问百答"。北京冬奥会、十九届七中全会、党的二十大前夕，在一线建立临时党总支，建强战斗堡垒。扎实推进署长、关长联系点支部建设，3个支部为全国海关党建示范品牌或培育品牌。深化品牌和"四强"党支部自身建设和作用发挥，推广"书记项目"，征集党支部书记项目24个并择优推动形成成果转化5项。采取季度抽查与覆盖式大检查相结合的方式开展党建督查，修订党支部工作效率手册，做好"点对点"书面通报和"面对面"现场指导"1+1"针对性反馈，指导党支部建立常态检视自查、定期工作提示、问题动态清零机制。统筹推进政治机关意识专项教育和"学查改"专项工作，组织干部职工开展"政治机关建设我来讲"心得交流，梳理70个岗位220项政治要求，查摆风险隐患29个，出台整改措施95项。加强全面从严治党，开展"警示教育月"活动，用身边人身边事以案学纪学法，整理各项纪律负面清单215项、各级责任清单192条，实行"八小时外"行为承诺制度，干部职工签订杜绝违法违纪违规行为承诺书，给干部职工家属致一封信促进共管，发挥"廉内助""廉管家""廉政监督员"作用，推进清廉海关建设。开展廉洁文化作品征集活动，共征集各类作品63个。

【法治建设】2022年，首都机场海关持续推进法治建设。坚持制度治党、依规治党，研究审议《首都机场海关机关党委工作规则》等全面从严治党制度文件10项，不断完善全关法规制度体系。创新开展法治工作室各项工作，全面梳理署令、规章257条并在"法治工作室"专栏上发布，明确海关法定权责，提升执法规范性；积极提供法律支持，对危险化学品处置、涉税补缴案件办理、信息公开、民事合同初审等问题积极提供法律意见建议。持续创新普法宣传形式，加大普法宣传力度，通过普法漫画、微动画、微电影自主创作，积极参与北京市七五普法宣传工作，扩大海关普法工作影响，树立海关普法的良好范例。推出"小关姐姐"动漫品牌，分别在"学习强国"、"海关发布"、《中国国门时报》等多个平台开展宣传，形式新颖活泼，内容丰富充实，作品质量受到广泛好评，宣传效果得到普遍认可。

【业务改革与发展】2022年，首都机场海关深化三级监控指挥中心建设，推动跨部门、跨领域、跨层级联动的统筹指挥、协调联动。重要时间节点、重大活动期间执行闭环内外双关长带班的制度，执行三级监控指挥中心与旅检、航检、货检"1+3"的"7×24小时"值班值守。完善案件线索移送、办理和疑难会商的机制，建立整合统一的风控职能科室，深化风险分析和即决式布控，制定并下发《重大事项报告流程图》《首都机场海关重大事项书面报告规范要求》，明确重大事项报告流程，细化要求，提高可操作性，避免不按条线请示、迟报、漏报等情况发生。细化绩效考核指标、监控周期、主责部门，加强动态监控分析、跟进处置、提升质效。

【风险管理】2022年，首都机场海关高度重视风险管理，梳理风险隐患11项，深入开展"查隐患、防风险、保安全"专项行动，以"时时放心不下"的责任感，深入开展"查隐患、防风险、保安全"专项行动，持续防范风险、整改隐患，对10类风险进行查摆90次。发挥风险管理部门作用，强化整体统筹，对执法领域、非执法领域风险隐患进行"表单式"列明、"动态式"更新、对防范措施落实情况进行"精细化"检查，做好系统应对、综合治理。加强重点业务领域风险防控。组建关处两级风险分析队伍，深挖"云擎"、海关内部控制与监督子系统等系统潜能，充分发挥"制度+信息+科技"效能，精准定位高风险行业、企业和人员，健全即决式布控作业机制，提升风险防范精准度。

【税收征管】2022年，首都机场海关实现税收入库355.09亿元，同比降低5.68%。贯彻落实助企纾困降成本各项措施，优化退税流程，改革推出"一站式"办理模式，由多部门协同办理变为"一站式"统一办理，实现"进一次门办多项事"，缩短办理时间，提高办事效率，确保税款"应退尽退"、"应退快退"；及时回应进出口企业合理诉求，鼓励、支持符合条件的企业积极适用出口退税政策。全年为进出口企业办理多征税款退还业务2942票，同比增长464.68%。全年办理进口航空器材、新型显示器材及"十四五"期间种子种源、集成电路等符合减免税政策规定的重点商品退税2253票。

【卫生检疫】2022年，首都机场海关按照口岸公共卫生核心能力动态管理工作要求，持续巩固口岸核心能力建设。强化地方政府为主导、口岸运营单位为主体、海关为技术指导的工作格局，积极争取首都机场集团相关部门的参与支持，强化各相关部门的协同配合、同题共答。对照《国际卫生条例（2005）口岸公共卫生核心能力建设考（复）核工作指引手册》（2020版）要求，完成218项指标的口岸自查、整改和落实工作。在新形势下不断夯实口岸核心能力建设基础及长效提升，有效抵御各种公共卫生风险。

全年共开展病媒生物调查288家次，监督发现并清理孳生地467处，监督指导"三防"设施维护21218处，共组织开展监测60次，捕获鼠1只、蚊1327只、蝇894只，蜚蠊2只。

【动植物检疫】2022年，首都机场海关有序开展"国门绿盾"、"清风行动"、外来入侵物种、非洲猪瘟防控等专项工作，切实筑牢口岸检疫防线，努力保障首都生态安全。加强对高风险国家和地区货物的检疫查验，防止非洲猪瘟、口蹄疫等重大动植物疫病疫情的跨境传播，重点加强红火蚁、松材线虫等有害生物防控；严格落实国门生物安全监测相关工作部署，在口岸地区分别组织实施植物检疫部分和动物检疫部分的安全监测工作；着力提升口岸初筛能力，初步形成初筛鉴定室布局规划、设备配置等方面筹建方案思路框架；开展生物安全系列宣传活动，通过新媒体宣传、材料发放、现场讲解等多种渠道和方式，提升社会生物安全防控意识。全年累计查获"检查病媒/有害生物"324票。

【进出口食品安全监管】2022年，首都机场海关对标"四个最严"的要求，持续推进进口食品"国门守护"行动，严防食品安全风险，严管食品安全问题，捍卫人民群众"舌尖上的安全"。全年，累计制发食品类《出入境货物检验检疫证明》736批；截获不合格食品共计8批，重量约15吨，金额约21.44万美元。

【商品检验】2022年，首都机场海关加强危险化学品单据审核、查验。重点关注高风险情形，实现当天递单当天反馈，审结合格当天查验，标签问题当场整改，查验合格当场放行。与危险品仓库经营方、危险品代理企业、收发货人多层次沟通，实现审单结果快速反馈、待查货物准时调货、查验过程货到人到、低风险即查即改、高风险快速处置。关注进口环节的"滞"和出口环节的"瞒"，做到科学高效的"快"和精准研判的"准"，确保专项行动见行见效。全年查验完成进出口危险化学品2956票，总重量约336吨，总价值约4661万美元。查验不合格进口危险化学品152票。保障北京冬奥会、冬残奥会物资快速查验。开设专用窗口，开通绿色通道，专人解决通关问题，提高验放效率。制定保障工作方案和应急处置预案，"7×24小时"验放。共计验放2022年北京冬奥会、冬残奥会物资122票，重量约91吨。

【监管业务】2022年，首都机场海关加强进境活体动物验放。采用"五主动、三必须"工作法，便利企业显成效。全年，累计高效验放进境种鸡、SPF鼠、马等活体动物108票，货值超1211万美元。助力进境植物种子种苗及其他繁殖材料快速通关。采取"前置审单"模式，开通绿色通道"货到即查、合格立放"，全年累计查验来自30个不同国家（地区）的进境植物种子种苗及其他繁殖材料750批次，货值2891万美元，总重307吨。其中，发现2票货物拉丁名不一致情事，均做退运处理。保障进口鲜切花快速通关。开辟绿色通道，实施"7×24小时"验放，保障鲜切花随到随查，加强对高风险国家和地区货物的检疫查验。全年共验放进口鲜切花759票，货值约627万美元。全力保障"香港回归祖国25周年系列展览"故宫文物进出境。采用"专人对接"模式，提前介入通关流程、制订专项应急预案，开通"绿色通道"，做好应急验放，保证文物快速通关，采取"特别安全"措施，开辟专门区域，确保文物安全。本年度，共保障13批次文物出境赴港参展，共计807件，其中一级文物149件；共保障7批次文物自港返京复进境，共计435件，其中一级文物80件。

【海关统计与政策研究】2022年，首都机场海关高度重视统计分析、课题调研和政策研究工作，聚焦"明确责任、强化组织、重点部署、主动推进"工作思路，积极有序推进研究课题申报、主题征文征稿等工作，充分发挥统计、政研工作在指导推动业务、支持科学决策方面的积极作用。完成11期"首都机场海关业务运行月报"报送工作；承担"针对目前口岸国际快件业务监管工作的思考""口岸危险品及其包装检验监管工作研究""隶属海关业务咨询微信平台建设研究"3项北京海关关级课题，完成《北京海关关于优化口岸危险品检验监管的调研报告》；累计参与中国海关学会主题征文、《区域全面经济伙伴关系协定》规则研究征文、《海关监管实务与研究》征文等50余篇次，其中，2人获中国海关学会奖项，1人获中国海关学会天津分会奖项，18人获北京海关学会奖项。

【查缉走私】2022年，首都机场海关共查获各类濒危动植物制品10380件，包括濒危植物制品山毛榉木柄9950件。查获含有违禁药物成分的药片4634片，拦截"洋垃圾"等固体废物400千克。开展"跨境电商寄递'异宠'综合治理"专项行动，开展专项风险分析，发挥CT机等智能设备优势，探索"人—犬"结合查验模式。开展"国门绿盾2022"行动，截获种子违规进境情事50票。严厉打击骗取出口退税活动，首次查发以货包机形式涉嫌骗取出口退税货物21票。高压严打涉税走私，在货运渠道查获涉嫌"水客"走私违规情事1起。积极开展"世界知识产权日"、全国知识产权宣传周、海关普法日等活动，引导进出口企业关注知识产权状况，避免侵权风险，查获侵犯知识产权货物46万件。查发进出口伪瞒报危险品32票7800千克。

【政务管理】2022年，首都机场海关全面检视党委议事决策规范、标准动作任务完成情况，修订"三重一大"决策制度实施办法，涉及人事事权、财务事项标准等内容20处，确保党委决策严谨规范。深化"第一议题"制度，制定《首都机场海关2022年度重点工作任务分解表》，45项措施纳入重大决策部署和重点任务落实清单，将党委决策层层分解细化。强化跟踪问效及时有力，发挥"进度条"提示作用，就贯彻落实习近平总书记重要指示批示精神和党中央、国务院重大决策部署的25个具体事项及时制发督查单185项。落实"一周一调度""一事一跟踪"，构建文秘—督办协作机制，34次党委班子例会研究部署具体事项800余条次，下达督办单和任务单238条，确保重点任务应督尽督、逐项落实、逐条销号。

【财务与后勤保障】2022年，首都机场海关稳妥做好财务与后勤保障。扎实做好疫情防控物资保障，建立以北京海关调拨为主，自购补给为辅，适当加大库存量的"三级保障体系"；高质量保障一线监管设施设备运维，全方位保障闭环一线衣食住行；加强预算安排和开支审批事项审核把关，妥善做好重点项目预算经费保障，强化经费管理，落实"过紧日子"要求，贯彻预算全流程绩效管理；做优后勤服务，完成办公场所整体无线网络环境铺设，建设综合办公楼安防系统，推进综合楼监控摄像全覆盖，推动备勤点建设和单身宿舍保障；进一步规范食堂管理工作程序，建立食品安全管理体系，取得食品安全ISO22000标准管理体系认证证书。

【科技发展】2022年，首都机场海关推进科技发展不断向前。推动智慧卫检2.0系统升级，实现旅客档案全流程电子化；推进数据报表"一键生成"，

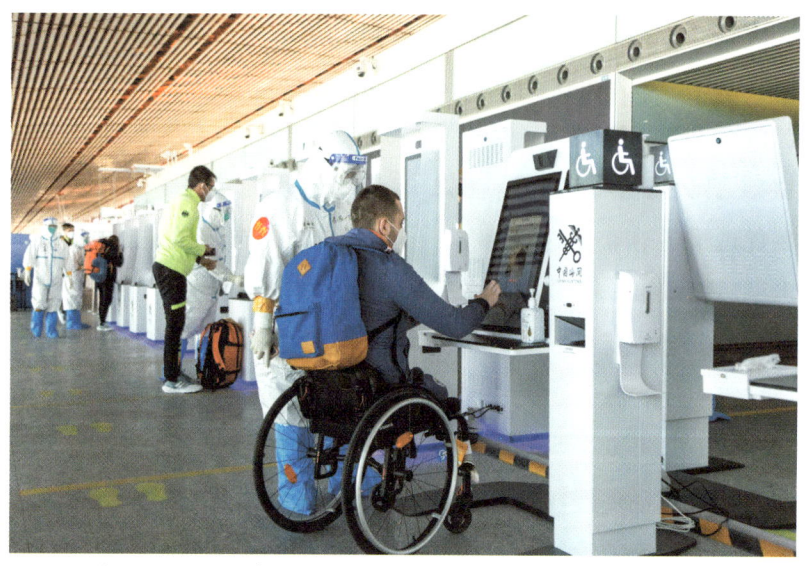
▲2022年2月26日，首都机场海关开发的助残型自主申报一体机方便旅客申报（刘超 摄）

数据组与改革专班协同配合，对各项工作按轻重缓急分类并分阶段推进"一键生成"。注重科技赋能，将核酸采样工位增至72个，推广使用新型标签打印机，使用无接触式消毒机，采样环节处置提速至3分钟/人。完善场地布局，扩容旅客蓄存区面积近4倍，科学调整通行路径路由，强化"远端等待区、近端等待区、一体机验核区"三区联动，300人载客航班卫检全流程压缩至1小时，旅客承载流量能力提升至5000人/天。依托内控监督平台、"云擎"系统，强化数据统计分析和运行监控，建立量化绩效考核指标动态监控机制。

【督察内审】2022年，首都机场海关深化与北京海关党委第一派驻纪检组协调配合，共同推进解决业务难点痛点问题4项，形成合力，构建同向发力、协作互动的良好工作格局。制定处级领导班子、"一把手"、班子成员的具体监督措施19条，常态化开展"一把手"和领导班子其他成员重点事项监督自查3次。深入开展"海关重点项目和财物管理以权谋私"专项整治，对2012年以来的会计凭证逐条梳理，实现问题"零通报""零点名"。加强基层自控、职能监控和专门监督，高质量完成配合审计工作，整理形成审计自查手册。全面梳理排查历年巡视巡察、督察、审计等发现问题整改情况，开展"回头看"，严格检查各项制度规范落实情况，综合运用多种监督手段，着力提高日常监督的针对性和有效性。开展外出执法、礼品礼金、公车管理、贵宾厅使用、酒驾醉驾等专项检查，组织领导干部个人有关事项集中填报，开展干部配偶、子女及其配偶从业自查，主动运用"第一种形态"。

【安全生产】2022年，首都机场海关深入开展安全生产"七个一"专项行动，严格落实"管行业必须管安全、管业务必须管安全、管生产经营必须管安全"理念要求，着力防范化解安全生产链条风险，建立包含41项工作责任和141项自查项目的管理清单，建立健全问题收集制度和"吹哨预警"机制，问题风险早发现、早研判、早处置。落实全国海关"防风险、保稳定、迎二十大"会议精神，适时开展安全生产大检查"回头看"，落实四方联动机制，开展"业务运行""队伍管理""内部安保""政务运行"4大风险领域监督检查，对发现的问题迅速督促整改到位，确保不留盲区、不留死角，牢牢守住各领域、各环节安全生产防线。深入开展"口岸危险品综合治理"百日专项行动,创新进口危险品"预咨询"服务,实现口岸积压危险品动态清零。加强值班值守,提升信访工作管理水平,常态化开展舆情监控,注重自媒体管理,强化保密工作纪律,推进综合楼安防体系建设,深化"吹哨预警"机制,第一时间发现解决隐患问题,确保运行安全。

【队伍建设】2022年,首都机场海关不断强化队伍建设。以突发事件场景化应急演练为抓手,提升准军队伍令行禁止、快速反应能力。开展"我身边的三实文化"主题研讨和案例征集,深化业务专题调研。深入整治形式主义、官僚主义,围绕问题导向优化形势分析例会召开方式,营造说实话、办实事、求实效的氛围。落实"关长走进口岸封管区",与一线干部职工共同战斗,推动解决关员实际困难。缩减干部职工封闭管理、健康监测时间6天。创新减压增效"4+N"关心关爱工作法。注重挖掘在疫情防控工作中表现突出的先进典型,积极推荐参评"人民满意的公务员"、"首都劳动奖章"、海关总署及北京海关总关统筹奖励等各项荣誉,其中参与封闭管理人员占比60%以上。强化人力储备,组建应急保障队确保一线不断档。持续深化教育培训,36人获得动植物检疫等岗位资质,危险品查验资质通过率提高40%。梳理制定2022年"十八个一"奖项评定标准,激励干部职工争先争优。灵活开展教育引导,通过线上交流、问卷调查等形式,及时捕捉思想动态,落实结对帮扶"一对一、全覆盖",消除紧张焦虑、麻痹懈怠等不良情绪,聚焦衣食住行、实际困难和身体健康,解决实际问题,减少思想压力。统筹推进政治机关意识专项教育和"学查改"专项工作,干部职工立足岗位职责和政治要求开展"政治机关建设我来讲"心得体会交流活动;梳理岗位政治要求,查摆风险隐患问题,出台整改措施;建立案例教学机制,以"学案例、讲案例、评案例"为抓手,加强教育引导,汇编14个"身边人、身边事",持续推动"两个专项"走深走实。坚持"学、研、训、践、展"一体贯通,提升实战能力,并参加海关总署岗位练兵和"五个百"成果交流展示。

【北京冬奥会保障工作】2022年,首都机场海关全力做好北京冬奥会、冬残奥会通关保障工作。智慧赋能,深度研发智慧卫检2.0系统,开发80台自主申报一体机和10套验放闸机,推进健康申明"云端"申报和"无接触式"验核,系统自动汇总成旅客专属"电子通关档案",全流程旅客可仅持"一码"通关,做到"航班抵港即下客""旅客刷码即验核",现场核验旅客速度由原来每小时不足100名提升至每小时800名以上。冬奥会期间,涉奥航班单名进境旅客卫检时长压缩42%,涉奥进境航班卫生检疫时间不超过1小时,出境旅客人均通关时间低于10秒,刷新"北京速度"。确保口岸安全,建立"海关—边检信息互通""海关—机场信息发布"2项沟通协调机制,实时掌握重点保障航班、重点关注旅客、重点监管措施3类信息。旅检现场将核酸采样工位增至72个,引进新型标签打印机,使用无接触式消毒机,采样环节处置提速至3分钟/人,并持续优化检测流程。冬奥会期间,所有旅客电子通关档案清晰完整,所有航空器终末消毒严格到位,所有检疫措施执行无遗漏,展现"首关精度"。以人为本,研发

▲2022年2月20日，首都机场海关关员在旅检现场挥手致意 （方星 摄）

配备助残版自助申报核验一体机16台，提供中、英、德、法、日、意等12种文字版本显示和8个语言版本的健康申报提示，实现以触摸屏替代键盘文字录入，后台大数据比对提示纠正申报手误，可直接连线海关关员获得填报指导，外籍旅客健康申报看得懂、不用写、填得对、有人帮。推进值机柜台前移，18名关员提前入住北京、延庆、张家口3个冬奥村，在涉冬奥会人员驻地即办理托运行李的海关验核手续，做到"服务上门"，展现"海关温度"。强化内外宣传，营造冬奥会热度。通过北京海关战"疫"实录、"京关e家人"公众号宣传先进典型事迹。涉奥保障工作获中央电视台《新闻联播》报道8次，获新华社、《人民日报》等中央权威媒体及《北京日报》等地方媒体报道2100余篇次，向全世界展现中国海关的良好形象，形成海关系统保障国家重大活动的北京样板经验。

【疫情防控】2022年，首都机场海关从严从实做好疫情防控各项工作。筑牢"外防输入"防线，坚持科学防控，规范作业标准，形成超25万字的技术操作指南和作业指导手册，并及时修订26次，建立涉疫垃圾管控、口岸采样送样等作业规范162项。优化检疫流程，创新"远程监督+现场异常处置"登临检疫，实现入境健康申明"云端"申报和"无接触式"验核，旅客"一码通关"。进口高风险非冷链货物检测"货到即采"，采样量和检出量均居全国海关第一。常态监督关区范围内242家企业落实社会化防控责任。精准防控，精准风险预警，对第一入境口岸地的千余架次航班开展深度风险分析，及时发布风险预警提示，研发部署多功能通道闸机，精准拦截高风险人员。精准统计分析，承担直属海关数据专班职责，按时准确报送相关数据。加强口岸公共卫生核心能力建设，下达卫生监督意见书360份。扎牢内部防护屏障，管好闭环，确保严密。强化"业务处室监督自查、专家组视频复核、指挥中心实时监控"三级监督检查机制，实时纠正各类安全防护隐患，杜绝职业暴露。打造绝对安全的卫检一线闭环，实施闭环前3天健康监测+3天预闭环。启动安全平稳的政务业务闭环，根据年末形势变化建立政务运行核心环，打造绝对安全的卫检一线闭环，保证政务业务运行平稳顺畅。管好人员，确保安全，建立覆盖全员的内防网格，压实个人主体责任，督促服务外包单位落实"四方责任"。妥善处置关员轨迹重合、共同居住人染疫等突发情况，视情启动分开就餐、分室办公等20余项内防措施，消除关联感染风险。管好场所,确保稳妥,通关、快件、查验3个主要对外业务现场,完成窗口设置改造和接单监管流程完善,实现与外界"硬隔离""无接触"工作模式。严格落实进入办公区扫码、测温要求,严格入楼审批和场所消毒管理,严格管理南楼集中备勤点,严格督促监管作业场所经营企业落实防疫主体责任,确保场所内防安全。

【优化营商环境】2022年,首都机场海关聚焦稳好外贸,着力促进外贸保稳提质。加强通关时效监控分析,注重发挥关企联络员优势,精准帮扶企业。创新"短链监管"模式,启用"窗口前移一柜通"模式,整合舱单、转关与实货监管业务,实现数据实物"互通互查"集约增效,单票业务节省通关时间1.5小时以上,进一步压缩整体通关时间,让企业"少跑腿"。千方百计保口岸畅通,推动线上"云通关",针对本土疫情影响,启动备用通关现场,开通线上电子支付绿色通道,通过现场值守与线上办公相结合方式,实现报关单"日清日结",口岸通关始终顺畅。建立绿色通道,助力重点商品通关顺畅,建立"前

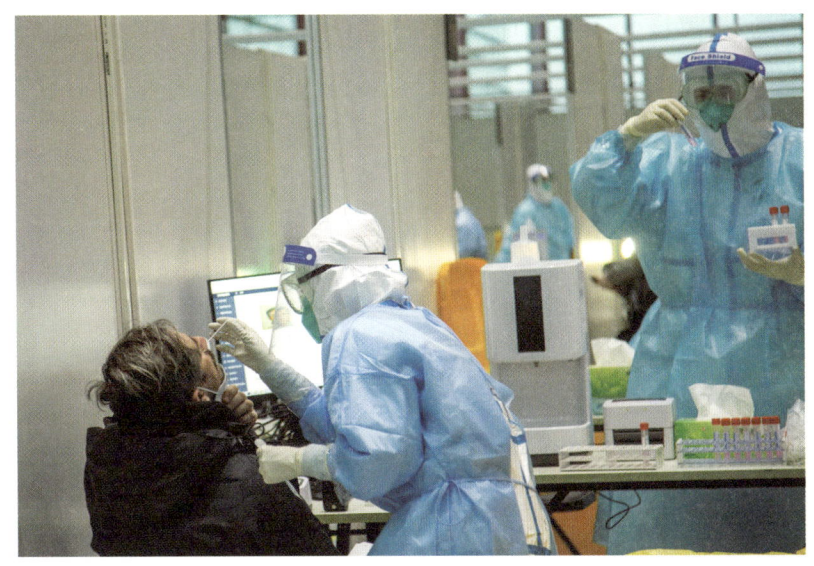
▲2022年1月25日,首都机场海关关员在T3航站楼D区疫情防控专区开展核酸采样工作 (方星 摄)

置审单"和"查验—实验室专家对接"模式,确保出口疫苗当日出境。降低准入门槛,努力为小微企业运转节省成本,协调货运代理企业充分利用货库资源,实现多家公司之间部分货物暂时异地存储,节约企业成本1900万元。落实惠企政策,加快企业发展资金周转速度,加强与属地海关、税务机关的联系配合,保障税款"应退尽退、应退快退",深入推进海关政策进万家活动,开设"点单式"线上普法和"百件公告随手查"模块,向近2000家用户推送各类海关政策解读。强化窗口作风建设,开展"窗口作风提升百日

▲2022年5月7日,首都机场海关关员对进口货物进行查验 (方星 摄)

行动",严格落实"首问负责制"和"首办责任制",实现通关流程"二维码"一扫可查,通关窗口零投诉,满意度100%。升级"首关一站通"对企服务平台,打造"巾帼岗"服务品牌,升级"一键呼出""音文转化""工单协同"功能,收集500余家企业建议并提出解决措施,解决咨询问题89个,办结率、满意率均达100%。

撰稿人

黄　海　魏　霄

海关总署税收征管局（京津）

【概况】海关总署税收征管局（京津）［简称"税管局（京津）"］主要职责是受海关总署关税征管司和北京海关领导，承担党的基层组织建设和干部队伍建设工作；统筹收集、加工税收风险信息，加工提炼风险规则（参数）、指令和模型；以行业分工和商品的大数据为基础开展风险识别、研判，下达验估、修撤、退补税、稽核查等处置指令，向缉私移交涉税风险线索；开展全过程作业运行监控和评估，研究风险防范对策，发布行业管理报告；提供归类、估价、原产地的技术支持和相关工作，承担减免税监控和非贸渠道税收要素的技术支持工作。税管局（京津）内设办公室、参数管理处、征税一处、征税二处、征税三处、关税技术处6个处室。

按照商品分工管理税收征管要素，承担全国海关税收征管风险防控、分类处置和关税技术支持职能，分管农林、食品、药品、轻工、纺织、杂项制品、纺织类及航空器等杂项大类商品，包括税则58个章节（第1~24章、30章、41~67章、88章、93~97章）。

2022年，税管局（京津）以习近平新时代中国特色社会主义思想为指导，贯彻落实全国海关、北京海关工作会议精神，以政治建设为统领，围绕绝对忠诚讲政治、防好风险保安全、改革创新促发展、严管厚爱强队伍，以"夯基础、重规范、抓改革、创特色、强作风、树形象"为主线，深化税收征管改革，完善税收风险防控体系，各项工作有力有序有效开展，税收征管工作水平和干部队伍素质进一步提升。分管商品实际进口涉及8位税号占全国总数的四成；涉及进口企业占全国的2/5；货值占全国总货值的1/7；征税额占全国税收总额的1/6。

【党的建设】2022年，税管局（京津）落实"第一议题"制度，把学习贯彻习近平总书记重要指示批示精神作为局领导班子会、局务会的第一项议程，将习近平总书记重要指示批示精神作为行动号令。

学习宣传贯彻党的二十大精神。制订《税管局（京津）学习宣传贯彻党的二十大精神实施方案》，细化学习宣传任务清单及时间安排，各支部书记带头宣讲，委员带头领学，利用"三会一课"、主题党日等多种形式组织学习党的二十大精神。充分利用线上资源持续开展学习，利用微信群推送学习党的二十大报告关键词解析，及时分享党的二十大精神学习的相关文章，学习研讨相结合，开展以学习党的二十大精神、扎实推进税收风险防控工作为主题的线上交流研讨，

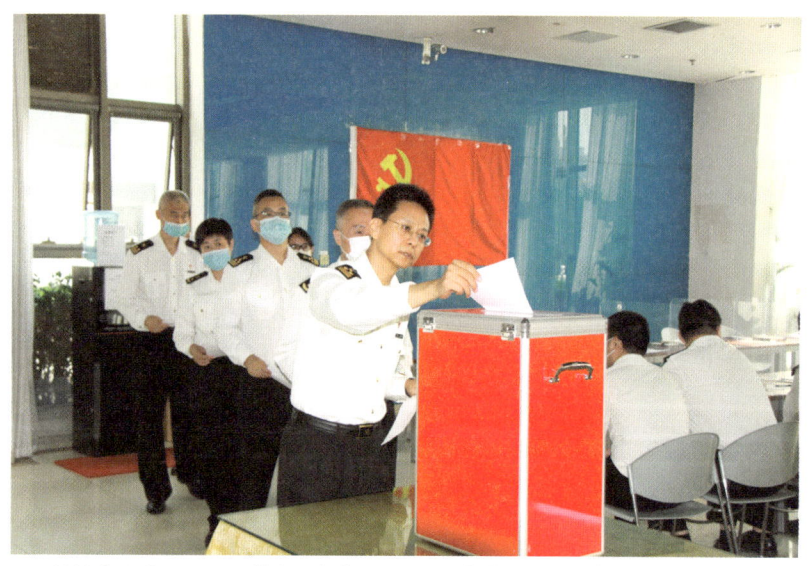

▲2022年9月28日，税管局（京津）召开全体党员大会，选举产生第一届机关党委和机关纪委　（闫伟　摄）

做到有学习、有思考、有交流。

压紧压实党建责任。制定2022年党的建设重点任务，明确工作措施，压紧压实局、处领导班子党建工作责任。主要负责人履行党建工作"第一责任人"职责，班子成员严格落实"一岗双责"，党建与业务工作一起抓。

扎实推进"强基提质工程"，加强党建基础建设。强化支部标准化规范化建设，选举产生第一届机关党委、机关纪委，开展6个党支部换届选举。开展党建基础工作专项整治，各支部对照检查清单，开展自查整改。提升党建工作能力，开展"党建工作我来讲"系列研讨交流活动，组织党课观摩活动。定期推送党务干部应知应会要点，着力提升党务干部政治理论水平。

深入推进党风廉政建设。局班子会、局务会开展全面从严治党、党风廉政工作学习和工作布置。常态化开展廉政学习教育，局班子成员定期开展谈心谈话，与新任职领导干部和晋升职级人员开展谈心谈话。开展警示教育月活动，组织全体党员观看廉政警示教育片，开展廉政党课、主题党日活动，组织"清风国门"系列活动，征集廉洁主题书画作品、家属廉洁寄语。组织思想学用讲坛廉政故事分享会，分享红色家书、廉政故事，青年党员代表畅谈体会。动态梳理廉政风险点，不断完善防范措施，紧盯重点人员、重要时间节点，严防酒驾醉驾。开展"海关重点项目和财物管理以权谋私"专项整治，梳理形成"专项整治问题及廉政风险清单"，对账销号，逐项整改落实。

【贯彻落实党中央重大决策部署】2022年，税管局（京津）落实减税降税免税政策，开展行业调研，及时提出政策完善建议。

落实自贸协定实施，做好中国—新西兰自贸协定升级版政策宣传，在《中国国门时报》头版发布《中国—新西兰自贸协定升级议定书生效实施——将进一步促进双边贸易》宣传稿件。通过"关税聚焦"发布相关政策解读，引导企业准确理解原产地规则，用好政策红利出口享汇。完成产品特定原产地规则转版，开展模块和功能测试，同步做好政策解读，研究提出新增子目等议题作为候选方案列入世界海关组织协调制度委员会会议工作文件。

推进促进外贸保稳提质，对照海关总署、北京海关保稳提质有关措施，制定税管局（京津）落实措施，报送政策建议，被海关总署统计分析司采纳。开展"海关政策进万家"活动，与行业协会开展线上、线下交流，分享行业信息，与重点企业召开视频电话会，指导企业用足用好政策。

【税收风险防控】2022年，税管局（京津）制定实施《税管局（京津）税收风险防控工作规范（试行）》，明确税收风险防控的基本工作方法和主要实施步骤，构建局、处、科三级风险防控机制，推进税收风险防控工作规范化。

完善税收风险防控手段。实施分类防控，对中央重大决策部署、重要税收政策落实情况实施重点防控，对阶段性、行业性风险实施专门防控，对税收要素类风险实施常态化防控。实施差异化管理，针对不同行业风险特征，推广应用"风险靶向维度法""清单管理法"等8项行业管理策略，把握行业特点，分类施策。加强监控评估，开发应用"参数运行监控模型"，实时监控参指模运行状态，持续优化参数，增强指令有效性。

开展重点商品、行业专项风险防控。聚焦高风险商品和行业，打击瞒骗类走私行为，充分发挥行业管理优势，在破解行业瞒骗上持续发力，发现

▲2022年7月15日，税管局（京津）开展海关税收风险管理体系培训
（闫伟 摄）

8个行业价格低瞒报、出口骗退税等风险。发挥专业技术优势，创新全链条防控模式，发现转让定价、特许权使用费等价格风险。注重蕴养贸易环境，引导企业合规申报，通过发布管理清单和设置事中参数等方式，在事前和事中纠正企业错误，提高商品的价格水平。

防范系统性风险。梳理形成防范化解重大系统性问题任务分工清单，并对任务落实情况开展检查，每月开展风险隐患跟踪督导"回头看"。

【大数据应用】2022年，税管局（京津）牵头组建"关税司大数据专家组"，梳理海关大数据资源池数据表，为税管局大数据工作夯实基础；牵头做好系统开发相关工作，组织税管作业平台3.0系统建设线上集中工作，牵头"风险防控建议申报系统"测试工作，积极推动系统上线运行。持续加大数据模型开发应用力度，利用外部数据进行行业研究和分析，结合申报数据深度分析、挖掘对比，构建风险异动典型业务场景。研发"价格风险甄别模型"，创建多维度标签，覆盖多个行业和商品。

【税政服务】2022年，税管局（京津）发挥关税技术专业优势，开展税政调研。报送及审核税政调整建议，答复各类专业认定、咨询千余份，为全国海关提供有力关税技术支持。

开展重点商品研究，围绕产业引领、国计民生、公共服务等关键领域，聚焦重点商品，撰写完成各类商品研究报告、行业分析报告20篇，推动落实多种类产品的降税政策，为企业降低税收负担。开展课题研究，参与完成各级课题5项。积极研究新型贸易业态涉及的估价问题，推进前海离岸现货交易估价专题研究，研究大连商品交易所保税期货实物交割问题，提出专业技术意见。

【国际事务】2022年，税管局（京津）参加世界海关组织归类、估价等线上会议，代表中国海关提出的修订提案获协调制度委员会初步采纳；参与金伯利进程相关工作，参加国际视频会议，对相关技术指引开展研究工作；完成中以自贸协定谈判相关工作，参加中国—以色列自由贸易协定原产地工作组视频会议。

【协同共治】2022年，税管局（京津）落实"响应、呼应、反应"机制要求，构建税收征管链条各环节协同配合的"税管+"格局。推进税管局与属地纳税人管理的协同，推进企业价格台账共建共享。扩展与行业协会合作范围，围绕数据共享、政策宣讲、税政调研等方面，与行业协会开展常态化合作。巩固"中心—现场"运行模式，强化验估指令超期预警、催办机制，对已超期指令及时分类处置。编发重点商品验估指引，指导验估现场规范开展风险防控。畅通与稽查、缉私部门协同配合，落实部门间联系配合机制。

【航空业清单】2022年，税管局（京津）充分发挥各直属海关关税专家的智力资源，总结航空清单管理工作的执行情况，牵头制定全国首个行业表单化验估手册，进一步统一执法尺度。调动各关区关税、稽查和业务现场的力量，组织实施涉税风险排查，并及时提供专业技术支持。推动税收风险防控属地管理，联合各直属海关开展内外部政策培训宣讲，对企业开展宣讲10余次，引导合规申报。协助关税司完成行业调研工作，组织业务专家从法律依据、职责划分、执法标准、业务操作及系统支持等方面开展研讨，并提出相关业务建议。

【内控监督】2022年，税管局（京津）完善内控节点，对业务执行控制节点进行修订，新增、更新两个节点。建立内控核查机制，围绕业务节点，按季度开展业务运行内控核查，并发布内控评估报告，建立查发问题督办清单，对账销号。对业务绩效指标和参数运行情况开展跟踪分析，按月发布评估报告。编制应知应会题库、组织内控知识竞赛。制订创建工作方案，明确创建标准，综合评定出业务科室为"样板间"。强化数据安全管理，落实数据安全管理办法，统筹内部业务数据管理。严格系统和岗位授权，规范各类业务系统使用，严守数据安全底线。

【制度建设】2022年，税管局（京津）健全政务工作制度。制定税管局（京津）税收风险防控工作规范、数据安全管理办法、文件材料管理办法、收文办理操作规程等基础制度，用制度规范管理。建立政治业务学习制度，梳理形成党建工作文件汇编、进口税收政策文件汇编等，发送各处组织学习，定期组织测试。优化工作推进机制，建立工作专班机制，围绕推进从严治党、安全生产、大数据应用、区域全面经济伙伴协定实施等重点工作，成立由分管局领导牵头的专班，常态化抓好各项工作落实。成立归类、估价问题研究小组，促进专业技术能力提升。

【队伍建设】2022年，税管局（京津）严管厚爱，加强干部队伍建设。制订2022年教育培训计划，组织各类培训50余次。强化准军建设，促进作风养成，全局全员按要求参加队列训练。打造"税管讲堂"品牌，为干部成长搭平台、拓渠道。聚焦政策落实、关税技术提升、税收风险防控和廉洁文化建设等，举办税管讲堂活动7期，25名业务骨干登台宣讲，300多人次参与交流活动。关心关爱干部，组织线上心理健康培训，做好干部心理疏导。"三八"妇女节、建军节组织召开专题座谈会，倾听女干部和军转干部代表心声，分层、分类组织开展谈心谈话，加强思想引导和人文关怀。

【志愿服务】2022年，税管局（京津）对标社会主义核心价值观，在充分履行税收风险防控及行业管理职责的基础上，积极参与新冠疫情防控、重大赛会志愿服务。征税二处派员参加北京冬奥会海关通关现场志愿服务，为奥运代表团办理值机和海关托运行李申报验核业务，为奥运盛会成功举办贡献了税管力量。领导干部带头，发挥党员先锋模范作用，7人次下沉社区参加志愿服务，坚守疫情防控一线，为守护居民健康做好保障。

撰稿人

荣　华　毛子晔

北京大兴国际机场海关

【概况】北京大兴国际机场海关（简称"大兴机场海关"）受北京海关直接领导，按授权承担指定口岸和区域范围内海关各类管理工作。承担党的基层组织建设和干部队伍建设工作；办理北京大兴国际机场空港口岸进出境货物、物品、运输工具及人员的通关、检验检疫、监管、征税等工作，实施口岸卫生监督，反馈执法作业结果，承担北京大兴国际机场综合保税区监管工作。完成北京海关交办的其他工作。大兴机场海关现为正处级机构，实行科室与专班混编架构，内设办公室（党委办公室）、人事政工科（党委组织宣传部）、综合业务一科、旅检一科、旅检二科、旅检三科、旅检四科、旅检六科、航空器监管科、通关一科、通关二科、物流监控一科、物流监控二科、查验一科、查验二科、口岸卫生监督一科、口岸卫生监督二科、综合保障科、综合业务二科、物流监控三科、企业管理科、稽查科、跨境电商监管科、查检科共计24个科室，保留航站楼工程协调专班组织架构，新成立复航筹备工作专班。

2022年，大兴机场海关党委以习近平新时代中国特色社会主义思想为指导，坚决拥护"两个确立"，不断增强"四个意识"、坚定"四个自信"、做到"两个维护"，贯彻落实海关总署、北京海关各项部署要求，在北京海关党委的坚强领导下，不折不扣实现"走前列、创一流"和"五最"工作目标，落实工作要求，锲而不舍、一以贯之，持续推进各项工作高质量开展。

大兴机场海关与大兴机场各方联动，共同推动大兴机场高水平运营。获评2021年度北京机场地区消防安全工作先进单位，2021年度大兴机场地区交通安全突出贡献奖单位，2021年度北京大兴国际机场志愿者服务项目年度服务参与奖，疫情防控先进单位、2021年度大兴机场旅客服务促进委员会专业保障奖。

【党的建设】2022年，大兴机场海关讲好政治"铸忠诚"，坚持政治引领。全面推进党的二十大精神学习系列活动。关党委组织党员干部收听收看党的二十大开幕会，撰写心得体会。制订覆盖全体干部职工的宣传贯彻方案，明确工作任务，确定自选动作，配发学习资料，开展书记专题党课、主题党日活动、学习研讨，撰写"学思践悟"讲读活动心得体会。3篇学习信息被海关总署政工办采用。结合大兴机场海关建关3周年开展专题宣传活动，并在"京关e家人"公众号发布。1名青年关员作为北京海关关员代表在党的二十大会后接受中央电视台采访。

不断加强政治机关建设。全年党委理论学习中心组共开展领学促学15次。召开全面从严治党工作会议2次，传达贯彻"第一议题"50次。制发《2022年北京大兴国际机场海关全面从严治党工作会议重点任务分工》《北京大兴国际机场海关政治机关建设专项教育活动实施方案》，细化任务推进表8次，扩充清单至53条。开展"政治机关建设我来讲"论坛活动56期，党委委员、支部书记、先进典型讲党课31次，收集心得体会155篇。

深入开展"海关重点项目和财物管理以权谋私"专项整治。制订专项整治方案，成立工作领导小组，设置举报箱3处，梳理合同181项，上报重点项目58个，报送"双周报表"13份，自查总结报告1份，收集心得体会26份。形成专项整治工作整改报告、个人剖析材料反馈问题的整改情况报告。

落实思想动态管理。按时完成思想动态分析研判工作，对责任落实情况逐项梳理排查，开展谈心谈话200余人次。开展干部职工思想动态调研2次，形成干部职工思想动态分析报告1篇，向上级部门反馈。

加强党风廉政建设。组织科级以上干部填报《领导干部配偶、子女及其配偶相关从业情况排查表》。同第二派驻纪检组开展会商研判2次，针对12项工作提示立行立改。开展廉政教育基地实地见学，围绕通报的违纪违法典型案例交流研讨20次，支部书记讲授廉政专题党课21次，开展廉政谈话全覆盖。开展警示教育系列活动，组织集中观看警示教育片，开展"年轻干部谈廉政"主题宣讲。

推进"强基提质工程"。开展"智慧党建"系统应用试点及全面推广使用，审核上报"书记项目"18个，形成支部党建典型经验7份，党建工作经验总结1份。召开党员大会选举产生第一届机关党委、机关纪委委员，指导3个支部有序完成换届选举。打造"永远跟党走"主题廉洁文化长廊，从党建展板打开党建"小切口"，专题研究并组织支部书记前往中关村海关"取经"，紧盯支部书记、紧扣工作重点，动态更新内容20余次，围绕学习宣传贯彻党的二十大精神持续加强党建宣传阵地建设，促进党建与业务相促相融。在海关总署政工办组织拍摄的《书记组长谈责任》视频宣传片中，关党委书记分享抓党建工作经验，形成良好示范宣传作用。开展年轻干部谈廉洁访谈拍摄，通过电子屏、横

▲2022年9月8日，大兴机场海关关员开展党建阵地互学交流活动　（王静　摄）

▲2022年12月26日,大兴机场海关关员参加海关总署两类指定监管场地验收视频工作会 (王静 摄)

幅、易拉宝展示营造浓厚氛围。同时向大兴机场党建联建联席委员会报送廉洁文化作品2份,党建优秀案例3份。

【法治建设】2022年,大兴机场海关强基固本"担使命",夯实业务基础。完善业务制度,共制修订各类制度方案47份,内容涵盖北京冬奥会和冬残奥会通关等重大保障任务方案,进出境货物、航空器、人员及物品监管方案,安全生产、内控、行政办公、人事管理、综合保障等制度。强化内控工作,有序推进内控工作,完善权力制约和监督机制,防范"三大风险"。召开全关内控工作推进会2次,有序完成年度计划。充分发挥内控平台的风险防控、预警作用,汇总提炼海关常见业务风险问题共50项,形成风险清单并发放全关参阅学习,促进内部控制和风险防范水平提升。推进法治建设,办理涉检行政案件1起,通过案件办理,厘清海关与地方政府在口岸的职权范围,提高关联案件处置能力。按照普法工作计划清单,组织开展法治宣传活动17次,创立"兴关学法课堂"法治品牌,探索"嵌入式"普法宣传,充分利用"8·8"海关法治宣传日、"12·4"宪法宣传日、"食品安全周"等重要节点,全面打造兴关法治宣传阵地。

【业务改革与发展】2022年,大兴机场海关助力北京双枢纽空港电子货运平台建设。参与北京双枢纽空港电子货运平台二期两场调拨模块、区港联动模块开发测试,业务规则制定,打通"两场"间提交货、查验、退货等空港物流业务全流程,实现通关物流全链条数据共享。组织开展"双枢纽"系统企业宣讲和内部培训,协调单一窗口、货运发展办公室、国际货站等相关企业于5月15日顺利完成系统切换升级工作,实现两场统一平台。全力推进两类指定监管场地验收工作。全力推进两类指定监管场地海关总署验收的前期准备工作,在口岸监管处及动植处指导下,针对远程视频验收的特点与要求,结合大兴机场口岸实际,制订验收方案,完成海关监管能力宣讲、答疑材料编写;协调货运发展办公室推动落实各项技术保障事宜,通过聘请专业的技术团队完成指定监管场地视频宣传片制作,在编导整体统筹下确保直播过程中音画效果清晰流畅;组织申报单位、检疫处理单位联合开展多次现场模拟演练,不断改进各业务现场、各环节配合衔接,并于11月17日顺利完成了远程视频验收全流程、全要素的预演彩排;密切保持与口岸监管处、验收专家的沟通联系,指导货运发展办公室按照专家审核意见有针对性地开展整改工作,按时做好书面反馈。

【卫生检疫】2022年,大兴机场海关加强口岸卫生监督,确保国门安全。完成党的二十大、北京冬奥会和冬残奥会等重大活动保障,在北京冬奥会保障工作中1人荣获北京市表彰。新发及变更卫生许可证106家次,开展卫生监督1272次,监督发现问题1082项,就食品、病媒生物防治等工作进行监督指导。创新工作方法,推动口岸病媒生物监测与防控工作取得突破性成果,创新蝇类本底调查方法,捕获北京口岸首次发现的蝇类2种,捕获大兴机场口岸首次发现的蝇类11种。改进蚊类监测方法,捕获大兴机场口岸首次发现的蚊类2种。

【监管业务】2022年,大兴机场海关完成党的二十大、两会会议期间安全生产保障。成立专项行动工作组,对海关监管作业场所、涉危保税仓库及综保区危险品货物存储场地进行全面排查,排除安全隐患。加强值班值守工作,落实重要时点关领导24小时带班值守、通关窗口在岗值守,及时处置口岸突发情况。关领导每周带队开展安全检查工作,提前做好应对极端天气预案,制发安全提醒。开展反恐防暴演练,全面提升应急处置水平。持续加强园区及楼宇视频监控,定期检查微型消防站,开展消防安全专项演练。

【队伍建设】2022年,大兴机场海关持续提高教培水平。共开展一级培训9次,二级培训50余次。参与组织资质类考试7次,共参考120人次。新增考取动物检疫现场查验岗位、植物检疫现场查验岗位、签证植物检疫官、进出口危险货物及其包装检验监管岗位资质人员108人次。共报送参加培训50余次,覆盖1200余人次。

丰富阅览室图书种类,满足干部职工精神文化需求。举办"心连心"座谈会,收集意见建议40条。定期进行慰问、开展谈心谈话,做好支援关员、封闭管理人员、居家办公人员关心关爱工作,解决关员疫情期间实际困难。开办寒暑假托管班、协调解决关员子女入托、公租房分配、一封家书等工作,不断提升关员归属感和团队凝聚力。

规范科级领导选拔任用工作,开展2022年度"四强"党支部考核评选。组织参加北京海关支部品牌展示活动、大兴机场党联委党建品牌交流评选活动。发展党员4名,开展党员E先锋"党员发展纪实"模块专项督导工作。开展青年理论学习小组线上学习11次,

▲2022年6月26日,大兴机场海关关员进行口岸蚊蝇密度监测 (刘倩 摄)

▲2022年12月30日，大兴机场海关关员与机场各单位联合开展复航踏勘（赵志明 摄）

收集心得体会176篇。

【优化营商环境】2022，大兴机场海关加强与国际货站、代理企业沟通联系，鼓励企业采取"提前申报""两步申报"等方式，进一步压缩通关时效。开展窗口作风提升百日行动，主动深入企业，召开关企座谈会13次，了解航空企业面临航材退运难、续租难、经营效益差、现金流紧张等问题，积极与职能部门沟通，为企业争取政策支持，助力企业降本增效。加强关企调研交流，推动生命健康口岸建设，为企业解难题。推进卫生许可"证照分离"改革取得实效，创新卫生许可"前置审核"模式，帮助10余家企业缩短工期，节省成本。仅销售预包装食品由许可改为备案，所需提供资料由6项减为1项，办理时限由23个工作日缩减为3个工作日，惠及企业27家。面向企业开展"精卫小讲堂"培训8次，共670余人次参与，详细讲解法律规范和操作规范，全面建设服务型窗口。全力做好航材租赁、包修监管工作。优化严密监管，保障税款应缴尽缴。持续宣讲政策，鼓励企业自查、自报、自缴。

【复航推进】2022年，大兴机场海关按照北京海关党委工作要求及部署，3名关党委委员带队赴首都机场海关跟班作业，完成《跟班作业工作纪实》10期，并在第一时间组织全员学习，累计组织学习2000余人次。成立大兴机场海关复航工作小组，多次组织大兴机场国际航班复航专项研讨会，立足大兴机场526临时处置专区实际情况，开展多轮沟通，进行现场踏勘，反复推敲脱卸区、进出境监管区、休息区及现场标识牌规范设置。参与大兴区政府组织召开的复航工作沟通会，与各相关单位进行沟通协调40余次。开展现场实操应急处置演练，持续开展货运航班航空器、机组人员及物品监管桌面推演，预防性消毒监督及防护用品穿脱等内容的集中培训和实操演练。

【综保区建设】2022年，大兴机场海关推进综保区建设。成立大兴机场海关综合保税区改革创新工作小组，推动解决地方政府、企业高度关注的改革创新问题20余项，编发改革创新工作汇报材料7份，编制综合保税区改革创新工作小组信息双周报4期，以提高通关效率、京冀高效联通为目标，创新优化监管方案，绘制5版30幅进出境监管流程图。开展"海关政策进万家"活动宣讲，全力推进"四优四提促五子"，助力企业用足用好政策。通过线上线下等多种形式开展招商座谈140余次。持续支持综保区区港联络道建设，加强北京海关职能部门和地方相关单位沟通，提出海关规划建议，确保区港联络道成为"综保区功能作用发挥的生命线"。加强宣传。4月25日，大兴机场综保区首批货物通关登上《新闻联播》快讯，"仓储货物按状态分类监管"、航空发动机货物进区"一日游"模式、注能京津冀协同发展、国庆期间坚守岗位等宣传报道被《中国国门时报》《人民日报》客户端等多家主流媒体报道。

【疫情防控】2022年，大兴机场海关内部防护工作持续优化。按照北京海关要求，动态发布150余条内防工作要求。开展涉疫紧急排查156次，制订办公场所内疫情防控和个人防护工作方案共9版。强化督导检查，完善应急机制。开展37次内防督导检查工作，查找问题40余条。开展应急值守闭环管理工作。关党委书记驻守单位带班，严格落实轮岗及后勤服务保障人员封闭管理工作要求，建立AB班轮换模式。做好集中封闭管理和预闭环保障工作。

【安全生产】2022年，大兴机场海关全面压实安全生产责任。完善安全生产长效机制。建立健全安全生产工作领导小组机制，明确职责任务，结合实际细化落实防范化解安全生产领域重大风险工作机制具体措施，制发安全生产责任清单。落实"周调度、月自查"要求，对海关办公区、重点作业场所、关键业务环节开展安全生产大检查。持续完善"查隐患、防风险、保安全"专项行动风险责任清单。对照26项风险点，细化风险清单制定措施125条。强化口岸危险品综合治理。组织开展"口岸危险品综合治理"百日专项行动，并结合专项行动经验成果，形成常态化口岸危险品综合治理工作方案。推进保税仓库、出口监管仓库稽核查专项行动。强化实地巡查和检查安全生产事项，对关区范围内4家保税监管场所，开展业务巡查和安全检查15次。

【信息宣传】2022年，大兴机场海关强化宣传阵地建设各项工作。结合重点特色工作加强新闻宣传。在"学习强国"、《中国海关》、中新网、《河北日报》、《中国国门时报》等平台宣传北京海关业务创新方法措施。组织开展信息宣传培训，提升信息编辑能力，共6人参与完成480学时学习内容，报送43条信息。

撰稿人

王　雯　张秀坤　王　静

北京车站海关

【概况】北京车站海关（简称"车站海关"）是北京海关的正处级隶属海关，按授权承担指定口岸和区域范围内海关各类管理工作。承担党的基层组织建设和干部队伍建设工作；办理铁路运输有关的货物、物品、运输工具及人员的通关、检验检疫、监管、征税等工作，实施口岸卫生监督，反馈执法作业结果，完成北京海关交办的其他工作。内设办公室（党委组织宣传部）、综合业务科、旅检科、查验科、口岸卫生监督科5个科室。

车站海关以习近平新时代中国特色社会主义思想为指导，突出宣传贯彻党的二十大精神这条工作主线，弘扬伟大建党精神，深刻领会"两个确立"的决定性意义，增强"四个意识"、坚定"四个自信"、做到"两个维护"，稳中求进、守正创新，讲政治、控疫情、稳经济、保安全、带队伍。

2022年，车站海关进出口货运量940吨；进出口货值3046.26万美元；进出口集装箱214标箱；征收税款2991.78万元。

【党的建设】2022年，车站海关持续深入学习习近平新时代中国特色社会主义思想，贯彻海关总署和北京海关工作会议、全面从严治党工作会议精神等。着重围绕强化政治引领，牢固树立政治机关建设第一方阵意识，推动全体干部职工深刻领会"两个确立"的决定性意义，坚决做到"两个维护"，努力打造最讲政治、最讲党性、最讲忠诚的新时代海关。充分发挥党委理论学习示范带头作用，党委理论学习中心组全年组织集体学习20次，其中党的二十大精神专题学习5次、党委书记及委员讲党课3次。制订《北京车站海关学习宣传贯彻党的二十大精神工作方案》，党委成员带头原原本本读原文，充分利用"学习强国"、"钉钉"、微信公众号等学习平台开展多种形式学习活动，各党支部和青年理论学习小组充分参与到"政治机关建设我来讲"活动中，推动党的二十大精神落实落地。

车站海关党委领导班子落实全面从严治党主体责任，履行管党治党政治责任，一体推进党风廉政建设和反腐败工作。锲而不舍落实中央八项规定精神，持续深化纠治"四风"。重点纠治形式主义、官僚主义，破除特权思想和特权行为，发扬精神文明单位风貌，扎实开展窗口服务百日提升活动。规范经费、公车、固定资产、办公用房使用。狠抓专项整治，巩固整治成果。以"海关重点项目和财物管理以权谋私"专项整治为抓手，通过思想动员、学习典型案例、开展谈心谈话、实地走访企业等方式，围绕廉政风险高发点开展自查，梳理重点项目5个，明确任务、细化措施、压实责任，扎实推动专项整治工作取得实效。持续巩固"现场监管与外勤执法权力寻租"专项整治成果，加强"八小时外"管理监督力度。党委书记落实"第一责任人"职责，重要工作亲自部署，重大问题亲自过问，重点环节亲自协调。切实履行好班子成员"一岗双责"，做到责任主体明确化、岗位责任具体化、责任链接无缝化，将廉政责任细化到每个领导、责任科室，形成横向到边、纵向到底的责任制网络。按照北京海关全面从严治党任务分解表，结合实际制定了本单位全面从严治党任务分解表，涉及15个方面内容，分别落实给班子成员及各科室，做到每项工作有责任领导、有具体责任人，切实推动全面从严治党落到实处。积极开展谈心谈话，用好第一种形态。全年有序开展各层级各主题谈心谈话共计48次，对苗头问题抓早、抓小、防微杜渐。

注重强化党委的政治核心地位，努力发挥支部战斗堡垒、党员先锋模范作用。进一步健全"一把手负总责，分管关领导各负其责，班子成员齐抓共管"的领导体制和工作机制。在加强党委建设的同时，根据干部选拔及人员调整情况，于9月开展党总支及各支部改选工作，为基层党的建设工作提供了组织保障。党委对各支部落实"三会一课"、主题党日制度进行监督检查，努力推动支部标准化规范化建设，持续深化"强基提质工程"，推动"四强"党支部建设，实现由"支部建在科上"向"支部强在科上"的转变。推动查验科党支部"查验先锋"党建品牌建设走深走实，根据科室分布情况开展支部结对工作，积极参加"四强"党支部评选。通过"双提升"行动，强化支委工作能力。严格落实"三会一课"、民主生活会、组织生活会等基本组织生活制度。党委领导班子执行《中国共产党北京车站海关委员会工作规则》《北京车站海关关于贯彻落实"三重一大"决策制度实施办法》，推动科学决策，带头坚持民主集中制，执行个人有关事项报告制度，班子成员带头执行双重组织生活。

【法治建设】2022年，车站海关持续推进习近平法治思想学习和法治建设工作，党委理论中心组将学习习近平法治思想列为必学内容并开展学习，要求各支部利用"三会一课"、主题党日等形式开展学习宣教活动。组织关员收看"百名法学家百场报告会"，学习习近平法治思想，共21人参与。积极开展"海关政策进万家""迎接二十大，送法进万家"活动，关领导班子走访关区范围内企业，在五里店报关大厅架设宣传海报，将海关总署和北京海关出台的最新政策、措施、海关法规向企业进行宣传贯彻。

【税收征管】2022年，车站海关五里店货运业务现场进出口货运量940吨，同比减少94.2%；进出口货值3046.26万美元，同比减少93.08%；进出口集装箱214标箱，同比减少91.40%；税收2991.78万元，同比减少94.73%。共办理进出口报关单174票，同比减少86.84%。

【监管业务】2022年，车站海关开展监管作业场所（场地）日常巡查，并出具本年度审核结论。按要求开展监管作业场地巡查，巡查监管场所共计3处，本年度共计派单50次，派遣巡查人员100人次。结合日常巡查情况对自查报告、审核记录单及随附材料进行审核，出具2022年度审核结论《北京车站海关监管作业场所（场地）审核记录单》。

【卫生检疫】2022年，车站海关西站口岸全年未恢复通车，根据国家卫健委出台的防控方案修订完善了本口岸疫情防控工作方案，并重新修订《京九直通车突发公共卫生事件处置协作预案》以适应列车复开后工作。按照世卫组织每两年对口岸核心能力开展自查工作的要求，完成口岸核心能力建设自查工作，对照考核标准185项内容进行自查梳理，未发现有新增不符合项目。

完成病媒生物监测采购服务三方比价、合同送审、业务实施等工作。按计划进行口岸病媒监测工作，共开展鼠类监测7次、蜱6次、成蚊12次、幼蚊5次，未有阳性结果。

严格实施高非冷集装箱货物检测及预防性消毒，做好本关区口岸环节新冠病毒核酸检测以及检出阳性后处置工作，对进口高风险非冷链集装箱货物进行预防性消毒。进行货物采样1次。组织集装箱采样实战演练1次。按要求进行铁路货运口岸监管作业现场新冠病毒环境监测。

【动植物检疫】2022年，车站海关以"国门绿盾2022"行动为抓手，严防重大动植物疫情疫病传入和外来物种入侵，切实筑牢口岸检疫防线，保障首都生态安全。2022年4月6日上午，在北京西站开展国门生物安全宣传教育活动，张贴国门生物安全宣传海报，发放宣传手册，讲解国门生物安全常识，并通过微信工作群、关企联系群推送国门安全教育系列视频。

2022年5月，在北京西站出入境口岸周边的绿化带进行了诱捕器和黄板的布设，并根据情况进行常态化维护；2022年7月，会同中国海关科学技术研究中心人员对北京丰台口岸周边的绿化带进行踏查监测，并将采集样本送检。

【海关统计与政策研究】2022年，车站海关领导班子牵头参与，鼓励全体干部职工积极参与政策研究、论文撰写、征文投稿等工作。《充分利用北京国际国内列车枢纽优势打通铁路电商物流国际国内双循环》《搭建海关智慧财务管理平台研究》分获北京海关学会主题征文二等奖、三等奖。

【财务与后勤保障】2022年，车站海关结合"海关重点项目和财物管理以权谋私"专项整治工作，成立领导小组，开展全面自查和专项整治学习教育。落实"过紧日子"原则要求，按计划执行完成年度预算。规范建立防疫物资管理机制，明确防疫物资各环节账目明细准确对应。结合业务实际和发展规划，分析研判资金预算需求。

【督察内审】2022年，车站海关组织内控工作会议2次，部署年内内控工作。组织内控专题培训，学习内控相关规定。根据人员情况调整北京车站海关内控工作领导小组及领导小组办公室联络员。开展"内控示范科室"创建工作，推举综合业务科参加北京海关"内控示范科室"评选。

【队伍建设】2022年，车站海关大力推进思想上"求实"、业务上"扎实"、作风上"朴实"的"三实文化见行动"活动，让求实、扎实、朴实成为新时代海关文化。在学习教育中，深刻理解"三实"文化的深刻内涵、现实意义与实践要求，培养党员干部职工坚定的政治信仰，实事求是的工作作风，一心为民的服务理念，甘于平凡的奉献精神，简单朴实的道德品质。

在组织关爱上，关心党员干部职工身心健康，特别是落实好谈心谈话，注重帮助工作人员缓解心理压力和现实问题。倡导干部职工家属当好八小时之外的"廉内助"和酒驾醉驾监督员，营造清廉家风的浓厚氛围。以"内务规范强化月"为契机，聚焦政治本色、队列训练、从严管理，树形象、强素质、严纪律，提升队伍整体凝聚力、战斗力、执行力。

在站区文明共建上与丰台交通支队西站大队开展交流，就进一步加强沟通、建立党建协同共建机制达成共识，一名关领导受聘为警风警纪监督员。

【统筹口岸疫情防控和促进外贸稳增长】2022年，车站海关落实"四优四提促五子"服务工程28项措施要求，持续优化口岸营商环境，为加强通关协作，加大对"一带一路"政策宣传，参与走访北京市商务局陆港口岸管理处、北京外运陆运有限公司，了解口岸运营企业经营诉求和对海关的意见建议，了解北京市政府对丰台口岸的建设需求，帮助企业拓展欧盟国家货物通过亚欧铁路运输至北京的业务规模。与

▲2022年7月27日，车站海关关员走访关区范围内企业积极推动"海关政策进万家"活动 （许匡 摄）

中国铁路北京局集团有限公司多式联运部门建立信息互通。与满洲里车站海关等边境铁路口岸海关建立联系机制，及时了解北京关区铁路进口货物出入境及转关运行情况。与铁路监管作业场所运营企业建立通报机制。与主要铁路进出口企业加强联系了解企业进出口货运情况。

开展"海关政策进万家"活动，关领导深入一线实地调研，与企业"零距离"沟通，主动送政策上门，了解关心企业疫情期间经营状况，倾听企业诉求，助企纾困。针对今年以来铁路口岸业务量不饱和，辐射带动作用下降情况，积极为铁路进出口运营企业出谋划策、把脉开方，助力企业拓展口岸功能、引入新兴业态，尽快摆脱经营困境，共组织6家企业召开3场宣讲会，用务实措施解决好企业面临的困难和对海关政策的诉求，切实提升企业的获得感和满意度。

按照《北京海关窗口作风提升百日行动方案》时间节点纵深推进，对照关区"走前列、创一流"工作目标，精心组织，狠抓落实，规定动作做到位。落实首问负责制、首办责任制、处科长带班制，增强服务意识，提升服务质量，主动处理和回复企业和群众诉求。加强窗口规范化建设，推进基层政务公开标准化规范化，提升窗口内务规范化水平。优化便民利企举措，全面实施"互联网+海关"线上办理，推动"海关政策进万家"。提升服务效能，常态化岗位练

▲2022年6月20日，车站海关关员对五里店货运监管区进行安全检查（鲍强 摄）

兵，优化作业模式，增强工作效能，持续巩固拓展党史学习教育成果，取得了扎扎实实的成效。

结合铁路口岸特点，立足实战部署北京冬奥会和冬残奥会通关监管与服务保障工作，成立车站海关北京冬奥会安保突发事件应急处置前线指挥部，切实加强所辖四个铁路监管作业场所的安全生产巡查。再部署、再梳理、再加严涉奥进口高风险非冷链集装箱货物新冠病毒采样和预防性消毒监督工作。编制车站海关北京冬奥会和冬残奥会工作手册，开展多场景多形式模拟演练。

【疫情防控】2022年，车站海关提醒督促全体干部职工克服麻痹思想，严格遵守疫情防控各项要求。管住关键时、关键人、关键事，严格做好每日健康排查"日报告、零报告"，确保"全覆盖、无遗漏"，督促全体干部职工履行个人防疫责任，自觉履行核酸检测，扫码查验等防疫义务，落实个人防疫"三件套"。落实海关总署及北京海关相关要求，落实内部防护"十必严"防疫要求，保证疫情之下责任不懈、工作不断。

【安全生产】2022年，车站海关多措并举做好"防风险、保稳定，迎二十大"工作，化解各类风险隐患。牢记底线就是安全线、行动就是保障力，守牢安全生产底线，严格落实值班值守、信访维稳、舆情应对等工作，严守工作纪律，履行工作职责，妥善应对突发事件。以海关监管现场安全作业为重点，建立健全安全生产风险隐患排查和突出问题自查自纠长效机制，严防各类安全生产事故发生，对三个监管作业场所安全工作开展全面自查排查，对经营单位、货运代理公司进行安全督导。积极融入西站站区安全生产格局，参加西站地区防汛工作会议，与西站办座谈就发现的安全相关问题商讨解决方案，配合北京西站及联检单位进行消防安全及防汛安全检查，及时清除安全隐患，与铁路公安建立联防联控机制，确保应急工作体系始终处于激活状态。开展多场所多场景应急处置演练，在旅检现场开展核辐射有害因子涉恐突发事件应急处置桌面推演，在货运现场开展疑似爆炸物突发事件应急处置桌面推演，在报关大厅开展涉恐砍杀冲撞袭击事件应急处置实战演练，与口岸相关单位联合举行119防火演练1次，进一步筑牢口岸安全防线，为经济社会发展创造良好安全环境。

撰稿人

许 匡

北京邮局海关

【概况】北京邮局海关（简称"邮局海关"）是北京海关所属正处级隶属海关，主要职责为：按授权承担指定口岸和区域范围内海关各类管理工作。承担党的基层组织建设和干部队伍建设工作；承担管辖区域内进出境邮递物品的通关、检验检疫、监管、征税等工作，反馈执法作业结果；承担全国海关进出境印刷品、音像制品的审查、监控工作。邮局海关进出境邮件监管量在全国排名前列，政治保卫、国门生物安全保卫职能突出，承担全国印刷品音像制品审查、监控、分析职责职能。管理监管场所5处，分别为建国门国际邮局报关大厅、望京国际邮件处理中心、机场EMS航空邮件交换站监管场所、新顺国际邮件监管场地和北京市国际邮电局跨境电子商务服务中心出口监管场所。邮局海关目前下设12个科室，包括办公室（党委办公室）、人事政工科（党委组织宣传部）、综合业务科、运行监控科、物流监控科、印刷品监管科、邮递物品监管科、跨境电商监管科、印刷品音像制品审查科、印刷品音像制品监控科、集中审核科和后续处置科。

2022年，邮局海关以习近平新时代中国特色社会主义思想为指导，强化政治机关建设，以"走前列、创一流"为工作目标，坚持"小邮件体现大政治"的工作定位，把"保安全、防风险、促服务"作为想问题、抓工作的"初心"，始终把带好队伍、做好工作的责任铭记在心、负重在肩，努力推动邮局海关实现新的发展。

2022年，邮局海关共监管进出境邮包1153.1万件（进口680.4万件，出口472.7万件），其中共监管进出境邮递物品209.1万件；进出境印刷品及音像制品117.1万件；进出境邮政快件826.9万件。查获违禁进出境印刷品及音像制品37万余件，同比增加19.25%。印刷品监管科获评全国"扫黄打非"先进集体称号，被北京市总工会授予"工人先锋号"荣誉称号，物流监控科获评"全国'扫黄打非'进基层示范点"，1名党员干部担任北京市第六批村党组织第一书记开展驻村帮扶工作。

【党的建设】2022年，邮局海关切实贯彻落实"第一议题"制度，第一时间传达学习、研究部署、贯彻落实习近平总书记重要指示批示精神和党中央重大决策部署。关党委注重发挥"头雁"效应，2022年全年共开展党委理论学习中心组学习10次，指导青年理论学习小组开展系列学习活动。党委书记发挥表率作用，在海关总署口岸监管司党支部第23期"学用讲堂"活动中代表北京海关交流发言。指导各支部和青年理论学习小组开展"政治机关建设我来讲"系列活动，有效引领党员干部夯实理论武装。

党委专题研究邮局海关全面从严治党工作，制定《全面从严治党工作任务分解表》。召开全面从严治党工作会议，严格执行"三重一大"事项集体决策制度，根据民主集中制原则形成决议，实现各领域业务工作"留痕迹、可追溯"，推动内部监督全覆盖。聚焦"关键少数"，落实海关总署党委、北京海关党委关于加强对"一把手"和领导班子成员监督的要求。制定《关于驻在单位重要情况及时反馈党委派驻纪检组的工作意见（试行）》，该工作机制已纳入北京海关党委纪检组印发的《关于加强派驻监督推进基层单位落实全面从严治党主体责任的若干措施》。专题研究通过《邮局海关党委关于加强作风建设的十条措施》《邮局海关谈心谈话工作制度》，把政治标准贯穿工作各领域、全过程，构建党委工作规范化长效机制。

持之以恒推动党史学习教育常态化长效化。积极参加海关总署、国家邮政局进境邮件税款信息联网项目业务试点，做到让信息多跑路、群众少跑腿。把服务延伸到"最后一公里"，持续提升对外窗口服务水平。开展图书捐赠等主题党日活动，建立微信群交流阵地，各支部在交流平台展示学习成果、交流工作经验，党总支及时进行工作指导、帮助把握学习进度、开展督促推动。参评并入选"我为群众办实事"优秀案例2个，将学习成效转化为为人民群众办实事的积极行动。

强化全面从严治党主体责任，长期坚持严的主基调，严格自律、严负其责、严管所辖。党委委员下沉一线，通过跟班作业、监督检查和谈心谈话加强风险分析研判和全面从严治党压力传导。开展风险研判，精准梳理廉政风险，明确重点关注岗位，抓早抓小，防微杜渐。加大对年轻党员干部监督力度，加强党员干部"八小时"外监督。以案说纪，开展节前教育，防范酒驾醉驾，净化干部职工社交圈、生活圈。

强化基层党组织政治功能，严格落实意识形态责任制，推动党员干部严守政治纪律和政治规矩，旗帜鲜明反对和抵制各种错误观点和倾向。全面铺开学习宣传贯彻内务规范，强化队伍令行禁止的作风。紧扣"学习、训练、建设、督导"四个环节，以上率下严抓学习动员，对照要求严抓队列训练，上下联动严抓氛围营造，对照规范严抓检查整改。

落实"支部建在科上"要求，以支部品牌建设为主题，指导各支部精心打磨不同类型的基层党建品牌，下属9个党支部已全部建立彰显自身特色的支部品牌。结合警示教育月活动，强化日常督导检查以案说纪，持续酒驾醉驾专项整治和常态化提醒教育。规范协勤人员管理，邀请派驻纪检组和法律专家对协勤人员进行法律法规警示教育；分片区组织全员参加准军事化集训，开展内务规范强化月专项活动。

确定2个"书记项目"选题，通过开展调研、推进项目，提高党组织组织力凝聚力，提升党建工作能力，进一步破解党建业务"两张皮"问题，推进党建业务深度融合。积极发展新党员，切实加强对入党积极分子和发展对象的教育培养，2022年发展2名入党申请人和1名积极分子，并加强对 2 名预备党员的考察。

运用首都红色文化资源和革命遗址,把党史学习教育与挖掘红色资源,传承红色基因相结合。用足用好宣传渠道,加大宣传力度,营造浓厚氛围,推动"求实、扎实、朴实"新时代海关文化落实。积极向机关党建工作专栏投稿 18 篇,向"京关 e 家人"投稿十余次并刊发专刊一篇,全面客观展示工作成效;培树优秀党员、党务干部 3 人,先进党组织 1 个。

▲2022 年 7 月 2 日,邮局海关党总支赴白乙化烈士纪念馆开展主题党日活动(程铭嘉 摄)

【监管业务】2022 年,邮局海关聚焦"保安全、防风险、促服务"工作目标,推进各项重点工作。牢固树立总体国家安全观,深入开展"国门利剑 2022""国门绿盾 2022""跨境电商寄递'异宠'综合治理"等专项行动,筑牢口岸安全防线。

在严把国门政治安全方面,始终牢记习近平总书记关于意识形态工作是党的一项极端重要工作的重要指示精神,贯彻落实张格萍关长提出的"小邮件见大政治"要求,切实做好"两会"、党的二十大等保卫工作,查缉成效显著。

在筑牢国门生物安全防线方面,全年共上报截获外来物种 435 种次,同比增加 141.66%,居北京关区前列。2022 年 6 月在进境邮件中截获蓝鸟翼凤蝶标本 44 件,为北京口岸首次截获。积极推动"跨境电商寄递'异宠'综合治理专项行动",全面复盘近两年查获活体动物情况,建立"异宠"截获信息底账 116 条,查获涉"异宠"邮件 26 件、活体昆虫 173 只。

在非贸渠道安全准入方面,持续保持打私高压态势,查发案件线索。其中各类涉毒(含疑似精神药品)共计 58016.7 克;濒危动植物及其制品 41 件。

在保护知识产权方面,开展"龙腾行动 2022""蓝网行动 2022",全年共查获侵权商品 3150 批次、共计 60.1 万件,列北京海关查获量第一。2022 年上半年连续查获涉嫌侵权邮包 2087 批次,入选全国海关知识产权保护典型案例。

在安全发展思维底线方面,把安全生产与专项教育活动、常态化口岸危险品治理工作有机结合、统筹推进。按照"十查五管"要求,开展安全生产大检查"回头看"行动,在党的二十大召开前对重大风险隐患进行再排查、再梳理,确保劲头不松、措施不减、成效不降、问题不反弹。

做好新顺国际邮件监管场地建设工作。持续加强与北京邮政的工作协调和督办力度,

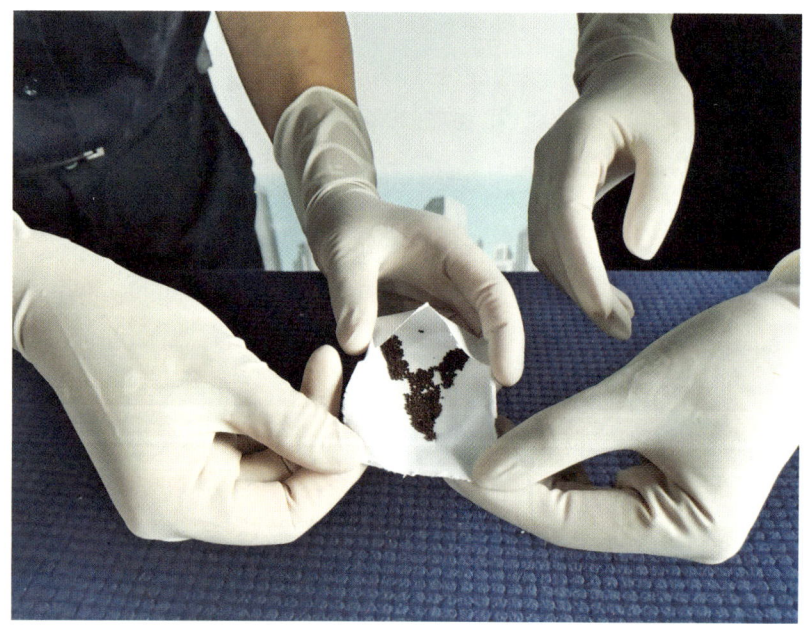
▲2022年8月3日，邮局海关关员查获濒危仙人掌种子 （孟晨 摄）

有计划、有节奏、抓重点、全方位做好各项转场准备工作。2022年9月30日新场地正式启用。开展进口邮件通关试运行，同步评估系统运行、线体作业和邮件分拣分流情况，测试效果良好；办公家具及设备已完成进场及安装；海关标识设计、进口查验大厅科技提升方案正逐步推进。高标准、高起点谋划北京海关政治保卫成果展示厅，展厅建设按计划推进。过渡平稳有序，在平稳转场的同时做到有效监管，深化"三实文化+八廉工程"，确保转场期间队伍不乱、业务不断、力度不减。

【督察内审】2022年，邮局海关召开党委会研究内控工作2次，召开关区内控工作会议1次，由关班子和各成员单位专题研究内控工作推进情况。重点开展了系统授权自查、内控节点梳理、内控监督系统培训及深入应用、制度流程修订、现场视频监控和业务运行情况自查自纠等工作。修订《北京邮局海关检疫截留物检疫处理操作细则（试行）》，从处理指征、前期工作、处理流程、记录归档等方面从严从细做出规范。梳理内控管理制度23份，主要包括政务制度11份、业务制度6份、专项工作制度6份。年内，针对上级单位有关要求，修订制度2份。对照《北京海关执法/非执法领域内控节点岗位落实清单》，结合具体情况，筛选形成涉及选拔任用、公文办理、档案管理、督促检查、公务用车管理、税费管理、货物通关监管、行政处罚办理时效等19个节点。按照督察内审处相关要求，及时调整处室关注节点，并按要求进行自查自纠，录入相关节点台账10条，制发联系单开展监控核查1990条。开展内控培训2次，参训人员25人次，《关区信息快报》采编内控专题信息1篇。

着力防范隐患化解风险，紧盯执法领域风险重点，建立检查人员库，随机选派执法人员。加强对视频监控系统的升级改造，增加、调整摄像头点位，实现重点监督监控区域全覆盖；通过软件升级，新增轮巡、报警等功能，加强视频巡查力度。优化非执法领域全过程控制，注重事前、事中、事后的整体联动和制约，实现非执法领域业务工作"留痕迹、可追溯"。

【队伍建设】2022年，邮局海关在干部选拔任用过程中严把选人、推荐、考察、流程、决策"五关"，牢固确立"围绕发展选干部，选好干部促发展"的工作思路，努力做到提拔人选组织放心、群众满意、干部服气。选拔任用的科级领导干部具有较高的公信度和广泛的群众基础。

着眼于改革发展需要和岗位职责要求，对科级机构名称、职能配置和人员编制进行评估、调整和优化，使一线执法的有效性得到全面提高。根据工作形势，论证优化科室机构调整方案，做好转场方案以及新顺监管场地科室设置方案，为关员发挥能力搭建好平台。

打造"青春邮我"特色学习品牌，建立建国门、望京、航站"三片区"，打造自觉主动学、及时跟进学、联系实际学、笃信笃行学"四步走"学习模式，为邮局海关青年干部培养和队伍建设搭建平台。以指导青年理论学习小组为抓手，在青年干部中开展专题学习会、宣讲活动等共9次，心得体会12篇，撰写调研文章和综合信息14篇，其中1篇感想被推送至北京市人民政府市直机关青年忠诚教育栏目。1人在北京海关"年轻干部廉洁教育视频会议"中作为代表发言，1人作为代表参加冬奥会"值机柜台前移"支援工作。成立"邮局海关青年党团员突击队"，形成一支青年机动力量，做好重大保障和重要工作。

加强日常管理，凝聚履职力量。严格干部职工日常考勤考核管理，因私出国（境）证件管理，领导干部个人有关事项申报，海关工作人员违规投资企业及在企业兼（任）职自查，抓早抓小，防微杜渐，把纪律和规矩挺在前面。落实加强执法一线科长队伍建设要求，加强对优秀年轻干部和执法一线科长队伍的严管厚爱。

【疫情防控】2022年，邮局海关切实落实单位主体责任及干部职工个人防疫责任，严格落实各项内防措施。加强离返京人员管理，做好常态化核酸检测和疫苗接种工作，重点加强办公区域和聘用、服务外包人员管理，做到"全过程、全覆盖、全链条"严管。按照北京海关工作要求，迅速成立应急值守小组，关长靠前指挥、党员冲锋在前、青年关员主动奉献，确保通关监管正常有序。启动闭环办公模式，严格落实"十必严"及居家办公管理的各项要求。对照第九版口岸防控技术方案要求，修改审定《邮局海关监管作业现场及设备设施新型冠状病毒监测工作方案》，确保问题清零。做好个人防护和健康监测工作，持续做好场所消毒及重点管控生活垃圾的收集和清运。

【信息新闻宣传】2022年，邮局海关报送对外宣传稿件27篇、政务信息16篇、值班信息9期。包括查获濒危仙人掌、象牙制品、植物种子、鱼苗、火蝾螈、蓝鸟翼凤蝶和各类甲虫等，中央广播电视总台《经济信息联播》《第一时间》《中国新闻》，"海关发布"微信、微博客户端，"人民网"、《北京日报》、《中国海关》、《中国国门时报》等媒体平台累计报道95次。

撰稿人

郭　琪

中关村海关

【概况】中关村海关为北京海关的正处级隶属海关,是全国第一家经国务院批准设在高新技术产业开发试验区内的属地型海关,受北京海关直接领导,按授权承担指定区域范围内海关各类管理工作。承担党的基层组织建设和干部队伍建设工作;办理中关村国家自主创新示范区及其所在地海淀区的通关、检验检疫(指定业务除外)、征税、企管、常规稽查、核查、属地查验、加工贸易和保税等海关业务,反馈执法作业结果;承担北京海关部分减免税集中审核工作;承担北京海关原产地证集中审核工作。中关村海关内设办公室(党委办公室)、人事政工科(党委组织宣传部)、综合业务科、减免税管理科、原产地管理科、稽查科、查验科7个科室。2022年,获评全国"节约型机关"。

2022年,全年征收税款9.67亿元。依法履行部分法定减免和特定减免职责,累计减免两税39.5亿元,涉及货值69.76亿美元。全年共集中审核出口原产地证书38708份,涉及出口货物金额32.2亿美元,同比增长14.5%;现场签发证书8621份,占北京关区总现场签发份数的57%。

【党的建设】2022年,中关村海关深入开展党的二十大报告内容学习研讨,全年组织党委理论学习中心组学习21次,交流研讨8次,深刻领会"两个确立"的决定性意义,增强"四个意识"、坚定"四个自信"、做到"两个维护"。利用"三会一课"、党建长廊、短视频等形式,结合工作实际与工作特色开展二十大精神学习,自觉用习近平新时代中国特色社会主义思想武装头脑、指导实践、推动工作。

开展清查整治突出问题,规范党务工作,围绕3方面清查整治任务,细化9项查摆重点,在迎接中组部检查过程中获得了高度肯定;积极汇总党建工作新思考、新研究、新探索,基层党建创新案例获评全国海关基层党建创新案例,并在全国范围内得到宣传推广;发挥典型示范引领作用,1人获评海关总署2021年度"百名优秀执法一线科长";4人获评北京海关"优秀党务工作者""优秀共产党员"称号,2个集体获评北京海关"先进党组织"荣誉称号;年内完成7个党支部换届选举工作。

【法治建设】2022年,中关村海关持续提升关区法治工作水平。结合工作实际,深入落实"谁执法谁普法"普法责任制要求,通过稽核查、企业认证等外勤执法及政策宣讲,结合法治宣传关键时间点,紧扣"海关政策进万家"主题,根据关区范围内企业特点,按需制订计划,精准开展普法宣传，重点解读企业关心的综保区政策、RCEP 海关出口原产地业务、"异宠"及有害生物入侵、知识产权海关保护、国际贸易"单一窗口"、税政调研、食品安全、"船边直提"、"抵港直装"、真空包装等高新技术货物布控查验模式和合规申报等最新海关政策，充分发挥法治护航、服务大局作用，助力关区范围区企业法治素养提升，为地方经济发展赋能提速。

【业务改革与发展】2022 年，中关村海关进一步深化改革创新，瞄准顶尖科创单位减免税进口的旺盛需求，强化科技赋能充分释放税收征管红利。

针对传统减免税业务困难，组建涵盖技术、业务、管理骨干的开发团队，分期、分步、分模块开展多轮调研，不断优化全国首个"减免税业务辅助监控子系统"相关功能，新增"企业资质管理功能"等微功能模块，首次实现申请单位和代理企业的数据库动态更新线上操作，拓宽了关企沟通联系渠道，新增"审核结果推送功能"，可将《征免税确认通知书》审核结果以短信方式第一时间推送给企业经办人，提高用户使用体验，有效服务在京减免税用户。

【税收征管】2022 年，中关村海关围绕海淀区的企业特色"量身打造"相关课题，报送税政调研建议 36 条，较上年度增长一倍。2022 年，累计为关区范围内两家企业减省税款 1005 万元。做好合规申报企业管理，对 240 余家未规范申报属地企业逐一告知申报差错情况，引导企业落实规范申报要求，提升企业合规申报水平。

2022 年，中关村海关依法履行部分法定减免和特定减免职责，累计电子审核办理《征免税确认通知书》15309 份，较 2019 年增长 30%，较 2020 年增长 39%，较 2021 年增长 224%。减免两税 37.7 亿元，涉及货值 69.3 亿美元。

为关区范围内重点单位开展"'十四五'科技创新政策解读以及减免税商品认知与申报"，以及"推进'十四五'国家重点科研任务实施专项政策、法规送万家培训"，共组织 2 次大型专题网上培训。通过线上专家直播方式、远程讲解方式，逐条解读政策内容、详细阐释办理要求，同时在线互动答疑解惑，确保了政策宣讲和企业认知达到预期效果。清华大学、北京大学、中国科学院相关单位及其代理公司等 300 余家、400 余人在线参与培训。

收集并开通 25 家航材企业"事后批量复核"系统的申请，简化办事流程。根据部分企业无法通过报关单正常修改完成后续退税操作问题，创新应用针对分送集报单据的简化操作模式，大幅降低制度性成本。航材减免税申请企业已经实现无纸化申报模式全覆盖。全年共办理航材征免税证明 3362 份，涉及商品 7310 项，审核总货值 3.57 亿元，减免两税 8244.8 余万元。

【检验检疫】2022 年，中关村海关全年共实施入境特殊物品、生物材料转场检查 2524 批次，货值 14559.82 万美元，同比分别增长 29.90% 和 51.64%。实施进境实验动物目的地检查 163 批，同比减少 15.98%。共查获不合格货物 52 批次，查验不合格率 2.06%。受理出境特殊物品申报 1778 批次，货值 8816.85 余万美元。

持续做好出境伴侣动物信息咨询答复，提供申报录入服务，提供精准指导，全年办理出境伴侣动物检疫 377 批次、412 只。开展国门生物安全宣

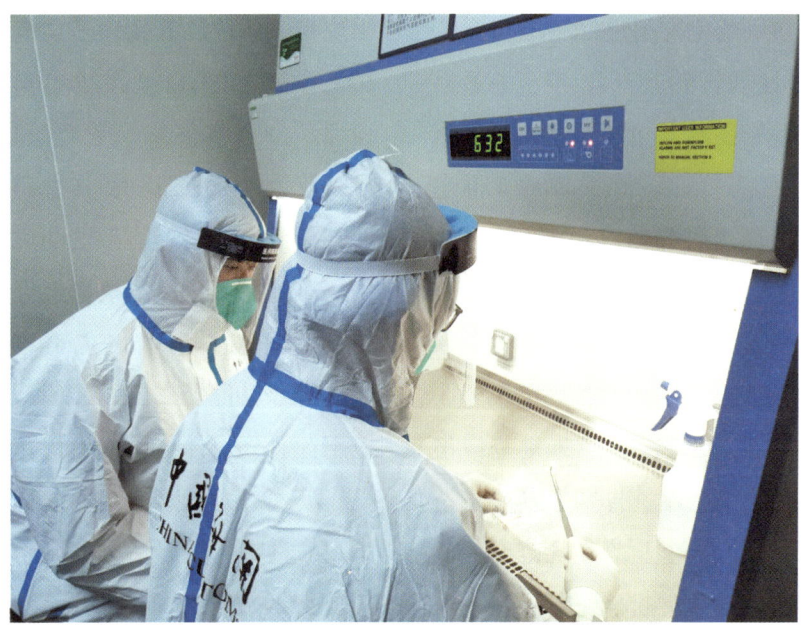

▲2022年10月27日,中关村海关关员开展进口特殊物品安全防护和应急处置岗位练兵 (许文燕 摄)

传,邀请进出口生物医药材料相关科研、生产单位及代理企业,采用线上直播形式,介绍进口生物医药材料的监管要求和通关流程,并通过积累的真实案例详解进口合规申报的关键点及进口单位的法律责任。47家单位参加了此次交流活动。

【监管业务】2022年,中关村海关实施"智能审核""自助打印""邮寄签证""预约取证"等便利措施,全年集中审核北京关区出口原产地证书38708份,同比下降9.2%;涉及出口货物金额32.2亿美元,同比增长14.5%。现场签发原产地证书8621份,占北京关区总现场签发份数的57%。

持续开展原产地政策宣讲,3月,联合昌平区商务局举办第一季度RCEP对企现场培训,共26家企业38人参加。6月,举办第二季度对企RCEP政策宣讲会,55家企业线上参会。9月,举办第三季度对企RCEP政策宣讲。通过视频直播线上培训,为出口企业介绍RCEP关税减让和原产地规则相关政策,帮助企业熟悉原产地证书申报流程及操作要点,引导企业紧抓关税减让红利,不断提升企业享惠能力。

中关村海关靠前谋划,积极对接企业需求,完成北京地区首份RCEP原产地证书的签发。全年集中审核北京关区出口RCEP原产地证书4304份,签证金额2.45亿美元,累计帮助企业享受进口国关税减让超过1600万元。关区超过79%的RCEP原产地证书已实

▲2022年2月1日,中关村海关关员签发北京关区首份出口韩国RCEP原产地证书 (赖晶晶 摄)

现自助打印签发，企业足不出户即可获得RCEP原产地证书。

【海关统计与政策研究】2022年，中关村海关完成海关要情3篇、行业分析22篇，报送信息24篇。完成包括先导指数、出口企业技贸调查、对美市场化排除政策使用情况等涉企问卷调查及各类调研37项，下发问卷936份。

参与"出口逆势增长的中关村力量"课题研究工作，从海淀区近三年外贸全景和外贸发展5大特征、海淀区外贸稳定向好发展的3个支撑，以及出口逆势增长背后的5种力量、4个展望以及5条建议等五个方面展现了海淀区出口总量连续三年稳居北京市第一，彰显了逆势增长的中关村力量，并于服贸会"海淀之夜"发布。

【企业管理与稽查】2022年，中关村海关牢固树立以查发为导向的稽查工作理念，在做好疫情防护的同时，充分运用"云稽查"等手段，有计划、有重点、有步骤地推进相关专项稽查工作，确保工作不留死角，取得实效。2022年稽查查发率达89.5%，同比增长31%，实现大幅提升，办结企业稽查作业19起，其中移交8起，补税9起，主动披露作业4起，其他作业3起，开展核查作业30起，定期管理作业8起。

扎实推进企业信用管理工作，通过梳理关区范围内高新龙头企业、"双自主"企业、专精特新企业等重点企业名单，按照"储备一批、培育一批、提升一批"的原则，建立中关村海关关区范围内"重点企业培育库"，助力关区范围内重点企业海关信用提升。依托海关认证专家团队为企业提供跨业务领域服务，建立"协调员受理+专家答复"工作模式，为关区范围内40家高级认证企业提供线上政策推送、咨询答疑、问卷调查、政策解读等协调服务，指导企业提升内部管理和守法合规水平，获得企业肯定。

【政务管理】2022年，中关村海关不断提高办文办会水平，做好文件收发工作，促进公文处理规范化，按期办结北京海关下发的督办事项。做好新闻宣传和信息工作，提升政务公开水平，把信息、新闻宣传工作与业务工作同部署、同落实、同总结、同推进，年内共报送动态信息近200篇、新闻稿件10余篇。

【财务与后勤保障】2022年，中关村海关落实"过紧日子"有关要求，按时完成年度预算执行。成立中关村海关"海关重点项目和财物管理以权谋私"专项整治工作领导小组，进一步严肃财经纪律，强化财务监督；预算编报、执行水平能力进一步提高，装备资产管理更加规范；从群众最关心最实际利益问题入手，完成阅览室改造、办公楼制冷空调更新等惠民项目，干部职工工作生活体验持续提升，得到了4家驻在单位的一致好评。

【科技发展】2022年，中关村海关全力配合保障海关总署减免税模块切换、后续监管模块上线、全系统升级、容灾测试等电子信息系统升级工作，积极做好准备，包括立足专家团队，建立工作小组，先做好分工、申请系统授权，并全员学习、掌握新系统，及时沟通联系以明确海关总署和关税职能部门要求，迅速筛选整理近几年单据数据，进行检查、退回、删除等处理；畅通北京和异地口岸海关联系，采用异常业务数据处理等方式，处置税则号列申报不正常等异常数据，帮助申请单位解决难点堵点问题。

【督察内审】 2022年，中关村海关深化内控机制建设，健全权力运行制约和监督体系，围绕海关总署和北京海关重点工作，组织细化落实"内控节点岗位清单制管理"要求，深化内控机制建设，健全权力运行制约和监督体系。年内，开展两次内控节点梳理工作，对执法领域和非执法领域的报关单修改分析、分析研判和动议的程序控制等12个节点进行22次检查，对查发问题及时整改。严格落实内控管理制度建设，修订制度2份，开展1次内控培训工作。中关村海关内部控制与监督子系统运用良好，完成处置异常数据有效数目标任务。

【队伍建设】 2022年，中关村海关坚持正确用人导向，选优配强科级领导班子。多次向人事处报送申请人员编制和部分业务科室人力资源情况现状的材料，最终调整优化了2个科室的人员编制，一线人力资源配置趋于科学合理。完善协管员管理，制定《中关村海关协管员实施细则》；完善一线科室工作职责情况，建立执法一线科长三单对账表。发挥典型示范引领作用，4名个人获评北京海关"优秀党务工作者""优秀共产党员"称号，2个集体获评北京海关"先进党组织"荣誉称号。

中关村海关开展全民阅读活动，搭建"多读书读好书"优质平台，全新升级打造中关村海关"方寸知间"图书馆。通过与海淀图书馆共建，升级馆藏图书，同时配备有声读物电子显示屏，实现线下与线上交互听书，提供沉浸式阅读体验。通过开展好书分享会、"三实"文化大家谈、"村办小课堂"、"知春晖"青年理论小组、"格物致知"系列读书活动、图书馆征名和品牌设计方案评选、中秋诗会等活动，鼓励关员读书修身、读书励志，推动形成爱读书、读好书、善读书的浓郁氛围。

【优化营商环境】 2022年，中关村海关持续压缩通关时间，大力推广"两步申报"，提升企业使用数量，通过提供全天候预约服务，积极协调解决企业通关环节遇到的问题，切实让营商"软环境"培育发展"硬实力"。

开展海关政策进万家活动，在前期对相关企业开展问卷调查、了解企业实际需求的基础上，结合关区范围内企业特点，按需制订计划，对属地专精特新、双自主企业、RCEP海关原产地出口企业精准开展宣讲，提升企业获得感。推进企业信用管理，通过梳理高新龙头企业、"双自主"企业、专精特新企业等重点企业名单，按照"储备一批、培育一批、提升一批"的原则，建立中关村海关关区范围内"重点企业培育库"，助力关区范围内重点企业海关信用提升。2022年进口提前申报率96.58%，整体通关时间0.83小时，"两步申报"率98.56%。

中关村海关与海淀区商务局及北京海关相关处室共同推进营商环境改善及政策推广工作，开展政策宣讲。2022年成功协助关区范围内1家"双自主"企业办理企业品牌知识产权备案，1家企业参加中俄海关"绿色通道"合作项目，1家企业参与优化真空包装等高新技术货物布控查验模式试点工作。

【中关村综合保税区申建】 2022年，中关村海关与海淀区商务局、中关村综保区建设及后期运营方、规划设计部门、信息化团队进行多轮磋商沟通，对综保区申报选址、政策创新和拟入区项目、空间布局规划、园区建设方案、功能配置，以及运营公司应发挥的作用等核心问题通过线上、线下不同形式进行了20余次深入研讨调研，形成并不断完善《中关村综保区概念设计方案》和《中关村综保区信息化建设规划方案》。

【"两区"建设】2022年，中关村海关主动对标海关总署和北京市委市政府部署，积极服务"两区"建设，报送2条"两区"创新举措，《对建立生物医药企业（研发机构）研发用物品进口"白名单"的企业和物品动态调整，提升进口便利化程度》和《逐步简化无特定病原体（SPF）级及以上级别实验动物进口手续，缩短隔离检验期》，配合相关部门确保创新举措落地落实，并积极报送相关创新案例。

6月，中关村海关派员参加研究确定海淀区"两区"建设深化改革创新实施方案专题会议，建议实施一批制度创新政策清单，包括研发用物品进口、缩短实验动物隔离检验期、RCEP惠企服务等方面。参加海淀区人民政府与中欧数字协会联合主办的"两区"建设线上推介会，详细讲解AEO高级认证企业可享受的便利措施，约9000人同步在线观看。配合海淀区"两区"办完成《中国（北京）自由贸易试验区科技创新片区海淀组团发展建设三年行动方案（2022—2024年）》意见征求工作。

撰稿人

张　宁　李　鹏　李闻婧　张琛琛　沈　婧　陈　曦　赖晶晶　许文燕

北京东城海关

【概况】北京东城海关（简称"东城海关"）为北京海关所属正处级隶属海关。受北京海关直接领导，承担党的基层组织建设和干部队伍建设工作；办理北京市东城区的通关、检验检疫、征税、企管、稽核查、属地查验、加工贸易和保税等海关业务，反馈执法作业结果；承担北京关区专项稽查任务；承担北京关区企业资质注册登记备案工作；承担北京关区进口食品、化妆品境外出口商、代理商和进口商备案工作；承担出口食品原料种植场、养殖场等的备案工作，建立进口食品的进口商、出口商和出口食品生产企业信用记录。东城海关内设办公室、综合业务科、查检科、执法规范科、稽查一科、稽查二科、稽查三科共7个科室。

2022年，东城海关共办结稽查作业85起，查发问题76起，稽查有效率89.41%，同比提高20.32%；稽查移交缉私部门线索；办理稽查快办案件7起。办理报关单位备案业务326家次，办结行政审批业务21个，办结进口食品化妆品进口商备案348家，办结境内公路承运海关监管货物的车辆备案112辆、企业备案13家，签发出口原产地证书119份。核对属地企业申报数据8700余条。

【党的建设】2022年，东城海关"三个强化"深入学习宣传贯彻党的二十大精神。强化组织领导，制订学习宣传贯彻党的二十大精神实施方案，细化形成5方面17项学习内容。党委组织专题学习3次，专题研讨2次；关务会组织专题学习研讨交流2次；各科室组织集体学习7次，交流研讨39人次，学习交流做到全员覆盖。强化工作部署，党委书记及班子成员发挥"头雁"效应，强化学习引领作用。党总支及时下发工作提示，结合实际，明确近期重点工作任务。各党支部开展"线上+线下"多种形式组织学习交流，做到全面学习、全面把握、全面落实。强化工作融合，聚焦主责主业，着力学懂弄通做实，统筹推动新冠疫情内部防控和促外贸保稳提质、强化属地海关监管与服务，促进东城区经济高质量提升，高质量做好企业稽查工作等，确保党的二十大精神贯彻落实到位。强化成果转化，紧扣海关总署党委提出的"12个必""38个深入思考"，聚焦主责主业，加大调研力度，切实提高政治能力和履职本领。

东城海关持续推动"第一议题"制度见行见效。党委书记充分发挥第一责任人职责，以身作则、率先垂范，做好领学传达、研究贯彻、推动落实。加强深学笃悟，分12个专题深入学习、深刻领悟党中央决策部署的政治考量。各党支部采取"钉钉""学习强国"在线学习、交流研讨、知识测试等多种方式,运用新媒体手段转载转发学习内容,利用碎片化时间学习。推进全面从严治党,学习习近平总书记关于全面从严治党的重要论述,制定《东城海关2022年全面从严治党任务分解表》分解6大类30项任务,推进清廉海关建设全方位深化。对标对表海关总署和北京海关工作要求,制定《东城海关2022年重点工作任务分解表》,分解为6大类43项任务,逐项研究推进。注重"第一议题"学习与实践相结合,做到边学习、边研究、边工作、边总结,形成学习和实践的良性互动。

深入推动专项教育活动高质量开展。结合关区实际研究制订专项教育活动实施方案,成立领导小组,细化推进措施19项。组织4次专题学习研讨、14次集体学习,交流研讨90余人次,学习交流做到全员覆盖。领导班子集体审核问题清单,深入开展原因剖析,力求找准查实问题。共梳理确定问题隐患数4项,岗位设置12个、岗位政治要求39项。组

▲2022年10月17日,东城海关青年理论学习小组组织学习党的二十大精神(吴畏 摄)

织全体干部职工撰写专项教育个人心得体会,做到人人学、人人讲。设置专项工作展板2块、易拉宝2份、海报1张、交流园地1块。凝练关区政治机关建设工作经验,形成《锚定"走前列"目标 实施"聚合力"工程》,被"学习强国"、《中国海关》、"金钥匙杂志"微信公众号、"京关e家人"刊载,荣登金钥匙杂志微信平台2022年5月人气榜第2名,生动展现了积极向上的工作风貌。

有效推动"学、查、改"专项工作深入开展。与习近平总书记对海关工作的重要指示批示精神对标对表,重点做好"六对照六看六查",共梳理问题隐患9项,制定整改措施16项。各科室针对查摆问题,深入分析问题原因。紧盯查摆出来的问题,制定整改措施,实行项目化推进、销号式管理,边学边查、边查边改、立行立改。

贯通"两个专项",逐项对照工作提示,开展内部风险排查,查询历年预算收支情况,调阅百份资料进行自查,畅通举报方式,广泛接受监督。结合北京海关2022年度督察审计自查及整改工作,对照《督察审计自查要点及风险清单》对财务管理全过程进行梳理、自查,持续深化清廉海关建设。

【法治建设】2022年,东城海

关持续提升关区法治工作水平。结合工作实际，制订东城海关年度普法计划和普法责任清单。深入落实"谁执法谁普法"普法责任制要求，结合各科工作实际和各自业务特色，通过稽核查和企业认证等外勤执法环节，提供个性化"嵌入式"普法提示卡，重点针对行政处罚快速办理程序、海关主动披露、应税特许权使用费申报等政策法规开展释法说理，力争实现法律效果与社会效果统一。编纂《东城海关执法依据及业务制度电子汇编》，并建立季度更新机制，年内共计汇编各类法规文件279份。

【检验检疫】2022年，东城海关保持查缉危险品违禁品的高压态势，配合开展好"跨境电商寄递'异宠'综合治理"等专项行动。提供"灵活查验"方式，采取提前预约、上门查验、不提交纸面资料、新冠疫情防控期间货主免到场查验等方式，减少货物搬运和企业查验等待时间，提高查验效率，全力支持关区范围内中小企业发展。与企业密切沟通，通过工作日延时加班、多种形式查检，时时盯单、及时处理，做到出口申报单"日清"，及时查检放行，确保"零延时"。将企业信用管理与属地查检有机结合，确保信用管理精准有效。

【监管业务】2022年，东城海关加强北京关区监管作业场所行政许可事项的审批管理，提升工作规范化水平。全年共办结海关监管场所（地）审批21个，同比增长110%；办结进口食品化妆品进口商备案348家，办结境内公路承运海关监管货物的车辆备案112辆、企业备案13家。持续加强重点敏感商品监管，严把进出口检验关，开展2022年度国门生物安全监测，参加3次工作会议，研提工作方案，落实本关区监测工作。快速验放多批次A级特殊物品，并做好进口特殊物品后续监管，保障关区范围内科研机构科研工作顺利开展。

【企业管理和稽查】2022年，东城海关不断提高精准分析能力，持续深化稽查业务改革。通过风险分析、大数据筛查、数据研判等手段，提高稽查精准度，发挥海关服务企业的职能，规范、帮扶企业发展。践行"人民海关为人民"，密切关注企业"急难愁盼"问题，指导企业开展主动披露、应税特许权使用费申报、滞纳金减免等，通过稽查引导企业合规管理、守法经营。开展归类行业性分析，发挥稽查工作对行业的规范作用。对重点行业、重点商品开展自主归类研究，分析行业内企业的申报情况，积极与归类职能部门沟通归类认定和处理方向。强化稽查税收征管成效，汇总梳理关区税收征管工作评估情况，确保税款应收尽收。精选调研方向，将走访企业的疑难问题与政策诉求转化为重点调研议题，报送7条税政调研建议。积极推进稽查快办案件办理工作，对重点难点问题集中研究处置，落实"日推进、周调度、月督办"工作要求，建立稽查快办案件推进情况台账，确保按时完成，年内共办理稽查快办案件7起。集中力量、加快推进海关总署金钥匙2022专项行动，克服跨地区办案阻力，全力推进任务完成。

【督察内审】2022年，东城海关将内控工作列入《东城海关2022年重点工作分解任务清单》，组织召开专题会议2次，部署内控工作要求。细化梳理2022年"海关内部控制与监督子系统"平台目标任务数、内控评价考核指标、平台应用绩效考核指标，制订下发《东城海关内控考核指标任务分配方案》，明确各科分解任务和具体操作要点。建立科内专人负责、关内专人督办机制，建立《北京东城海关内控节点岗位清单》，提高海关内部控制与监督子系统及内控节点应用成效，通过内控核查联系单和节点台账录入等方式，针对管理、执法环节开展自查自纠，节点覆盖率及节点成效率均符合内控考核指标要求。

【队伍建设】2022年，东城海关持续加强班子建设。党委班子坚定履行"三个率先"承诺，党委书记讲专题党课，全关7个党支部开展主题党课、党日活动，持续深入开展专项教育活动、"学查改"专项工作。压紧压实全面从严治党主体责任，深入开展"八廉"工程，一体推进"三不腐"。组织学习违纪违法典型案件警示录，结合工作实际开展学习讨论。严肃整治违反中央八项规定及其实施细则精神的问题，持续推进清廉海关建设。提升党组织战斗堡垒作用。开展党员重温入党誓词活动、2022年"共产党员献爱心"捐献活动，增强党员干部的责任感、使命感、荣誉感。大力弘扬"三实"文化，强化准军事化纪律部队作风养成，树正气、易俗气、遏邪气，不断增强党员干部的纪律意识，确保严守底线不越红线，严防酒驾醉驾及黄赌毒等违法违纪行为发生。制定完善《东城海关办公秩序管理细则》《东城海关内务规范化检查表》，设定26个量化考核点，开展内务规范样板创建工作，以科室文化建设同准军建设相结合提升内务规范化水平。推动文化建设发展。参加"政治机关建设我来讲"主题征文活动，1篇文章获评优秀征文。参与"喜迎二十大 永远跟党走"书画摄影作品征集活动，报送书法作品6份。组织深入学习党纪法规，开展网络意识形态专题学习，纪检委员及党支部书记讲廉政微党课，深化廉政文化建设。严管厚爱做好帮扶。落实谈心谈话、走访慰问制度，年内开展谈心谈话42人次，走访慰问因病住院干部职工2人次；做好法定节日职工慰问工作，加强对干部职工的人文关怀。打造高素质稽查队伍，建立"新人、骨干、专家"三个梯队轮动成长机制，做强"东关课堂"品牌，加大青年人才培养使用力度。以支部建设为平台，统一思想认识，加强关心关爱，增强集体归属感，营造和谐向上的氛围，激发干部职工干事创业的热情。

【优化营商环境】2022年，东城海关制定保稳提质20项措施，持续开展"海关政策进万家"活动，班子成员通过跟班作业，先后赴关区范围内3家重点企业调研，关心了解企业的经营状况，倾听企业诉求，主动助企纾困。对办事大厅公告栏和宣传栏进行升级改造，对公告内容及时进行更新维护，引导办事企业浏览关注，提升企业获得感。主动对接关区范围内重点企业，一企一策，帮助关区范围内企业解决通关过程中的困难和问题，撰写优化营商环境案例1篇，指导外贸企业用足用好各类优惠政策。助力北京市"两区"建设，支持对临床试验用途的干细胞等人源化细胞入境检疫采用一关审批、多地临床试验的监管新模式，促进辖区生物医药产业发展。实施"窗口作风提升"行动，开展岗位练兵，落实"首问负责制""首办责任制"，年内2次组织辖区内企业通过线上形式参加RCEP等培训，宣传贯彻和解读优化营商环境最新政策。

▲2022年11月29日，东城海关为办事企业宣讲出口产品贸易享惠政策（石婷婷 摄）

动态收集海关促外贸、稳增长政策措施，利用稽查工作面对企业的"窗口桥梁"特点，做好政策宣传及引导帮扶工作。

【疫情防控】2022年，东城海关科学精准、从严从紧做好新冠疫情防控工作。压实主体责任，建立环环相扣的"责任链"。各级领导干部讲政治、敢担当，全体干部职工顾大局、能作为，确保严格落实内部防护"十必严"要求，统筹做好疫情防控和业务工作。处、科两级领导干部负组织管理责任，全关干部职工负个人管理责任，层层压实，释放责任，狠抓落实。升级防控举措，完善层层递进的"工作链"。落实"四早"要求，及时更新工作台账，完善人员信息并保持动态更新；严格落实"日报告、零报告""每日健康排查""绿码上岗"3项制度，严格规范防护措施"3件套"；成立流调工作组，切实提高"早发现、早处置"能力，做到防控措施更早、更快、更严、更实。确保内外协同，打通政务畅通"沟通链"。积极与职能部门沟通联系，破解突出问题，保障业务平稳运行。

【安全生产】2022年，东城海关以"时时放心不下"的责任感，对安全生产工作进行再安排、再部署、再落实。召开党委会议、关务会议研究安全工作，压紧压实"一把手"、分管关领导及科长三级责任，对风险隐患进行再排查，做到横向到边、纵向到底，梳理出两方面14项防范化解重大风险任务，制定应对措施42项。开展安全生产大检查"回头看"，及时彻底消除安全隐患。严格执行值班和领导在岗带班制度，进一步完善应急预案，提升应急处置水平，组织开展安全生产应急演练，强化应急响应。统筹开展办公场所安全、保密安全、档案安全、准军建设等内容的全面检查，年内组织开展安全检查30余次，确保安全防范工作落地落实。

撰稿人

聂 晶　凌伟栋　王 宇　陈珊珊　耿 阔　李 北
闻莉莉　石婷婷

北京西城海关

【概况】北京西城海关（简称"西城海关"）是北京海关的正处级隶属海关。主要职责是：受北京海关直接领导，承担党的基层组织建设和干部队伍建设工作。办理北京市西城区的通关、检验检疫、征税、企管、常规稽查、核查、属地查验、加工贸易和保税等海关业务，反馈执法作业结果；承担北京关区事中、事后集中验估工作；承担北京关区加工贸易、保税仓库和出口监管仓库集中审核工作（2022年8月1日起，北京海关将由西城海关负责的关区两仓电子数据集中审核业务模式，调整为由各隶属海关自行负责）；承担北京地区进出口贸易性音像制品的集中监管工作；完成北京海关交办的其他工作。

西城海关下设7个科室，分别为办公室（党委组织宣传部）、综合业务一科、综合业务二科、稽查科、集中验估科、加工贸易监管科、保税仓库集中审核科，重点业务工作围绕"两中心、三特色"开展，即北京关区验估、加工贸易两个集中审核中心；全国军品加工贸易、北京地区贸易性音像制品、北京关区增值税核查比对三项特色业务。

2022年，西城海关以习近平新时代中国特色社会主义思想为指导，坚决拥护"两个确立"，增强"四个意识"、坚定"四个自信"、做到"两个维护"，贯彻落实海关总署党委、北京海关党委各项部署要求，坚持"走前列，创一流"的目标，把政治建设放在首位，以迎接和学习宣传党的二十大为主题主线，按照"铸忠诚、担使命、守国门、促发展、齐奋斗"的工作要求，努力做到政治站位再提升，实干担当践宗旨，服务企业促发展，改革创新强能力，廉洁奉公树新风。

【党的建设】2022年，西城海关坚定不移突出党建引领，强化政治机关建设，争当"排头兵"。

党委组织全体干部职工收看党的二十大盛况，第一时间学习宣传贯彻会议精神，组织开展党委理论学习中心组（扩大）专题学习7次，制订《北京西城海关学习宣传贯彻党的二十大精神工作方案》，细化5个方面15项具体措施，全面推行"五学"机制。开展强化政治机关建设专项教育活动，运用"过筛子"，精准聚焦工作岗位风险隐患，深思细研具体工作和岗位职责，将讲政治要求贯穿到每项工作、渗透到各个领域，强化政治意识、强化系统思维、强化风险管控。分类梳理15个岗位职责内所包含的政治要求63项，自查重大风险隐患6项，细化工作措施22项。推进"政治机关建设我来讲""党建工作我来

▲2022年7月14日，西城海关办公室党支部荣获北京海关先进党组织称号（丁伟 摄）

讲""准军建设我来讲""青春之歌我来唱"等系列活动，党建宣传阵地每月分主题、分批次进行心得体会展示，共分享心得体会31篇。落实意识形态工作责任制，通过宣传阵地建设、经常性谈心谈话、关员座谈会等形式，教育引导党员干部坚定理想信念。

修订《北京西城海关贯彻落实"三重一大"决策制度实施办法》和《党委议事清单》，不断完善关区重大决策、重要干部任免、重大项目安排和大额度资金使用事项的决策程序，推进民主决策、科学决策、依法决策落到实处。

制定党建工作任务分解表，规范细化工作安排和要求，将党建贯穿于各项工作，年内结合各类专项工作，逐一量化清单，明确要求，统一标准，督促落实，每季度对党建工作落实情况进行全面检查和整改落实"回头看"，量化考核，做到查找问题有记录、整改实施有举措、标准完成有督查，2022年共开展支部量化检查4次。完善基层组织架构，及时完成党总支和各支部的换届选举，推进支部规范化建设。夯实党建基础，落实"三会一课"、谈心谈话、组织生活会等各项制度，做好党费管理等基础工作，全面推进基层党组织标准化规范化建设。

年内，先后有17名党员荣获优秀党务工作者、优秀共产党员称号或收到嘉奖和集体表扬，办公室党支部荣获北京海关先进党组织以及"四强"党支部称号。

【法治建设】2022年，西城海关聚焦"守国门、促发展"开展法治宣传教育活动，加大对海关出台促外贸保稳提质、助企纾困降成本等各项措施的宣传力度，帮助企业用足用好政策红利；重点学习宣传新制修订的海关规章，开展《中华人民共和国海关注册登记和备案企业信用管理办法》《中华人民共和国海关进出口货物商品

▲2022年4月19日，西城海关党支部书记走上讲台，开展"三实"文化大家谈（刘红 摄）

归类管理规定》《中华人民共和国海关综合保税区管理办法》等新制修订海关规章的学习宣传，进一步规范海关执法，引导公众守法，提升实施效果；以党章、准则、条例等为重点，注重党内法规宣传同国家法律宣传的衔接协调，促进党内法规学习宣传常态化、制度化。

【税收征管】2022年，西城海关共征收税款7738万元。落实减税降费，提升增值税核查比对工作效率，共比对进口增值税专用缴款书185票。降低企业负担，针对"金关二期"系统未根据增值税税率下调相应调整综合税率，将加工贸易风险类保证金的征收方式改为人工计核，为企业减少资金占用1183.5万元。

【检验检疫】2022年，西城海关共实施进口商品查检20批次；出口特殊物品（血浆）查检4批次。制发联系单30份，联系职能部门、风控部门解控查管系统非法检指令21批次，解控保税未入库货物目的地查验指令30批次，新查管系统内流转医疗器械指定性业务目的地查验指令16批次。

【保税监管业务】2022年，西城海关创新监管模式，强化中后期核查，明确风险指向，进行"靶向"风险研判和核查建议，推动加工贸易电子数据集中审核特色监管落地生根。共发送中后期核查指令74笔，同比增长164%。开展北京关区加贸企业调研，面向高精尖产业的龙头企业发放调查问卷76份，组织加贸企业召开视频沟通会3次，及时了解企业克服疫情影响恢复生产的困难和政策需求。2022年，通过"金关二期"系统进行加工贸易电子手册设立474本，变更861次，结案484本。电子账册变更720次，同比增长3.3%。出境账册设立18本，与去年同期持平，变更45本，结案16本。征收外发加工风险类保证金19笔，限制类保证金27笔。监管加工贸易进出口货物总金额343.57亿元。

2022年1—7月，西城海关负责北京关区保税仓库集中审核，快速受理48家保税仓库、3家出口监管仓库电子账册的变更、延期、出入库等业务，对北京关区276本两仓保税物流电子账册逐本开展检查，其中，对涉及12家企业的28本账册分类开展后续处置，注销账册13本，纠正执法偏差2次。西城海关加强关区范围内保税仓库货物监管，2022年共办理行政审批事项1份，注销"金关二期"保税物流系统保税物流账册10本，延期10本，下库安全检查12次，抽查2次。

【海关统计与政策研究】2022年，西城海关积极发挥关税技术专家与青年业务骨干的带头作用，承担署级课题"全球海关智能化水平研究"的具体调研工作。同时报送关级课题《多角度探索如何提高海关监管工作效率》1篇，积极参加北京海关组织的各类征文活动，2022年已撰写报送政研论文5篇，分别为《践行"三智"合作，服务新发展理念》《以习近平法治思想为指引推动海关商品归类工作迈向新境界》《严格落实出口管制法 加强出口管制物项监管》《"双循环"格局和"后疫情"时代下跨境电商企业发展思路研究》和《全面贯彻落实习近平总书记"三智"理念以改革创新促进国内国际双循环》。通过深入企业调研座谈，撰写《推动北京关区加工贸易全面升级 融入首都"五子"联动新发展格局》的调研报告。通

▲2022年9月10日，西城海关以扣好"第一粒扣子"为主题，开展"年轻干部谈廉政"交流研讨活动　（吴桂青　摄）

过调查研究和政研文章的撰写，对业务工作中积累的素材进行总结提升，展现了西城海关各业务部门的专业化水平。年内报送的论文《"双循环"格局和"后疫情"时代下跨境电商企业发展思路研究》被北京海关学会评选为三等奖。

【企业管理与稽查】2022年，西城海关培育企业做大做强，全年积极开展高级认证企业培育工作，关区范围涉及3家企业。办理企业注册登记73家，企业信息变更107份，注销企业56家；开具外资企业未办理注册备案证明5份；开具企业信用证明7份。

2022年，西城海关全年共开展稽查作业21起，其中专项稽查24起。完成主动披露作业3起，专项稽查及主动披露作业涉及补税12票。办结核查作业28起，其中保税仓库货物延期定期核查24起、仓库盘库定期核查3起，保税仓库货物销毁核查1起。进口商品查检20批次；出口特殊物品查检4批次。全年联系职能部门、风控部门解控查管系统非法检指令24批次，解控保税未入库货物目的地查验指令19批次，新查管系统内流转医疗器械指定性业务目的地查验指令8批次。

【督察内审】2022年，西城海关深化海关内部控制与监督子系统平台应用，年内共召开内控工作会议2次、专题培训2次，累计参训人员30余人次；采取自查与抽查相结合的方式，全年对68个部门内控节点落实情况进行检查评价，处置异常数据有效数1017个（条）。

聚焦"三个清单"，持续开展"海关重点项目和财务管理以权谋私"专项整治，党委委员带头开展"坚守廉洁底线杜绝以权谋私"交流研讨，组织撰写个人剖析材料5篇。按照"自觉把自己摆进去，把责任扛起来"的原则，排查领导干部亲属从业情况5人，确定重点关注人员5人，梳理重点项目1个。结合"三个专项"，即海关"重点项目和财物管理以权谋私"专项整治、政治机关建设专项教育活动和"学查改"专项工作，持续开展巡视巡察审计整改集中清查工作。加强审计自查，成立西城海关审计工作领导小组，制订审计自查及整改推进落实方案。各科室梳理2019年以来审计监督发现问题，形成《西城海关审计整改任务清单》8项，细化各类整改措施共14项。

【队伍建设】2022年，西城海关以"内务规范强化月"为抓手，开展关有示范、处有红旗、科有标兵的"三个一"内务品牌建设,"周自查、月督查、季评比",定期开展工作纪律、办公秩序、关容关貌大检查,通过关务会、展示栏在全关通报,全年共开展内务检查10次,考勤考核专项培训2次,考勤抽查8次。落实"五必谈""三关心"工作要求,通过"一对一""一对多"等方式,党委委员与干部职工开展经常性谈心谈话16次,及时传递组织关爱,帮助解决实际问题。打造"西城之星"荣誉墙,评选年度"西城榜样",推动先进引领工作。围绕三个"有没有",科级领导上讲台、谈体会,研讨"三实",深入开展"三实文化"。宣传制作的《北京西城海关在践行"求实、扎实、朴实"中勇担青春使命》,被"京关e家人"采用。

履行党要管党主体责任,坚持正确选人用人导向,提升干部信心,努力打造忠诚干净担当的高素质干部队伍,提高选人用人公信度,维护好干部群众的知情权、参与权、选择权和监督权。通过集体座谈、个别谈心谈话等方式,广泛征求广大关员对干部工作的意见建议。

结合警示教育月动员活动,组织全员观看警示教育片,学习"10+5"起违反中央八项规定精神的典型问题典型案例,以案为鉴,警钟长鸣。利用好青年理论学习小组,以扣好廉洁从政"第一粒扣子"为主题,开展"年轻干部谈廉政"的交流研讨活动。建立拒绝酒驾承诺书收集台账,全员签订《海关工作人员严禁酒驾醉驾等问题承诺书》,发挥家属监督作用,发放《致海关家属关于拒绝酒驾醉驾的倡议书》47份;在节假日等关键时间节点加强廉政教育、纪律教育,有效防范化解风险隐患,防止各类事故发生。

【优化营商环境】2022年,西城海关积极优化营商环境,加强与西城区政府联系,配合区商委、税务局提高"两区"建设工作,助力关区范围内企业进出口贸易高质量发展,全年整体通关时间平均为8.36小时,提前申报比例76.92%。采取"通关绿色窗口""24小时预约通关"等措施,助力第十二届北京国际电影节顺利举办。推动"中心—现场"验估作业提质增效,积极应对验估指令大幅增加压力,攻坚克难,确保事中指令处置及时率始终保持100%,事后验估指令处置有效率93%。强化加工贸易中后期核查,根据实际情况进行"靶向"风险研判和核查建议,推动电子数据集中审核特色监管落地生根。

顺应加工贸易企业发展需求,积极给予企业政策指导。

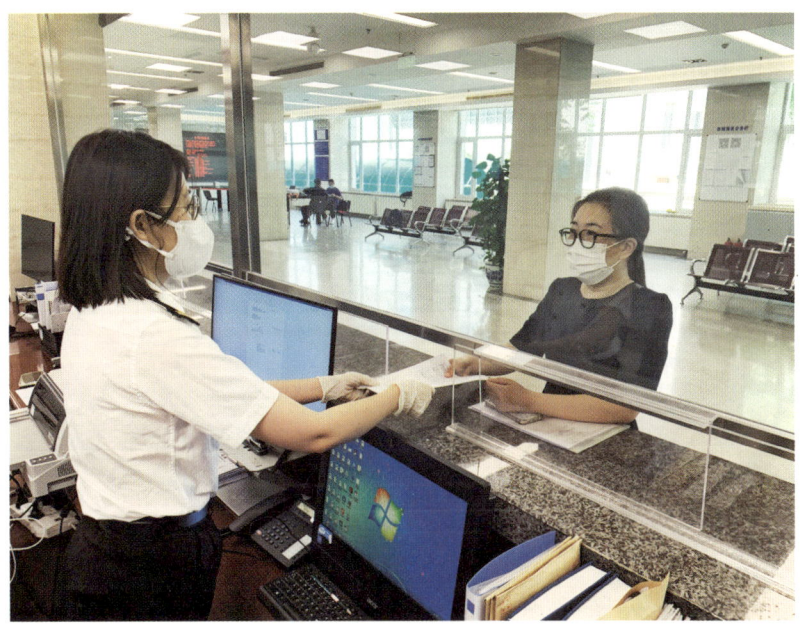

▲2022年6月13日,西城海关为企业快速办理原产地证书　(王欣欣　摄)

实现集团内保税料件及设备的自由流转、简化业务办理手续、减免部分环节担保，有效减少企业资金占用、提高运营效率、降低制度性交易成本，进一步激发市场主体活力。

【集中验估】2022年，西城海关通过全关验估工作例会，与关税职能部门和各海关业务现场，沟通协调事后验估全链条作业中的问题，畅通事后验估指令处置的"最后一公里"，防范各种可能出现的税收风险。针对追征税款的法律适用问题，共向职能部门提出5条建议，其中2条被最终采纳。2022年累计处置各类事后验估指令9940条，同比增长62.15%；共处置事中验估指令15999票，同比增加90.67%，处置及时率达100%。

增进税收风险排查合力，维护税收安全，加强与稽查、缉私部门联系配合，打击违规违法行为。根据验估结果发起企业稽查建议3条；移交缉私部门企业涉嫌违规线索。全年上报关区税收风险参数建议60条，风险预警信息4条。

【疫情防控】2022年，西城海关党委"零时差"传达海关总署、北京海关关于疫情防控的最新指示要求，确保每名干部职工知晓落实，按照"一个原则，两个确保"要求，动态调整各项内部防护措施，严格落实"十必严"。依托"三智"新方式，强化防疫健康信息团体簿、网格化管理小组、微信群、班级小管家等智享联通渠道，建立双人作业机制，及时完善台账并利用台账分析风险。动态更新西城海关应急处置预案3次，实施应急演练1次，制订《西城海关疫情防控工作预案》和《应急通关工作方案》。

【安全生产】2022年，西城海关严格落实岗位责任，成立由主要负责同志担任组长、其他负责同志担任副组长的安全生产领导小组。建立安全生产检查机制，负责同志带队每月开展安全自查。明确内部安全责任，细化责任清单15项，将安全生产工作逐级压实、责任到人，建立并完善"月检查、月督导、月通报"制度。组织对保税货物存放、作业安全等隐患点进行全面排查。

撰稿人

丁 冉　刘 红　杨昊晔　吴桂青　赵 颖　张剑晖
王欣欣　白 涛　陈 东　孙 丰　王 峘　吴 刚
韩玲玲　牟红磊　杨 卉

丰台海关

【概况】丰台海关是隶属于北京海关的正处级海关,承担党的基层组织建设和干部队伍建设工作;办理北京市丰台区、门头沟区、房山区的通关、检验检疫、征税、企管、稽核查、属地查检、加工贸易和保税等海关业务,反馈执法作业结果;承担北京关区指定业务。内设办公室、综合业务科、查检一科、查检二科、稽查科、信用管理科共6个科室。

2022年,丰台海关以习近平新时代中国特色社会主义思想为指引,学习贯彻党的二十大精神,落实海关总署党委提出的"铸忠诚、担使命、守国门、促发展、齐奋斗"工作要求,以"走前列、创一流"为目标,弘扬"三实"文化,落实"三应"机制,坚持绝对忠诚讲政治、守好国门保安全、改革创新促发展、严管厚爱强队伍,完成全年各项工作任务。

2022年,丰台海关实现税收入库7.4亿元。丰台海关综合业务科党支部获评"北京海关先进基层党组织"称号。

【党的建设】2022年,丰台海关不断加强党的建设。持之以恒抓好政治理论学习,落实"第一议题"制度,学习贯彻落实党的二十大精神。聚焦"怎么看、怎么学、怎么干"开展"大学习、大培训、大研讨",第一时间研究制订《丰台海关学习宣传贯彻党的二十大精神工作方案》,班子发挥"头雁"效应,带头交流研讨、撰写心得体会,各支部通过"三会一课"、主题党日等形式开展集体学习,青年理论学习小组组织开展"喜庆二十大青春献征程"系列主题研讨活动,努力做到"学思用贯通、知信行统一",累计开展党委理论中心组学习15次,书记讲党课28次,各支部集体学习151次,确保学习交流全员覆盖。制作"喜庆二十大"宣传展板,在微信工作群推送党建学习内容,营造浓厚学习氛围。

压紧压实全面从严治党主体责任,党委书记履行"第一责任人"责任、党委班子成员履行"一岗双责",健全各负其责、统一协调的工作格局。牵头制定全面从严治党工作任务分解表,细化任务共5大类24小项,班子成员主动认领任务,明确办理时限,切实形成一级抓一级,层层抓落实的责任传导机制,发挥好党委把关指向的"定盘星"作用。大力开展调查研究,报送书记项目1篇,调研课题1篇。以更高标准、更严要求加强班子自身建设,持续发挥表率作用,组织召开党史学习教育专题民主生活会,广泛征求意见建议,深入开展谈心谈话,党委班子深刻进行对照检查、党性分析。扎实推进干部述职述廉工作，做好年度工作总结，撰写述职报告，用好队伍建设综合管理平台，将干部述职述廉与年度考核统筹结合。严格落实问责条例，深化运用"四种形态"特别是第一种形态的思路举措，强化刚性约束。

坚定不移加强党的政治建设，强化党建引领，加强基层组织建设，深化"强基提质工程"，以党建培育品牌"京西海关之窗""丰关信动力"为抓手，积极发挥"四强"党支部示范带动作用，指导帮扶其他支部共同提升党建工作水平。统筹推进政治机关建设专项教育活动和"学查改"专项工作，梳理出11个岗位，31条具体政治要求。扎实开展"海关重点项目和财务管理以权谋私"专项整治工作，梳理出重点项目4个，全面摸清风险底数。不断强化政治理论学习，做好北京海关关党委委员基层党支部联系点工作。扎实开展警示教育月活动，组织观看警示教育片，举办"家风讲堂"，党员干部集体参观红色教育基地，深入开展党的优良传统和优良作风教育，将警示教育月活动成果与弘扬"三实"文化相结合，统筹推进

"三实文化见行动"活动，推动"三实"文化在丰台海关落地生根。落实与派驻纪检组的定期会商制度，主动接受派驻纪检组监督，共同研判党风廉政建设形势、开展政治生态分析、明确职责定位、丰富工作方法。根据派驻纪检组下发的工作提示单及时开展监督自查工作，明确工作重点，确保各项规定和要求有效落实。

【法治建设】2022年，丰台海关持续推进法治建设。以宪法、民法典及重点法律法规为宣传重点，积极开展"4·15"全民国家安全教育日、"8·8"海关法治宣传日、"12·4"国家宪法日及宪法宣传周等专题宣传活动，在报关大厅、查检一线现场开展同步普法，加强法律法规、海关政策的宣传解读，及时回应企业关切。

【业务改革与发展】2022年，丰台海关关区范围内出口的危险化学品呈现逐年增长的趋势。为进一步加快通关速度、压缩通关时间，助力企业复工复产，丰台海关在北京海关职能部门的指导帮助下，优化查检模式，将日常工作重心放在监督和管理上，减少重复的实验室检测。

优化作业模式，持续推广应用"两步申报""提前申报"等通关模式，提供节假日预约通关服务，进一步压缩通关时间，提高通关效率。积极推广智能审核、自助打印等便利化措施，充分发挥各业务条线特色作业模式优势，实现"数据多跑路，企业少跑腿"。通过一对一政策辅导，引导关区范围内某企业综合运用两步申报、提前申报、汇总征税海关改革模式，提高企业通关速度，减少资金占用，降低企业跨月申报汇率适用错误带来的税收征管风险。

【风险管理】2022年，丰台海关以"时时放心不下"的责任感，深入开展"查隐患、防风险、保安全"专项行动，持续防范化解风险隐患。围绕《北京海关防范化解重大、系统性风险任务清单》，结合丰台海关实际，全方位开展风险隐患排查，坚持问题导向，切实做到安全生产万无一失。定期进行安全检查，重点排查网络通信、保密安全等方面的风险隐患。重大活动和重要时间节点期间，党委班子坚守岗位，严守值班纪律，24小时保持联络畅通。按照《北京海关行政值班工作指引》对值班人员进行业务培训，加强值班值守和应

急处置，完善应急预案，增强应急处突能力。

【税收征管】2022年，丰台海关全面提升税收征管能力，实现税收入库7.4亿元。通过相关系统和"云擎"开展税收征管日常监控，确保税收工作质量。开展重点税源企业政策宣讲、税收调研，确保年度税收征管工作按计划持续推进。做好海关总署2022年暂免征收加工贸易企业内销税款缓税利息政策宣讲工作，帮助关区范围内加工贸易企业用好用足国家减税降费政策。围绕属地纳税人管理工作，加强了属地企业的申报规范化管理，完成属地企业规范申报的自查工作。多途径宣传原产地证自助打印相关政策，推进原产地证自助打印。向企业积极宣介国际贸易"单一窗口"功能，鼓励引导企业应用国际贸易"单一窗口"提交原产地证签证申请。

【动植物检疫】2022年，丰台海关高度重视粮食安全，强化对进境粮食的调运、运输、接卸过程的监管，按要求开展现场核查和日常监督检查。深入开展"国门绿盾2022"行动，开展国门生物安全监测，联合中国海关科学技术研究中心对关区范围内1家进境粮加工厂、4个进境粮储备库开展外来入侵物种踏查工作，发现美国白蛾、烟粉虱等2类入侵昆虫，发现意大利苍耳等12种入侵杂草，切实保障首都农业生产安全和生物安全。开展"异宠"综合治理专项行动，按照《北京海关关于"跨境电商寄递'异宠'综合治理"专项行动实施方案》要求，深刻理解"异宠"防控工作的重要意义，在"异宠"综合治理专项行动工作组指导下，通过参与"异宠"信息搜集小组线上培训，掌握整理、发掘有价值信息方法，在淘宝、闲鱼、百度贴吧等平台广泛开展网络交易"异宠"信息收集和风险监测，同时加强"异宠"通过贸易渠道"伪瞒报"及"夹藏"进境的查验监管。

【进出口食品安全监管】2022年，丰台海关开展食品安全宣传活动。在业务大厅发放食品安全宣传手册，为企业和个人科普进口食品安全知识；通过微信转发等方式为关区范围内出口食品企业推送食品安全相关文章及出口食品不合格情况通报，督促企业加强监管，提高主体责任意识；通过视频连线方式，组织关区范围内16家出口食品生产企业进行了以《中华人民共和国进出口食品安全管理办法》为主要内容，以"加强主体责任意识，筑牢食品安全底线"为主题的食品安全法规宣讲活动。持续推进进口食品"国门守护"行动，排查非准入食品逃漏检风险，加强境外企业注册验核工作，规范作业流程，严防走私夹藏行为。共查发不合格进口食品、化妆品2批次，1批做出

▲2022年9月20日，丰台海关关员开展关区外来入侵物种监测　（曹健蓉　摄）

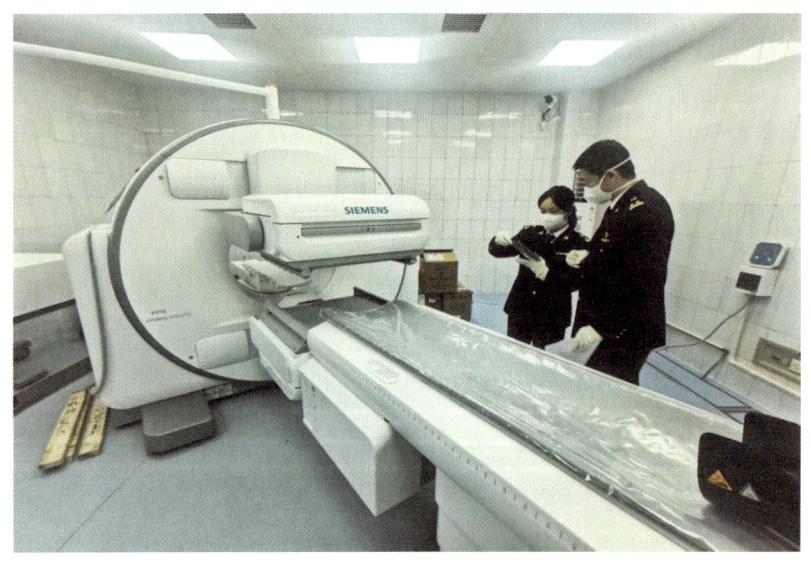

▲2022年11月29日，丰台海关关员查验进口医疗器械　（李猛　摄）

退运处理、1批做出销毁处理。另发现1批次进口预包装食品标签不合格，经整改合格后放行。

【商品检验】2022年，丰台海关针对关区范围内企业危险化学品出口量大幅增长的情况，迅速摸清底数，指派专人对接企业，提供预约式查验方式，在职能部门的指导下采取相适应的合格评定方式，危险品运输车辆"装满即走"，加快验放效率，实现产地检验与口岸查验的全链条"闭环清零"。2022年累计查检出口危险化学品294批次，重量40.0万吨，货值3.4亿美元，同比分别增长57.2%、21.6%和99.0%。

丰台海关严把进出口商品质量关，累计查检进口商品713批次，其中医疗器械570批次，查获进口不合格医疗器械20批次，其中15批次经整改后合格、5批次做退运处理。持续做好特殊物品检疫监管，出口特殊物品520批次。

【监管业务】2022年，丰台海关加强属地企业的申报规范化管理，完成属地企业规范申报自查。持续优化营商环境，以北京海关窗口作风提升百日行动为契机，严格落实首问负责、首办责任制，健全完善处科长带班制，优化窗口人员配置，设置A、B角，确保业务沟通零距离、业务咨询零等待、业务交接无缝隙。加强窗口规范化建设，按相关要求规范摆放、清晰标识，在办事大厅及时更新需要对外公示的文件、目录等。通过张贴宣传海报、公开评价二维码、向特约监督员征求意见建议等方式加强对外宣传，接受社会监督。积极推广智能审核、自助打印等便利化措施，充分发挥各业务条线特色作业模式优势，实现"数据多跑路，企业少跑腿"。扎实开展"海关政策进万家"政策宣讲活动，通过线上集中宣讲、线上推送、赴企实地宣介等形式实现政策措施"宣介解读+指导适用+评估成效"的"一站式"服务，活

▲2022年8月31日，丰台海关关员开展"海关政策进万家"活动　（杜楠　摄）

动累计覆盖辖区有效注册和登记备案企业超过1300家，引导企业用好用足海关政策。积极落实"四优四提促五子"政策措施，开展2次线上专题宣讲，帮扶1家列入北京市重点产业链供应链"白名单"高认企业复工复产。

【海关统计与政策研究】2022年，丰台海关高度重视课题调研和政策研究工作，完成丰台关区业务统计数据的上报，对关区范围内危险化学品出口申报情况开展调研，完成贸易调查报告，报送2篇课题调研材料。充分发挥统计、政研工作在指导推动业务、支持科学决策方面的积极作用，设置分析员1名，累计撰写统计分析文章12篇。

【企业管理和稽查】2022年，丰台海关发挥稽核查后续监管效能，确保税收安全、准入安全。定期通过不同渠道搜集有关稽核查业务信息上百条，从中整理归纳涉及"非贸付汇""主动披露""特许权使用费""归类错误""特殊关系"等不同类型的典型案例在业务研讨会上进行交流讨论，定期梳理在办作业情况，制定在办作业清单，及时跟进作业进度，开展"深化稽查改革，提升查

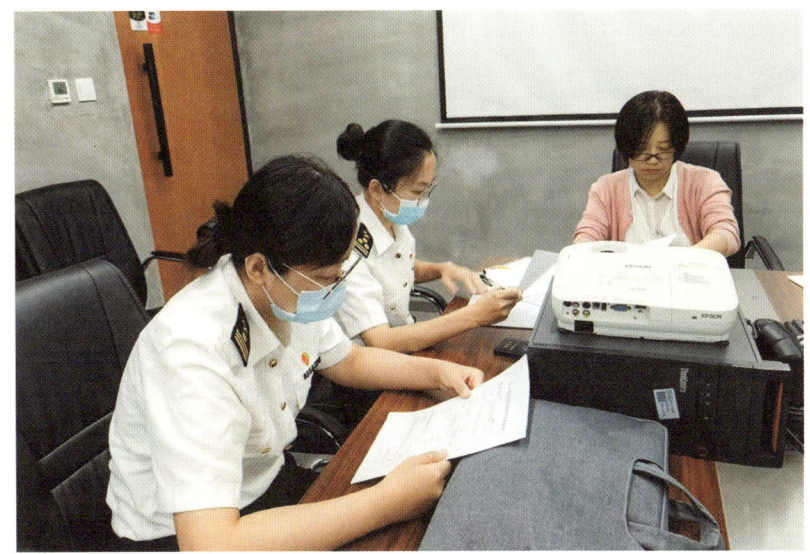
▲2022年7月14日，丰台海关关员赴企业开展核查作业　（商磊　摄）

发效能"专题研讨，进一步提升人员业务素质。2022年累计开展稽查作业16起，稽查有效率82%，其中通过自主分析查发线索，开展专项稽查作业9起，有效率达到88%；开展核查作业31起，开展贸易调查1起，主动披露2起。

高质量发挥企业信用管理职能作用，开展守法规范性培育5次，AEO认证培育29次，对接培育企业31家。完成1家高认企业首认作业，推动2家重点培育企业进入认证准备阶段。持续开展"企业信用情况动态监控""高级认证企业及拟申请高认企业信用评估总分动态跟踪"和"专人专区"政策推动等工作机制，累计向三区进出口企业推送450项（次）。完成2022年技术性贸易措施影响问卷调查组织及审核工作，涉及企业54家，持续向关区范围内外贸企业推送国外技贸措施最新动态。引导关区范围内1家失信企业顺利实施信用修复，帮助该企业恢复原有市场份额。

【财务与后勤保障】2022年，丰台海关按期完成年度预算上报及年度预算执行工作。配合北京海关财务部门开展固定资产清查工作，报送固定资产更新计划。按照公车管理要求组织实施日常派车管理，按期做好车辆年检维护等工作。

【队伍建设】2022年，丰台海关持续推动班子自身建设，年内完成党总支和6个党支部换届选举工作，强化推进"十百千万"党建提升行动。积极参加海关总署和北京海关组织的

各类业务培训和岗位练兵，不断提升干部素质，1人获评信用管理专家人才（中级）、1人获评信用管理专家人才（初级）。加强关心关爱，关领导通过跟班作业、谈心谈话、关长接待日等活动，了解干部职工诉求，不断增强向心力和凝聚力。

【北京冬奥会保障工作】2022年，丰台海关服务北京冬奥会，设立"冬奥绿色通道"，全力做好冬奥会通关保障，先后对北京冬奥会及冬残奥会圣火采集用丙烷燃料罐进行检查，做到"随报随检、随检随放"，保障奥运火炬顺利出口。

【安全生产】2022年，丰台海关坚决守住守牢安全底线，深入开展"安全生产月"活动，组织开展安全生产大检查"回头看"，梳理出9类12项安全生产责任清单。开展风险排查，结合内控节点提示，防范化解风险隐患。对关区范围内保税仓库企业定期通过电话、微信等多种渠道进行安全生产、保税仓库相关法规宣讲，要求企业树牢安全发展理念，建立健全安全管理制度、落实安全管理措施。同时结合视频检查、现场检查方式不定期进行安全检查，督促企业落实安全管理责任。严守值班纪律，重大活动和节假日期间关领导带头值班、坚守岗位。做好保密教育，提升全员保密意识。根据人员、职责变化情况定期梳理业务应用系统及调整相关授权，建立授权登记表格，防范数据安全风险。组织开展消防逃生等应急演练，提升应急处置能力。

撰稿人

周晓莹　商　磊　高　宇　广兴宇　刘建国　王大为　陈晓琳

海淀海关

【概况】海淀海关为北京海关所属正处级隶属海关。主要职责是受北京海关直接领导，按授权承担指定区域范围内海关各类管理工作。承担党的基层组织建设和干部队伍建设工作；办理北京市石景山区、昌平区、延庆区的通关、检验检疫、征税、企管、常规稽查、核查、属地查验、加工贸易和保税等海关业务，反馈执法作业结果；承担海淀区部分检验检疫业务；承担北京关区指定业务。海淀海关内设办公室（党委组织宣传部）、综合业务科、查检一科、查检二科、稽查科、信用管理科6个科室。

2022年，海淀海关以习近平新时代中国特色社会主义思想为指导，以学习、宣传、贯彻党的二十大精神为主线，贯彻落实北京海关党委的各项工作部署要求，扎实推进政治机关建设，全面从严治党，实施强基提质，完善制度建设，提高班子的执政能力和基层组织建设水平；贯彻落实各项防疫工作要求，加强日常防护工作，做好常态化疫情防控工作；以提质增效为目标，服务首都经济发展，忠诚履职、担当奉献，有力有序地推进各项工作开展，取得了较好的成绩。

2022年，海淀海关签发各类检验检疫证书/证单2719份，签发原产地证书28份；征收关税1252万元；完成进口货物查检3647批，出口货物查检275批。

【党的建设】2022年，海淀海关全面落实从严治党，扎实推进党的建设。强化政治意识，完善"第一议题"制度，制订《海淀海关党委理论学习中心组2022年学习计划》，开展学习15次。党委理论学习中心组开展专题学习3次、研讨2次，各支部开展学习研讨共18次。以党委理论中心组学习为带动，组织引导各党支部、青年理论学习小组开展学思践悟论坛等丰富学习形式。

提升党建实效，研究制订《海淀海关学习宣传贯彻党的二十大精神工作方案》，分解工作任务落实到每个部门。修订《中共海淀海关委员会工作规则》《海淀海关贯彻落实"三重一大"决策制度实施办法》等文件。细化分解全面从严治党6大项24项具体任务73条具体措施，通过制发月度工作任务单、建立派驻组季度会商制度监督落实。结合关区实际在促进关区范围内企业拓展"一带一路"、发展产业链供应链方面积极探索，撰写心得体会26篇，形成研究课题2项。

实现强基提质，海淀海关党委共有党支部6个，共有党员31名，党员占比为86%。"四强"党支部综合业务科党支部和查检一科党支部获评北京海关党建培育品牌。各党支部聚焦"12个必""38个深入思考"开展大学习大讨论。多次邀请党史学习教育、专项教育活动巡回指导组组长和机关纪委书记进行专题辅导；与食安处、商检处党支部开展结对共建，与首都机场综合业务处党总支、稽查处党支部等兄弟部门上门座谈交流。

推进党风廉政建设，关党委切实履行"第一责任人"责任，逢会必谈廉，要求干部职工八小时内外严格遵守廉洁自律规定，遵守疫情防控的各项规定，各科以科务会或支部会的形式加强学习，科长落实廉政责任，以谈心谈话的方式抓早抓小，做好日常廉洁提醒。

抓好风险防控，围绕防范化解重大风险隐患明确工作要求，结合巡回指导组组长专题辅导，各科开展专题学习21次，集中组织"政治机关建设我来讲"4次，将"人人学"的动力转化为实实在在的成果；建立整改工作小组，聚焦深入查摆隐患，强化风险防控，梳理11个岗位的政治要求，查摆重大风险隐患4个，制定整改措施18条；坚持目标引领和问题导向同向发力，明确整改重点，开展自我剖析，撰写心得体会15篇，其中2篇在专栏中发布。18条整改措施均落实到位，并通过回头看，建立长效机制，不断巩固拓展两个专项工作成果。

【法治建设】2022年，海淀海关开展法治建设宣传活动。采取"线上+线下"相结合的模式。线上依托微信、公众号等平台向企业宣传国门生物安全等法律法规。相继在海关总署12360新媒体、《中国口岸科学技术》、"北京海关发布"等多个平台发表科普文章，其中《入侵杂草究竟有多可怕？看完惊呆了》微博阅读量累计21.3万次。线下开展海关普法宣传进校园、进企业系列活动，累计发放宣传册450余份，进校园的宣传活动信息被"新浪新闻"、《北京日报》等媒体报道。

【业务改革与发展】2022年，海淀海关推行系列便企利企举措。实行"7×24小时"电话"在线预约"、运用"互联网+服务"，开展延时服务当天办结所有通关业务手续。进一步压缩整体通关时间，深化进出口货物通关模式改革，鼓励企业采取"两步申报""提前申报"等报关方式，进口提前申报率75%，"两步申报"率91.23%，出口提前申报率100%。位列关区前列。设立出口农产品查验绿色通道，为企业提供提前预约、随报随检、快捷签发证书等便利措施。充分用好地方商务部门对企业联系渠道，依托昌平、石景山、延庆三区商务部门企业联系群持续开展政策推介，覆盖企业超过600家。通过电话、走访调研、召开政策宣讲会等形式对RCEP、两步申报、技贸等热点优惠政策开展宣传贯彻解读。发布政策宣传贯彻、答疑解惑259条，受众企业由最初6家发展至百余家，组织线上政策培训10余次。

制订《海淀海关"四优四提促五子"实施方案》，针对调研了解的问题和关区范围内企业经营管理特点实行"一企一策"，主动助企纾困，年内上报6篇案例。

【风险管理】2022年，海淀海关成立专项整治工作领导小组，召开8次专项整治工作会议，组织专项整治学习教育答题测试4次。对照《专项整治重点问题参考提纲》全面筛查制度漏洞和管理风险。按照重点项目的标准，梳理出重点项目10个，在此基础上形成《海淀海关重点项目清单》。综合运用资料查询、谈心谈话、座谈了解、问卷调查、基层走访、跟班作业、企业调研、数据分析等方式，杜绝风险隐患。

【税收征管】2022年，海淀海关积极推进属地纳税人管理，从源头上引导企业守法自律、防控税收风险、降低合规成本。通过分析企业规范申报情况，找准薄弱点进行专门辅导。年内开展6轮5035条报关单审核，查出问题数据94条，涉及企业61家，经辅导，规范申报率由年初的95.2%提升至99.28%。全年征收关税1252万元。

【动植物检疫】2022年，海淀海关深入开展"国门绿盾2022"行动，参加北京海关外来物种监测普查工作组，对9家出境企业开展有害生物、有害杂草以及高致病性禽流感、新城疫等重点疫病相关重点项目监测。严格落实动植物检疫监管，进一步加强和优化出境动物血液制品检疫监管的要求。对出口动物血液及其制品按照布控批批现场查验并抽样实施物种检验鉴定，共抽取样品84个。严格落实进口动植物及其产品的后续监管要求。完成4批次进境特许审批农作物样品后续监管，1批次进口动物饲料后续监管。深化农作物种质资源引进检疫监管试点，完成2家关区范围内进境种苗附条件提离暂存仓库考核工作。完成北京地区首批附条件提离进境种苗实地抽查工作。累计完成附条件进境种苗监管9批，其中种子103.7千克、种苗插条155661株，货值共计29.3万美元。

【进出口食品安全监管】2022年，海淀海关持续做好进出口食品监管，严格按照布控指令对进出口食品实施属地查检。年内共抽取样品5个，进行项目检测17个，发现食品标签不合格1次。加强食品安全信息收集和上报，报送食品安全信息共200余篇，被海关总署采用4篇。帮助关区范围内蜂产品出口企业出具卫生证书，保障企业出口产品顺利通关。

【商品检验】2022年，海淀海关深入开展"口岸危险品综合治理"百日专项行动，对关区范围内相关企业建立"一企一账"实施台账式管理。落实海关总署加强进口特定用途医疗器械检验监管工作要求，通过"云擎""海关内部控制与监督子系统"等系统对关区范围内本年度进口特定用途医疗器械情况进行摸底排查，查发特定用途医疗器械不合格1批。加强商品检验，在完成检验批次占北京关区总批次14.4%的基础上检出医疗器械不合格批次14批，占北京关区总不合格批次23.3%。

【监管业务】2022年，海淀海关完成进口货物查检3647批次，出口货物查检275批次。受理报关238批次，核销出境特殊物品审批1145批次，签发各类检验检疫证书/证单2719份，签发原产地证书28份。加工贸易手册备案68本，手册结案20本。办理加工贸易单耗报核前申报7批次，收取风险类保证金3批次。

2022年，海淀海关严格执行月报制度，了解保税仓库货物进、出、存情况，对关区范围内2个保税仓库完成收取保税仓库月报22期，下发保税核查指令3次，盘查5次。经盘查，保税仓库账实相符，库内未存放危险化学品和液体化工物质，保税仓库消防设施、视频监控等设施有效运行。加强保税仓库监管，开展全面自查。梳理2019年以来2家保税仓库的行政许可事项、业务核批、下库核查、月报收核、货物监管、账实相符、档案管理等工作，并提供相关单证配合专项检查。

【企业管理与稽查】2022年，海淀海关共办理进出口收发货人备案1263家，企业信息变更171家，注销98家，双号运行5家，出具企业信用证明13份。目前海淀海关关区范围内共有AEO企业9家。开展认证培育4次，经过培育新增AEO企业1家，4家企业已被纳入培育库。有特定资质企业共6家。对重点产业链供应链"白名单"企业通关保障情况进行摸底，将优质企业纳入重点企业培育库，为"双自主"企业做好信用培育、便捷通关、知识产权保护等服务。共完成中国外贸出口先导指数样本企业调查66家次，进口景气指数样本企业调查48家次。

2022年，海淀海关新开稽查14起，办结稽查作业12起。稽查有效率、核查有效率均高于80%。逢企必宣主动披露"容错机制"，引导企业申请主动披露5票，办结4起。加强企业稽查调研，对关区范围内CRO医药研发企业5家开展专题调研，掌握企业最新动态。

【督察内审】2022年，海淀海关修订了《中共海淀海关委员会工作规则》《海淀海关党委理论学习中心组学习实施办法》《海淀海关选拔任用科级领导干部工作方案》等规章制度。稽查科被评为内控示范科室，综合业务科参评内控示范科室。

【队伍建设】2022年，海淀海关打造过硬队伍。推进选人用人工作，加强干部队伍建设，鼓励年轻同志全方面发展，选派2名年轻同志参与北京冬奥会、冬残奥会保障工作。活跃机关文化，强化内务规范，优化内部功能，改善工作环境。增订期刊、添加工会暖心驿站康复设备，营造温馨工作氛围。美化院落环境，进一步优化廉政花园建设，将廉政教育与休闲园地有机结合。优化关心服务。加强物业公司管理，持续提升楼宇管理水平。注重人文关怀，在妇女节、中秋节等节日举办丰富多彩的活动，增强团队凝聚力。

【疫情防控】2022年，海淀海关主要负责人和分管新冠疫情防控的关领导牵头组成业务精、责任心强的应急值守团队，确保业务正常开展并严格落实《应急值守防疫要求》，做好防疫工作。按照"疫情防控一盘棋"的总体思路，与两家驻楼单位签订责任书，加强重点物品分级管理，各单位保洁用品严格区分，杜绝在不同风险级别单位之间流动混用。严密医疗废弃物管控处置，严格落实处置流程规范，严防泄露、扩散等意外事故发生。

【安全生产】2022年，海淀海关狠抓落实，有效防范化解风险。建立了以《海淀海关安全生产工作管理制度》为主体，以反恐处置、火灾防范、涝灾应急、疫情防控、保密安全、物业食堂管理等分制度为辅的"1+N"安全生产工作制度体系。建立三家驻楼单位和两家服务外包单位联防联控工作机制，各单位签订《安全责任书》，通过"云宣讲"全员学习重大火灾事故案例、普及安全消防知识；开展《安全生产法》等法律法规、急救逃生常识等安全知识的学习；组织消防设施使用和火灾逃生演练；通过实地巡查和视频检查相结合的方式实时开展保税仓库安全隐患排查。

【信息宣传】2022年，海淀海关多篇信息获海关总署网站、新华网、"学习强国"、《北京日报》等主流媒体转载；总结展示工作亮点，准军建设小视频被海关总署政工网采用；在

2022年基层党建"双提升"行动中，综合业务科的书记项目、查检一科的"党建业务融合"视频课件均被海关总署采用。更新宣传阵地，通过展板展示学习体会和特色做法，积极上报工作成果，上报获发学习信息5篇、图片信息3篇，"京关e家人"专题报道1篇，相关学习照片获海关总署网站"基层掠影"版块和"海关发布"公众号采用。

撰稿人

郭亚男

通州海关

【概况】通州海关为北京海关所属正处级隶属海关，主要职责是受北京海关直接领导，按授权承担指定区域范围内海关各类管理工作。承担党的基层组织建设和干部队伍建设工作；承担北京市通州区的通关、检验检疫、征税、企管、常规稽查、核查、属地查验、加工贸易和保税等海关业务，反馈执法作业结果；承担海关工作犬训养、海关工作犬查验、海关工作犬训养人员管理及培训工作；承担北京关区指定业务。通州海关内设办公室（党委组织宣传部）、综合业务科、稽查科、查检一科、查检二科、查检三科和工作犬管理科7个科室。

2022年，通州海关深入学习领会习近平新时代中国特色社会主义思想，宣传贯彻党的二十大精神，以"走前列、创一流"为目标，严格依法把关，持续推进动物和动物产品查验监管能力提升，开展"口岸危险品综合治理"百日行动，扎实履行职责，严把国门安全；深入推进"四优四提促五子"服务工程，立足服务城市副中心关区范围实际和业务特色，优化通关流程和精准帮扶企业相结合，不断优化营商环境，促外贸保稳提质；开展捍卫"两个确立"、做到"两个维护"、强化政治机关建设专项教育，全面推进从严治党向纵深发展；扎实做好疫情防控工作。全年累计税收入库8680万元，完成稽查作业共计10起，企业认证培育共计9家。

【党的建设】2022年，通州海关党委不断压紧压实全面从严治党主体责任，落实"第一议题"制度。制订《通州海关贯彻落实习近平总书记重要指示批示精神工作台账》，结合具体职责梳理优化营商环境、守卫国门生物安全等9项工作任务，进一步做细做实学习、传达、督促、落实的闭环链条。制订《通州海关2022年全面从严治党工作任务分解计划》，梳理工作事项32个，明确主管关领导、主办科室、分管科室、完成时限，对照全面从严治党主体责任清单从严履职尽责。

发挥领导班子"头雁"效应，利用"支部建在科上"的优势，以学习党的二十大精神和习近平新时代中国特色社会主义思想为核心，强化党性党风党纪教育；组织党员干部参观宋庆龄故居、潞城党建公园，学习"红船精神"，重温革命先辈的光荣之路，深化爱国主义教育，不断深化党员干部的责任意识和主人翁精神。

持续推进清廉海关建设，重点学习研讨《中国共产党问责条例》《中国共产党纪律处分条例》以及中纪委、驻署纪检组、北京海关通报的典型案例，开展书记讲廉政党课活动，派员参加关于"如何提高一体推进'三不腐'能力和水平"课题研究,积极参加廉洁文化作品宣传。"线上线下"两手抓,利用会议、微信通知、廉政文化墙等方式,做好廉政教育提醒和教育引导,不断筑牢干部职工廉洁自律的思想防线。

【法治建设】2022年,通州海关针对关区范围内"双自主"企业提出的"知识产权保护""涉外知识产权侵权法律援助"等诉求,联系职能处室寻求业务指导,对接通州区市场监督管理局等地方职能部门,获取相关地方政府资源;帮助企业梳理现有商标注册和专利授权资源情况,指导开展"知识产权海关保护备案"工作。使企业知识产权相关预警、监测、保护制度得到进一步完善,产品在RCEP成员等重要市场上竞争力将进一步增强。

【业务改革与发展】2022年,通州海关积极推动"四优四提促五子"服务工程在关区范围内落地落实。采用"三提前"工作法助力关区范围内企业平稳发展,联合北京海关商品检验处解决了汽车企业进口属地监管遇到的难题,统筹人力物力资源,急项大项重点查全员查,小项杂项合并查集中查,

▲2022年10月17日,通州海关党委举行理论学习中心组(扩大)学习,学习贯彻党的二十大精神 (傅辽 摄)

需抽样送检的商品事前联系实验室确定采样数量和送样时间,极大压缩了通关时长,同时引导企业用好两步申报、提前申报等便利措施,为企业创造高效通关环境。多次赴关区范围内高认企业进行宣传贯彻,详细解读政策红利,尤其在实验室检测和属地查检环节,尽力压缩送检时间,抽批抽中查验指令的,做到即中即验、即验即放,为企业提高竞争力贡献海关力量。

面向北京城市副中心政务中心综合窗口人员及企业开展原产地证相关业务知识培训,重点介绍原产地证相关知识和业务办理要点,并解答政务中心综合窗口人员及企业人员提出的问题。通过培训,使北京城市副中心政务服务中心具备办理原产地证等进出口贸易服务事项的新功能。依托政务服务中心24小时自助服务区,原产地证自助打印等可实现24小时全天候办理,将进一步提高企业群众办事体验,优化通州区营商环境。全年累计发放空白原产地证书642份,现场签发各类原产地证书119份。

深入企业调研,了解存在的瓶颈问题,沟通协调证书内容和要求,成功帮助实验动物企业完成境外注册工作;开展国际标准的收集、跟踪与研究,指导企业借鉴国外先进标准,帮扶企业提前谋划,增强企业应对国外技术性贸易措施

▲2022年12月19日，通州海关在北京城市副中心政务服务中心出具首张原产地证书 （曹宇 摄）

能力；发挥专业优势，结合出口量和企业实际，指导企业提升生产管理水平，根据国外标准调整疫病监测方案，增强产品竞争力；针对因疫情变化带来的运输问题，及时开展查验工作，检查动物饲养管理、健康状况，提醒企业加强运输管理，合理安排笼舍、饮水，减少动物非必要死亡。全年顺利出口实验动物308批，出口遍布美国、德国、英国、匈牙利、韩国、日本、新加坡等十几个国家（地区），并帮助相关企业首次出口到日本和韩国。

做好进境动物遗传物质属地查检工作，助力北京营建"种业之都"。强化对企业政策的响应，利用"海关政策进万家"专项活动，向企业宣讲双边议定书和国门生物安全监测有关内容；强化企业降本的呼应，倡导"服务态度好一点，查检效率高一点"，结合不同情形，采取随报随约、关内查检与上门查检相结合等综合措施，让通关速度快一点；强化对企业困难的反应，及时了解企业"急难愁盼"问题，联合其他部门起草有关建议上报主管部门解决。全年共保障进境动物遗传进口317批928.8万支（枚），分别比上年同期增加14.9%和19.7%。

梳理SPF鼠涉及的人畜共患病名单，并将名单通知给企业，督促其加强对有关人畜共患病疑似症状的关注，及时报告异常情况。指导企业完善运输计划和应急预案，减少因运输不当带来的可能疫情感染和应激死亡风险。摸清SPF鼠疫病本底，完善有关实验方案，指导相关企业安全有序开展"边隔离边实验"工作。量身制定适宜的采样方案，减少因采样等应激因素带来的死亡和后期实验的影响，确保SPF鼠安全渡过隔离期，保障药物、疫苗生产和评测企业正常运营。

【风险管理】2022年，通州海关研究成立通州海关专项整治工作领导小组，深入开展"海关重点项目和财物管理以权谋私"专项整治。开展领导干部配偶、子女及其配偶相关从业情况排查工作，共排查处科级以上领导干部15人，8人进行了申报工作。组织上述人员做好个人剖析，结合"坚守廉洁底线、杜绝以权谋私"开展交流研讨，检视问题短板，深挖思想根源。以通州海关2012年（含）之后结项的工程建设、信息化建设、实验室建设、装备购建、疫情防控保障等5类重点项目和财物管理方面以权谋私问题为整治重点，形成重点项目清单。对照专项整治督导检查反馈问题整改台账，扎实完成问题整改。

【税收征管】2022年，通州海关税收入库8680万元。通过日常监控加强税收风险挖掘，及时发现货物税收风险。建立税收监控机制，每周对本周征税情况进行统计，并简要分析税收趋势动态。按照月度税收目标、日均税收目标对重点纳税企业纳税情况进行跟踪和跟进，及时掌握税收趋势、税收动态。重点对进出口货物征税情况、归类执法统一性情况、进出口货物价格审定情况等进行监控，有效防范税收风险；做好摸底排查，对关区范围内重点纳税企业进行多种形式的调研，定期上报海关税收风险防控建议和预警信息；重点开展税收降幅较大企业、属地纳税率下降明显税源企业的调研，掌握影响税收的因素，了解企业诉求；科学征管，做好对企业的征税服务，对照规范申报目录及释义要求，对属地企业申报的报关单申报数据进行严格审核。对存在问题的报关单逐一进行详情标注并提出修改建议。同存在问题的报关单涉及的企业逐一进行沟通，持续关注属地企业在报关单修改工作进展，帮助企业解决改单过程中遇到的疑难问题。

【动植物检疫】2022年，通州

▲2022年4月28日，通州海关关员助力北京地区实验鼠首次大批量出口（薛白　摄）

海关持续加强动植物检疫，重点做好进出口动物及动物产品的检疫查验。共完成进口动植物及生物材料查检监管346批次；出口动物、饲料及生物制品查检监管1569批次，出口竹木草制品查检监管407批次，进口牛精液不合格4批，均按要求实施处理。按照核查作业指令，完成进境动物遗传物质使用单位、进境粮食国内生产、加工、存放单位和出境竹木草制品生产加工企业监督核查作业9次。实施外出现场查检及核查169次，现场查检1200余次，制发动物卫生证书、兽医卫生证书、植物检疫证书等1849份。

通过梳理北京地区主要进境动物涉及的相关人畜共患病情况，在动物进境前督促企业加强管理。加强对人畜共患病疑似症状的关注，强化关员的防控与消毒处理措施，做好动物检疫工作疫情预防。

强化疫情应急处置能力提升，开展进境水生动物疫情应急处置桌面推演。重点对疫情风险排查、疫情上报流程、死亡动物剖检和采样以及个人防护作业等过程进行推演，进一步提升了进境水生动物突发死亡后的疫情防控应急准备、响应和处置能力。

做好疫病监测及安全风险监控，全年共完成46次抽采样。监控出口饲料样品3批8个监控项目，监控结果全部合

▲2022年4月19日，通州海关关员查验出口危险化学品 （朱立丰 摄）

格。对两家进境粮食储备库及周边开展4次杂草监测，对粮库办公区仓库周边、围墙周边等重点区域进行重点检查。开展2次外来入侵物种普查工作，对3家粮食加工、储备企业开展实地踏查。

【进出口食品安全监管】2022年，通州海关严格落实食品安全"四个最严"要求，扎实开展进出口食品安全监管工作。验放出口食品114批次，出口牙膏209批次，出口特殊物品350批次，进口特殊物品后续监管3批次。

深入食品生产企业考察调研，解读法规，宣讲"四优四提促五子"政策措施，通过"出口直放+抵港直装"、预约查验等措施，优化企业出口业务办理模式，缩短企业通关时长。2022年采用优化措施共验放出口月饼80万盒、800多万块，相关成果受到"学习强国"、《中国青年报》等7家媒体平台的报道。

结合"食品安全宣传周"活动，深入企业宣讲与关区宣传阵地建设相结合，不断强化食品安全宣传，敦促企业重视食品安全问题。利用核查机制督促企业落实《中华人民共和国食品安全法》有关规定，开展政策宣讲，建立关企联系配合机制，年初通过电话了解全年进出口计划，在关键节点加强检查核查，做好食品安全工作，同时全力防范非洲猪瘟传播风险，不断增强国门生物安全防护能力。结合查验、核查工作深化入企宣传，通过属地核查，督促整改，整改"回头看"等措施，进一步加强企业食品安全责任意识，年度核查工作有效率达到100%。

【商品检验】2022年，通州海关开展进口商品查验190批次，检出不合格商品14批次，检出率7.4%；出口危险化学品23批次，其他出口商品102批次。

持续开展北京海关"口岸危险品综合治理"百日专项行动。深化关区范围内企业安全生产政策宣讲，重点解读海关总署《关于进出口危险化学品及其包装检验监管有关问题的公告》内容，对企业进行安全宣传。开展企业硬件设施巡查检查。通过监控系统了解其生产车间运行情况，检查出口危险化学品存储库，对存储库整体设施设备进行检查，对库内存放的危险化学品、危险警示牌、存储库环境卫生、消防设施等进行检查。检查企业生产安全事故应急预案、突发环境事件应急管理细则等有关出口危险化学品的制度和保障措施，检查已出口危险化学品相关单据的存档情况，压实企业安全生产主体责任。

【海关统计与政策研究】2022年，通州海关结合自身工作职责，深入调查研究，持续开展政策研究和标准制修订工作。

立足业务特色，调研完成

《关于出境伴侣动物狂犬病抗体检测有关认可问题的调研报告》,分析了我国出境伴侣动物狂犬病抗体检测的现状和存在的问题,提出相关的工作建议并上报;调研完成并上报《牛遗传物质进口企业及使用单位调研报告》,解决进口遗传物质企业存在的问题和困难。立足海关工作用犬专业优势,参与完成海关总署监管司组织的监管工作犬应用情况报告、新冠疫情防控背景下监管工作犬使用风险报告两项汇报材料的编写工作,以及监管工作犬考核指南和监管工作犬应用工作规程两个规范性文件的起草工作,完成监管工作犬系列标准修订工作。

参与北京海关关区业务调研和政策研究,作为主要牵头单位之一,承担北京海关稽查业务改革细化措施研究,相关研究成果已在京关政研第8期上刊发。参加关区出口危险化学品贸易调查,形成《北京海关强化安全监管,建立危险化学品稽查工作模式》《北京海关关于开展出口危险化学品瞒报行业性稽查建议》两项成果,并上报海关总署。保税仓库和出口监管仓库稽核查工作部分,从指令研判、作业执行、风险防范、结果反馈等方面,对涉及"两仓"的稽核查工作进行研究探索。

【企业管理和稽查】2022年,通州海关完成企业海关注册审核2079家,注销147家。完成8家关区企业的高级认证企业培育工作和1家高级认证企业的新认工作,实现全年目标。

全年完成稽查作业10起,包括9起专项稽查作业和2起主动披露作业任务,专项稽查作业占比90%;稽查作业查问题数8起,稽查查发率80%,同比增长超20%。涉案线索移交工作取得突破性进展,向移交部门移交线索数2起;涉检验检疫查发数1起。经稽查发现关区范围内某企业存在出口危险化学品涉检违法行为,已根据相关法律做移交缉私部门处理。全年完成"多查合一"作业36起(风险类核查20起,管理类核查16起),其中核查查发作业数31起,核查查发率86.11%。

【监管业务】2022年,通州海关受理进出口报关单共计591票。

深入开展打击走私"国门利剑2022"行动,聚焦排查重点,保持严管严打态势,推进"全员打私"。在监管查验环节中提高对象牙等濒危物种及其制品的业务敏感性,在进出口活动物检疫监管过程中做好比对,注意进口家具中是否存在使用濒危植物作为原材料的情况。

做好出境伴侣动物查检工作。及时更新主要入境国家和

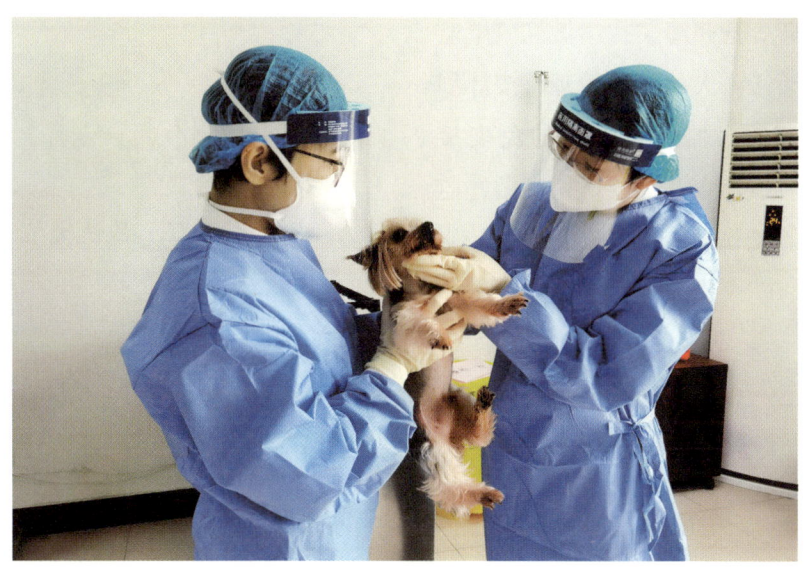

▲2022年7月5日,通州海关关员查验伴侣动物 (赵晓慧 摄)

▲2022年8月15日，通州海关训导员开展监管工作犬日常训练工作 （许建明 摄）

地区要求，及时向旅客宣传贯彻；根据出境旅客情况应约定时实施查检，减少出境旅客等待时间；结合入境国家（地区）、出境时间为旅客量身定做查检方案，实施"一客一案"。

【口岸监管工作犬应用】2022年，通州海关持续做好口岸监管工作犬的饲养管理，按计划完成对监管工作犬的免疫接种、驱虫和体检，切实做好监管工作犬使用保障工作。加强监管工作犬训练工作，组织开展监管工作犬复训，持续开展监管工作犬能力提升训练，在巩固监管工作犬原有搜检能力的基础上，加强监管工作犬对植物繁殖材料、活体小动物等目标物的搜索训练，进一步提升监管工作犬的搜检能力。响应北京海关"跨境电商寄递'异宠'综合治理"专项行动，协助首都机场海关快件监管处开展监管工作犬应用实战演练和现场排查。

【疫情防控】2022年，通州海关持续从严从紧从实从细落实新冠疫情防控内部防护各项措施，细化通州海关疫情防控方案，强化防护措施，明确职责，制订《通州海关应急值守方案》，做好物资准备，规范内部应急处置程序。做好每日人员健康状况排查和监测；履行办公区域疫情防控主体责任，加强办公区域人员防控措施落实情况自查，落实每日定时消毒制度，食堂、电梯间、卫生间等重点部位重点消杀。

撰稿人

傅　辽　吕轶欣

顺义海关

【概况】顺义海关为北京海关所属正处级隶属海关，主要职责为：承担北京市顺义区、怀柔区的通关、检验检疫、税收征管、企管、常规稽查、核查、属地查验、加工贸易和保税等海关业务。下设办公室、综合业务科、保税业务监管科、稽查科、查检一科、查检二科、查检三科7个科室。

2022年，顺义海关坚决贯彻习近平新时代中国特色社会主义思想，严格落实海关总署、北京海关各项工作部署，拥护"两个确立"，做到"两个维护"，着力推进全面从严治党，强化政治建关，千方百计保安全，抓紧抓细疫情防控，全面防范执法风险，积极参与"两区"建设，全力助推首都发展，切实做好各项工作。

2022年，顺义海关共受理报关单30241票，同比增加2.54%，共征收税款8.02亿元，同比增加17.63%，共签发电子底账4402份，签发各类检验检疫证单10252份。

【党的建设】2022年，顺义海关持续推进政治机关建设，严格落实意识形态工作责任制。有力有序推进"学查改"专项工作和强化政治机关建设专项教育活动，以"六对照六看六查"和"五学五查五改"为工作思路和抓手，将"讲政治"与业务深度融合，全面推进政治机关建设。始终把意识形态工作作为重大政治任务，细化到支部、分解到岗位、明确到人，凝聚全员思想共识。完善学习制度，建立议事决策长效机制，规范会议记录、纪要编发等基础工作和党委议事决策制度。开展结对共建，共享党建品牌创建经验，落实党风廉政建设责任制，突出重点，量化考核，明确责任人。

顺义海关党委理论学习中

▲2022年12月27日，顺义海关党委理论学习中心组学习交流研讨　（李惊平　摄）

心组共组织学习20次。领导干部带头每日学"学习强国",持续打磨"顺理成章"青年理论学习小组品牌,全年共开展各种形式的学习共计14次,参与人数172人次。

顺义海关党委班子第一时间集体观看党的二十大开幕会,深入研讨领会党的二十大报告要点;以读书班的形式组织党的二十大精神研讨活动,开展应知应会测试,夯实学习成果;制订《顺义海关学习宣传贯彻党的二十大精神实施方案》,列出5大类方面16项工作要点,明确责任人和完成时限;全体党员围绕"铸忠诚、担使命、守国门、促发展、齐奋斗"15字要求、"12个必"和"38个深入思考"课题开展研讨交流。

【法治建设】顺义海关按照法规处各项工作要求,积极开展全民国家安全教育日、"8·8"海关法治宣传日等多项普法宣传活动。成立法治宣传工作领导小组、各业务科室选取负责人,以点带面,全方位推进宣传进程,实现领导小组统一部署,各业务科室积极配合,形成全体关员共同参与的良好氛围。通过业务现场设置易拉宝宣传海报、赴企业查验过程中发放宣传册等方式,向业务相关企业宣传国门生物安全相关知识,提高普法力度。举办顺义海关知识大讲堂,开展国门卫士生物安全教育培训,由具有专业背景及一线查验岗位工作经验的关员授课培训,并通过课后知识测试、全员答题,巩固培训成果,普法效果显著。通过一系列活动,顺义海关全体关员法律意识、执法能力、执法水平进一步得到了提升,关员学法、知法、懂法、用法蔚然成风。

【业务改革与发展】2022年,顺义海关与顺义区商务局、怀柔区商务局、临空经济核心区管委会等政府部门进行座谈,交流宣传培训、政策研究、项目落实等工作。主动服务"一带一路"共建国家(地区),助推科技部"政府间国际科技创新合作"重点专项第一批项目顺利开展。通过提前谋划、主动对接、成立"服务保障种质资源出口先锋队"上门服务,助力科研机构成功出口一批600千克新型杂交小麦种子,该批种子是首个在国外获得审定的中国杂交小麦品种。

结合北京市顺义区服务"建设世界级航空枢纽"的目标定位,深化海关管理理念、监管制度、监管模式改革,加强与地方商务局、首都国际机场临空经济区管委会联系沟通,加强关区范围内重点企业调研,优化区域内营商环境,紧盯"航空服务""保税维修、展示"两项主要任务,加速"两区"建设红利落地。

【风险管理】2022年,顺义海关贯彻落实海关总署党委关于风险管理的各项部署,严格按照北京海关工作要求,全面压实责任,严抓防风险、保安全工作,牢固树立安全底线意识,全面梳理排查关区风险隐患,深入推进整改落实。

将"查隐患、防风险、保安全"专项行动与关区日常监管工作和年度专项工作紧密结合,动态更新风险隐患清单。对已知风险隐患、已完成整改的风险进行"回头看",防范风险复发,形成有效管控。

全年共梳理风险隐患42项,其中管理类风险隐患23项、业务类风险隐患8项、政治类风险隐患6项、安全生产类风险隐患5项。针对管理类风险共制定加强宣传教育、签订承诺书、强化谈心谈话正面引导等措施20条,针对业务类风险隐患共制定风险监控分析、加强查验管理、定期"回头看"等措施10条，针对政治类风险制定各类措施16项，针对安全生产风险隐患制定提升危险品检验岗位资质水平、开展安全防暴演练等措施10项。截至2022年年底，42项风险隐患完成整改。

【税收征管】2022年，顺义海关全面做好税收监控、税款担保、属地纳税人管理、规范申报审核、税收风险信息、税收风险参数建议、验估反馈等税收征管工作，全年共征收税款8.02亿元，同比增加17.63%。

开展税收规律分析，调研保税仓库和航空业经营和发展态势，积极助力解决退税难题，全年共为28家航空企业办理航材减免退税共计1710.4万元。积极应对RCEP生效措施落地，助力企业用好、用活、用足RCEP政策红利，全年共签发RCEP原产地证书81份。

【动植物检疫】2022年，顺义海关落实海关总署"国门绿盾2022"专项行动要求，梳理关区商品风险，实地了解涉及企业情况，深化专项打击治理，严厉打击在进口货物中故意夹带、藏匿、走私外来入侵物种和禁止进境动植物及其产品行为。加强政策宣传，督促企业落实主体责任，有效防范动植物疫情疫病和外来物种通过口岸传入。按照国门生物安全监测工作要求，做好关区范围外来有害杂草和红火蚁监测。对进境粮食接卸地、定点加工厂和仓库等周边地区开展外来有害杂草监测，完成关区范围内3家粮食储存企业、2家粮食加工企业的外来有害杂草20次监测；对出境种苗花卉注册登记企业种植基地等开展红火蚁监测。2022年经检验检疫合格的3700株多肉植物顺利出口。

【进出口食品安全监管】2022年，顺义海关完成食品化妆品等进出口货物共计134批次77件样品的抽样送检工作，检出不合格货物2批次，其中出口不合格1批，货值11455.2美元；进口标签整改1批，货值1656.24美元，保障关区范围内进出口食品化妆品安全。

【商品检验】2022年，顺义海关规范进口企业申报和符合性验证流程，开通医疗器械进口咨询通道，加强法律法规宣传贯彻，强化医疗器械检验监管工作一致性和规范性。对首次转至关区进口的植入式心脏起搏器业务，主动对接企业，了解企业困难需求，针对货物有效期短、精密仪器存储和运输要求高等问题，专题研讨解决方案，自9月份开展相关工作以来，共完成查验25批，出具《入境货物检验检疫证明》7000余份，检出不合格2批，已做退运处理。

顺义海关着力加强安全准入审查，对进口毛绒玩具等可能对婴幼儿身体健康产生不利影响的敏感消费品加强查验力度，严格按指令要求送检验。对于存在机械及物理性能不满足国家强制性标准要求、小零件存在掉落风险容易引起儿童窒息等问题的不合格货品实施现场销毁处理。

顺义海关解决企业疑难，加大对生产厂商医疗器械产品注册证书、国外标准认证及注册资质的审查力度。2022年，查检出境特殊物品1814批次，货值3.90亿元。

【监管业务】2022年，顺义海关共受理报关单30241票，同比增加2.54%，其中受理进口报关单29950票，同比增加2.56%；受理出口报关单291票，同比减少0.34%。共签发电子底账4402份，签发各类检验检疫证单10252份，其中进口证单8919份、出口证单652份、原产地证书681份。

建立健全进境粮食跨区调运协作机制，与进境粮食入境口岸海关及进境储备粮出库加工企业所在地海关协同把关、联防联控；加大对进境粮食储备企业、加工企业及周边区域自生苗、外来杂草等有害生物的监测力度。完成首批试点引进具有较高科研价值的农作物种质资源检疫监管工作，积极助力种质资源"卡脖子"攻关，服务保障种业振兴。

对关区范围内14家保税仓库、出口监管仓库近三年所有行政审批、业务核批、保税核查的业务档案进行全面的梳理和自查，并对发现的问题进行整改；全面检查在库情况、进出存情况、违规存储非保税货物情况、账实相符情况等，要求企业及时整改；全面规范相关企业月报形式、内容和时间节点。

【海关统计与政策研究】深入贯彻全国海关工作会议精神和全国海关政策研究及统计工作会议部署，严格落实北京海关工作会议要求，全面强化政策研究、完善业务数据管理，扎实做好关区统计工作，全力服务首都经济高水平开放高质量发展。

2022年度全年共完成政研分析文章3篇，其中投稿《海关监管实务与研究》2篇，另有关于"服务新发展格局，更好发挥海关在国内国际双循环交汇枢纽作用"的政研文章《创新海关多元化担保制度研究》一篇。

【企业管理和稽查】2022年，顺义海关稳步推进信用培育，帮助有需求企业按照海关信用标准进行整改提高，达到海关信用管理要求，享受通关优惠便利，共对10余家企业开展培育，已有4家企业通过海关信用认证。共完成企业通用资质注册1205家，变更415家，注销118家，总计1738家。关区范围内现有保税仓库、出口监管仓库14家，全年共办理申请、变更、注销、延期等相关行政审批业务24起；开展实地验核工作16次；办理保税货物延期35万余项；现有加工贸易企业22家，共设立手册135本，核销结案手册121本。

顺义海关开展稽查作业24起，稽查有效率82%。开展核查作业99起，核查有效率65%，按时办结率100%。开展主动披露作业22起，同比增加38%。

【安全生产】2022年，顺义海关全力落实安全生产要求，明确责任清单，全方位"查隐患防风险 保安全"，查漏补缺，即时整改。筑牢安全生产底线思维，以"时时放心不下、事事紧盯不放、人人笃行不怠"的责任感，统筹推进安全工作与各项工作，牢记"管行业必须管安全、管业务必须管安全、管生产经营必须管安全"，落实好"十查五管"要求，紧盯重点场所领域、关键环节，开展保税仓库安全检查和消防、安保、保密等安全教育，守住不发生重大系统性风险底线、红线。

【队伍建设】2022年，顺义海关严格落实党管干部原则，优化干部队伍结构，强化干部队伍管理。以党管干部、德才兼备为原则，本年度选拔任用副科级领导干部3人，补足干部空缺，优化队伍结构，进一步实现干部队伍年轻化。严格履行"一岗双责"，深化廉政教育，结合"海关重点项目和财物管理以权谋私"专项整治工作，组织全体党员干部学习党规党纪和廉政教育案例，筑牢拒腐防变思想防线，全力营造风清气正的政治生态。组织全员学习和观看《海关内务规范》，开展应知应会知识点测试，建立《队列训练台账》和《内务检查登记本》，对仪表着装、办公环境、工作纪律、考勤和窗口作风建设进行检查，将检查结果与年度考核相挂钩。

【疫情防控】2022年，顺义海关落实海关总署党委和北京海关党委各项要求，开展全关人员新冠疫情防控应知应会周测；日排查、月自查、季督查，开展疫情防控应急处置演练；加强物资储备，有序应对突发应急事件。对内加强管理保安全，对外优化服务畅通关，多措并举帮扶受疫情影响的企业享受海关政策红利。在日常处置涉疫风险货物查验等各环节中，做到领导带队，党员冲锋，亮身份做表率，筑牢一线战斗堡垒。

【优化营商环境】2022年，顺

▲2022年4月8日，顺义海关组织准军事化训练　（刘世海　摄）

义海关开展窗口作风提升百日行动，落实海关总署促进外贸保稳提质十条措施，以"四优四提促五子"为抓手，助力关区范围内企业贸易出口，相关成果先后由"学习强国""海关发布"宣传报道。优化营商环境，压缩通关时间，全年进口通关时间2.89小时，较去年同期缩短84.59%。主动服务"一带一路"共建国家（地区）农业合作，推动优质种子出口，服务外贸大局。助力关区范围内企业贸易出口，相关成果先后由"学习强国"刊发《北京海关助力二锅头"飘香"海外》、"海关发布"刊发《保订单在行动》宣传报道。

撰稿人

陈晓滨

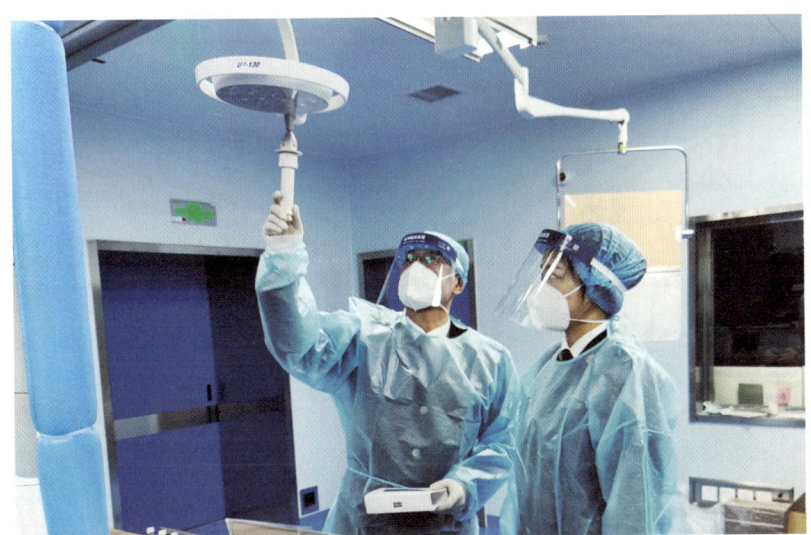
▲2022年2月10日，顺义海关关员进行现场查验　（李倞平　摄）

亦庄海关

【概况】亦庄海关为北京海关所属正处级隶属海关,主要职责为受北京海关直接领导,按授权承担指定区域范围内海关各类管理工作。办理北京市大兴区及北京经济技术开发区的通关、属地查验、检验检疫、征税、保税、企业管理、稽核查等海关业务,承担北京海关部分减免税集中审核工作。亦庄海关内设办公室(党委办公室)、人事政工科(党委组织宣传部)、综合业务一科、稽查一科、稽查二科、查检一科、查检二科、综合业务二科(B型)、物流监控科(B型)、信用管理科、减免税管理科11个科室。

2022年亦庄海关报关大厅被认定为一星级全国青年文明号,同时获得团市委授予的"2020—2021年度首都青年文明号"。5名同志荣获2022年"亦庄新城建设贡献奖"。查检二科党支部晋升为海关总署党建示范品牌,3名个人获评北京海关"优秀党务工作者""优秀共产党员"称号,2个集体获评北京海关"先进党组织"荣誉称号。

2022年,亦庄海关征收税款共计41.04亿元,同比增长32.9%。

【党的建设】2022年,亦庄海关党委共开展党委理论学习中心组学习12次,专题研讨4次。组织召开党员大会进行党总支委员会换届改选,制作《基层党组织工作手册检查记录表》并对12个党支部开展党组织规范性自查。坚持党管干部原则,严把选人用人关。

深入开展政治机关建设专项教育活动。建设党建文化长廊,更新党建活动室,集中展示各支部党建宣传展板,打造风采展示窗口。创新开展"每周亦学"在线课堂,相继开展青年成长我来讲、每季亦讲微党课、开学季:一线科长讲业务等系列活动。先后报送党建

▲2022年3月29日,亦庄海关党员学习《习近平关于北京工作论述摘编》
(黄海鹏 摄)

典型案例 8 篇，自主策划的党建宣传文案 1 篇被"金钥匙"公众号采用，6 篇被"京关 e 家人"微信公众号采用，并向"京关 e 家人"提供图文素材 20 余篇。干部职工自编自制《守好基层小阵地，做好服务大文章》宣传微视频，记录基层日常工作风采。

【法治建设】2022 年，亦庄海关常抓不懈，深入贯彻落实《2022 年北京海关法治建设工作要点》，持续推进法治建设。

一是学习教育全面深入。抓"关键少数"和"绝大多数"相结合，坚持领导干部学法用法、任前考法、述职述法及宪法宣誓制度，发挥领导干部的模范作用带头开展定期集体学法。深入学习宣传贯彻习近平法治思想，推动经常性学法。强化警示教育，加大海关系统内不合格案例研究及总结，提升关员法治观念及执法水平。

二是文件管理精细严格。加强规范性文件管理，组织开展规范性文件清理、相关制度学习，严把各类文件合法性、规范性审查关，完善会审会商工作机制，细化工作流程。制定完善本单位保密文件管理办法和档案室保密制度等文件，确保保密安全工作分级负责、责任到人，做到专人负责、专车取文、专柜存放、严控传阅，定期销毁。

三是政务公开及时准确。扎实做好党内规范性文件公开工作，对要求公开的党内规范性文件，按相关规定全面公开。落实上级公开信息保密审核有关制度规定，规范公开流程，做到上网信息必审查，公开内容必登记。充分利用微信公众号、传统媒体等公开平台，不断提升信息宣传及新闻稿件质量，配合上级部门打造全方位多层次的公开平台。

四是法治宣传广泛覆盖。积极推进海关法治文化建设，积极配合参与北京海关组织的各项法治文化活动。深入落实"谁执法谁普法"普法责任制，执法与普法相结合，对企业加强相关法律法规和检验标准的宣传贯彻。对关区范围内 46 家 AEO 企业开展海关法律法规政策宣讲，提升企业诚信守法意识。加强服务改革创新，针对改革措施落地中遇到的法治疑难，加强调查研究，不断提高关区范围创新举措的水平和质量。

【业务改革与发展】2022 年，亦庄海关持续深入推动业务改革，力求营造良好营商环境，丰富"四优四提促五子"工程。

多措并举促改革。针对芯片产业进出口产品结构特点和通关特殊要求，提出"减免税便捷审批、进口通关分送集报、税款缴纳汇总征税、属地查检全时全域、稽核查智慧监管、AEO 认证全程辅导"六位一体的海关监管"芯"模式；积极推广跨境电商零售进口商品条码应用，加强商品归类及价格审核，进一步优化服务；持续推进"提前申报""两步申报""汇总征税"等业务改革，有效发挥政策叠加优势；积极推动减免税快速审核模式运行，2022 年为关区范围内符合快审条件的全部 9 家企业开通快审授权，通过减免税快审模式审核免表占总审核量达到 21%。

多方联动优服务。一是强化政策宣传贯彻，2022 年面向关区范围内企业多次开展有关政策及措施的解读及宣讲，例如真空包装等高新技术货物布控查验模式试点、海关主动披露政策等，为诚信守法企业释放政策红利。二是加强对企业的沟通引导，通过现场辅导、电话答疑等方式对企业进行申报引导，进一步防范税收风险，提

▲2022年12月6日，亦庄海关关员为企业出具出口原产地证书 （解萌 摄）

升海关监管效能。三是深化与地方粮食行业主管部门合作，结合各自关注重点，主动探索开展进境粮食指定企业联合监管，发挥粮食安全监管合力，切实做好进境粮食工作。

【风险管理】2022年，亦庄海关深刻领会并贯彻落实中央重大决策部署，不断提升风险认知能力、风险预判能力以及风险措置能力，严格把关，严守阵地。一是筑牢思想堤坝。关领导带头组织学习相关文件。风险防范逢会必讲，督促全体干部职工风险意识。二是严守制度规范。通过梳理审批环节、优化作业流程，公开透明办事程序。严格落实规章制度内控规定，消除政策死角。发挥"互联网+海关"作用，充分利用海关内部控制与监督子系统、企管可视化监管平台、"云擎"等，将平台应用与日常风险防控结合起来。三是依法严格监管。2022年亦庄海关完成全北京关区近一半的进口属地查检工作，检出不合格商品69批，退运销毁严重不合格商品28批，科学分析查验表单，严防不合格商品入境风险。结合新布控的涉兴奋剂产品指令，与北京体育大学北京兴奋剂检测实验室专业协作，对纳入《2022年兴奋剂目录》的商品严格核验药品进（出）口准许证，共查发涉嫌兴奋剂产品13批。四是定期全面自查。对办公场所、业务现场的各处重点区域安全风险点开展安全巡查，实施精细化管理。进一步强化监管作业规范性，确保人员安全、作业安全，严防执法工作中的潜在风险。积极对涉及减免税业务领域的28个方面进行自查及整改。

【税收征管】2022年，亦庄海关征收税款共计41.04亿元，同比增长32.9%。其中，亦庄保税物流中心征收税款26.9亿元，同比增长83.6%，监管货值56.1亿美元，同比增长67.7%，均为亦庄保税物流中心成立以来新高。

持续推动开展税政调研工作，组织云会议和线下跨境贸易公益讲堂等形式对关区范围内新型显示器件、集成电路半导体、生物医药、医疗器械等50余家企业进行政策宣讲。成立税政调研专项工作组，启动年度税政调研工作，同步开展内部税政调研业务培训。向关税部门报送年度税政调研建议44项，涉及相关企业18家，其中提出针对癌症、肿瘤疾病核磁共振筛查的试剂"碘普罗胺注射液"和"含钆注射液"两项税政议题被国务院税则委员会采纳，进口关税税率由4%降为暂定税率2%。

【卫生检疫】2022年，亦庄海关细化作业要求和作业流程，编写《进境特殊物品查验作业流程》等科室内部工作指引；秉持"密关注、保质量、快通关"九字原则，持续实行"即到即办、即到即核、即查即放""三即"工作法，全力保障合格货物快速通关。

3月，为关区范围内生物科技公司提供通关专项服务，"7×24小时"工作，保障通关"零延时"。

6月，针对一家生物技术公司缩短审批时间的政策诉求，与北京海关职能部门一起为企业纾难解困，深入科学调研，开展出入境特殊物品风险评估。按照特殊物品智能审批工作规程及专家评估意见，亦庄海关将该企业生产的6万余种产品全部录入特殊物品审批系统，纳入智能审批范围，审批时间升级为秒级放行，企业出口速度总体提升约40%。

全年完成进境特殊物品查验1854批次，货值18904.11万美元；完成出境特殊物品查验1073批次，货值5890.11万美元。共查发进出境特殊物品异常76批次，同比增长844.44%。

【动植物检疫】2022年，亦庄海关根据进境用途，对"储存粮""加工粮"分类管理，共办理进境粮食检疫初审联系单

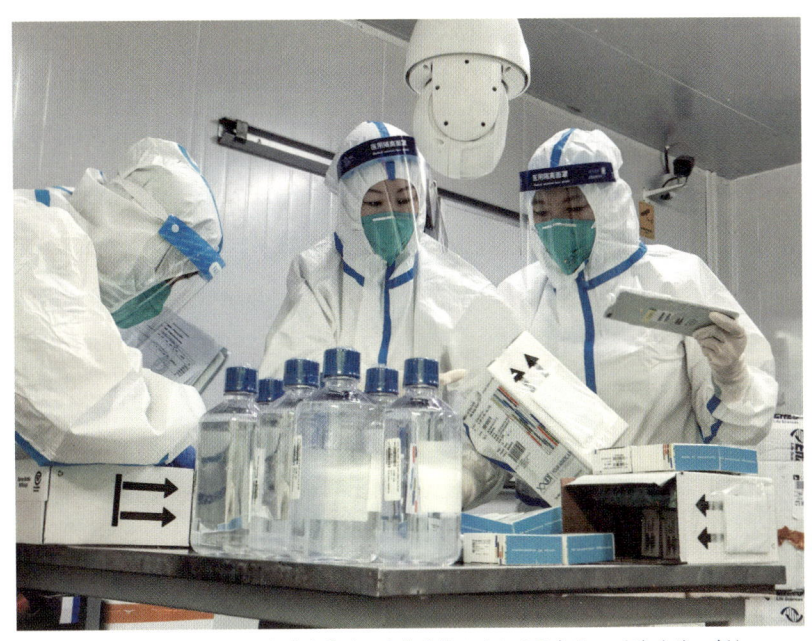
▲2022年12月8日，亦庄海关关员对入境特殊物品进行现场查验　（陈浩林　摄）

11批次、48827吨，储备粮出库联系单2批次、8800吨。建立跨部门动植物检疫风险联防联控机制，强化风险研判。5至10月先后两次联合中国海关科学技术研究中心对关区范围内全部2家进境粮食储备库及2家进境粮食加工厂开展集中踏查，重点关注储备库粮仓周边、加工厂进境粮食接卸点及周边区域、运输路线等，共发现杂草及昆虫11种；做好相关植物和昆虫标本及影像记录采集，为外来入侵物种口岸普查提供数据支撑；积极开展应急处置演练，模拟进境粮食装卸过程中发现飞虫、虫卵情况，对处置流程进行桌面推演，提高处突能力。

【进出口食品安全监管】2022年，亦庄海关专门开辟食品企业服务专窗，对出口食品随到随检，第一时间出具相关证书，保证各类食品快速通关。对关区范围内出口食品企业开展食品安全培训，加强重点食品原料、生产环境及人员把控，确保产品质量安全符合出口要求。对关区范围内出口食品的企业开展食品安全培训，对于主要出口的糕点饼干类产品加强重点食品原料把控，对生产环境及人员的产品包装、存放、运输等方面进行全方位监控，确保产品质量安全符合出口要求。

【商品检验】2022年，亦庄海关严把进口商品质量关。全年累计完成进口商品目的地检验10810批，占北京关区进口目

的地检验批次44.2%；检出不合格商品69批，货值321.31万美元；退运销毁严重不合格商品28批，货值106.74万美元。不合格检出数量、货值同比分别增长38%、78.51%。此外，1—12月，危包性能检验13批、12448件，危包使用鉴定297批、52314件，检出不合格批次21批，不合格数量5248件，不合格检出批次、数量同比分别增长90.9%、18.08%。

【监管业务】2022年，亦庄海关根据《海关总署关于扩大优化真空包装等高新技术货物布控查验模式试点的通知》《海关总署关于进一步扩大真空包装等高新技术货物布控查验模式试点的通知》等文件主动作为，及时对关区范围内相关企业进行政策宣讲，推进关区范围内企业申请试点工作，全年亦庄海关共推进关区范围内6家企业享受该政策（北京市共获批7家）。2022年8月，完成该业务的首票申报，截至2022年底，共申报报关单690票，货值5.22亿美元。主要申报光刻机、化学气相沉积设备、扩散炉、涂布显影剂、离子注入机等100余项货物。

【企业管理和稽查】2022年，亦庄海关做好企业管理和稽查工作。多措并举提升稽查查发效能。全年共办结稽查作业22起，办结主动披露作业10起，移交违规线索均被缉私部门立案。首次办结1起稽查自主查发"快办案件"。大力推进核查工作提质增效。深入落实核查改革要求，持续优化作业模式。通过分类核查、动态调整作业方式、加强部门联动等措施不断推进核查工作提质增效。全年共接收核查指令138起，办结核查作业128起，发现问题98起，核查有效率76.56%，同比增长79.80%。优化"企业协调员"服务机制。加大对生物医药、集成电路等重点行业企业及与"一带一路"共建国家（地区）、RCEP成员贸易往来企业的培育力度。联合地方政府部门组织开展政策培训会，鼓励企业提高经营规范水平、提升信用等级、增强国际竞争力。完善问题收集、处置、反馈机制，畅通关企互动渠道，助力企业高质量发展。

【安全生产】2022年，亦庄海关统筹兼顾，行政保障全面高效。开展关区安全风险隐患排查整治，成立亦庄海关安全生产工作领导小组，对消防、水电、燃气、工地、设备等不定期进行全面检查，节假日等重要时间节点前必查安全。制定《亦庄海关安全生产任务分解表》，更新各领域安全风险点3大类、23项、127条，梳理形成"责任清单、隐患清单和措施清单"，与办公区驻在单位签署《亦庄海关办公区安全目标责任书》，实施精细化管理。对2022年档案进行全面清理，分类存档。对所有涉密档案按要求登记，妥善存放。做好公务用车管理，包括用车单据的定期汇总整理上报、车辆情况检查及维修保养等。

【信息宣传】2022年，亦庄海关不断完善信息报送与考核机制，充分发挥主动性，积极与地方政府、职能处室寻找协同合作机会，全面挖掘亦庄特色题材。年内共撰写各类信息300余篇，图片新闻发布78篇，累计参与媒体宣传近百次。其中，RCEP、"四优四提促五子"等影像曾先后三次在中央广播电视总台新闻展现，《稳外贸，量增质升韧性强（深度观察）》一文被《人民日报》采编，《瞄准企业需求，提升改革质效——北京海关打造综合服务链》《服务多一步、通关快一步》等多篇文章登载于《北京日报》《中国国门时报》头版。除此之外，多篇文章还先后被"海关发布"微信公众号、《中国海关》、12360热线、《法治日报》、《国际商报》、中新网等媒体平台采用。

【队伍建设】2022年，亦庄海关多点发力锻造高素质队伍，以"三实"文化凝聚奋进力量。持续加强"三应"运行机制，上下高效联动，科室间协作配合，各项工作质效不断提升。全面强化理论学习，灵活采取廉政微党课、青年理论学习研讨、业务技能在线联学、"一对一传帮带"等多样化教育形式，实现党员干部素养的全方位提升。多角度深化警示教育，开展防酒驾醉驾、消防安全、保密教育等专题活动，以案说法、以案促纪，筑牢思想防线。扎实推进"海关重点项目和财物管理以权谋私"专项整治，对处科级领导干部子女及其配偶相关从业情况全面排查，廉政意识稳步提高，接受监督持续深入。常态化开展队列训练、内务评比，持续加强窗口作风建设，完善窗口工作人员管理、值班巡查相关制度规范，细化任务分解，持续推广海关政务服务"好差评"系统。深入了解干部职工思想动态，开展全员谈心谈话，党委班子成员深入基层，了解一线实际困难，为生活困难职工申领发放帮扶资金。因地制宜建设职工之家，为干部职工提供良好的学习休息条件。对获得北京海关考核优秀、个人嘉奖和"两优一先"的干部职工进行公开表彰，发扬榜样力量，传播正能量，营造轻松团结奋进的生态。

【北京冬奥会保障工作】2022年，亦庄海关全力保障北京冬奥会、冬残奥会火炬接力物资出口工作。组织多部门联合完成对火炬接力物资中的危险化学品检验，严格验核第三方检验检测机构出具的检验检测报告，全力保障火炬接力物资安全出口。完成北京冬奥会代表团自用医疗器械入境保障任务，密切关注一线进口情况，及时解答相关政策性问题30余次；亦庄海关成立工作组负责具体实施，北京冬奥会期间累计快速验放瑞士、比利时、法国等11国（地区）代表团进口自用医疗设备共计32批，包括超声波诊断仪、血氧仪、固定夹具等。

撰稿人

姬姝婷

天竺海关

【概况】天竺海关为北京海关所属正处级隶属海关,主要职责是受北京海关直接领导,按授权承担指定区域范围内海关各类管理工作。承担党的基层组织建设和干部队伍建设工作;办理北京天竺综合保税区的通关、检验检疫、征税、企管、常规稽查、核查、属地查验、加工贸易和保税等海关业务,实施口岸卫生监督,反馈执法作业结果;承担北京关区指定业务;完成北京海关交办的其他工作。监管范围为天竺综合保税区。内设办公室(党委组织宣传部)、综合业务科、稽查科、查检科、信用管理科、卫生监督科、物流监控科、跨境电商监管科8个科室。

2022年天竺海关锚定"铸忠诚、担使命、守国门、促发展、齐奋斗"工作要求,以"走前列、创一流"为目标,围绕首都"四个中心"功能定位、服务"两区"建设,充分发挥特色产业集群优势,助推天竺综保区高质量发展。扩展服务贸易,打造医药健康产业全链条;发挥保税政策优势,促进文化贸易产业发展,建设对外文化贸易新高地;探索政策创新,助推跨境电商业务升级;做好2022年北京冬奥会和冬残奥会通关服务保障工作,高质量保障冬奥会物资通关,确保主物流中心顺畅运行;持续优化营商环境,强化关企联系沟通,释放政策红利,助力企业复工复产;借力科技赋能构建一体化智慧园区,创新智能化监管服务;从严落实内部防护各项要求,严格闭环管理高效保障通关要求;常态化开展口岸卫生监督和病媒生物监测,做好"异宠"综合治理工作;持续做好口岸危险品综合治理工作,守牢安全生产底线;全面从严管党治党,一体推进政治机关建设、基层党建双提升和"海关重点项目和财物管理以权谋私"专项整治工作,持续深化纪律作风建设和党风廉政建设。

2022年天竺海关进出口货值871.03亿元,同比增长1.8%。天竺海关获评2020—2022年度先进集体,入选节约型机关建成单位,物流监控科党支部获评北京海关基层党建示范品牌,综合业务科党支部获评北京海关基层党建培育品牌,信用管理科党支部获评2022年北京海关先进党组织。

【党的建设】2022年,天竺海关坚定不移强化政治机关意识,争当"排头兵"。

在学思践悟中强化政治自觉。始终把学习宣传贯彻落实党的二十大精神作为首要政治任务,坚持"第一议题"制度,梳理习近平总书记重要指示批示精神37项,岗位政治内涵要求50项,形成党委、党总支、党支部、青年理论学习小组"四学"交流机制。全年召开党委会(含党委扩大会)34次、全体党员大会3次、理论中心组(含扩大)学习16次,两级书记带头推进,将"人人事事讲政治"上升为思想和行动自觉。坚持党委对青年理论学习小组的领导,党委班子围绕党史学习教育、党风廉政建设、党的二十大精神等主题讲党课13次,组织各类党团主题活动12次。

在政治引领中提升党建实效。以重学修身,围绕海关总署党委十五字要求、"12个必"和"38个深入思考"的重点落实,制订天竺海关宣传贯彻党的二十大精神活动方案,开展理论中心组集中学习研讨3次,各支部做到每周一主题、每周一研讨,推动学习成效入脑入心。以重宣扬风,积极开展"三带四强五争先"活动,打造"三大阵地",创新推出"书记面对面""竺园讲堂""政治机关建设我来讲"等系列党建活动,共话党建成果、共解建设难题、共谋发展规划。以重行践学,建立"我为群众办实事"长效机制,1篇案例入选北京海关第四批优秀案例。细化2022年重点任务分工59项和支持天竺综保区发展措施35项,坚持周调度、月督办、重在落地见效。

在党建双提升中实现强基提质。擦亮支部品牌,科科有党建品牌、有宣传阵地、有工作方法、有支部特色。各党支部建立党支部标准化规范化清单,完成整改任务13项,立足"强基提质工程",统筹推进"支部+党员"双提升。"四强"党支部2个,北京海关培育品牌1个,示范品牌1个,海关总署百名优秀执法一线科长1名,1个党支部、两名党员获评北京海关"两优一先"。党建业务融合,"四张网络拓扑图铺实党建品牌建设路"被海关总署机关党委采用发布。切实以党的二十大精神为指引,以推动综保区高质量发展高水平开放为抓手,形成"隶属海关两级党组织建设推动综保区高水平高质量发展"等8项书记项目,着力破解基层党建4个难点问题,开展并上报《小医药,大健康——天竺海关全力服务医药电商试点在首都落地生根高质量发展》等调研课题8个。创办精品党课《开创中国特色社会主义新时代》,"让组织生活会贴民心出实效"参与全国海关组织生活会创新案例评选。

在"学查改"专项工作中推进党风廉政建设。落实从严治党责任制,履行党委书记主体责任,完善党委会议事规则和"三重一大"清单,出台加强班子建设6项措施、6项履职承诺,加强对"一把手"、领导班子监督,派驻组季度会商问题,2022年召开意识形态专题会议2次。坚持问题导向,按照"六对照六看六查"要求,将"两个专项"统筹结合,统筹结合巡视、巡察、审计问题整改,形成并动态调整廉政风险清单46项,做好"三段研讨",用好"两轮督办",确保整改成果见长效。落实"海关重点项目和财物管理以权谋私"专项整治,营造风清气正的政治生态。

【法治建设】2022年,天竺海关持续推进法治海关建设。年内党委理论中心组集中学法2次,广泛运用"三会一课"、钉钉、法治宣传专栏等线上线下多渠道组织全关学法,集中学习与自主学习双管齐下,切实增强政治自觉、思想自觉和行动自觉。以宪法、民法典及重点法律法规为宣传重点,积极开展"4·15"全民国家安全教育日、"8·8"海关法治宣传日、"12·4"国家宪法日及宪法宣传周等专题宣传活动，实现送法进园区、进企业。坚持凡执法、必普法，在业务办理现场、执法现场开展同步普法，及时回应、解决企业生产经营过程中的法治需求，引导企业和群众守法自律。充分利用各种海关法治文化阵地和平台资源，积极参与"京关e家人"、"海关发布"、《中国国门时报》、"学习强国"等媒体平台的法治宣传活动，深度融入海关法治文化品牌建设，扩大海关法治宣传的覆盖面，形成高效互联的新媒体宣传矩阵。

【业务改革与发展】2022年，天竺海关进一步深化改革创新，激活自贸发展活力。

全面整合推广8大类"保税+"监管模式，2022年推出支持天竺综保区高质量发展若干措施35项，提升天竺综保区产业结构升级，加快形成具有首都机场临空经济区特色的产业链条。

助推"保税+"消费提级扩能，围绕"免税、保税、跨境电商政策衔接试点""跨境电商销售医药产品试点"两个全国首创试点，电商总体增量明显。上述2项试点入选北京"两区"十大最具影响力政策。

发挥"保税+"优势，助推文化贸易提标扩面。推出"进出渠道多样、仓储功能多样、监管方式多样、担保形式多样、服务措施多样"的"五多"的文化保税全产业链监管方案。2022年区内文化展览规模达到全国的1/2，目前已成为北京市国际文化交流的重要基地。《文化保税助力文物和艺术品贸易全产业链发展》案例入选国家文化出口基地首批创新实践案例。

【税收征管】2022年，天竺海关全面强化综合治税，结合区域实际和功能优势，发展特色产业，医药类商品纳税继续保持高速增长，航材和物流中心项目税源持续稳定贡献。密切与相关职能处室工作配合，定期上报海关税收风险防控建议和预警信息，开展税收风险排查，强化税收风险意识，推进落实深化海关税款担保改革各项工作，解决企业应用担保问题，确保改革措施稳步推进。

【检验检疫】2022年，天竺海关严格落实检验检疫各项要求，不断提升查验效能，保障商品质量及食品安全，一丝不苟把好国门、守好国门生物安全。

强化口岸卫生监督，全年对区内49家储存场地和5家餐饮服务单位共计开展卫生监督157次，在综保区对外文化贸易基地新发餐饮服务单位口岸卫生许可证1家。严格落实病媒生物监测，11月在鼠监测过程中于1只褐家鼠中检出体表寄生虫须纤恙螨80只，为北京国境口岸首次检出。

执行非洲猪瘟疫情防控等动植物检疫要求，开展监测并捕获外来物种，积极参与"国门绿盾2022"行动、智慧动植检建设技术保障组等工作。实现濒危物种核查零的突破，连续在进口化妆品核查工作中查获含有国家重点保护野生植物成分，共计化妆品84件。

贯彻落实习近平总书记关于食品安全"四个最严"的重要指示批示精神，严格执行俞建华署长关于"进出口食品安全工作要坚持严的主基调"的指示要求，搭建制度平台、人才培养平台、关企互动平台，抽样后即放行便利措施覆盖全部进口食品，落实进口食品"国门守护"行动要求，扎实做好进口食品合格评定工作，按照系统布控指令实施抽样监测，首次查获途经日本核辐射地区食品。

强化智能化监管保障商品质量安全。预检验模式覆盖约80%进口医疗器械，优先查验便利措施覆盖全部高认企业。在加强特定用途医疗器械监管工作中，开展摸底调研，进行数据分析，收集风险信息，严格现场查验，对软性亲水接触镜等货物实施现场查验135批。承担北京海关进口商品质量安全二级风险监测点工作，报送监测报告和工作建议。

【监管业务】2022年，天竺海关强化监管效能实现全流程、全领域监管覆盖。深化三级指挥监控中心软硬件升级集成，持续扩大库位监管、分类监管应用，通过"库门刷卡前置管理"实现进出卡口"秒级"验放，助力区内企业内外贸一体化经营发展。制定天竺海关"跨境电商寄递'异宠'综合治理"专项行动实施方案，强化跨境电商平台及寄递运营企业的主体责任，成立"异宠"信息搜集小组，强化风险监测、分析处置、查验监管、非法行为打击力度及潜在危害宣传教育工作效能。

【海关统计与政策研究】2022年，天竺海关强化统计职能意识，高度重视课题调研和政策研究工作，参与完成关级政策研究课题4篇，政策研究类文章被关区政研工作采用1篇；参与完成出口先导指数月度调查、"强化海关统计线上服务能力研究"课题调研、贸易统计专项调研，天竺海关《"双碳"视角下海关助力构建低碳国际物流体系的思考》等3篇论文获评中国海关学会天津分会优秀论文奖及入选论文奖，《新时代综合保税区转型升级及其在构建新发展格局中的作用探究》等5篇论文在北京海关学会论文评比中获奖。

【企业管理与稽查】2022年，天竺海关夯实"信用+"监管基础，创新"模拟认证"培育模式，年内已完成5家企业的模拟认证，截至2022年年底天竺综保区高认企业16家，占全部备案企业比例达4%，居北京关区前列。主动联合地方政府举办对企宣讲会，切实为企业送政策上门，引导企业守法自律、规范运营。2022全年共累计完成稽查、核查、主动披露作业79起。

【财务与后勤保障】2022年，天竺海关严格落实"过紧日子"有关要求，按时完成年度预算执行，成立天竺海关"海关重点项目和财物管理以权谋私"专项整治工作领导小组，依托账面核对、实物盘点实现固定资产有序管理，规范防疫物资储备保障机制，建立出入库台账，明确防疫物资申领、入库、保管、发放各环节，合理测算需求、及时增补、动态

▲2022年5月18日，天竺海关关员验放进口食品，全力以赴支持扩大进口（马颐琳 摄）

调配。成立节能领导小组，制订节约能源资源实施方案和管理制度，建立统一能源资源消耗台账，并成功入选国家机关事务管理局等4部委评选的第二批节约型机关建成单位。

【科技发展】2022年，天竺海关率先落地北京关区"基于AI技术的数字身份识别体系"项目，建立艺术品数据库，丰富艺术品监管手段；率先使用VR眼镜，探索"VR眼镜+专家后台支持+多人多现场"新型属地查检模式，积极运用雾化消毒机器人。优化卡口进出、仓库作业、储位动态、查验布控、5G移动设备等多数据多系统的互联互通，推进"非侵入式"组合监管。积极参与双枢纽项目建设，开展"提前报关""转场查验""提货超期未报关预警"等业务功能在虚拟环境测试，推动实货测试及区港通道智能化识别模式运行。

【督察内审】2022年，天竺海关以"督查督办+内控"机制强化风险防范，提升队伍整体素质。发挥督查督办在推动全关重点工作落实的积极作用，坚持问题导向，落实督办落实与推进工作相结合、督促检查与主动服务相结合，建立重点工作任务目标分解、重要事项的督办立项和完成流程闭环。年内，共下发部门督办单17条。

深化内控机制建设，健全内控工作组织领导和机构设置，修订天竺海关内部控制操作规程，细化梳理内控有关的岗位职责规范。年内北京海关内部组织内控专题培训2次，参训人员18人次。2022年，天竺海关完成内控监督子系统目标，移交稽查4份，专项成果供稿5份。北京海关稽查科党支部建立"五度工作法"（站位有高度、监管有力度、改革有亮度、钻研有深度、服务有温度），相关经验做法在海关《金钥匙》杂志刊登。

【队伍建设】2022年，天竺海关坚持系统思维，多措并举提升队伍风貌。常态化开展队列训练、内务检查、窗口作风提升、练兵评比，内强素质、外树形象，锻造全面过硬的准军事化纪律部队。党委班子成员定期交流谈心，关心关注思想动态、需求保障等问题。召开关员助理交流座谈会，切实解决干部职工工作中问题诉求6项、硬件设备设施配套诉求11项和个人保障诉求4项，优化工作环境和办公便利性。发挥工会"建家"实效，对生病住院和家庭存在困难的干部职工进行慰问，切实成为干部职工的坚实后盾。统筹教育培训，组织学习贯彻党的二十大会议精神网上专题班，完成"践三实、抓落实"网络培训班、新冠疫情常态化防控专题等培训。有序开展新入职关员的岗前培训工作，充分发挥"传帮带"作用，以练促学，提升新入职关员的业务操作能力水平和工作适应性。厚植廉洁文化，深化"八廉工程"，开展廉政主题党日活动，创排廉政小品，加强"八小时以外"监督，运用"五个一"活动持续纠治酒醉驾等非职务违法犯罪行为。

【冬奥保障】2022年，天竺海关全力支持、顺利完成北京冬奥会通关保障工作。聚焦北京冬奥会主物流中心，开设冬奥物资通关专用窗口和物流专用通道，实施"7×24小时"预约通关和无障碍出入区，实现即到即办、快速放行。

【"两区"建设】2022年，天竺海关优产业、稳增长，助推"两区"建设再提速。

打造生物医药产业高地，叠加分类监管、分送集报、提前申报等政策，实行"7×24小时"预约通关、预约查验，提供一对一关税政策惠企服务包，对于仓储条件要求较高的药品采取担保放行模式满足快速通关需求。

强化特殊物品主口岸功能，发挥特殊物品保税仓储叠加嵌入式查验平台的优化效能和虹吸效应，通过全程监控、分级分类，有效提升查验效率，防范和控制生物安全风险，已吸引国际知名生物资源保藏中心亚太菌种库、亚洲细胞库等区域性生物资源库进驻入区。

助力保税维修产业平稳发展，有序推进公务机包修、航材包修备案，不断扩大包修转包修理业务适用企业，扩大适用修理商品范围，增加适用模式。

【疫情防控】2022年，天竺海关扛起主体责任，持之以恒防好疫情。加强风险研判，持续完善北京海关防疫工作方案，从严落实内部防护各项要求。成立关领导带队的应急值守队，带头"入环"，严格闭环管理高效保障通关，开展远程线上办公，保证通关顺畅。组织疫情防控应急演练，梳理全流程处置环节，对3个一线科室进行个人防护实操考核。制

▲2022年4月11日，天竺海关关员验放药品　（杨群英　摄）

订《天竺海关疫情防控职业暴露桌面推演方案》，模拟常见职业暴露场景进行桌面推演。落实"四方责任"，开展进口冷链食品及相关从业人员风险排查和整改专项行动，进行餐饮服务单位食品原材料疫情防控排查，全年按照要求对5家餐饮服务单位完成28家次的常态化疫情防控检查。

【安全生产】2022年，天竺海关抓落实，有效防范化解风险。组建2022年度安全生产工作领导小组，制定《天竺海关安全生产领域防范化解重大风险工作机制》，专题学习《中华人民共和国安全生产法》，将学习习近平关于安全生产重要论述融入日常。与地方政府建立安全生产监管协作工作机制，联合开展安全检查11次、应急演练3次，确定安全生产责任清单31项。做好进口危险品合规快速验放，持续延伸口岸危险品综合治理专项工作成果，加强对危险化学品入区风险分析和审核，有效拦截丙烷、乙炔等易燃易爆气体违规入区，保持口岸危险品"动态清零"。协助稽查处完成危险化学品伪瞒报贸易调查。强化内部安全防范，定期开展机房巡查、保密自查、设备检查，做好北京关区安全生产大检查、岁末年初安全生产重大隐患专项整治等重点工作。

【信息宣传】2022年，天竺海关紧扣关区重点工作，加大政务信息报送力度，月报送督促机制和定向约稿相结合，全年

共报送政务信息 224 份,多篇信息获海关总署、北京市政府相关载体采用。传播海关声音,讲好天竺故事,立足综保区特色,围绕"四优四提促五子"工程广泛在报刊、广播电视、互联网等平台展示天竺特色,彰显北京海关在维护首都国门安全、推动北京市"两区"建设中的重要作用。北京海关共在媒体平台参与发表 85 份报道,其中《开放的大门越开越大》《前九月天竺海关医药进口总额占全国两成 政策便利为北京医药产业发展添活力》等 4 篇文章在《人民日报》《北京日报》等媒体头版刊登,3 条新闻被中央广播电视总台、北京卫视收录。

撰稿人

李思艺

北京朝阳海关

【概况】北京朝阳海关（简称"朝阳海关"）为北京海关所属正处级隶属海关，主要职责是受北京海关直接领导，按授权承担指定口岸和区域范围内海关各类管理工作。承担党的基层组织建设和干部队伍建设工作；办理北京朝阳口岸和北京市朝阳区的进口货物、运输工具监管和通关、检验检疫、征税、企管、常规稽查、核查、属地查验、加工贸易和保税等海关业务；承担北京会展中心的非贸物品查验工作；承担北京关区指定业务。内设办公室、综合业务科、物流监控一科、稽查科、物流监控二科、人事政工科、查检一科、查检二科和信用管理科共9个科室。

2022年，朝阳海关以政治建设为统领，加强党的全面领导，学习宣传贯彻党的二十大精神。牢记"走前列，创一流"的工作目标，坚持"先走一步、快走一步、多走一步"的工作思路，落实2022年北京海关工作会议、北京海关全面从严治党工作会议要求，马上就办、真抓实干，各项工作平稳有序扎实推进。

2022年，朝阳海关税收入库100.89亿，审核报关单36969票，进出口货值89.50亿美元；办理转关单2934票，监管转关集装箱货物2576标箱，散装货物1101车；完成新一代查管系统进口查检指令2122批次，拟制进出口食品、化妆品、动植物源性产品证书2242份，样品送实验室检测329批次，查获不合格货物47批次。

【党的建设】2022年，朝阳海关以习近平新时代中国特色社会主义思想为指导，全面深入学习党的二十大精神。党委书记带头观全会、学原文、写体会，各层级深入学习党的二十大报告，开展专题交流研讨，撰写心得体会32篇。开辟党的二十大精神宣传专栏、组织"喜庆二十大，奋进新征程"书画摄影作品征集活动，深入宣传贯彻党的二十大精神，把学习与提高政治能力、谋划工作、履行职责相结合。

全面从严治党，做好基层党建强基提质。压实主体责任，党委引领，制定《北京朝阳海关2022年全面从严治党工作重点任务分工表》，细化重点任务37项，定期分析从严治党和党风廉政工作。

扎实推进政治机关建设和"学查改"专项工作。提出"真学、真懂、真查、真改"的总要求，梳理各岗位政治要求54项；多层次、多形式开展"政治机关建设我来讲"系列活动，累计撰写心得体会31篇，不断凝聚思想共识。

发挥典型引领，"四强"党支部书记带头总结党建经验，交流心得体会。探索实施

"书记项目"3项，努力破解党建业务"两张皮"难题；强化"智慧党建""党员E先锋"等系统运用。

坚持正风肃纪，打造风清气正政治生态。召开警示教育大会和以案促改专题民主生活会、组织生活会，深刻剖析反思，梳理风险隐患，强化案件成果运用；严格队伍管理，完善督察清单，提高干部遵纪守法意识。同步推进专项行动与专项整治。扎实开展"三实文化见行动"、窗口作风提升百日行动、警示教育月活动和酒驾醉驾专项整治，转变工作作风，振奋工作面貌，提升工作质量，规范"八小时外"行为。持续推进党风廉政建设，开展"八廉"工程，一体推进全面从严治党、党风廉政。各党支部书记讲授廉政党课，教育引导全体党员干部。征集廉洁文化作品，紧盯"四风"问题，强化重要节点廉洁提醒，用好监督执纪"第一种形态"，及时谈话提醒、批评教育，开展专题谈心谈话，了解思想动态、传递组织关爱。

【法治建设】2022年，朝阳海关依法行政，加强法治建设。普法宣传志愿服务队深入企业、群众，积极开展"8·8"海关法治宣传日、"12·4"宪法宣传日活动。开展法治研究，撰写论文《浅议我国食品安全法的惩罚性赔偿》。做好行政处罚工作，加强法治审核，提升办案质量，全年办理行政处罚案件6起，办结3起、在办3起。做好行政复议、诉讼工作，全年办理行政复议案件3起，行政诉讼案件1起。配合其他行政机关办理行政协查案件3起。

【业务改革与发展】2022年，朝阳海关积极推进业务改革。进一步推广集中汇总征税、自报自缴申报模式，全年集中汇总征税报关单7735票，税款约72亿元；自报自缴报关单26715票，税款约60亿元。深入推进"两步申报"改革，提高"两步申报"率。全年共26家企业采用"两步申报"模式申报，累计申报报关单10297票，"两步申报"比例41%。推进跨境电商B2B出口改革，贯彻落实党中央、国务院关于加快跨境电子商务新业态发展的部署要求，大力支持企业开展跨境电商B2B出口。全年共有62家企业1006票报关单申报跨境电商B2B出口。

朝阳海关持续压缩整体通关时间，全年进口整体通关时间20.34小时。持续落实精简单证，大力推广"两步申报""提前申报"模式，企业通关便利性进一步提高。

朝阳海关大力推进"海关政策进万家"活动，制订《北京朝阳海关"海关政策进万家"活动实施方案》，成立领导小组。党委班子成员深入一线调研，了解疫情期间企业经营状况，围绕促进外贸保稳提质工作重点，开展政策宣讲7次，覆盖关区范围内企业400余家。支持朝阳区"两区"建设，联合北京市朝阳区商务局、北京市朝阳区进出口企业协会，开展"朝阳区跨境贸易便利化政策解读会"，宣讲内容涉及RCEP、主动披露、《进出口食品安全管理办法》、《进出口商品检验法》、《国境卫生检疫法》、《海关注册登记和备案企业信用管理办法》等企业关注的海关政策。加强外贸形势分析，累计完成各类调研30次，联系企业758家次；完成年度技术性贸易措施企业调研，涉及样本企业146家。

【税收征管】2022年，朝阳海关严格落实减税降费政策，及时办理税款类保证金转税、退还等手续，全年共办理退税报关单240票，核销保证金1.70

亿元。充分发挥审价、归类技术作用，做好规范申报，全年共办理现场接单审核34798票，进出口货值约89.50亿美元，税收入库100.89亿元。

【检验检疫】2022年，朝阳海关完成进口查检1971批次，出具进出口食品、化妆品、动植物源性产品证书1868份。查获不合格货物46批次。做好"4·15"国门安全宣传活动，向进口企业相关人员发放宣传折页、生物安全法印刷品142份，推送《中华人民共和国生物安全法》《图说禁止寄递进境的动植物及其产品和其他检疫物》等科普文章，对企业进口动植物产品疑问进行解答，并组织相关企业180人参与知识竞答。开展"进口食品'国门守护'行动"，向行政相对人发放食品安全宣传手册、小贴士等；解读新版《进出口食品安全管理办法》，增进大众对进口食品安全基本常识的了解。顺利完成外来物种监测工作，多次参与专题线上培训，就监测工作任务及要求进行学习，完成各个诱捕监测点诱捕设置工作，定期更换诱捕试剂，将捕获昆虫及时送检。开展异宠"综合治理"专项行动。向企业推送科普文章

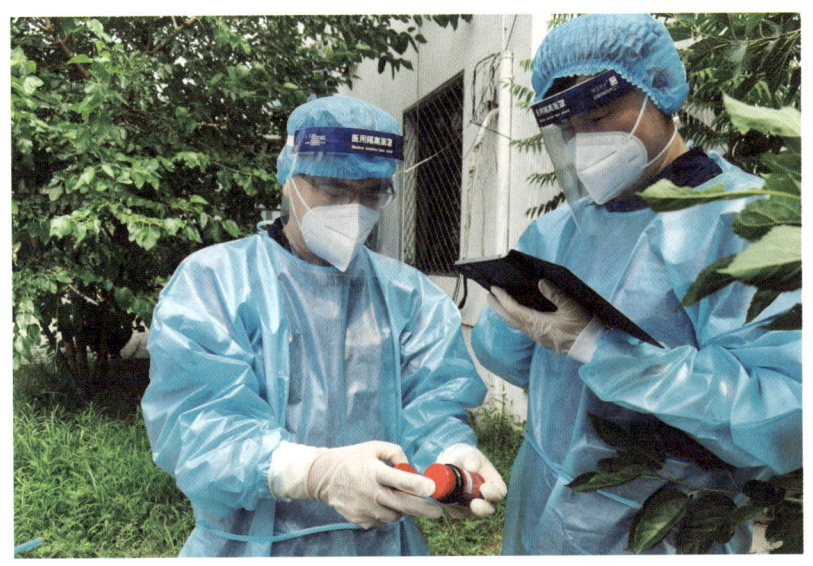

▲2022年8月13日，朝阳海关关员开展生物监测　（高雷　摄）

《带您了解"异宠"的危害》，宣讲相关法律法规；对互联网上的论坛、二手交易平台进行监测，收集异宠买卖相关信息，及时报送相关信息。

【监管业务】2022年，朝阳海关落实海关总署、北京海关加强保税仓库监管的新措施，关区范围内保税仓库核放单、出库单和业务申报表电子审核实现100%人工审核。关区范围内9家保税仓库企业入库货物7431吨，总价值7亿美元；出库货物7960吨，总价值9亿美元。共签发原产地证书2126份，签证金额1.26亿美元；为进出口企业减免关税313万美元。加严核生化爆查验，完成手持式核辐射计量仪的送检校验、组织开展反恐实战演练。开展"国门利剑""清风行动"等专项行动，针对打击"洋垃圾"及濒危物种及其制品走私工作，强化政治站位，充分认识严禁"洋垃圾"进境和打击濒危物种走私是党中央、国务院关于加强生态文明建设、实行最严格生态环境保护制度的重大举措。在实际监管工作中，加大工作力度，强化口岸正面监管，严厉打击走私违法活动，严格实施检验检疫，切实将打击"洋垃圾"及濒危物种及其制品走私工作措施落实到位，切实维护国家生态环境安全和人民群众身体健康。

【企业管理和稽查】2022年，朝阳海关高效监管，热心服务，做好企业信用管理工作。宣传惠企利企措施，从简从速办理企业注册登记。全年共完

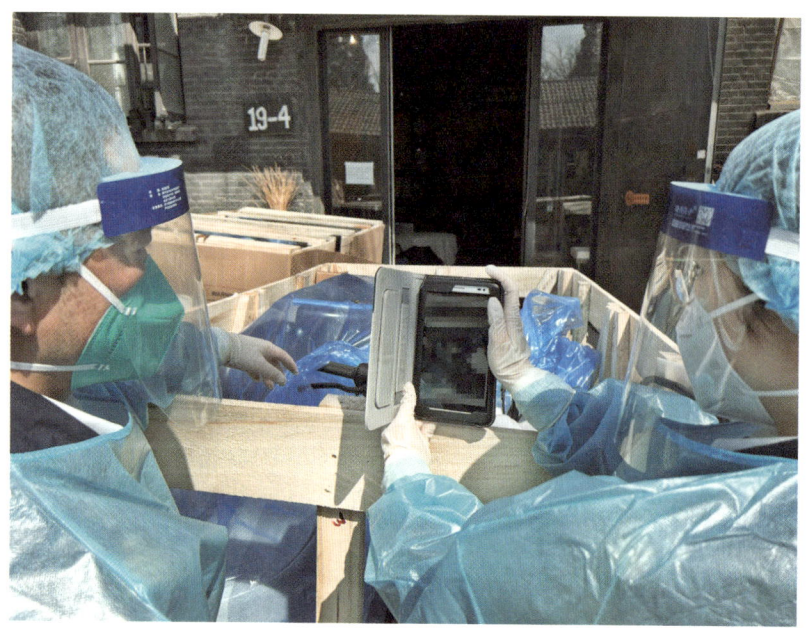

▲2022年5月11日，朝阳海关关员开展上门查验工作　（高雷　摄）

成企业注册登记1918家、信息变更718家、注销525家。开展企业认证5家，组织海关信用认证人员集体学习新版《海关高级认证企业标准》，规范信用管理工作流程、提升执法统一性；加大政策宣传，向属地企业宣讲新版《海关高级认证企业标准》，确保企业第一时间知晓政策；加强工作推进，全力做好新旧《海关高级认证企业标准》衔接工作，确保认证工作有条不紊。7月11日，开出北京地区首份由隶属海关开具的信用状况证明，全年共开具企业信用状况证明19份。

朝阳海关以"一带一路"共建国家（地区）、RCEP成员、中亚五国和中东欧国家有贸易往来的企业为重点，加大对跨境电商平台等新兴业态、"专精特新"企业的信用培育力度。线下培育企业39家，线上培育企业185家，"一对一"重点辅导7家。与北京商务中心区管委会、地方政府密切联系，为企业提供政策咨询、认证培育等多项服务。北京商务中心区域AEO高级认证企业占朝阳区认证总量的68%。联合北京商务中心区管委会成立"B&R·RCEP创新服务中心"及AEO高级认证孵化基地，已通过AEO认证企业2家，培育企业7家。

朝阳海关全年开展稽查作业34起，受理主动披露作业22起，完成稽查任务数20起，稽查有效率80%。全年共开出核查作业41起，办结33起，核查有效率87.8%。针对稽核查工作的不同特点，梳理作业流程，明确时间节点，设置内控节点和权责清单，严格落实内部核批制度，保证作业各环节依法依规无差错；围绕时政，主动出击，关注国家政策与行业动态，立足关区范围内重点领域、重点产业、重点企业，强化自主分析，进一步拓宽指令来源；积极开展普法宣传和政策宣讲活动，引导企业主动披露，拓展企业自我纠错渠道，提高企业守法合规经营意识；紧跟形势、深入开展政策研究，积极参与稽核查改革政策研究研讨，深入思考稽查领域存在问题，探索解决思路及方案，提出具有可操作性的意见和建议。

【查缉走私】2022年，朝阳海关强化打击"洋垃圾"及濒危物种走私，强化正面监管，严厉打击走私违法活动，将各项措施落实到位，维护国家生态环境安全和人民身体健康，形成打击"洋垃圾"及濒危物种走私的高压态势。做好缉私线索移交工作。

【督察内审】2022年，朝阳海关召开内控工作情况专题会议，细化关、科、岗三级落实内控工作的具体责任和要求，进一步夯实基础、压实责任；坚持"制度+科技"，积极运用海关内部控制与监督子系统，对涉及的业务风险进行监控分析，对重点领域、重点岗位、重点环节定期开展监督检查，年内完成内控监督子系统有效数1623个，专项成果供稿38份；围绕高风险内控节点，加强基层科室的自查自纠，利用督察专班制度，持续开展日常督察和专项督察，加强对监管、查验、稽查、检验检疫等高风险重点领域的执法管控，报送《北京海关政治机关专项教育活动和"学查改"专项工作业务风险隐患整改落实情况表》以及新增重大、系统性业务风险情况，把好"基层自控"关；聚焦教育培训，通过专项讲解和送教上门方式强化内控基础培训，推动形成主动抓内控工作的良好氛围，有效提升全员内控意识和水平。

【队伍建设】2022年，朝阳海关选贤任能，分析队伍现状，配齐配强干部。统筹评优表彰，发挥示范引领作用，激发队伍工作热情。年内获评北京海关集体嘉奖1个、个人三等功3人、个人嘉奖20人，优

▲2022年10月24日，朝阳海关关员赴企业调研　（张科伟　摄）

秀共产党员2人、优秀党务工作者1人、先进基层党组织1个。严格规范管理，严肃请销假制度；出台干部交流管理办法，修订协管员管理办法；深化准军纪律部队建设，做到神形兼备、令行禁止；严明劳动纪律、保密纪律、工作纪律等，努力培树遵规守纪、规范严谨工作基调。

【疫情防控】2022年，朝阳海关从严从细做好内部防护。落实内防外防两手抓，强化思想认识，引导干部职工充分认识做好疫情防控工作的重要性。强化精准防控，加强应急处置，年内开展6次演练，应急处突能力全面加强。

【北京冬奥会保障工作】2022年，朝阳海关完成北京冬奥会、冬残奥会通关服务保障。与冬奥组委全程保持密切沟通，以视频连线、座谈调研等形式，提前了解企业通关需求、物资进口计划等，研究制订北京冬奥会和冬残奥会期间口岸卫生检疫工作方案、通关保障工作方案。设立冬奥物资专用申报、查验窗口，由专人优先办理，实施"5+2"预约申报制度，确保冬奥物资"随到随报""即到即查"；启用暂时进境物资税款保函，利用冬奥无纸化通关系统，进一步提高冬奥物资通关效率。为不便运输、急于使用的冬奥物资开辟绿色通道，建立"一对一"帮扶措施，量身定制通关方案，提供全流程指导，保障冬奥物资"零等待"。同时，多方协调海关总署、职能部门等解决冬奥物资出口企业遇困

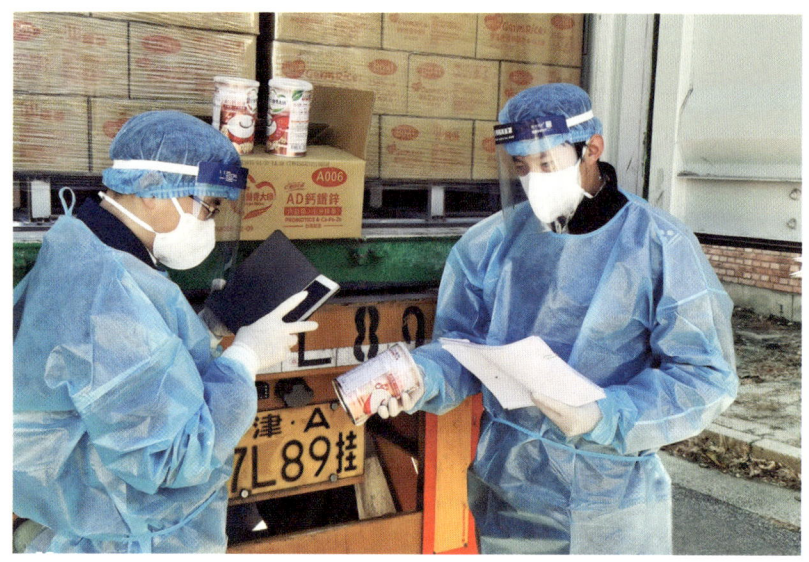

▲2022年12月1日，朝阳海关关员开展查验 （王海全 摄）

问题，保证冬奥物资出口船期。

【安全生产】2022年，朝阳海关牢记安全生产责任和保安全，深入学习习近平总书记关于安全生产的重要论述，切实强化保安全护稳定的政治自觉，把开展安全生产排查工作定期化、常态化。查找化解风险隐患，在重要节假日及重大活动期间开展安全巡查，持续提高保安全的能力。做好全国安全生产月相关宣传、检查工作，持续落实安全生产监管责任，锲而不舍抓牢口岸政治保卫工作，筑牢首都口岸安全防线，全力保障党的二十大胜利召开。

【信息宣传】2022年，朝阳海关健全工作制度，细化信息工作管理办法，建立"关领导负责，办公室牵头，业务科室配合，全员共同参与"的信息采集报送机制，实行每月一通报制度，横向纵向对比分析；注重政策导向，紧跟关区工作形势，提高信息报送时效性，将信息工作同中心工作紧密结合，形成针对性强、指导性强的亮点信息；加强队伍建设，成立专兼职信息员队伍，定期开展信息、政研论文、统计分析写作培训，交流采编经验要点，不断提升队伍整体素质。全年共采用政务信息240余篇；海关总署采用互联网信息400余篇，统计分析文章被海关总署相关载体采用3篇。

撰稿人

房一鸣

平谷海关

【概况】平谷海关为北京海关所属正处级隶属海关，主要职责是受北京海关直接领导，按授权承担指定口岸和区域范围内海关各类管理工作。承担党的基层组织建设和干部队伍建设工作；办理北京平谷国际陆港（临时对外开放口岸）和北京市平谷区、密云区的进出境货物、运输工具监管和通关、检验检疫、征税、企管、常规稽查、核查、属地查验、加工贸易和保税等海关业务，实施口岸卫生监督，反馈执法作业结果；承担北京关区指定业务。平谷海关内设办公室（党委组织宣传部）、综合业务一科、综合业务二科、稽查科、物流监控科、查验一科、查验二科7个科室。

2022年，平谷海关共实现税收2.8亿元；受理报关单3260票，其中进口3180票，出口80票；进出口货值总计25218.41万美元，其中进口24870.53万美元，出口347.88万美元。实施稽查作业27个，办结20个，稽查有效率90%；受理主动披露作业10个，办结主动披露作业5个；完成稽查其他作业26个。开展核查作业17个，核查按时完成率100%，核查有效率71%。办理行政处罚案件8起。

【党的建设】2022年，平谷海关贯彻绝对忠诚讲政治，持续强化政治机关建设。学习贯彻习近平新时代中国特色社会主义思想。落实"第一议题"制度，发挥线上媒体作用，在全关范围内分享习近平总书记重要指示批示精神80余次，开展党委理论学习中心组（扩大）学习19次。持续掀起学习宣传贯彻党的二十大精神热潮，组织各党支部开展"三带四强五争先"活动，通过党委理论学习中心组（扩大）学习、青年理论学习小组、科会等形式实现全体关员学习全覆盖。党委书记牵头，围绕海关总署党委提出的"12个必""38个深入思考"，研究制订《平谷海关学习宣传贯彻党的二十大精神方案》《平谷海关学习贯彻党的二十大精神任务分解表》，明确5个阶段15项具体举措，用实际行动落实党的二十大精神。推进党史学习教育常态化长效化，"学党史、悟思想、办实事、开新局"，巩固党史学习教育的成果，用好党委理论学习中心组学习制度，落实各项决策部署。推进专项教育活动，党委充分发挥以上率下作用，抓好科长和青年同志这"两头"，带动全员参与到专项教育中。全员围绕"没有脱离政治的业务，也没有脱离业务的政治"谈心得体会。多种形式做好学习教育，开展"政治机关建设我来讲"活动，精心组织党总支书记讲党课活动，进行优秀征文、心得体会展示，打造精品微党课，实现全员参与、全面覆盖。

加强基层党建工作。落实基层党建重点任务，打造坚强有力的基层党组织和干部队伍。健全党建工作制度，严肃组织生活，落实"三会一课"、主题党日制度，定期开展党建基础工作质量检查，推进支部标准化规范化建设。深化"强基提质工程"，组织各支部结合实际，继续打造党建品牌。开展基层党建"双提升"行动和"十百千万"党建提升行动，推动各支部党建工作质量共同提升。

开展"学查改"专项工作。深入学习习近平总书记在历次中央经济工作会议上的重要讲话精神。结合"六对照六看六查"，找准找实问题9项。结合专项教育活动，运用"五改"（统筹调度系统改、分析研判精准改、督查督办合力改、交流借鉴互动改、量化考评督促改）工作方法，整合问题清单，明确责任领导、责任科室，制定切实可行的25项具体举措。全关上下深入查摆问题，剖析问题根源。形成岗位政治要求和重大风险隐患清单，岗位26个、明确政治要求43项、查摆风险隐患35条，经过总结提炼，共确定关级岗位政治要求9项，查摆关级风险隐患9条，其中问题2条、隐患7条。针对查摆出的问题，形成问题整改清单，明确整改措施、责任人和完成时限，确保问题整改到位。

抓好党风廉政建设。配合党委派驻纪检组，制定《平谷海关关于加强配合派驻纪检组落实全面从严治党主体责任的若干措施》。自觉接受对"一把手"和领导班子的监督，加强对各科室"一把手"的监督。推进"八廉"工程建设，制定《平谷海关加强新时代海关廉洁文化建设细化措施任务分解表》，分5个阶段16项具体举措，深入推进全面从严治党、从严治关，深化清廉海关建设。开展纪法教育，学习习近平总书记在中共中央政治局第四十次集体学习时的重要讲话精神和关于党风廉政建设、廉洁文化建设的重要论述。开展党规党纪学习教育，组织54名关员和协管员观看警示教育片，各级党组织书记结合警示教育片，为全体党员讲授廉政党课，用身边案例警示教育身边人，做到以案促改、以案促治。开展"海关重点项目和财物管理以权谋私"专项整治。落实专项整治精神，开展自查，针对工作提示中指出的问题举一反三，对前期自查情况进行再梳理、再排查，确保专项整治工作取得扎实成效。

【法治建设】2022年，平谷海关联合密云区商务局、平谷区商务局、管委会等地方部门开展"海关政策进万家"线下宣讲活动，结合具体案例，详细解读现场报关、属地查验、企管备案、后续稽查等各项海关业务线条。开展"关长与企业面对面"活动，根据关区范围内企业实际需求，对重点企业开展靶向政策解读。结合"8·8"海关法治宣传日，公职律师牵头成立普法小分队"送法上门"。依托热线电话、腾讯会议、钉钉直播等形式，就优惠贸易和贸易救济措施原产地业务、出口检验检疫证书"云签发"、AEO企业和核准出口商培育等便利措施开展"云课堂"讲座。全年累计惠及企业45家，宣讲79人次。

【业务改革与发展】2022年，平谷海关做好促进外贸保稳提质工作。做好"防疫情、稳外贸、保安全"大调研大排查。一把手带队前往7家企业实地走访调研，和企业负责人及采购、生产、销售部门负责人开展多轮次座谈，了解企业的进出口需求和发展遇到的困难，立足海关职能，解决实际问题5个，协调业务部门解决实际问题3个。

开展"四优四提促五子"服务工程，促进外贸保稳提质。落实"7×24小时"预约通关、预约查验服务机制，合理调配人力资源，确保"即到即验""即验即放"监管工作落实到位，保障企业货物第一时间完成查检流程并尽快投入使用。通过窗口咨询、电话咨询、网络宣传推进28项措施，第一时间走进企业、服务企业。

助力乡村振兴，为平谷农业中关村发展提供"加速度"。响应首都"五子"联动重要举措，发挥海关职能优势，围绕《北京市关于加快推进农业中关村建设的十条措施》，党委班子带头，协调联系关税处、动植物检疫处、进出口食品安全处针对农业中关村涉及的20家企业开展调研，通过深入走访、电话咨询、发放调查问卷等方式，收集企业实际需求32个、企业建议3条。实施"一企一策"建立专门台账。结合

▲2022年8月1日，关税处、动植物检疫处、平谷海关联合开展中国·平谷农业中关村重点企业座谈交流会　（王安东　摄）

农业中关村重点企业的产品特点、出口计划、生产规模制定精细化帮扶政策，根据从事火腿、种鸭、禽蛋出口企业的发展需求，梳理相关出口国（地区）的检验检疫要求和技术性贸易措施，为企业做好政策指导和风险预警，使相关农业科技成果有效转化，形成实际经济效益。2022年以来，平谷海关共帮扶农业中关村相关企业进口农产品42批次，累计货重5284.30吨，累计金额2193万美元；出口农产品及医疗试剂97批次，累计货重834.10吨，累计金额314.70万美元。加强对"专精特新"企业、小微企业的精准化政策帮扶。利用业务讲堂、业务沙龙等形式，梳理海关总署、北京海关出台的各项便企措施，提高查验关员业务水平；设立小微企业进出口属地查检"绿色通道"，做到"一企业一清单"逐项定制帮扶措施；深化"问题清零"机制，前往关区范围内小微医药企业开展调研、举办政策宣讲及座谈会，协调解决小微医药企业发展过程中遇到的困难。优化属地查检模式和人力资源配置。

加强技贸措施应对工作，帮助企业积极应对国外技术壁垒，全面梳理RCEP成员准入要求，运用12360热线、腾讯会议等政策宣讲平台，开展出口相关政策法规宣讲解读，指导企业用足政策；提前了解企

业进出口需求，协助企业完成申报改单流程；通过无纸化通关、远程稽核查、收发货人免到场查验等便利措施，助力企业快速通关。

加大"一带一路"共建国家（地区）贸易往来企业培育力度。宣介"一带一路"共建国家（地区）检验检疫相关法律法规，接受企业预约咨询，指导企业加强生产质量管控，提高质量安全自检自控能力，健全企业联络员机制和预约报关报检机制，及时解决企业在报关、运输、监管等衔接方面遇到的困难，助力地方经济快速发展。

【风险管理】2022年，平谷海关开展风险监测工作。落实食安处、动植检处发布的《2022年度出口食品化妆品安全风险监测计划》《2022年度进口食品化妆品安全风险监测计划》《2022年度进出境食用农产品和饲料安全风险监控计划》和《供港蔬菜安全风险监测计划》的相关要求，对关区范围内进出口食品、化妆品、农产品、饲料企业制订监测计划，对关区范围内企业开展风险监控作业，抽取布控样品进行检测。

【卫生检疫】2022年，平谷海关强化卫生监管，筑牢生物安全防线。强化对交通运输工具和货物的生物安全监测工作。在对一进口集装箱货物进行监管时，截获蝇类昆虫近500只，其中酪蝇为北京口岸首次截获。针对病媒生物疫病风险，建立进口风险国（地区）别动态台账，对发现的鼠、蚤等病媒生物，100%进行实验室检测，按规定监督实施消毒、灭鼠、灭蚤处理。强化与卫生、疾控等部门的联防联控合作交流，共同开展灭鼠灭蚤，降低鼠疫疫情通过鼠类自然活动传播风险。加强与属地联防联控机制成员之间疫情信息的交流和共享，密切关注境内外传染病疫情动态信息，严防埃博拉、拉沙热等重大传染病传入，防止疫情叠加。落实口岸传染病疫情防控政策，落实传染病疫情报告制度，按要求做好口岸卫生检疫设备日常维护工作，按照标准规范做好个人防护工作。加强鼠疫防控知识宣传，加强公众对鼠疫防范知识的宣传教育，开展宣教活动。

采取"以检代训"，通过实物对比、案例分析、现场问答等形式，组织一线关员学习外来物种识别图谱及相关检疫要求，提高一线关员鉴别有害生物的实操能力；制作检疫性害虫科普类短视频，推送科普类文章，在办公场所、监管作业场所等区域开展对外来有害生物入侵及检疫法律法规的宣传，做好对外贸企业检疫性有害生物防控的科普工作；科学选择监测点，做好监管作业场所内有害生物监测器材的投放，开展属地重点区域实地踏查、口岸区域内有害生物监测，精准布控防止外来生物扩散；查验进境集装箱、货物以及木质包装，对不合格木质包装案例进行现场拍摄以及留存。

【动植物检疫】2022年，平谷海关开展"国门绿盾2022"行动，筑牢生物安全防线。

根据平谷口岸主要生态环境类型、地形地貌以及入侵物种的生物学特性制定普查方式和普查时间；在海关监管区放置各类诱捕器9个。发现美国白蛾、桔小实蝇、鬼针草、长芒苋、圆叶牵牛、裂叶牵牛、苍耳、小蓬草外来入侵物种8种，均已按照程序取样送检并处理。

参与"跨境电商寄递'异宠'综合治理"专项行动，定期报送"异宠"新闻和监测数据；开展国门生物安全教育，制作"'异宠'的分类有哪些""入侵生物里的'大胃王'——草地贪夜蛾"两篇公众号文章,均被"北京海关发布"微信公众号采用。

做好非洲猪瘟防控,梳理相关政策,总结查验经验,通过13次电话通知和2次视频会议,向企业讲解疫情危害和相关政策,开展退运或者销毁相关产品、处理违规人员的演练。

【进出口食品安全监管】2022年,平谷海关做好进境粮食后续检疫监管。

对关区范围内粮食收储企业开展实地踏查。开展本底调查,为关区范围内进口粮食储备与加工企业建档立卷,主管关长提前部署、业务科室专人负责、粮食企业一厂一案,保障进境粮食后续监管工作有序进行。对一家饲料加工厂进行进口粮食加工企业检验检疫考核,已考核通过并完成备案生效,保障企业进行进口粮食竞拍。全年共派员对关区范围内粮食收储企业开展实地踏查工作1次,联合平谷区商务局开展核查1次。发现垂序商陆、反枝苋、烟粉虱3种外来入侵物种,均已按照程序取样送检并要求企业及时整改。

做好进出口食品安全宣传工作。开展2022年北京海关食品安全宣传周活动,通过制作食品安全科普微视频、发放宣传材料、开展线上宣讲会等方式,对进出口食品企业开展进出口食品安全相关法律法规的政策解读和宣传。做好对《进出口食品安全管理办法》和《进口食品境外生产企业注册管理规定》的宣传贯彻工作,开展对进出口食品一线监管人员的学习培训,提高依法行政能力和水平,全方位多渠道多方式做好两部规章宣传讲解工作,关注企业反映的相关问题,及时回应解答。

【商品检验】2022年,平谷海关共进口货物644批,其中查验354批,货值2862.10万美元,不合格产品7批;全年共出口货物21批,货值共计193.39万美元。

做好进口汽车零部件查验监管工作。做好进口成套及旧机电设备查验监管工作,参加培训及考试,从事相关工作人员全部获得进出口危险货物及其包装检验监管资质。

开展"口岸危险品综合治理"百日专项行动。成立专项行动工作小组,组织危化业务专题研讨,补充进出口危险货物及其包装检验监管资质6人,落实危险品监管执法要求;研判可能存在的安全风险隐患,深入关区范围内相关重点企业,排查隐患并进行政策法规宣传贯彻。开展进出口危险化学品突发事故应急演练,组织安全防护装备设备配备和使用培训,提高一线查验关员风险意识和现场处置能力。

开展"国门利剑2022"联合行动,打击"洋垃圾"。将打击"洋垃圾"作为年度重点工作,加强实际监管力度,重点防控质量不达标商品。做好对关区范围内企业稽查核查工作,加强后续监管,及时排查与"洋垃圾"有关的企业活动。

做好助力关区范围内医药企业高质量创新发展工作。派员赴企业详细了解相关产品的使用方法和主要用途,同时结合行业协会出具的证明对产品的归类申报规范问题进行及时指导;对同一家研发类企业单位进口同类低风险研发样品,对审批单所列储存条件、废弃物处置等安全管控指标,要求企业做好出入库及保管销毁台账,在现场检查时实施验证管理;深入企业了解药品研发进度,对涉及人类医学领域、非销售研发类试剂等货物实施卫生检疫便利，助力关区范围内医药产业集聚和发展。

【监管业务】2022年，平谷海关做好监管场所内各项安全检查工作。

做好日常巡场巡库工作。对区内安全隐患进行维护，及时联系运营方维修处理。做好监管作业场所内各项应急保障工作。应对极端天气影响，启动应急预案。强化安全检查，增强系统维护，了解设备运行状况。强化应急值守，严格执行值班和领导带班制度，做好安全监控和应急响应工作。制定《平谷海关2022年涉恐演练方案》，成立平谷海关涉恐演练指挥小组，进行监管现场涉恐应急实战演练，通过现场介绍、现场问答等形式，对演练策划、场景设置、演练环节、演练效果进行复盘推演。

【海关统计与政策研究】2022年，平谷海关做好政策研究工作。成立技术贸易措施研究小组，扎实做好各领域国外技贸措施信息收集、研究研判，定期研讨国际最新技术性贸易措施通报事项20余次；积极关注世界贸易组织关于技术贸易壁垒研讨例会的提案，撰写特别贸易关注议题，帮助企业稳妥应对国外技术性贸易壁垒。今年已报送3篇特别贸易关注，其中1篇关于欧盟法规对黄原胶产品中环氧乙烷限量的特别贸易关注已被海关总署采纳，并在世贸组织卫生与植物卫生措施（SPS）委员会第82次例会上与欧盟代表进行了讨论。积极做好税政调研工作，2022年上报建议37项，可累计减税3亿元；5项已被海关总署采纳报送至国务院关税税则委员会，其中针对优质进口原料亚麻子的税率下调方案被国务院关税税则委员会采用，进口税率从15%降至9%。

【疫情防控】2022年，平谷海关持之以恒抓好新冠疫情防控，科学精准做好防疫情保通关工作。

严格落实海关总署、北京海关疫情防控要求，切实做好各项规定动作。加强内部防护，进一步强化"一原则、两确保、十必严"，快准严实抓好内部防护，确保干部职工健康安全。发挥网格员作用，责任到人，确保压力层层传导。安全高效开展应急值守。抓好疫情防控工作，每日调度，及时将疫情防控政策和上级指示精神传达到全体人员。强化应急演练，继续做好冷链及高风险非冷链货物查验演练，做好内部防护应急演练，不断修订完善应急预案，提升应急处置能力，组织科室进行演练和培训共20次。

【队伍建设】2022年，平谷海关严管厚爱强队伍，扎实推进准军部队建设。

开展基层党建"双提升"行动。完善党委工作规则、党委理论学习中心组学习实施办法、"三重一大"决策制度实施办法等管理制度。按照"三抓一练"的工作思路，探索实施"书记项目"，各支部书记将党建融入中心工作。

开展"内务规范强化月"活动。党委引领深入研习习近平总书记关于加强党的政治建设重要论述，党委书记领学《红色海关史与准军发展史》。开展"准军建设我来讲"交流研讨；以科室为单位开展队列训练；按照"三整一安全"的原则对办公区域秩序进行规范；用好周检查、月通报、季度队列训练方法，做好"三个一"内务品牌建设工作。

弘扬"三实"海关文化，思想上求实、工作上扎实、作风上朴实，巩固党史学习教育成果，积极走好践行"两个维护"第一方阵，引导全体关员讲实效、出实招、办实事，以"三实"强化引领，以"三情"（实事求是重情义，脚踏实地育情操，忠厚朴实植情怀）彰显初心。党委班子结合平谷自身干部特点，抓好科级干部、青年干部这两支中坚力量，多压担子，多给激励，多给关心，在全关营造齐奋斗的氛围。

培养优秀青年人才，强化人才队伍管理。党委书记亲自抓人才队伍建设，结合关区范围经济发展、海关政策研究专题研究人才培养与队伍梯次配置。青年关员发挥新媒体优势，制作的商品选购和商品通关政策解读宣传视频，在《法治日报》、"学习强国"等十余家媒体平台发布，赢得群众好评。两名青年关员参加支援冬奥值机柜台前移工作。

【安全生产】2022年，平谷海关筑牢安全生产底线，树立"大安全"生产管理理念。进一步压实安全生产责任，落实好"十查五管"要求，紧盯重点场所领域、关键环节。开展查隐患、防风险、保安全专项行动，梳理平谷海关办公大楼、监管作业场所、原办公楼、食堂、车辆、机房等重点区域安全隐患，共确定各级风险17类35条。在节假日和重要节点前做好安全检查工作，制定突发事件应急预案。

【信息宣传】2022年平谷海关突出抓好信息宣传工作，实现小关大作为。突出信息实效、信息精准、信息质量，要求坚持需求导向和问题导向，把"经验做法是否值得推广、问题判断是否客观准确、时机把握是否准确及时、提的建议是否全面有效"作为研判筛选信息的基本标准，确保信息真实精准。报送信息快报229篇，采用131篇。报送新闻稿22篇，其中"学习强国"采用8篇，"海关发布"6篇，《中国国门时报》2篇，"北京海关发布"16篇，其他主流媒体9篇；制作4篇政策普法宣传动漫。

撰稿人

韩　洋　柴若楠

北京会展中心海关

【概况】北京会展中心海关（简称"会展海关"）是北京海关所属正处级隶属海关，主要职责为：承担驻华外交机构及其人员物品、常驻机构（含非政府组织）及其人员物品、高层次人才和海外科技专家物品、海运转关行李物品、留学生归国人员购买免税国产汽车、我驻外使馆馆员进境汽车审核工作，承担展览品、免税品、汽车赛事暂时进出境货物监管工作。设有办公室、综合业务科、涉外物品监管科、居民旅客物品监管科、外汇商品监管科和展览品监管一、二、三科，共8个科室。

2022年，会展海关监管进出境展览品货值132.4亿美元，免税品价值792.8万元，共征收税款348.8万元。

2022年，获得"北京市青年文明号"荣誉称号。

【党的建设】2022年，会展海关党委始终将学习贯彻落实习近平总书记重要指示批示精神作为"第一议题"，深入学习习近平总书记系列重要讲话精神。修订完善党委议事规则、每月工作例会制度。不断加强政治机关建设常态化、长效化，在党总支工作群中持续开展"第一议题"语音播报学习活动，健全党委领学、支部研学、党员自学机制，通过"三会一课"鼓励支部书记、青年党员、群众代表开展学习研讨31次。

全面深入开展学习党的二十大精神，组织全体关员观看党的二十大开幕会，党委书记带头撰写学习心得，各科室通过"三会一课"等方式开展学习研讨，上报学习心得体会10余篇。会展海关作为北京海关涉外监管政治保卫的前沿阵地，时刻保持清醒头脑，坚定拥护"两个确立"，增强"四个意识"、坚定"四个自信"、做到"两个维护"，坚持"走前列，创一流"，把全面从严治党推向纵深发展。

统筹推进"两个专项"工作。深入研习习近平总书记关于加强党的政治建设的重要论述，不断强化政治机关意识。运用"五学五查五改"方法，排查风险隐患5项，制定预防措施15条，组织集中学习30余次、200人次，开展"政治机关我来讲"专题研讨7次，撰写心得20余篇。丰富廉政教育宣传形式。组织开展"清风国门"——弘扬海关清廉家风主题宣传教育活动。组织开展"家属廉洁寄语"主题活动。开展纪法警示教育。通过警示教育大会、党委理论学习中心组（扩大）学习、谈心谈话、"三会一课"、主题党日、联学联建、参观教育基地、微信群研讨、征集廉洁作品、发出家庭助廉倡议书等方式，逐级分层开展警示教育，将全面从严治党工作与"三实"文化建设、廉洁文化建设、八小时以外管理、涵养优良家风等工作有机结合、统筹推进。

【法治建设】2022年，会展海关突出推进"学法"。对标要求聚焦学。落实安全发展理念，学习《中华人民共和国安全生产法》等相关法律法规，增强班子抓安全生产主动性。2022年以来，关党委会系统学习宣讲13个门类、41项法律法规及制度。完善机制系统学。从案例入手，结合实际学习法律条文，立足本职分析执法风险，落实全员培训，同时吸收其他平台资源和经验，不断丰富党委学习宣讲内容和形式，将全年学法成果编印成册，不断修改废关区操作规程，提高法治水平。

【业务改革与发展】2022年，会展海关联系实际笃定目标。以调查研究为基础，摸清北京海关非贸物品监管强在哪里、弱在何处，各科室对号入座领任务，以完善公自用物品系统、免税品联网监控系统、展览品视频监控中心建设为落脚点，打造具有北京海关特点的非贸物品监管智慧海关建设新思路、新举措、新流程。明细任务做实事。按照"以智慧海关为抓手全面推进社会主义现代化海关建设"这一目标，会展海关突出北京海关非贸物品监管业务特点、重点，立足非贸物品监管的特点与发展趋势，拓展"海关行邮业务信息化管理系统—公自用物品监管子系统"电子通关功能，推动外汇商品联网监管的实施落地，实现展览品视频监控动态管理，会同科技处赴中国国际展览中心（新馆）开展实地调研，确定"展览品视频监控中心"建设项目。虚心学习兄弟海关、相关处室的经验做法，积极与海关总署部门、职能部门沟通，力争在系统开发、软件设计、流程再造的顶层设计和基层落实中谋求最大效应。

【风险管理】2022年，会展海关加强暂时进出境货物监管顶层设计，强化暂时进境展览品多元化担保风险防控，提高展览品监管科技应用水平。积极向海关总署反映法规亟待完善问题，建议海关总署层面尽快出台《暂时进出境货物监管操作规程》。派员参与起草《暂时进出境货物监管操作规程》展览品监管部分，梳理暂时进出境货物监管操作流程。结合展会主办、展览场馆、报关代理企业等相关方的资质、信用等条件，建立会展企业信用记录，强化风险防控意识，完善担保审批流程，严格审批关税保证保险通关作业，建立健全多元化担保风险防控体系；严密监管流程，规范监管操作，加强暂时进出境货物管理系统应用，创新监管手段，提升监管科技化水平，强化实际监管；从监管全局性和系统性出

▲2022年6月24日，会展海关开展主题党课学习　（冯佳媛　摄）

发，密切与口岸部门和展览主管部门联系，对于敏感展品和突发状况向上级部门及时请示汇报，将税收风险和安全风险降到最低。

加强涉外业务整体效能。引入会商研判机制，妥善处理突发情事。建议建立由海关总署、北京海关职能部门、各业务现场与外交部、国家安全部门、车管所等相关部门的会商研判机制，通过各部门信息沟通和应急机制的建立，确保海关涉外工作及时、准确服务外交大局，赢得工作主动，稳妥高效地解决突发问题。

注重统筹协调使领馆物品涉检工作与非涉检工作的办理步骤和手续。明确职责和流程，主管海关加强业务学习和问题收集反馈，落实首问负责制和首办责任制，职能部门做好业务指导、培训和问题协调解决，口岸海关做好查验放行，各相关部门注重互通信息，协同配合，提高效率。

加强"智慧海关"建设。以"智慧海关"建设为契机，对公自用系统进行升级。建立禁限物品如印刷品、药品、涉检物品数据库并进行动态实时更新，为现场关员审批提供准确的法律依据。对现有"公自用物品监管"子系统拓展上传附件、传输《公/自用车辆解除监管申请表》《进出境自用物品申报单》等证明文件，完善查询和存档等功能，实现非贸物品监管"通关无纸化"。进一步梳理展览品监管业务流程，提升无纸化监管比例，减少纸质材料；参加暂时进出境货物管理系统开发、测试、试点应用等重点工作，密切配合海关总署综合司、监管司和技术部门优化展览品报关单分流逻辑，推动暂进系统优化升级；积极推动智慧展会项目建设，积极与北京市"一件事"平台对接，向上海、广州等兄弟海关学习先进经验，提升海关监管工作科技含量。通过科技引领提升监管效能。利用移动互联网、大数据、人工智能等技术手段，打造"一中心、多节点、全天候、全方位、全覆盖"的海关会展智能监管网络，实现同期对多个展会的远程视频巡展和实时监管，缓解人力紧张、提升监管效能。

加强免税品信息化建设，开发高效便捷的现代化海关监管系统。按照对监管工作"进系统 留痕迹 可追溯"的要求，开发建设和推广使用一套署级监管系统平台，在充分利用"金关工程"二期现有技术成果的基础上，采用面向数据、面向服务的规划方式，搭建可扩展、可升级的稳定技术架构体系，从而进一步加强信息手段应用，规范免税品业务海关监管标准，实现监管链条效能提升。

【税收征管】2022年，会展中心海关在北京海关党委领导下，贯彻落实"铸忠诚、担使命、守国门、促发展、齐奋斗"工作总方针，积极践行"走前列、创一流"工作标准，会展海关共审核外国驻华使馆及享受外交待遇机构、人员进出境公自用物品8603票，常驻机构及非居民长期旅客进出境公自用物品2614票，留学生回国人员购车1651辆，离任馆员回国带车856辆，进出境展览品货值132.4亿美元，监管免税品价值792.8万元，共征收税款348.8万元，整体通关时间进口14.35小时、出口0.66小时。

【涉外物品监管】2022年，会展海关牢记"没有脱离政治的业务，也没有脱离业务的政治"，不断加强涉及敏感问题物品、货物的审核力度，加强与相关职能部门的联系配合，细化印刷品、文物等审核要求，制定前期审核、内容判定、应急处置全过程联系配合办法，切实提高政治保卫效能。推动涉外监管个性化服务，针对使馆人员进出境药品、食品、车辆、自用物品等特殊情况，加强法规宣传、提前介入提示、及时协助解决困难。

【居民旅客物品监管】2022年，会展海关针对受新冠疫情影响，我国部分驻外馆员无法按原计划离任回国的情况，在此特殊时期，采取"一人一策、一事一议"措施，不断做好进境自用车辆的监管工作。针对常见业务问题，编制业务问答手册。对于符合带车回国条件且车辆已运抵港口的相关人员，采取便利措施，确保车辆顺利通关，节省滞港费用，同时强化监管优化服务，督促补充提交含有本人入境签章的护照原件等材料。全年共办理海关总署批准受疫情影响的驻外馆员带车业务19票。

会展海关对即将到期留学归国人员先行录入保留购车免税资格，开展资料认定，全年所有受疫情影响的123票购车申请均已完成审核。探索"告知承诺书+录取通知书+毕业证书+出入境记录"审核新模式，推进"掌上海关"App应用。

▲2022年10月13日，会展海关赴免税店开展调研 （宋威 摄）

全年共办理留学回国人员购买国产免税车3138票，同比增长35.26%。

【免税商品监管】2022年，会展海关加强免税品监管调研，联合行邮监管处实地走访免税店，报送《免税行业分析与海关监管研究》调研报告，对进一步推动"免保跨"相关措施提出意见建议，回应企业诉求，严密海关监管。

【展览品监管】2022年，会展海关做好中国国际服务贸易交易会通关保障。积极宣讲落实北京海关"四优四提促五子"措施，实施"一展一策"工作法，北京电视台等多家媒体进行了报道。支持首都文化中心建设，精准保障文化类展会通关监管，完善驻场监管免担保特色监管模式，减免保证金约1.57亿元，大幅减轻企业保证金周转压力，让企业切身感受到北京海关"四优四提促五子"措施实效。积极推动新国展展览品监控系统建设，实现场馆全方位监控、展品全流程管理的"三智"建设。

2022年，会展海关高效监管、文明执法，完成北京冬奥会、冬残奥会自用物品监管工作。开设冬奥通关专用窗口，建立与冬奥组委及相关部门联系配合机制，提供"7×24小时"政策咨询，共监管北京冬奥会、冬残奥会自用物品通关8.39万件、19.51吨，价值172.47万元。

【海关统计与政策研究】2022年，会展海关贯彻落实海关总署党委提出的"12个必"课

▲2022年6月14日，会展海关关员办理故宫珍贵文物赴港展览 （宋威 摄）

题，结合展览品监管实际，上报《新格局下的会展行业发展与海关监管》调研报告。上报各类政研文章10余篇，均被海关总署、北京海关等相关部门关注、采用。信息工作成绩显著，统计分析、互联网信息、政务信息、风控分析等在报送数量、报送质量上均大幅提升。

【政务管理】2022年，会展海关加强公文处理、政务公开等培训，办文、办会、办事更加规范。精文减会，会议、发文持续呈下降趋势。找准信息选题，加强新闻宣传、信息审核把关。落实全年"7×24小时"值班工作要求，严格遵守值班报告制度，强化重特大突发事件15分钟内报告、30分钟内文字报告机制。持续加强保密管理力度，加强管理网、互联网以及手机、微信、互联网邮箱等方面的保密管理。强化预算执行，严格执行中央八项规定及各项细化措施，压减非必要、非急需支出扎实推进节约型机关建设，完成固定资产清查工作。

【财务与后勤保障】2022年，会展海关落实"海关重大项目和财务管理以权谋私"专项整治工作。制订《北京会展中心海关关于开展"海关重点项目和财物管理以权谋私"专项整治工作实施方案》，明确责任科室和相关人员，将专项整治工作同会展海关实际相结合，将"专项整治"与日常业务同谋划、同部署、同推进、同检查。第一时间学习传达专项整治工作指导精神，设置举报箱、张贴举报海报，以"四个全覆盖"要求开展全面自查，重点岗位同志逐一撰写剖析材料、开展谈心谈话，针对风险点逐一分析诱因、提出预防办法，切实做到打通全面从严治党"最后一公里"的要求。

【督察内审】2022年，会展海关着力健全内控工作组织领导

▲2022年8月24日，会展海关关员办理2022年服贸会备案手续 （宋威 摄）

和机构设置。成立内控工作领导小组，建立联络机制，设置内控工作岗位，确定分管领导负责内控工作的沟通和联络，明确各科室职责分工和工作任务，确保海关总署、北京海关内控工作部署的顺利推进和有效落实。运用信息化手段开展纪检监督、党务监督、政务监督，各类职能、业务监督和日常监督工作情况。党务监督方面，应用"全国海关队伍建设应用管理平台"系统中"智慧党建"模块，对本关各级党组织党员管理、活动情况等进行规范、展示、监督。财务监督方面，应用"北京海关财务报销系统"，规范财务报销、预算上报、预算执行等手续，监督财务执行状况。资产管理方面，应用"海关关务保障信息管理平台"对固定资产实施管理。综合业务监督方面，应用海关内部控制与监督子系统对政务、财务、业务进行日常监督。

【队伍建设】2022年，会展海关围绕北京海关2022年中心工作，会展海关党委研究制定全年重点工作任务37项，党风廉政建设重点任务26项，明确时限、责任人，确保工作按时完成、落实到位。强化基

▲2022年9月23日，会展海关"展青春"青年理论学习小组开展"年轻干部谈廉政，三实文化我来讲"主题研讨活动　（宋威　摄）

层党建工作，搭好"展青春"青年理论学习平台，选派20余人次参与冬奥保障、综合治税、巡察、统计、科技等重点工作，提升工作本领；持续做好2个"四强"党支部的建设工作，报送典型案例2篇。非贸物品监管中心报关厅获评"北京市青年文明号"。

会展海关以"全国青年文明号"建设为契机，深化"我为群众办实事"实践成果，严格落实"首问负责制""首办负责制"，制作业务办事指南，提供一次性告知单，减少群众办事往返次数，开展"海关政策进万家"活动，走访企业、涉外等单位开展形式多样的宣讲活动。

【疫情防控】2022年，会展海关党委班子切实履行主体责任，主要负责人以身作则、靠前指挥，始终坚守工作一线，切实落实"疫情要防住、经济要稳住"的工作要求，各项工作不断档、不掉线。通过建立防疫日志等方式加强对在岗人员的管理教育。每日定时开展健康排查、核酸检测排查，及时更新台账。

【安全生产】2022年，会展海关结合《北京海关安全生产专项整治三年行动突出问题隐患和制度措施"两个清单"》逐项排查，明确重点风险点17项，加强规范申报审核、落实查验双人作业规范、加强一线人员应急处置培训、加强与地

方政府等相关部门安全生产监管联防联控机制、开展消防知识培训和消防设施检查更新、强化仓储日常管理等工作。年内开展重大节日、异常天气值班值守21人次，开展安全消防演练2次、反恐演练1次。

撰稿人

杨婉丛

第八篇

事业单位

中国电子口岸数据中心北京分中心

【概况】中国电子口岸数据中心北京分中心（简称"数据分中心"）是由海关总署委托北京海关管理的海关总署所属事业单位，成立于2003年3月，具有独立法人资格，经费独立核算。数据分中心主要职责包含：承担北京地区电子口岸应用项目及联网企业的技术支持、操作培训、热线值班；北京地区中国国际贸易单一窗口标准版推广运维工作；北京海关信息系统项目开发、运行维护；北京地区电子口岸系统运行、维护管理；电子口岸专网分中心节点的网络系统和信息安全保障；北京地区电子口岸政务卡、企业卡入网的身份鉴别、录入、制作等；参与北京电子口岸应用项目建设等。数据分中心内设综合财务部、技术服务部、电子口岸应用部3个部门。

2022年，数据分中心始终以习近平新时代中国特色社会主义思想为指导，以党的政治建设为统领，围绕"走前列、创一流"的工作目标，按照"绝对忠诚讲政治、守好国门保安全、改革创新促发展、严管厚爱强队伍"工作思路，马上就办、真抓实干，锲而不舍、一以贯之，抓住"辅助推进海关业务改革""优化口岸营商环境"和"关区信息化服务及系统安全"三条主线，以"能力提升 规范管理"为抓手，努力推进各项工作顺利开展，为"智慧海关、智能口岸、智享联通"的"三智"建设提供了有力的技术支撑。

【党的建设】2022年，数据分中心党支部以党建高质量发展为主题，以迎接和贯彻党的二十大精神为主线，巩固拓展党史学习教育成果，纵深推进党的各项建设工作。

数据分中心党支部始终把学习贯彻习近平新时代中国特色社会主义思想作为首要任务，贯彻党中央关于全面从严治党的重大决策部署，领导干部带头组织学习，增强"四个意识"、坚定"四个自信"、做到"两个维护"；2022年，数据分中心党支部结合强化政治机关建设专项教育、"学查改"专项工作，开展"政治机关建设人人讲"、重温入党誓词等活动，编制学习资料，通过微信群、数据分中心网上办公系统专栏等方式发布学习资料180余份，组织交流撰写"政治机关建设"心得体会17篇。数据分中心党支部严格落实"三会一课"组织生活制度，研究制订党支部工作计划，全年共组织党员大会、支委会学习讨论30次，讲党课2次，组织主题党日、入党宣誓等活动12次。12月，数据分中心党支部向北京海关机关党委提交"四强"党支部申报材料，再次开展"四强"党支部创建工作。

第一时间传达学习党的二十大精神，通过收看大会直播、专题研讨、撰写心得体会等多形式贯彻落实党的二十大精神。及时传达海关总署、北京海关关于学习宣传贯彻党的二十大精神的有关要求，时时跟进习近平总书记重要讲话精神等内容的学习，班子成员带头学、带头讲，切实发挥示范带头作用。开展"学习宣传贯彻党的二十大精神"主题党日活动。开设数据分中心网上办公系统学习宣传贯彻二十大精神专栏，制作宣传展板、二十大报告思维导图，微信学习群转发学习资料，党支部及所属经济实体党员、积极分子写学习心得体会30余篇，营造浓厚的学习氛围，掀起贯彻党的二十大精神的学习热潮。第一时间传达学习《北京海关学习宣传贯彻党的二十大精神工作方案》，研究制订具体方案和学习计划。结合科技赋能、优化营商环境、保障网络安全等工作开展学习，充分发挥技术优势、不断提升业务能力，为科技兴关提供有力支撑。

数据分中心党支部贯彻落实中央八项规定精神和反"四风"要求，压紧压实从严治党主体责任和监督责任，履行"一岗双责"。严格落实主体责任，严格执行民主集中制，严格落实"三重一大"制度。组织学习中央关于加强和规范党内政治生活的有关规定，切实履行党风廉政责任制，始终在政治纪律和政治规矩之下行动，中央提倡的坚决响应、中央决定的坚决照办、中央禁止的坚决杜绝，时刻绷紧廉洁自律的准绳，做到知敬畏、存戒惧、守底线。数据分中心党支部一方面通过工作例会、党员大会等形式，积极开展反腐倡廉形势和任务宣讲、非执法领域廉政风险研究分析、高风险岗位梳理自查、酒驾醉驾隐患纠治等工作；另一方面，以组织自学相关文件规定、观看警示教育片、签署安全承诺书、加强节假日等重要节点的提醒、定期进行自查自纠等方式，增强"三不腐"认识和意识。确保数据分中心党风廉政建设入心入脑，力求将学习成效转化为忠诚担当的工作实效。

【易速平台服务】2022年，数据分中心完成对易速平台4.0版本的涉企服务功能优化和升级改造规划，针对108家企业进行了深入的需求调研，共收集改进意见47个，最终形成《易速平台4.0版本需求调研报告》。推广运维方面，截至2022年底，易速平台注册企业共有1756家，2022年新增易速企业122家，用户涉及AEO系统、易速舱单一站式、易速交换客户端和减免税服务系统。全年联系企业电话推广379次，走访企业52家进行推广和系统操作培训。线上、线下多渠道为企业解决系统问题1285次。积极与企业沟通并收集企业提出的改进意见和建议，共为系统输出70条改进建议，涉及MIS辅助子系统、运输工具子系统、单一窗口、减免税子系统。系统保障方面，对易速数据交换平台进行了升级改造，在汇总各部门升级意见后生成《数据交换平台升级方案》。功能拓展方面，与两家企业开展了舱单导入、转关运抵导入业务对接调试工作，配合完成了易速接口系统的适配改造，目前调试工作已基本完成。

【窗口服务】2022年，数据分中心北京电子口岸制卡中心共为北京地区企业办理新入网用户3620家，制发卡6978张，后续延伸服务办理延期卡626张、变更卡3084张、解锁卡749张、补换卡1669张、新增操作员卡750张，共计制卡13856张。比去年同期减少32.8%。截至12月底，北京地区电子口岸入网企业共76303家。

【客服热线】2022年，数据分中心"95198"客服热线共受理北京电子口岸热线电话56155次，其中包含转人工接听43002个，语音解答13153个。单一窗口运行服务平台生成工单197条；处理企业反馈问题邮件1932封；远程操作协助用户解决问题99次。

【信息化建设】2022年，数据分中心继续发挥专业优势，在推动原有项目落地实施的基础上，新承接多项信息化建设项目。开展大兴国际机场综合保税区海关信息化建设项目，按计划完成监理竣工验收工作；按时保质完成冬奥物资无纸化通关系统的建设工作，共有冬奥组委指定的17家AEO高级认证报关代理企业在线申请进境物资证明函，奥组委通过系统在线签发了529份进境物资证明函；优化北京双枢纽空港电子货运平台项目，完成双枢纽电子货运系统各功能模块的开发、部署、上线，完成大兴海关监管系统双枢纽整合、首都机场和天竺综保区区港协同业务功能测试环境调试工作，开展了双枢纽系统全部功能和业务流程的内测工作；积极筹建中关村综保区项目；承接北京海关疫情防控信息化系统、中关村海关减免税项目、北京海关全景展示项目、邮局机检线海关数据对接项目、伴侣动物出证系统、税管局海关分层随机参数项目等北京海关特殊监管项目；配合北京市商务局完成了跨境电商综试区项目；协助做好"北京海关发布"公众号的编辑工作，已完成143篇公众号文章的发布。

【服务进出口企业】2022年，数据分中心配合海关总署数据中心完成了单一窗口2020版报关单企业实单测试工作，指导并协助企业完成了4票新版报关单的申报；配合海关总署数据中心开展了安全设备更换国密算法的业务测试及导入客户端国密算法适配改造工作；协调北京市税务局完成了北京电子口岸专网与税务局专线切换适配性改造工作；深化"关银一KEY通"项目合作机制，完成对中国建设银行北京市分行所属16家支行电子口岸代理网点考核工作；完成"95198"智能语音升级改造项目，探索智能语音在话务热线服务的应用；做好易速微平台公众号创新，拓宽涉企服务渠道；完成《AEO项目推进实施方案》《AEO项目组织架构》《AEO项目推广岗位职责》等制度的制定工作。

【技术服务】2022年，数据分中心做到服务上门全覆盖，做好关区技术服务保障工作。全年共受理北京海关内部服务热线电话3461次，完成设备安装、维修、故障检测等6833次。保障视频会议1220次、本地会议615次。配合科技处做好对通信设备、网络电话设备的日常维护工作。

完成20次专项技术服务支持保障工作，为北京会展中心海关老国展业务现场和大郊亭业务现场提供技术服务支持；完成审计署进驻北京海关、中国海关科学技术研究中心搬迁、动物隔离场临时隔离区建设技术保障工作。

【信息安全】2022年，数据分中心紧抓系统安全管理工作不放松，积极做好北京冬奥会和全国两会期间信息系统安全保障工作，完成2022年度网络安全攻防演习和二十大期间网络安全保障工作。严格执行重保期间应急值守制度，实行每日两次"零报告"制度，梳理检查关键设备运行情况，共计完成安全评估44项，编制应对风险的措施38条，建立防范"信息系统运行失常、失控、失效"风险台账20项。强化基础环境运维保障能力，增设监控及告警设置，提前准备硬件设备的备品备件，确保信息系统安全稳定运行。

【互联网信息采集】2022年，数据分中心互联网信息采集团队积极组织开展专题选题编辑工作，不断提升信息采编效能。全年共计报送新闻条目19722条。

【疫情防控】2022年，数据分中心严格落实北京海关党委统筹推进常态化新冠疫情防控决策部署，专人负责、专人统筹，确保内部各项措施落实到位"全覆盖、无遗漏"。严肃纪律，落实好内部防控措施；制定应急预案，开展应急演练，建立应急值守队伍，做好应急准备和保障工作；做好防疫物资管理工作，建立台账安排专人负责防疫物资采购和发放。

【教育培训】2022年，数据分中心注重员工能力素质的培育工作，通过对能力素质的培训提高，增强员工的技术水平和业务能力，积极做好项目规范化管理工作和技术转型工作，组织和参加各类业务技能培训20余次，全力做好窗口形象和服务工作，开展《窗口文明礼仪服务规范》的学习培训，推进安全生产工作体系和管理制度的完善落实。

【科研工作】2022年，数据分中心继续推进科技部课题《入境重要战略物资安全风险预警技术集成应用研究及示范》研究工作，该课题已经完成技术路线图、系统建设方案初稿、产业调研报告初稿等文档的交付工作。承担的科技部课题《口岸生物安全技术》，已完成项目立项。承担的海关总署课题《食品安全快检技术数据分析应用与标准化研究》通过审核。承担的海关总署课题《国际贸易"单一窗口"综合物流协同信息化建设研究》和《利用机器人提高消毒杀菌与自动采样作业效率的关键技术研究》均已完成全部研究工作，已上报海关总署。课题"北京双枢纽空港综合服务平台业务协同标准化研究"完成前期准备，已向海关总署申报。

撰稿人

张翔宇

北京海关后勤管理中心

【概况】北京海关后勤管理中心（简称"后勤管理中心"）为北京海关所属事业单位。承担北京海关光华路办公区、甜水园办公区、十八里店办公区的后勤保障工作。后勤管理中心内设综合事务管理部、人力资源管理部以及财务部等18个部门。

2022年，后勤管理中心讲政治、顾大局，以北京海关党委提出的"走前列、创一流"要求为工作导向，紧扣政治建设、疫情防控、安全保障和后勤服务四条主线，在巩固融合中做到了工作不断、力度不减、标准不降、队伍稳定，完成了机关后勤服务保障各项工作职责。

2022年，后勤管理中心第一党支部获得北京海关先进党组织称号，后勤管理中心综合事务部获得"北京海关2020—2022年度先进集体"称号，16人获得市级和关内表彰奖励。

【党的建设】2022年，后勤管理中心党委按照北京海关党委安排部署，持续学懂弄通做实习近平新时代中国特色社会主义思想，深入学习党的二十大精神，宣传贯彻习近平法治思想，学习贯彻落实习近平总书记重要指示批示精神，通过专题学习、座谈、调研等多种方式，学习有深度、有步骤、有实效，从而更加深刻领悟"两个确立"的决定性意义，更加自觉增强"四个意识"、坚定"四个自信"、做到"两个维护"。

后勤管理中心着力加强班子自身建设，注重发挥头雁效应，从政治思想建设、领导能力、工作实绩、党风廉政建设、作风建设五个方面入手，努力建设"政治坚强、勇于担当、团结协作、求真务实、勤政廉政"的班子集体。全年召开各类党政学习落实会议36次；充分利用中心例会制度，广检视、重细查、列清单、月督办，建立推进台账，将党建工作和后勤业务深度融合，将政治建设与准军建设有机统一，实现后勤队伍绝对忠诚讲政治；3个党支部分别创建"匠心后勤""三服一创支部""三精三心三支部"品牌，搭建"勤思学社"青年理论学习小组平台；通过开展谈心谈话、困难党员帮扶、党支部慰问等活动，让基层党建更具温度。

后勤管理中心党委把党的纪律和规矩挺在前面，持续深入开展经常性廉洁教育。特别是在节假日等特殊时间节点，强化节日廉政意识，严防酒驾醉驾，不断提升队伍的免疫力，推动落实中央八项规定精神常态化，反对"四风"，确保力度不减、节奏不变、尺度不松。

【财务与后勤保障】2022年，后勤管理中心实行人员、业务

▲2022年4月8日，后勤管理中心进行准军事化队列训练 （邓佳玉 摄）

流程和账务的三重整合运转，执行各项财务管理制度，建立财务开支审批及资金管理等相关制度，日常经费支出程序规范，资金账目清晰完备；归口资金和自有资金管理工作，在预算实际执行过程中，落实预算归口管理制度，按照财务制度和政府采购相关政策办理各项开支，注重预算执行的均衡性和有效性；成立财务稽核小组，定期对各项财务进出情况进行专项稽核，做到了"事前有预防、事中有监督、事后有验收"；对固定资产实施动态管理，固定资产的账卡管理、清查登记、保管处置及监督检查工作规范有序。

做好一线防疫人员关心关爱工作，选派具有国家二级心理咨询师资质人员，采取"电话咨询+面对面谈心"形式，做好心理咨询和情绪疏导。

【队伍建设】2022年，后勤管理中心用"一把尺""一张单""一盘棋"评价使用干部，着力打造一支能力强、素质高的后勤人才队伍。结合队伍人数庞大、人员组成多样、管理范围广泛，以及365天不间断服务的特点，把队伍稳定和队伍和谐放在首位，以一名党员带动多名群众，在见贤思齐中凝心聚力；注重以人为本，通过开展集体健步走、困难党员帮扶、党支部慰问等多种形式活动，在集体活动中实现感性融合。常态化开展谈心谈话，加大关心关爱力度，广泛听取干部职工的意见建议，充分激发中心干部队伍干事创业的热情。紧密结合中心工作实际，重视做好党员发展工作，不断吸纳新生力量，为中心党员队伍增添活力。

【安全生产】2022年，后勤管理中心牢固树立"千方百计保安全"意识，建立了后勤管理中心安全生产工作领导小组机制，层层压实责任，有效形成安全生产工作合力。加强"春节""两会"期间安全防范工作，落实后勤中心年值班安排，细化分工、责任到人。中心班子24小时带班，组织开展拉网式安全排查及巡视，值班人员严守制度，坚守岗位，确保了各点位平稳运行。制定专门安全工作方案，按照"安全生产五必查"要求，细查办公楼、车库等重点区域；深查雨漏管口、大风等季节性隐患节点；检查车辆安全，做好安全生产。保护机房及指挥台运行安全；强化安全管控，确保管辖的车辆平稳运行，为关区运行提供有力支持。充分发挥北京海关交通安全委员会职能，组织签订2022年度交通安全责任书。

【食堂管理】2022年，后勤管理中心下大力提升食堂伙食保障水平，统筹丰富每周食谱。

后勤管理中心按照《北京海关食堂厉行节约八项措施》，督促指导关区各食堂加强内部管理，从源头杜绝"舌尖上的浪费"，自管食堂实行每日进行市场比价和双人登记交接等制度，严把采购关、入库关、出库关。

【疫情防控】2022年，后勤管理中心在新冠疫情防控期间，严格落实防疫措施，制订后勤管理领域应急处置预案和临时管控方案，根据疫情变化情况及时调整办公区管控、环境消杀、就餐及其他服务保障模式，为疫情防控注入"硬核"力量。

统一3个办公区消毒力度，加强公共区域消毒通风，加强高频接触物表面消毒频次，形成消杀台账，守护办公场所环境安全。此外，门岗入口严格落实办公区扫码、测温、查验核酸阴性证明和大数据行程码等要求，通过"人防+技防"，提升办公区"智慧"安防能力。

【物业管理】2022年，后勤管理中心为北京海关3个办公区平稳运转提供服务保障，完成会议及接待活动；完成办公楼日常巡视检查1560次，安全检查24次；完成办公楼内消防设备安全检查20次。

【政府采购管理】2022年，后勤管理中心以服务全关、规范采购为重点，为北京海关业务工作和改革发展提供有力采购保障。规范采购，按照政府采购政策，严格遵照政府采购法，从采购方式、采购执行、采购合同等关键环节入手规范采购行为，并紧跟政府采购政策新动向，不断调整采购范围和采购方式；阳光采购，紧抓采购过程中的关键环节，加强采购全过程管理，对采购所有资料进行双人复核，有效防范管理风险和廉政风险；高效采购，优化政府采购流程，加强采购流程管理和信息化应用，依托北京海关建立的政府采购信息平台，积极推动"互联网+政府采购"行动，着力推进网上竞价、电子卖场和定点采购等电子化采购程序，提升采购效率。

【罚没物品管理】2022年，后勤管理中心完成海关总署新旧涉案财物管理系统数据迁移工作和海关总署巡视整改事项的出库销账工作，有力保障了业务、办案部门的监管执法。同时严格落实24小时值班带班制度，部门负责人驻库带班，做到定时定点与随机巡查相结合。依托24小时智能全域监控系统、人脸识别系统、射频识别电子标签、二维码防撕毁标签、"智慧仓库"整体掌上安防系统，将物联网、人工智能、移动互联网等前沿技术充分应用至罚没物品仓储管理工作中。私货仓库科技化应用等相关经验多次被新闻媒体报道，并在全国海关推广。

撰稿人

李田园

海关总署（北京）国际旅行卫生保健中心

【概况】海关总署（北京）国际旅行卫生保健中心（简称"保健中心"）为北京海关所属公益二类事业单位，主要负责为卫生检疫等执法任务提供技术保障及支持工作，承担出入境人员的传染病监测与体检、传染病预防投药、预防接种及评估、国际旅行健康咨询，并开展定点签证体检及社团体检等工作，承担传染病疫情的收集、分析、研判工作和口岸传染病疑似样本的检测工作。保健中心内设综合事务管理部、质量部、旅行医学部、健康管理部、医学影像部、医学检验部、海淀门诊部、采样部8个部门。

2022年，在北京海关党委的坚强领导下，保健中心全体干部职工，以"时时放不下心"的责任感、"时不待我"的紧迫感，筑牢口岸检疫防线，完成各项工作任务，荣获"北京冬奥会、冬残奥会突出贡献集体""北京2022年冬奥会、冬残奥会北京市先进集体"荣誉称号。

【党的建设】2022年，保健中心学习宣传贯彻党的二十大精神，制订《保健中心宣传贯彻党的二十大精神实施方案》，组织各级党组织召开学习会，党委委员、班子成员、党支部书记深入交流心得体会；各党支部组织全体干部职工撰写心得体会，召开学习交流会，结合本职工作谈体会，促工作提升。开展"喜迎二十大·建功新时代"主题演讲，参赛选手在演讲中回顾成长经历，展示攻坚克难、奋发进取的精神风貌。开展内防应急演练专题岗位练兵活动，达到检验预案、锻炼队伍的预期目标。编撰《奋进新征程——我们这10年》图册，通过回顾保健中心这十年来，特别是近五年的发展，展现中心风采，提升干部职工凝聚力、自豪感、向心力。

保健中心积极贯彻落实围绕海关总署党委要求，制订工作方案，根据方案开展工作。组织各党支部组织开展学习相关文件精神，结合中心实际工作深入挖掘"三应""三实"的内涵，使构建"三应"机制、弘扬"三实"文化落地生根，深入人心。开展"三实"文化大讨论11次，不断检视提高，营造良好氛围。

保健中心深入学习海关总署及北京海关"学查改"专项工作要求，成立领导小组和工作专班，制订专项教育活动工作方案。组织各部门开展大讨论，开展《习近平经济思想学习纲要》等著作的专题学习，各级党组织学习10次；开展"政治机关建设我来讲"活动，收集心得体会40余份。组织全体干部职工查摆岗位的风险和隐患。在"海关重点项目和财物管理以权谋私"专项整治工作中，召开党委会讨论研究并制订专项整治工作方案，组织中层以上领导干部、工作专班学习，并传达至每一位员工；张贴公示海报、设立举报箱；组织全面排查，形成风险项目清单，同步着手立行立改；撰写剖析材料，组织个人违规事项申报工作，并持续做好监督检查。

保健中心将党风廉政建设与业务工作深度融合，积极组织专题学习《习近平谈治国理政》第四卷等书目，开展学习先进党员事迹，充分发挥党员领导干部先锋模范带头作用，中心党委组织学习13次，各支部共计组织学习20次。定期开展三会一课，充分发挥党组织的战斗堡垒作用，中心党委召开党委会16次，专题民主生活会1次，各支部开展三会一课共计40余次。加强对积极分子的教育培训工作，按期发展党员1名，转正1名。组织全体干部职工观看系列警示教育片，学习10起违纪违法典型案例，开展书记讲党课活动，中心党委共计组织学习4次，书记讲党课1次，各支部共计组织学习10次，廉政党课4次，组织廉政教育活动2次。严格按照《北京海关保

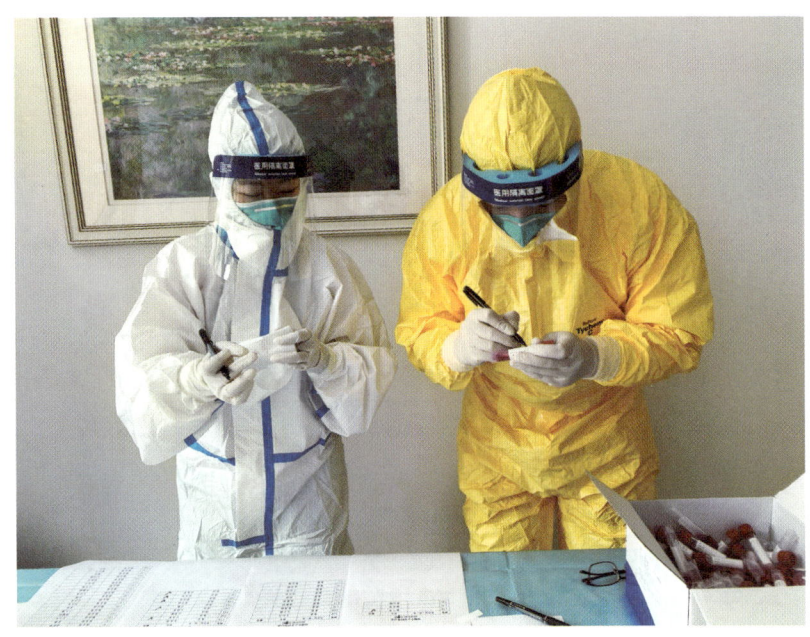
▲2022年5月18日，保健中心工作人员进行采样工作　（刘继红　摄）

健中心党委工作规则（试行）》，落实"三重一大"工作要求，中心党委和班子同研究共决策。充分运用好"第一种形态"开展批评与自我批评，让"红红脸、出出汗"成为常态；开会必谈廉政，节假日必发通知，做到警钟长鸣。

【技术保障和技术支撑】2022年，保健中心发挥技术保障和技术支撑作用，加强口岸核心能力建设。开展出入境人员监测体检，包括出境人员体检、入境体检及验证、黄热评估体检。实验室开展结核、人类免疫缺陷病毒、梅毒等5个项目的传染病检测和口岸传染病筛查。实施移民体检和指定国家签证体检6433人次。接待社会体检单位69家，共计1.13万人次，多次检出肺癌、胸腺瘤、甲状腺癌、肾癌、肝癌等重大疾病。开展预防接种2.75万针次，并签发《疫苗接种或预防措施国际证书》。

持续关注国际传染病流行情况，严防疫情叠加，对埃博拉病毒、中东呼吸综合征病毒、拉沙热病毒、疟原虫核酸等检测所需试剂做好充足储备，满足相关传染病监测工作需要。高度关注猴痘疫情发展趋势，用时4天完成引物探针及其配套的标准品设计，完成自主研发和建立猴痘病毒核酸实时荧光聚合酶链式反应检测方法，对入境人员拭子样本进行猴痘病毒核酸的临床测试。经保健中心实验室检测性能验

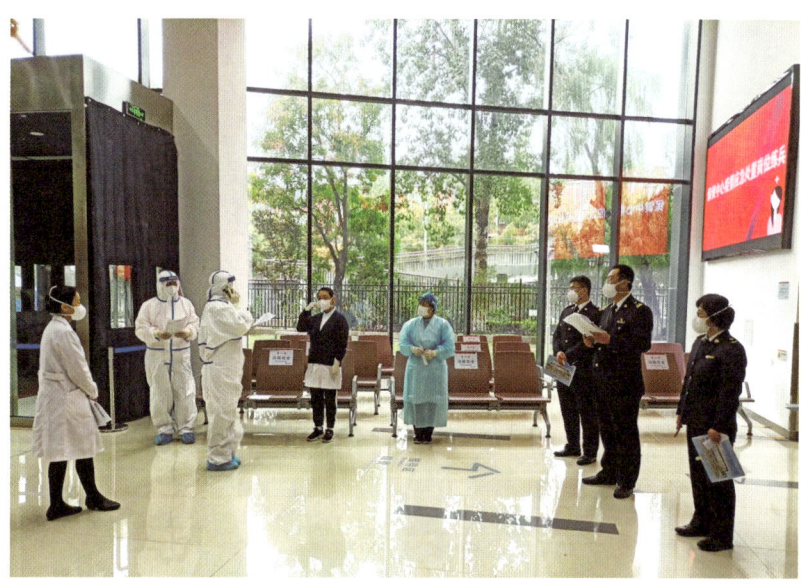

▲2022年10月26日，保健中心职工开展应急演练 （张家宇 摄）

证，其自主研发的检测方法灵敏度高，稳定性强，保障实验室第一时间开展猴痘病毒核酸检测工作。

保健中心完成海关总署《研发基于核酸扩增技术的现场快速一体化检疫装备及配套试剂》和《2019新型冠状病毒多重荧光PCR检测方法的建立及配套试剂盒的研制》科研课题，建立的检测方法已用于日常检测工作中。

【北京冬奥会保障】2022年，保健中心为保障北京冬奥会做好充分准备。组织专班制定突发故障、实验室污染、航班叠加等多项应急预案；克服重重困难，提前4个月进驻首都机场生物安全二级实验室，实战演练保障冬奥测试赛人员快速安全通关，仅用48小时即实现正常运转。始终严把生物安全和质量控制；在入境检测高峰时期，检测人员确保"即采即送即检"要求，所有样品都在规定时限内及时检测、及时报出，保障检测工作的顺利完成。

【内部防控】2022年，保健中心成立采样大队，承担海关总署、北京海关各关区的采样任务，设有多个采样点及流动采样车等多支队伍协同采样，做好各项保障任务。

保健中心按照北京海关党委工作要求，落实"日查、日改、周报"制度，做到"人、物、环境"同防。层层压实责任，严格落实属地常态化核酸检测要求，落实"绿码"上岗制，全体干部职工主动测温、上报健康宝信息和核酸检测情况，制订各项应急工作预案，开展培训和演练工作。

【实验室生物安全】2022年，保健中心落实海关总署防控指南及属地实验室管理要求，保证规定动作100%完成，风险隐患"发现在早、处置在小"，梳理自查清单87项并逐项落实。在海关总署专家、上级管理部门的监督指导下，先后通过北京市卫健委新冠检测实验室生物安全检查、北京市临检中心京津冀地区检测结果互认考核等多项检查。

开展内部自查，针对防护服穿脱、样本保管等重点环节、重点操作进行重点检查，确保人员不出问题；明确实验室操作间的负荷量，并在房间内进行提示，将用电负荷情况对实验室人员进行告知，确保实验室用电安全；开展现场勘查等工作，解决样本存放问题。科学合理安装摄像头，发挥其正常监控功能；严格落实生物安全培训工作。

【安全生产】2022年，保健中心扎实开展安全生产工作，有效筑牢安全生产防线，成立安全生产领导小组，明确职责，一级抓一级，层层落实，始终牢记安全责任落实到人，落实到岗位，安全生产工作重大事项、重点工作、重点情况纳入班子会、党委会议事议程。各部门梳理安全生产工作中的共性问题和突出矛盾,标本兼治,形成风险隐患排查整治长效机制。开展节前安全检查,重点检查用电、消防、燃气等,确保在重大节日、活动期间安全。日常工作中加强安全检查,对库房、中控室、配电室、样本库、冷库等重要设施进行巡查检查,确保设备安全。

【医院感染管理】2022年,保健中心落实医院感染管理的法律法规,强化环节质量管理及知识培训,严格质量监测及考核,有效确保医疗安全。健全组织,完善管理,成立医院感染管理小组,修订并发布《保健中心医院感染管理制度》,建立会议制度,研究、协调和解决有关医院感染管理方面的重大事项。召开院感工作会,确保院感防控措施落实落细落到位;做好培训和学习,组织全员参加个人防护考试;严格执行卫生健康行政部门的各项管理规定,严格落实采样、环境消毒措施及医疗废物处理,每日针对楼内不同区域进行消杀,加强院感管理;密切关注国内、国际疫情发展变化及防护措施调整情况,特别强调预检分诊岗工作人员,严格执行两码审查,测量体温,填写筛查表等记录。

撰稿人

赵嘉珩　周　鹏

动物隔离场

【概况】2022年北京海关动物隔离场（简称"动物隔离场"），主要负责北京口岸进境伴侣动物、大中动物和其他动物的接运、隔离检疫、饲养管理和检疫处理等工作，协助相关隶属海关开展检疫采样、检疫处理等工作。下设综合财务部、业务一部、后勤一部、业务二部和后勤二部5个内设科级部门，下辖首都机场口岸隔离场和大兴机场口岸隔离场。

在北京海关党委正确领导下，贯彻落实习近平总书记重要指示批示精神，落实海关总署对北京海关提出的工作要求，对照北京海关党委提出的"走前列，创一流"的工作目标，扎实推进"讲好政治、严防疫情、提升业务、确保安全、管好队伍"等重点工作的开展。以习近平新时代中国特色社会主义思想和党的二十大精神为指导，深刻领悟"两个确立"的决定性意义，增强"四个意识"、坚定"四个自信"、做到"两个维护"，不断加强政治建设。贯彻2022年全国海关工作会议和全国海关全面从严治党工作会议精神，严格执行"第一议题"制度，抓好领导干部这个"关键少数"，强化思想认识，"一把手"带头接受监督，履行"一岗双责"，严格执行"三重一大"工作机制，将压力传导到"最后一公里"。

【党的建设】2022年，动物隔离场党支部学习贯彻习近平新时代中国特色社会主义思想，学习领会党的二十大精神，把党的政治建设摆在首位，扎实推进专项教育活动，开展专题研讨及红色基地教育活动，努力做到学深、悟透、用通。全年共开展理论学习12次，召开支委会12次，专题研讨10次，支部书记讲题为"走好第一方阵，我为二十大做贡献"的党课1次。组织学习《习近平谈治国理政》第四卷、《习近平经济思想学习纲要》、《习近平法治思想学习纲要》等著作；组织观看纪录片《绝笔》《领航》；开展4次红色基地党史学习教育活动。按照海关总署和北京海关党史学习教育的要求，组织党员参与北京海关"喜迎二十大，奋进新征程"活动、学习贯彻党的二十大精神研究课题和"服务新发展格局，更好发挥海关在国内国际双循环交汇枢纽作用"主题征文等工作。以"三会一课"为抓手，通过"党日+学习+研讨+共建"的形式，不断提高支部建设标准化、规范化水平，激发党建工作活力，引导党员增强政治定力和政治能力，发挥党建引领作用，推动党建工作和业务工作有机统一、深度融合。

严格落实"内务规范强化月"要求，推动全场职工树牢政治机关意识,强化海关准军事化纪律部队建设,贯彻落实《海关内务规范》,小范围、多批次组织训练,组织开展"准军建设我来讲"专题研讨,制作微视频,上报准军课题。关心关爱青年干部成长,开展"年轻干部谈廉政"活动,组织年轻干部观看廉政微电影,支部书记讲述《帮助年轻干部扣好廉洁从政"第一粒扣子"》的主题党课,注重"传帮带"作用,帮助年轻干部摆正态度,端正作风。持续关注全体干部职工思想动态,开展谈心谈话,注重在基层化解矛盾,加强正面引导。加强与北京海关党委第一派驻纪检组的沟通联系,接受第一派驻组的监督指导,落实全面从严治党要求,严格执行"三重一大"重要事项决策制度,积极排查廉政风险隐患,加强廉政警示教育,有效防范基层廉政风险。

在专项教育活动中,动物隔离场召开全体会议深入学习关领导的讲话精神,准确把握"五学""五查""五改"的要求。梳理5个岗位要求,排查风险隐患。迅速落实海关总署、北京海关专项整治工作要求,成立专项整治工作领导小组,明确责任分工,组织全员学习5次,梳理重点项目2个。深入查摆岗位风险,从一岗双责、预算执行、财务管理、项目立项等多方面共梳理出风险点8个,撰写个人剖析材料9份。在巡察整改工作中,成立巡察整改工作领导小组,研究制订整改方案和责任清单,明确巡察问题整改落实的责任领导、主办部门及完成时限。建立挂账销号审核机制,建立定期会议机制,主办部门定期在"三重一大"督查例会上汇报工作进度。

【廉政建设】2022年,动物隔离场深入开展纪法学习教育,组织观看违法违纪典型案例并开展交流研讨,引导广大干部职工以案为鉴、警钟长鸣,用身边案例警示教育身边人。结合"三会一课",支部书记讲好廉政主题党课,并深入开展谈话谈心,充分发挥领导班子引领作用。开展警示教育,进行警示教育提醒。召开严禁酒驾醉驾警示教育专题会,集体学习海关总署、北京海关关于严禁酒驾醉驾的纪律要求。

开展清廉家风故事分享会,征集清廉家风寄语,引导广大党员干部把对党忠诚纳入家庭家教家风建设,增强廉洁修身、廉洁齐家的思想自觉和行动自觉。开展保密自查和聘用职工风险排查,加强保密教育,逢会必谈保密,要求全场干部职工做到网络不信谣不传谣,开展网络安全检查和机房安全排查。

▲2022年9月13日,动物隔离场开展清廉家风故事分享会活动　(黄群　摄)

【业务改革与发展】2022年，动物隔离场不断完善动物检疫隔离措施，做到"多病同防"，严格执行海关总署和北京海关重大动物疫情防控工作要求，主动作为，及时收集疫情信息，研究制定《北京海关动物隔离场新冠病毒疫情期间伴侣动物隔离要求》和《北京海关动物隔离场进境马匹隔离期间疫情防控措施》，对伴侣动物运输、隔离检疫、饲养管理、人员防护和消毒，以及马匹隔离要求、饲养员管理等事项制定了科学、严格的规定，为平稳开展工作提供了有效支撑。按照国门生物安全监测计划进行疫病检测，做好场区消毒工作严防疫情传播。深入开展应急演练，对接触动物的一线工作人员进行消毒、阳性动物应急处置、防护服穿脱等操作流程培训，提高实战水平，严格按要求做好个人防护。

动物隔离场高标准严要求，完成进境马匹入境隔离保障任务。动物隔离场为做好隔离保障工作，落实北京海关疫情防控和安全生产工作各项要求，制订《进境马匹隔离检疫工作方案》，做好隔离期各项保障准备工作。全场巡查水电气暖设备，保障设备设施正常；开展马属动物疫情流行病学调查；准备消毒用药用具、防护服等防疫物品，开展入场前消毒工作，做到双疫共防；清理马房、草料库，平整维护马运动场地，调试遛马机，为马匹隔离提供优良条件；参与动植检处组织召开的进境马匹线上协调会，交流讨论工作方案；提前与承接单位沟通，提出防疫要求，以确保驻场人员能够顺利进驻。经过各部门协作，动物隔离场完成了进境马匹47天的隔离检疫工作。

积极参与"异宠"综合治理行动，派员配合动植检处赴北京动物园开展"异宠"特征信息采集工作，强化异宠载体介质的研究工作。安排业务骨干配合动植检处、教育处组织开展"异宠"防控工作培训，重点就"异宠"市场基本情况、常见"异宠"情况分析、相关典型案例等内容进行介绍，促进"异宠"防控工作。参与撰写北京海关《防范外来物种入侵，警惕异宠安全风险》宣传册，参加入侵物种鉴定工作，协助修改防范外来物种入侵进校园活动课件。同时为进一步普及相关知识，完成《浅谈我国"异宠"现状及物种入侵危害》初稿。

【风险管理】2022年，动物隔离场制定了防范化解重大、系统性风险落实措施。防控进境动物疫情风险，牢记"国之大者"，树立总体国家安全观，树立政治引领业务意识，思考业务问题必须站在讲政治的高度和角度，确保业务工作为政治大局服务；提高政治敏锐度，时刻关注动物疫情流行发展情况，主动收集境内外动物疫情信息，加强制度规范建设，及时发现问题、封堵漏洞，维护国门生物安全；按照《北京海关进境大中动物检疫工作规范》《国门生物安全监测实施方案》做好大中动物和伴侣动物隔离检疫工作。化解安全生产风险，强化监督落实，不定期对安全生产相关记录、问题责任清单落实情况进行检查，确保不发生重大安全生产事故。

【财务与后勤保障】2022年，动物隔离场围绕财务工作重点，根据上级整体安排，遵守国家财政政策，完成国管局资产决算报表和财政部资产报表报送工作。向财务处报送审计自查问题清单及内审所需财务资料。按照北京海关要求完成杜绝违规"乱收费"问题的自查报告。

动物隔离场后勤保障工作平稳有序，能源管理方面，全年水电气供应保障稳定，未发生安全责任事故；工作生活设备设施运维方面，配电设备、供水设备、防雷设施、电梯、供暖锅炉等工作生活保障设备设施运行稳定，按要求完成维护保养年检等工作；消防设备设施方面，定期检查灭火器、燃气报警器、消火栓等，确保设备设施使用有效；环境卫生方面，厨余垃圾、其他生活垃圾及隔离区产生的垃圾均与垃圾清运公司签订合同，按规定完成好处置工作。

【科技发展】2022年，动物隔离场结合"12个必"和"38个深入思考"，以《做好进境实验猴隔离检疫保障工作》为选题，对实验猴的隔离检疫工作开展前瞻研究。不断完善智慧隔离场建设，更换维修硬件设施，总结经验撰写《以科技为助力 打造智慧隔离场》并发表于《中国国门时报》。积极开展科研项目研究，参与由哈尔滨工业大学主持的"生物安全理化防护及复杂环境洗消技术与装备"国家十四五重点研发计划项目课题研究，联合哈尔滨海关申报海关总署科研项目"全自动气溶胶检疫监测

▲2022年10月19日，动物隔离场工作人员开展"异宠"防控培训工作 （黄群 摄）

系统研究"，开展"高温生物降解无害化处理应用研究"和"动物隔离检疫消毒作业监管体系研究"两项北京海关关级课题研究。

【队伍建设】2022年，动物隔离场贯彻落实求实、扎实和朴实的新时代海关文化工作要求，抓好干部队伍建设，强化管理监督，严管与厚爱相结合，约束与激励并重，锤炼忠诚干净担当的政治品格。班子成员紧扣深入学习贯彻习近平新时代中国特色社会主义思想这一主线，通过丰富多样的形式强化学习研讨，进一步统一思想，提高了认识。班子广泛征求意见，深入开展谈心谈话，并结合实际整改，进一步增强宗旨意识和群众意识。同时坚持民主集中制，严格执行"三重一大"决策制度，依法合规按程序作决策、办事情，较好发挥了党支部的政治核心和战斗堡垒作用。深入贯彻习近平总书记关于实施青年理论学习提升工程的重要指示精神，加强青年干部理论武装，着力提升青年干部政治能力、政治素养、政治品格，促进青年干部成长成才，切实提高政治站位，隔离场成立了青年理论学习小组，全年共组织线上学习18次，同时结合线下讨论的方式扎实推进青年理论学习取得新成效。

为壮大党员队伍，动物隔离场党支部加强入党积极分子、发展对象培养和考核，提高了发展党员的质量，增强了党员队伍的活力和战斗力。开展党支部届中调整，增补支委

委员，完成新的支委委员的职责分工。

【疫情防控】2022年，动物隔离场贯彻执行海关总署和北京海关疫情防控要求。加强重点人群管理，加强办公区、电梯、卫生间通风消毒，严格落实"同区域、同政策、同标准要求"，建立健全网格化管理机制，严格落实1天1检，并指派专人每日检查。严格每日健康排查"日报告、零报告"。完善《动物隔离场被划入管控区紧急预案》，建立突发事件应急队伍，加强防疫物资、后勤保障应急储备。

【安全生产】2022年，动物隔离场贯彻习近平总书记关于安全生产的重要指示批示精神，依据《北京关区安全生产大检查工作实施方案》，对照"五个零"安全生产工作总目标的要求，动物隔离场积极开展安全生产月活动，成立安全生产工作小组，明确职责分工，制定《动物隔离场安全生产责任清单》，巩固安全生产专项整治三年行动成果，安全责任到人，筑牢安全生产防线，组织各科开展安全隐患自查，形成风险清单，制定整改措施，落实安全生产"吹哨人"制度，发现问题及时报告，全方位多举措切实加强安全生产各项工作。围绕"抓消防安全，保高质量发展"主题，学习党的二十大报告关于"提高公共安全治理水平"的重要论述，要求干部职工树牢安全第一、预防为主的理念，推动公共安全治理模式转型。设立展架、张贴海报、实际操作、组织观看直播等多种形式，提高消防安全意识和应急处突能力。

撰稿人

申　艳　谭启东　薛　飞　黄　群　肖　坤　刘　璇

第九篇

荣誉名录

2022年北京海关荣获省部级及以上表彰奖励、二等功以上奖励集体和个人名单

一、集体表彰奖励和荣誉称号情况

（一）北京冬奥会、冬残奥会突出贡献集体（国家级）

北京海关冬奥会、冬残奥会服务保障工作组

（二）全国消除疟疾工作先进集体

卫生检疫处

（三）2022年全国"扫黄打非"先进集体

北京邮局海关印刷品监管科

（四）2022年北京冬奥会、冬残奥会先进集体

卫生检疫处

首都机场海关旅检二处

北京海关疫情防控检测工作队

（五）集体二等功

北京海关所属首都机场海关采样工作队

北京海关游乐设备特许权使用费审价工作组

（六）2017—2020年度平安北京建设工作先进集体

北京海关所属首都机场海关T3突击队

（七）2022年全国工人先锋号

北京海关所属首都机场海关旅检一处

（八）全国海关系统先进集体

北京海关综合业务处

（九）一星级全国青年文明号

首都机场海关旅检一处

会展海关报关厅

中关村、西城海关联合报关厅

亦庄海关报关厅

首都机场海关一站式报关大厅

首都机场海关查验中心

（十）北京市青年突击队

首都机场海关旅检二处旅检一科

（十一）第十二届书香中国北京阅读季"书香机关"

首都机场海关

二、个人表彰奖励和荣誉称号情况

（一）2021年全国"扫黄打非"先进个人

张　巍　北京邮局海关四级高级主办

（二）2016—2020年全国普法工作先进个人

王凯漾　法规处法规管理科科长

（三）2022年北京冬奥会、冬残奥会先进个人

张　芳　行邮监管处处长

邵浩然　首都机场海关旅检二处旅检六科科长

赵　强　首都机场海关物流监控处转关管理科科长、物流监控处四级高级主办

潘文博　首都机场海关人事政工处教育科科长

刘棒棒　北京大兴国际机场海关旅检一科科长

郑　杰　北京大兴国际机场海关跨境电商监管科科长

（四）首都绿化美化先进个人

赵　博　后勤管理中心副主任（六级职员）

（五）个人二等功

吴冬梅　关税处估价管理科科长

（六）全国消除疟疾工作先进个人

肖利力　海关总署（北京）国际旅行卫生保健中心

（七）全国海关系统先进工作者

刘　艳　北京海关所属首都机场海关旅检一处八科科长

（八）首都精神文明建设先进个人

张　禹　首都机场海关旅检一处副处长

（九）2021年度"百名优秀执法一线科长"

程丽坤　北京海关所属首都机场海关通关处规范申报科科长

贾洪波　北京海关所属首都机场海关物流监控处业务协调科科长

张　琳　北京海关所属天竺海关综合业务科科长

许文燕　北京海关所属中关村海关查验科科长

（十）第十二届书香中国北京阅读季"书香家庭"

王春蕾　首都机场海关卫监处

第十篇

附 录

2022 年北京海关公告目录

北京海关关于修改、废止、宣布失效部分规范性文件的公告
北京海关关于明确北京大兴国际机场综合保税区监管机构的公告
北京海关关于进一步落实进境种苗附条件提离有关措施的公告

中华人民共和国北京海关
公　告

2022 年　第 1 号

根据《中华人民共和国海关立法工作管理规定》（海关总署令第 180 号）规定，北京海关对部分规范性文件进行清理，现对修改、废止、宣布失效的规范性文件予以公告。

一、修改的规范性文件

中华人民共和国北京海关公告 2019 年第 11 号（关于调整进出口货物收发货人备案回执办理事项的公告）：

1. 删除"北京海关不再核发《报关单位注册登记证书》（进出口货物收发货人）"中的"（进出口货物收发货人）"。

2. 将"北京关区进出口货物收发货人如需获取书面备案登记信息"修改为"北京关区报关单位如需获取书面备案登记信息"。

3. 将"备案登记回执"修改为"备案证明"。

4. 将"自主选择北京关区下设的中关村海关、北京东城海关、北京西城海关、丰台海关、海淀海关、通州海关、顺义海关、亦庄海关、天竺海关、北京朝阳海关和平谷海关加盖海关印章"修改为"如需加盖海关印章，请到所在地海关办理"。

二、废止的规范性文件

1. 中华人民共和国北京海关公告 2020 年第 2 号（关于用于新型冠状病毒感染的肺炎疫情防控和治疗物资办理通关手续相关事宜的公告）；

2. 中华人民共和国北京海关公告 2020 年第 3 号（关于进口捐赠疫情防控物资通关事项的公告）。

三、宣布失效的规范性文件及公告

1. 中华人民共和国北京海关公告 2019 年第 20 号（关于报关差错有关事项的公告）；

2. 中华人民共和国北京海关公告 2020 年第 4 号（关于进一步明确防控新型冠状病毒感染的肺炎疫情进口物资减免税及通关事项的公告）；

3. 中华人民共和国北京海关公告 2020 年第 9 号（关于在中国国际服务贸易交易会展期内销售进口展品享受税收优惠政策操作指引的公告）；

4. 中华人民共和国北京海关公告 2020 年第 11 号（关于办理防控新型冠状病毒感染的肺炎疫情进口物资退税手续的公告）；

5. 中华人民共和国北京海关公告 2020 年第 1 号（关于公布 2020 年海关统计数据发布时间表的公告）。

特此公告。

北京海关

2022 年 3 月 24 日

中华人民共和国北京海关
公 告

2022 年 第 2 号

北京大兴国际机场综合保税区已于 2021 年 12 月 20 日封关运行。为确保各项海关监管工作有效运行，决定由北京大兴国际机场海关承担北京大兴国际机场综合保税区监管职责。

特此公告。

北京海关
2022 年 3 月 30 日

中华人民共和国北京海关
公　告

2022 年　第 3 号

为贯彻落实海关总署关于进境种苗实施附条件提离的便利化措施，进一步激发市场活力，服务首都地区种业发展，现就进一步落实进境种苗附条件提离有关措施公告如下：

一、进境种苗附条件提离暂存仓库考核申请

（一）海关进口信用等级不为失信企业进口种苗企业，方可申请进境种苗附条件提离。

（二）暂存仓库应具备如下基本条件：场所相对固定，具备相对独立的存放空间；防止有害生物逃逸；环境干净整洁，无病媒生物孳生地；具备完备的出入库管理制度和管理人员，出入库记录完整有效；配备远程视频监控系统。

（三）进境种苗企业申请前，应填写考核申报表（详见附件），向其暂存仓库所在地隶属海关提出申请，如实提供相关申请材料，配合海关考核工作。

二、"单一窗口"申报

（四）进口企业在收到海关出具的考核报告后，通过"单一窗口"报关时，应勾选"两段准入"项下的"附条件提离"申请，并上传海关出具的关于暂存仓库的考核报告。

三、暂存仓库使用

（五）海关经现场查验合格并取样后，企业可将该批种苗调离至暂存仓库，如海关在现场查验过程中发现病虫害等检疫风险，不予办理附条件提离。

（六）种苗入库前，企业应主动对接暂存仓库所在地隶属海关，并向海关开放暂存仓库视频监控系统，接受海关监管，落实生物安全主体责任。种苗暂存期间，暂存仓库应符合海关监管要求，履行法定义务，管理人员发现异常情况第一时间向海关报告。视频监控记录保存时间不得少于该批种苗存放时间。

（七）企业接到海关放行指令前，不得擅自将暂存仓库中的种苗调离、销售和使用，否则海关立即取消企业的附条件提离便利化措施，并追究法律责任。

（八）进境种苗实验室检疫鉴定结果合格，海关解除对暂存仓库的监管。如果不合格，企业应配合海关要求，实施除害处理、销毁或退运。

四、关于跨直属关区附条件提离

（九）从外地口岸入境，暂存仓库在北京。进口企业向暂存仓库所在地隶属海关提出考核申请，并配合相关直属海关开展风险评估，海关制订监管方案报海关总署批准后实施。

（十）北京口岸入境，调往外地暂存。进口企业向口岸海关申请附条件提离前，配合暂存仓库所在地直属海关开展风险评估，海关制定监管方案报海关总署批准后实施。

特此公告。

附件：进境种苗企业暂存仓库考核申请表

北京海关

2022 年 7 月 11 日

附件

进境种苗企业暂存仓库考核申请表

进口企业名称：_____（盖章）_____

统一社会信用代码：_____

申 请 日 期：_____

北京海关

仓库名称				
仓库地址				
仓库容量	平方米		管理人员数量	名
仓库类型	☐常温仓库 ☐冷藏仓库 ☐其他			
暂存种类	☐种子 ☐苗木 ☐种球 ☐切花 ☐其他			
联系人		联系电话		
暂存库条件	1. 场所相对固定，具备相对独立的存放空间 有☐ 无☐ 2. 环境干净整洁，无病媒生物孳生地 有☐ 无☐ 3. 具备完备的出入库管理制度和管理人员 有☐ 无☐ 4. 配备远程视频监控系统 有☐ 无☐			

所附材料：
☐统一社会信用代码证复印件和法人代表身份证复印件；
☐存放场土地租赁合同、厂区平面图及周边环境图片；
☐出入库管理制度，包括相关记录表格；
☐远程视频监控系统照片；
其他（请注明）：_____。

1. 以上申报情况属实、准确无误。
2. 本单位承担所经营、存放的进境种苗生物安全主体责任，履行法定义务。
3. 在海关通知放行前，相关种苗将在本场所存放，不销售、不使用，严格遵守海关关于附条件提离货物的相关规定。运输、存放期间，落实好疫情防控主体责任，接受海关监督、指导。

法人代表签字： 年 月 日

索引

说　明

1. 本索引中文标目按照汉语拼音顺序排列，同音字按照笔画数多少排列。首字母为阿拉伯数字的主题词，排在本索引之首。

2. 索引名称后的阿拉伯数字表示内容所在的页码。

3. 本年鉴的特载、专记、名录、大事记、附录均未作索引。

1–9

"1+4"联动合作模式　107

"12360 热线　151　243　259

"12·4"国家宪法日暨宪法宣传周　95

"3 个 1"活动安排　76

"4+X"学习内容　76

"4·15"全民国家安全教育日　95　108　112　216　246

"8·8"海关法治宣传日　184　216　234　246　252

"95198"智能语音　275

A

AEO 高级认证企业　135　203　254

AEO 互认　135

AEO 制度　135

ATA 单证册　130　131

ATA 单证册核销中心　131

安全风险监控　111　113　229　260

安全生产　81　118-120　124　127　137　154　156　157　172　180　184　185　187　192　195　208　214　216　220　224　230　234-236　242　244　249　256　263　265　269　270　276　278　282　283　286　288

安全生产主体责任　120　230

安全生产专项行动　118

安全准入风险防控　143

案例统计分析　94

奥林匹克标志　95

B

B2B　129　252

"八廉"工程　75　207　252　258

"八小时外"监督　75

"白名单"物品进口　100

"百名优秀执法一线科长"　85　198

百日攻坚　74

保密管理　150　268

"保税+"　246

保税仓库　137　185　187　209　211　212　220　223　224　231　235　236　253

保税监管业务　211

保税区域场所　137

保税业务　117　233

报关企业备案　136

北京"双枢纽"　116

北京版跨境电商医药类海关监管方案　97

北京朝阳海关　96　125　251-253　255

北京车站海关　188-191

北京大兴国际机场海关　77　83　156-158　182　183　185　187

北京大兴国际机场综保区发展规划　83

北京大兴国际机场综合保税区　83　137　182

北京东城海关　204　205　207

北京冬奥会、冬残奥会服务保障　86　116　167

北京冬奥会、冬残奥会自用物品监管　267

北京冬奥会的物资通关保障 98
北京冬奥会法治保障 95
北京冬奥会和冬残奥会 81 91 95 100 106 111 125 129 143 149 150 157 184 185 192 244 255
北京冬奥会和冬残奥会出入境物资 125
北京冬奥会减免税进口和服贸会进口展品税收优惠政策 104
北京国家服务业扩大开放综合示范区 104
北京海关"四三二"绩效考核模式 84
"北京海关发布" 99 109 222 261 263 275
"北京海关基层政务公开标准化规范化专栏" 151
"北京海关禁限管理辅助系统应用 91
北京海关科技工作 157
北京海关口岸风险布控场所 143
北京海关门户子网站 151
北京海关文化保税区物联网项目 157
北京海关疫情防控指挥部 81
北京海关重大风险排查重点工作 142
北京会展中心海关 264 265 267-269 275
北京市"书香机关" 78
北京市"书香家庭" 78
北京市"五子"联动 97
北京市职工书屋 77
北京双枢纽空港电子货运平台项目 91 275
北京温度 91
北京西城海关 209-211 213
北京邮局海关 83 112 130 193 195-197
备案管理 109
闭环管理 76 78 85 112 244 249
便捷通关 129 224
标签整改 119 235
濒危动植物制品 171
濒危及野生动植物风险防控 143
濒危物品鉴定 159
濒危野生动植物 125 128

病媒生物调查 106 169
布控指令 107 121 125 139 143 144 223 246

C

财务管理 153 155 190 205 212 216 268 278 285
财务与后勤保障 171 190 201 219 247 268 277 286
财务综合保障 153
采信试点工作 122
采信试点商品 122
参数运行监控模型 179
残奥会无障碍化改造 156
查缉走私 140 141 171 254
查验模式 125 135 139 157 171 199 202 239 242
长效机制建设 81 159
常态化防疫物资 153
常态化口岸安全风险联合防控机制 143
场所场地监管 126
出口食品安全监管 116
出口危险化学品违瞒报 138
出口转运渠道知识产权保护"净网"行动 100
初任培训 87
传染病监测与体检 280
传染病预防投药 280
船边直提 97 124 125 199
窗口建设 95
窗口作风百日提升 74
窗口作风百日提升行动 97 147
促进跨境贸易便利化 161

D

打击"水客"走私 81
打击涉税走私违法犯罪 140

打击象牙等濒危动植物及其制品走私　81

打私反腐　81

大数据分析　156

大数据海关应用　144

大数据模型　142-144　179

大数据筛查　206

党的二十大精神　73　74　83　86　96　111　168　177　182　188　204　205　215　221　226　227　234　244　245　251　257　264　273　274　277　280　284

党的建设　73-75　77　79　81　83　85　87　163　164　167　177　178　182　188　189　193　198　204　209　215　221　226　233　238　244　251　257　264　273　277　280　284

党风廉政建设　74　75　178　183　188　216　222　233　244　245　252　258　269　274　277　281

党管人才　84

党建工作　73-75　77　117　167　168　178　180　183　194　195　198　209　210　216　258　269　277　284

党建和业务融合发展　74

党委派驻纪检组　83　194　258

档案管理　150　196　224

抵港直装　97　124　125　199　230

第三方采信　142

第三方监督评估　93　95

第三方评估机构　108

"第一议题"制度　167　171　177　193　204　215　221　226　244　257　284

第一种形态　75　172　189　216　252　281

典型案例　75　82　94　95　97　100　122　183　188　195　213　219　226　239　269　281　285　286

冬奥会新冠疫情输入风险评估　157

冬奥进口食品监管　115　116

冬奥通关专用窗口　267

冬季奥运会和残奥会物资专用窗口　125

动物隔离场　79　81　112　157　275　284-288

动植物检疫工作　111　113

动植物检疫业务改革　111

动植物疫情和外来入侵物种监测　113

动植物疫情监测　112

动植物疫情疫病防控　111

督查督办　147　248　258

督察内审　80　159　161　172　190　196　202　206　212　224　248　254　268

督审信息化建设　161

"短链监管"　175

队伍建设　87　96　112　135　138　173　181　185　190　196　197　202　207　212　219　224　236　243　248　255　256　262　269　278　287

队伍建设综合管理平台　85　216

队伍思想动态分析　74

对美加征关税政策落实　160

对企服务平台　176

多病共防　106　167

多元化担保　102　131　236　265

多元化宣传矩阵　73

"多证合一"改革　136

E

二级监控指挥中心　124　126　127

F

罚没物品管理　279

法定检验　122

法治保障　93　100

法治队伍建设　96

法治工作任务单　96

法治建设　93　95　168　184　189　198　205　210　216　222　227　234　239　245　252　258　265

法治宣传教育　93-96　210

反腐败工作 75 188

防疫物资 164 190 247 276 288

非冷链物品 106 107

非贸寄递渠道 144

非贸渠道 112 195

非贸渠道税收 177

非贸税收管理 105

非洲猪瘟 111 113 116 143 169 230 246 261

分级分类 86 249

分类处置 161 177 180

分析报告 107 118 134 180 183

分析研究 134 155

丰台海关 120 215-220

风控系统 142

"风险靶向维度法" 179

风险防控 83 108 137 142-144 160 169 177 179 180 184 222 229 240 246 265

风险防控区域协作 143

风险分析 92 107 117 122 123 138 143 162 169 174 194 206 249

风险管理 123 142-144 160 169 179 216 222 228 234 240 260 265 286

风险规则 137 177

风险监测 108 116 122 123 217 247 260

风险监测预警体系 123

风险排查 115 139 150 151 157 159 180 205 220 229 249 285

风险评估 106-108 113 142 241

风险识别 177

风险信息转化应用和管理 144

风险研判 106 108 138 148 194 211 213 241 249

风险预警 111 139 144 174 214 259

风险预警评估及转化 144

"枫桥经验" 94

服务保障外交大局 167

服务地方经济 104

服务进出口企业 275

服务贸易 129 132 244 267

服务外交大局 91 266

负面清单 84 168

复航推进 186

G

概况 73 79 81 83 91 93 97 102 106 111 115 119 124 128 133 135 138 140 142 147 153 156 159 163 167 177 182 188 193 198 204 209 215 221 226 233 238 244 251 257 264 273 277 280 284

干部队伍建设 83 85 87 167 177 181 182 188 193 198 204 209 215 221 224 226 244 251 257 287

干部教育培训 85 86

干部考察考核 84

干部选育管用 83

岗位练兵 76 86 87 173 200 207 220 280

隔离检疫 284 286 287

隔离检疫监管 113

公文处理 148 201 268

公务员队伍管理 85

公职律师 93-96 258

公职律师大讲堂 96

"共线分拣" 128

估价 102 103 121 177 180

估价管理 102

估价事务 102

固体废物 171

固液体废弃物 109

关史荣誉室暨决战"T3D"主题宣传阵地 74

关税 87 102 103 131 138 161 177-180 200 201 214 221 223 229 240 246 249 251

253　259　262　265

关税保证保险改革　103

关税调整　102

关税技术　177　179　181　211

关心关爱干部职工　85

关银一KEY通　275

管理体系认证　171

贯彻落实党中央重大决策部署　178

规范申报　103　121　199　217　218　223　229
　　235　253　269

规范性文件　94　231　239

规章制度　94　148　160　224　240

规章制度建设　93

国际规则标准　91

国际化的一流营商环境　97

国际及港澳台地区合作　91

国际交流合作　91　113　121

国际旅行健康咨询　280

国际事务　180

国际卫生条例　169

国家战略　104

国境口岸卫生监督　109

国门生物安全　95　107　108　111　113　114　116
　　126　128　190　193　195　199　222　226　230
　　234　246　260　286

国门生物安全监测　111-113　116　118　170　206
　　217　228　235　286

H

海淀海关　122　221-225

海关AEO高级认证企业　135

海关报关单位备案　136

海关查封扣押　95

海关改革　83　216

海关高级认证企业　135　254

海关估价技术委员会　103

海关机构编制配置　83

海关精度　91

海关科技队伍建设　158

海关口岸执法　91

海关普法日　171

海关商品归类　102　211

海关统计与政策研究　170　190　201　211　219
　　230　236　247　262　267

海关行政许可事项清单　95

海关行政执法资格　87

海关要情　201

海关业务改革融合　97

海关政策　175　191　199　216　219　236　237
　　252　263

海关政策进万家　74　96　97　103　118　119　136
　　149　175　179　186　189　191　198　202　207
　　218　228　252　258　269

海关智慧　99　115　190

"海关重点项目和财物管理以权谋私"专项整治　76
　　79-82　158　172　178　183　188　190　201
　　228　236　243-245　247　258　268　280

海关属地查检业务管理系统　138　139

海关总署（北京）国际旅行卫生保健中心　157
　　280　281　283

海关总署税收征管局（京津）　73　177　179　181

海外仓　129

行李物品监管　129

行业分工　177

行邮监管　128　129　131　267

行政复议应诉　94

行政审批　95　204　211　236

行政许可　93　95　137　206　223

行政执法类　85

航空器检疫　106

航空器终末消毒　124　125　173

航空业清单　180

"好差评"系统 75 243

合规申报 102 179 180 199 200

核查业务 93 138 139

核辐射监测 127

"弘扬冬奥精神、建设首善之关"主题展 73

后勤管理中心 277-279

互联网+海关 126 191 240

互联网信息采集 276

环境监测 106 190

换届选举 77 178 183 198 210 219

回溯验证 130

汇总征税 102 103 216 239 252

会议管理 148

会展监管 131

货物监管 125 211 223

J

机构编制和人力资源管理 83

机构改革 94

机构设置 83 248 269

基层组织建设 74 167 177 182 188 193 198 204 209 215 216 221 226 244 251 257

基建管理 154

缉私法制建设 140

稽查改革 138 219

稽查作业 138 201 204 212 219 224 226 231 236 242 254 257

稽核查 138 161 177 187 198 204 206 215 219 231 238 239 254 260

即决式风险布控 142

疾病监测 108

集中审核 85 103 137 193 198 200 209 211 213 238

集中验估 209 214

纪检监察 81 82 84

技术保障和技术支撑 281

技术性贸易措施 97 99 219 252 259 262

技术性议题 103

技术整改 122

绩效考核 76 80 84 96 130 150 157 160 169 172 206

加工贸易 134 138 198 204 209 211 213 215 217 221 223 226 233 236 244 251 257

价格预裁定 102

兼职教师 87

监督抽检和风险监测 113 116 118

监管仓库 137 187 209 211 231 236

监管场地 116 124 126 184 193 195 197

监管平台 115 240

监管业务 170 175 185 189 195 200 206 218 223 231 235 242 247 253 262 265

监控评估 179

减免税管理 103 198 238

减免税监控 177

减免税快速审核模式 103 239

减税降费政策 103 217 252

减税降税免税政策 178

检验监管 115 119-123 171 223 230 235

检验监管模式改革 122

检验检疫行政处罚 138 139

检验检疫证明 170 235

检验模式改革 119 142

检疫处理 184 196 284

检疫管理 106

检疫监测 107 287

健康申报 107 156 174

金伯利 91 180

金关工程二期 157

进出口货物收发货人备案 136

进出口贸易救济管控 97

进出口商品检验监管 119

进出口商品质量安全风险预警 123

进出口食品安全工作 115 117 118 246

进出口食品安全管理办法 95 117 118 217 252 253 261

进出口食品安全监管 115 117 118 170 217 223 230 235 241 261

进出口食品安全体系 115 116

进出口危险货物及其包装检验监管 88 120 185 261

进出口整体通关时间 97 98

进境伴侣动物 284

进境汽车审核 264

进口冷链食品 115 249

进口冷链食品高风险非冷链集装箱货物监管措施 160

进口商备案 204 206

进口食品安全监管 115

进口税收优惠政策 102 104

进口物资减免税审核 104

进口消费品 122 123

禁限管控和技贸帮扶 99

禁止"洋垃圾"进境 81

京关e家人 76 174 182 195 205 213 225 239 246

京关归类 102

京关文化氛围 73

京津"无水港"海运通道 97

京津冀地区进出境货物跨关区流转 98

京津冀关企信息互享互通 98

京津冀海关风险防控区域机制 143

京津冀协同发展 97 100 124 187

京津冀营商环境一体化 98 100

精神文明建设 73

警示教育月活动 75 178 194 216 252

纠治"四风"工作专项监督 81

居民旅客物品监管 264 267

K

考核评估 103

科技冬奥 107 116 157

科技发展 156 157 171 201 248 287

客服热线 275

空港口岸物流系统 97

空港营商环境 74

空运货物专班 97

"空运双枢纽+四个综保区" 97

口岸安全风险联合防控机制 143

口岸病媒生物监测 109 185

口岸查验 113 125 218

口岸初筛 112 170

口岸风险布控场所 143

口岸公共安全 109

口岸公共卫生 110 169 174

口岸核心能力建设 169 190 281

口岸监管 73 86 124 125 127 128 160 184 190 193 232

口岸监管环节反恐 127

口岸检查作业规范落实情况 161

口岸食品安全管理 109

"口岸危险品综合治理"百日专项行动 119 120 124 143 160 173 187 223 230 261

口岸卫生许可证 109 246

口岸物流监管 124

口岸疫情防控 81 116 125 127 129 142 148 158 190 191

口岸疫情风险防控 143

口岸运行监控指挥 126

跨境电商 117 121-123 126 128 129 133 135 143 161 162 195 206 211 212 239 244 246 247 252 254 275

跨境电商场景化服务 151

跨境电商海关监管服务机制 97

"跨境电商寄递'异宠'综合治理"专项行动 111

112 171 217 232 247 260

跨境电商监管 87 129 182 193 244

跨境电商贸易通道 97

快件监管中心物流监控系统 157

快件邮件监管 128

快速反应监管体系 123

L

"蓝网"行动 100

离退休干部党建 74

离退休干部工作 163

联网核查 122 137

廉洁文化建设 75 181 258 265

廉政提醒 75

两步申报 98 103 186 202 216 222 227 239 252

"两仓"（保税仓库和出口监管仓库） 139

"两场四区" 97

"两区"建设 104 106 203 207 213 233 234 244 248 250 252

零投诉 97 176

零延误 97 125 147

绿色通道 98 107 113 126 139 170 175 202 220 222 255 259

M

贸易调查 138 139 219 231 249

贸易管制相关风险防控机制 160

贸易监控 100

贸易统计 87 133 247

门户网站 95 133 151 157

免税品 117 130 264-267

民法典宣传月 95

民生工程 73

模范机关 73

N

内部防护 86 157 158 174 187 192 208 214 232 244 249 255 262

内部防护监督 81

内部控制 118 160 161 169 184 202 206 207 212 223 240 248 255 269

内控监督 172 180 196 248 255

内控建设 159 160

内控示范科室 160 190 224

内务规范强化月 74 76 191 194 212 262 284

"内务规范强化月"活动成果巡回展 76

暖心工程 73

P

P2+实验室 107 157

P2实验室 157

培训矩阵 86 87

平谷海关 77 149 257-263

普法宣教 93 95

Q

企事业财务管理 154

企业动态管理 136

企业管理和稽查 206 219 231 236 242 253

企业守法便利措施 135

企业协调员 135 242

企业信用培育 135

企业信用修复 135 136

企业注册 115-118 136 212 217 254 261

签证兽医官 87

签证植物检疫官 87 185

青年理论学习 77 86 147 168 185 188 193 194 197 205 213 215 221 234 243 245 257 269 277 287

青年网上读书班 77

"清单管理法" 179

"清风国门"家风宣传教育主题 75

"清风行动" 169 253

"清廉海关 167 168 205 207 226 258

"庆七一"书画摄影作品展 77

区域保税 135

区域全面经济伙伴关系协定（RCEP） 91

全国知识产权宣传周 171

全面从严治党 75 82 83 167 168 178 183 188 189 194 205 207 215 221 226 233 251 252 258 264 268 273 284 285

全球传染病监测制度 106

全球疫苗合作 107

群团工作 77

R

RCEP 成员技贸知识 99

RCEP 原产地规则 95

RCEP 原产地应用场景式服务 151

RCEP 政策 104 200 235

热线服务 151 275

"人、物、环境"同防 106 167 282

人才队伍建设 84 106 263

人工智能（AI） 156

人员编制 83 197 202

任期经济责任审计 159

任前廉政考试 75

任职资格 85

入境健康申明 174

入境特殊物品 107 199 241

入境卫生检疫 95 107

入库查验 125

S

SPS 委员会 99

"三大行动" 74

"三带动"工作机制 74

"三个聚焦" 79

"三级保障体系" 171

"三级监控指挥中心 169

"三实"文化 75 147 190 202 207 210 215 216 243 264 280

"三应"运行机制 97 243

"三智"建设 91 133 267 273

商标权 100

商标智能识别 100

商品抽查 122

商品检验 119-123 139 161 170 218 223 227 230 235 241 252 261

涉案财物管理 153 154 279

涉外定牌加工 100

申报差错纠正 103

审计监督 159 161 212

审计整改 159 161 212

审批通关"零延时" 106

生物安全 106-108 113 125 157 170 217 234 249 253 260 276 282 287

生物安全管理 107

生物材料 111 199 229

"十百千万"党建 74 219 258

实验室技术能力建设 157

实验室生物安全 156 282

食品安全调查研究 117

食品安全管理体系 115 116 171

世界海关组织（WCO） 103

世界海关组织协调制度 91 178

世界银行评估 97

市场准入的涉企改革举措 95

市直机关第六届运动会 77

事业单位 81 83 85 148 150 154 159 273 275 277 279-281 283 285 287

事业单位规范化管理 85

事中、事后集中验估 209

首都机场海关 77 83 93 96 112 120 125
　　126 129 130 140 149 153 156 157 160
　　167-175 186 232

首都特色优势产业 104

首关一站通 151 176

数据安全 180 220

数据安全管理办 180

数据分析应用与标准化研究 276

数据研判 206

双轮驱动 115

双枢纽 97 124 126 184 248 275 276

"双随机、一公开"制度 109

"双自主" 201 202 224 227

"水客"走私 171

"税费财务管理 154

税款担保 103 235

税收风险 177 214 223 229 235 239
　　246 266

税收风险防控 177 179-181

税收征管 102 103 105 148 169 177 180
　　189 199 206 211 216 217 223 229 233
　　235 240 246 252 266

税则税政 102

税政服务 179

顺义海关 233-237

"四个一"港区一体化监管模式 97

"四苗"计划 83

"四强"党支部 74 168 185 189 210 216
　　221 245 251 269 273

"四优四提促五子"服务工程 87 97 100 148
　　149 191 226 227 259

饲养管理 228 232 284 286

诉讼案例分析 95

随机布控 142 158

T

TBT/SPS 99

"套代购"走私 81 143

特色农产品 115 117

特殊物品 106-108 137 199 200 206 211
　　212 218 223 230 235 241 249

提前申报 98 186 202 213 216 222 227 239
　　248 252

天竺海关 96 120 244-250

通报召回 122

通关保障工作 91 129 173 248 255

通关服务保障 81 244 255

通关检疫保障 106

通关绿色通道 98

通关速度 103 107 216 228

通关物流全链条数据共享 97 184

通关运行管理 98

通州海关 226-232

统筹推进疫情防控 76

统计调查 133

退休荣誉纪念章 77

W

WTO 121

外防输入 106 174

外来入侵物种防控 112

外来入侵物种普查工作 112 230

外贸保稳提质 73 76 97 102 139 148 149
　　167 175 178 204 210 226 237 252
　　258 259

外事参阅件 92

外事基础工作 92

网络安全 87 154 158 274 275 285

网络安全保障工作 158 275

网络教室 86

危险化学品目录　120

危险化学品伪瞒报　120　249

危险货物　119　120

违禁药物　171

违禁印刷品音像制品　128

卫生监督　109　167　174　182　185　188　244　246　257

卫生检疫　106-109　125　129　139　157　169　173　185　190　240　252　255　260　262　280

"无接触式"验核　107　173　174

"五小"练兵活动　76

"五展一歌"主题活动　74

X

习近平法治思想　93　96　189　211　239　277　284

习近平新时代中国特色社会主义思想　73　83　86　147　163　167　177　182　188　193　198　209　215　221　226　233　251　257　273　277　284　287

习近平总书记重要讲话精神　84　274

下厂查验　125

先进典型　73　173　174　183

乡村振兴　117　259

消费者权益　123

销毁处理　122　218　235

协调制度委员会　180

协同共治　180

新闻宣传　73　149　187　197　201　268

信息工作　118　142　148　201　256　268

信息化建设　156　158　160　203　228　266　275　276

信息化系统　99　137　138　144　157　158　275

信息化项目　160

信息系统管理　156

信用管理　98　135　201　202　206　210　215　219-221　236　238　244　251-254

"学、练、考"平台　76

"学查改"专项工作　79　80　86　168　173　207　212　216　233　245　251　255　258　273　280

学习体系　86

学习宣传贯彻党的二十大精神　73　96　128　147-149　177　183　188　204　209　215　221　234　251　257　274　280

巡视整改和巡察　79

Y

"洋垃圾"　86　125　171　253　254　261

业务改革与发展　97　99　101　168　184　199　216　222　227　234　239　246　252　258　265　286

业务建设　84　91　93　95　97　99　101　103　105　107　109　111　113　115　117　119　121　123　125　127　129　131　133　135　137　139　141　143

业务统计　133　219

业务现场　99　111　130　135　138　142　158　175　180　184　189　214　234　240　266　275

一案双查　81

"一带一路"　91　100　112　115　116　133　134　191　221　234　237　242　254　260

一岗双责　178　189　215　236　274　284　285

一码通关　107　174

一线执法　83　139　197

医疗器械　103　119　121　122　137　211　212　218　223　235　240　243　247

以案促改、以案促建、以案促治　82

亦庄海关　120　137　238-243

疫苗　98　106-108　164　175　197　228

疫苗接种或预防措施国际证书　281

疫情防控　76　81　83　85-87　91　93　96　98　106　108　115　127　128　133　147　149　150　153　155　157　158　161　171　173-175　181　182　187　192　197　206　208　214　221　222

224　226　228　229　231-233　237　246　249　255　260　262　269　275-277　279　286　288

疫情防控数据分析监控模型　143

疫情防控一线　77　85　181

"疫情内部防控智慧管理平台"建设　158

应急处置预案　106　111　113　170　214　279

应急演练　86　111　115　126　149　156　158　173　208　214　220　249　261　262　276　280　282　286

优化法治化营商环境　93　95

优化口岸营商环境　81　102　109　167　191　273

邮寄签证　200

邮政缴税联网　105

邮政缴税业务改革　105

有害出版物　128

有限协同　103

预防接种　108　281

预防接种及评估　280

预约查验　125　139　230　249　259

预约取证　200

原产地　94　177　178　198-202　204　213　217　221　223　227　228　235　240　253　258

原产地工作组　180

原产地管理　104　198

"云端"申报　173　174

"云签发"　138　139　258

"云擎"　143　144　161　162　169　172　217　223　240

"云确"远程确权　100

Z

暂时进出境货物监管　130　264　265

展览品监管　132　264-268

征管质效　103

整体通关时间　98　175　202　213　222　252　266

证照分离　95　109　186

政策研究　100　104　129　133　139　147　170　190　219　230　231　234　236　247　254　262

政策研究与统计　133

政府信息公开　126　151

政务服务平台　126

政务公开　151　191　201　239　268

政务管理　147　149　151　171　201　268

政治机关建设专项教育活动　73　79　80　86　209　212　216　233　238

政治建设　73　84　163　177　209　216　251　262　264　273　277　284

支持外贸促稳提质　161

知识产权保护"龙腾行动2022"　100

知识产权保护成果　97　101

知识产权海关保护　98　100　101　199　227

执法评估　159-162

执纪问责　81

值班应急　149

职工暖心驿站　77

职工之家　77　243

职能配置　83　197

制度建设　113　147　150　151　180　202　221

质量安全风险监测　123

智慧党建　160　183　252　269

"智慧海关、智能边境、智享联通"　91

"智慧旅检"　156　157

智慧书吧　78

智慧卫检　156　171　173

智慧银海　163

智能设备　156　171

智能审核　200　216　218

智能审批　107　241

智能审图　112　128　130　157

中关村海关　74　83　104　183　198-203　275

中关村综合保税区　202

中国（北京）国际贸易单一窗口　104

中国（北京）自由贸易试验区　104　203

中国—海合会自贸协定　91

中国电子口岸数据中心北京分中心　79　273　275

中国海关知识产权保护　97

种质资源引进　111　113　223

重大传染病风险监测　108

重大动物疫情防控　286

重大动植物疫情　111　190

重大活动政治安全风险防控　143

重点机电产品检验监管　121

重点消费类产品检验监管　122

重要资源性产品　116

属地查检　138　139　159　160　206　215　223
　　227　228　239　240　248　259

属地查验　135　198　204　209　221　226　233
　　238　244　251　257　258

属地纳税企业　103

注册管理　118

"铸忠诚、担使命、守国门、促发展、齐奋斗"　83
　　133　147　209　215　234　244　266

专项督查　107

专项风险分析　171

专项稽查　201　204　212　219　231

专项检查　74　116　130　137　139　150　172　224

专项审计　159-161

专项整治工作　155　159　164　183　189　216　222
　　228　258　268　281　285

专业技术类　84　85

追溯监管　122　137

准军教员队列教学法集训　76

准军事化纪律部队建设　76　285

准入评估审查　116

资产装备管理　155

资质备案　135　136

资质管理　112　120　135　199

自贸创新　135　137

自由贸易协定　180

自主分析预警　144

自主申报验核一体机　107

自助申报　129　174

综保区封关运行　83

综保区监管职责　83

综保区建设　137　186　202

综合保障　147　149　151　153　155　157　159
　　161　163　182　184

综合业务管理平台　144

综合治理　87　127　140　141　143　169　187　195
　　206　217　226　244　249　253　286

"走前列、创一流"工作目标　83　191

作风建设　76　175　194　237　243　244　277

"中国海关史料丛书"编委会

主 任 委 员 胡 伟　许大纯

副主任委员 黄冠胜　赵增连　杨振庆

编委会委员 翟小元　张　红　吴瑞祥　刘书臣　龙夫春　李海勇
　　　　　　　田　壮　詹庆华　陈福升　孙霞云

执 行 主 编 谢　放　詹庆华　郭志华

编　　　辑 房　季　王　虎　解　飞　范嘉蕾　李　多　刘金玲
　　　　　　　贺　红　邓玉栋